Anton C Loew

Kurzgefasste aber vollständige Chronik der weltberühmten Kur- und

Badestadt Karlsbad

seit deren Entstehung bis auf unsere Tage

Anton C Loew

Kurzgefasste aber vollständige Chronik der weltberühmten Kur- und Badestadt Karlsbad
seit deren Entstehung bis auf unsere Tage

ISBN/EAN: 9783743470057

Hergestellt in Europa, USA, Kanada, Australien, Japan

Cover: Foto ©ninafisch / pixelio.de

Manufactured and distributed by brebook publishing software (www.brebook.com)

Anton C Loew

Kurzgefasste aber vollständige Chronik der weltberühmten Kur- und

Badestadt Karlsbad

Kurzgefasste aber vollständige

CHRONIK

der

weltberühmten Cur- und Badestadt

KARLSBAD

seit deren Entstehung bis auf unsere Tage.

Aus Urkunden und verlässlichsten Quellen geschöpft.

Herausgegeben

von

ANT. C. LOEW.

Der Reinertrag dieses Geschichtswerkes ist für den Fond zur Gründung
eines allgemeinen deutschen Militärhospitales in Karlsbad bestimmt.

Karlsbad 1874.

Verlag von Hans Feller.

Alte Wiese.

Vorwort.

~~~~~~

Wäre Böhmen, welches im Herzen des Continents von Europa
liegt, nicht schon an und für sich der köstlichste Edelstein in der
Kaiserkrone Oesterreichs, so würde es diese Bezeichnung seiner
vielen heilsamen und berühmten Badeorte wegen verdienen. Mögen
andere Länder noch eine solche Fülle von Urproductionen, von
Industrie und Handel aufzuweisen haben, in seinen Mineralquellen,
unter welchen K a r l s b a d entschieden den ersten Rang einnimmt,
steht Böhmen einzig da.

Seit Jahrhunderten sind die unvergleichlichen H e i l q u e l l e n
K a r l s b a d's der Born, aus welchem Tausende und abermals Tausende
ihre Gesundheit ganz wieder erlangten oder wenigstens Linderung
ihrer Leiden fanden. An Karlsbad knüpft sich die dankbare
Erinnerung unzähliger Verehrer dieses gefeierten Kurortes und
zahlreiche Gedenktafeln in Versen und Prosa sind hier errichtet und
verkünden die Dankbarkeit der Genesenen.

Dass in den früheren Jahrhunderten die C h r o n i k von
K a r l s b a d gar so wenig historischen Stoff bietet, mag seine
Begründung darin finden, dass vielleicht zu jener Zeit nur wenig
Bemerkenswerthes für die Nachwelt verzeichnet wurde, dieses
Wenige aber bei den in den Jahren 1604 und 1759 stattgehabten
grossen Bränden ein Raub der Flammen wurde. Auch war es in
späterer Zeit nur ein Zufall, wenn sich Jemand fand, der Befähigung
und die Lust dazu hatte, wie beispielsweise A u g u s t L e o p o l d
S t ö h r, Aufzeichnungen zu machen und diese der Oeffentlichkeit
zu übergeben.

Erst im Jahre 1836 traf der damalige Oberstburggraf von
Böhmen C a r l, Graf von C h o t e k, die Anordnung, dass in allen

geistlichen und weltlichen Gemeinden „Memorabilien-, Zeit-
oder Gedenkbücher" geführt werden müssten. Ein Solches, unter
dem Titel „Karlsbad's Memorabilien" von Jos. Joh. Lenhart,
liegt uns aus jener Zeit allerdings vor allein dasselbe ist seiner
Weitschweifigkeit und seiner in diesem. Buche allzusehr betonten
Eigenliebe wegen eben nur ein officiöses, immer nach ein und derselben Seite hin gerichtetes Huldigungswerk; wesshalb ich bei
dem Verfassen dieser Chronik von Karlsbad dem Grundsatz
huldigte, meine Aufzeichnungen nicht nur kurz und bündig, sondern
auch streng objectiv zu behandeln.

Der Zweck, welchen ich bei der Herausgabe dieses Buches
vor Augen hatte, ist ein doppelter: Erstens lag mir daran, eine
populäre aber möglichst vollständige Geschichte meiner Vaterstadt
zu veröffentlichen und diese von jenem Zeitpunkte 1858 angefangen,
seit welchem nichts eigentlich Geschichtliches mehr über Karlsbad
im Drucke erschien, zu ergänzen; und fürs Zweite durch den
allenfallsigen Erlös aus dem Verkauf dieses Buches ein Hospital
in Karlsbad für kurbedürftige deutsche Krieger
zu gründen.

Zu diesem Vorhaben wurde ich durch die persönliche Wahrnehmung bestimmt, dass es für die alljährlich immer zahlreicher
hier vertretenen tapferen deutschen Krieger eine grosse Erleich-
terung sein wird, wenn sie wenigstens nicht den Qualen ihrer
Krankheit, sondern doch der Sorge, für den in Karlsbad keineswegs
billigen Lebensunterhalt zu kämpfen, überhoben sind.

Karlsbad, im März 1873.

Der ·Verfasser.

Kurzgefasste Chronik

von

Karlsbad.

Eine Geschichte kann erst da entstehen, wo das Volk zum geistigen Leben erwacht ist, und ihr Bestand ist durch Denkzeichen, hauptsächlich aber durch den Gebrauch der Schrift bedingt; es haben daher rohe Naturvölker, deren Leben sich noch im blosen Ringen mit physischen Bedürfnissen bewegt, keine Geschichte und ewige Nacht und Vergessenheit deckt Jahrtausende hindurch die Vergangenheit der Bewohner und des Landes. Obwohl wir also von der grauen Vorzeit keine Geschichte besitzen, so unterliegt es doch keinem Zweifel, dass die damaligen Generationen nicht schon lange vor Kaiser Karl IV. Kenntniss von unseren heissen Mineralquellen hatten, und behauptet der berühmte schwedische Chemiker „Berzelius" gewiss mit vollem Rechte, dass der Karlsbader Sprudel älter sei, als die Geschichte.

Nach Bruschius datirt das Bekanntsein der Karlsbader Quellen bis in's Jahr 664.

Die eigentliche Geschichte Karlsbads beginnt, urkundlich erwiesen, erst mit dem Jahre:

1325, da in diesem Jahre König *Johann*, der Vater Kaiser *Karl IV.*, „Warmbad" (auch Wary benannt) mit dem Dorfe Thiergarten (das heutige St. Leonhart) und Drahowitz belehnte.

1364 liess Kaiser *Karl IV.* hier ein Schloss erbauen, welches in dem Verzeichnisse aller Schlösser Böhmens von Hayck mit dem Namen „Schloss Wary" bezeichnet ist.

1370 nahm Kaiser *Karl IV.* hier zum ersten Male einen längeren Aufenthalt, und obwohl nicht nachgewiesen werden kann, wie oft er den von ihm gegründeten Badeort besuchte, so findet sich doch ein zweiter längerer Aufenthalt in Karlsbad noch im Jahre 1376 urkundlich nachgewiesen.

1370 d. d. Nürnberg am 14. August ertheilte Kaiser *Karl IV.* der Stadt Karlsbad das Privilegium (von dem sich noch eine Abschrift im hierortigen Stadtarchiv befindet), worin er seinen lieben getreuen Bürgern zu Karlsbad in Ansehung ihrer Treue die näm-

lichen Rechte verleiht, wie sie die Stadt „zu den Elbogen" besitzt.
— Die wichtigsten dieser schon vom König *Johann* im Jahre 1312
der Stadt Elbogen verliehenen Rechte waren folgende:

„Die Bürger dieser Stadt sollen ihre Rathspersonen
selbst ernennen."

„Der Rath soll das Recht haben, einem Jeden nach
seinem Vermögen eine Gemeindesteuer aufzulegen."

„Nur Jener soll zum Betriebe eines bürgerlichen Gewerbes
befugt sein, welcher vom Rathe zum Bürger aufgenommen ist."

„Die Bürger sollen von ihren Pfandherren zu nichts Un-
billigem gedrungen werden, bei höchster königlicher Strafe und
Ungnade."

„Eine Meile weit um die Stadt soll kein neues
Brau-, Malz-, Wirths- und Schmiedehaus errichtet
werden u. s. w."

1378 am 29. September starb Kaiser *Karl IV.* zu Prag.

1401 bestätigt König *Wenzl* die von seinem Vater Kaiser *Karl IV.*
der Stadt Karlsbad verliehenen Privilegien und ertheilt hierzu
noch das „Jus asyli."

1455 verpfändeten die Herren *Schlick* das Schloss „Wary" an den
Ritter *Wenzl Polaczky von Polaky* für 500 rheinische Gulden. Da
sich trotz dieser Verpfändung die *Schlicke* das Protectorat über
die Stadt Wary vorbehielten, so führte dieses zu Feindseligkeiten,
welche sogar in offene Fehde ausbrachen. Die Elbogner gingen mit
den *Schlicken*, ergriffen die Waffen und zogen gegen die Karlsbader.
Die Elbogner wurden zurückgeschlagen und mehrere von ihnen als
Gefangene in den Kerker des Karlsbader Schlosses eingesperrt, bis
sie bei einem zweiten späteren Angriff das Schloss Wary eroberten,
dasselbe plünderten und ihre Gefangenen wieder befreiten.

1475 war diese Streitsache noch immer nicht beendet, da in diesem
Jahre *Polaczky* seine Zuflucht zur Justiz nahm, worauf König *Wladislaus II.* am 10. April 1475 eine endgiltige Entscheidung (in
böhmischer Sprache) erliess, dessen Original sich im Museum zu
Prag befindet.

1485 schenkt *Hieronimus von Schlick* der hierortigen Kirche St. Magdalena ein Stück Wald, das untere Kasel, auch Kaselgraben
genannt.

1493 kauft die Karlsbader Stadtgemeinde von dem Elbogner Kämmerer
Stephan von Branden den Edelhof Drahowitz um 493 f.
waren schon Kreuzherren als Seelsorger in Karlsbad angestellt.

1494 d. d. Ofen am Tage unserer lieben Frauen Schnee-Feier bestätigte König *Wladislaus* die Privilegien der Stadt Karlsbad und

ertheilte ihr das Recht, dass sich daselbst kein Jude sesshaft machen darf. (O tempora, o mores!)

1500 wurde auf Kosten des Elbogner Kämmerers *Stephan von Branden* die St. Andreaskirche erbaut.

1505 wurde eine Entscheidung (Decisum) des böhm. Landtages gegen die Bedrückungen, welche die Elbogner und Karlsbader Bürger von ihren Pfandherren, den *Schlicken*, erlitten, erlassen. (Das Original dieses Actenstückes befindet sich im Elbogner Stadtarchiv.)

1510 am 12. November starb Freiherr *Bohuslaus von Lobkowitz.* Er war der Erste, welcher die Karlsbader Heilquellen in der classischen lateinischen Ode: „In thermas Caroli IV." besang. Dieselbe ist auf einer Marmortafel nächst dem Mühlbrunn verzeichnet.

1511 schenkt *Gilg von Stambach* der Stadt Karlsbad das Dorf Fischern unter der Bedingung, dass für seine Familie jeden Freitag eine Messe gelesen werde.

1520 wurde das erste Rathhaus auf derselben Stelle erbaut, wo das gegenwärtige noch besteht.

1521 war Karlsbad schon von vielen Kurgästen besucht, was daraus hervorgeht, dass in diesem Jahre von Dr. *Wenzl Paier* aus Elbogen das erste medicinische Werk über Karlsbads Heilquellen in lateinischer Sprache erschien. Die Herren *von Schlick* verherrlichten das Andenken an Dr. *Paier* durch Prägung silberner Denkmünzen.

1531 liess *Albrecht von Schlick* das Spital „zum heiligen Geist" für arme Kurgebrauchende (an der heutigen Stelle des Hauses „zum Kaffeebaum") erbauen, und wurde zur Erhaltung dieses Spitals in eben diesem Jahre

— vom König *Wladislaus* diesem Herrn *von Schlick* das Recht ertheilt, von allen hierher kommenden Kurgästen, hoch oder niedrig, nach Belieben ein Badegeld einzuheben. Es ist dies die erste Kurtaxe in Karlsbad.

1532 kaufte die Stadt Karlsbad von *Hieronimus von Schlick* das Dorf Rossnitz.

1545 machte König *Ferdinand I.* den gegen ihre Bedrücker, die Herren *Schlicke*, errichteten Schutz- und Trutzbündnissen der Karlsbader und Elbogner dadurch ein Ende, als

1547 Karlsbad wieder der königlichen Kammer einverleibt wurde.

1549 schenkte Kaiser *Ferdinand I.* den sonst zur königlichen Pflege gewidmeten Zehent, bestehend in 12 Tagewerk Wiesen, 8 Strich Feld und 350 f. dem heiligen Geistspitale.

1550 vermachte ebenfalls diesem heiligen Geistspitale der Elbogner Kämmerer *Stephan von Branden* 500 f. mit der sonderbaren

Verbindlichkeit, dass von den Interessen dieses Capitals die St. Andreaskirche und die St. Urbanskirche in Fischern in baulichem Stande erhalten werden.

1553 kaufte die Stadt Karlsbad von *Christoph von Gendorf* die Dörfer D o n i t z, O b e r- und U n t e r m a i e r h ö f e n für 5400 f.

1554 fielen die Karlsbader vom katholischen Glauben ab und nahmen die Lehre Luther's an. — Der e r s t e hierortige protestantische Pfarrer war *Andreas Hampisch*.

1562 schenkte Kaiser *Maximilian* der Karlsbader Stadtgemeinde das hierortige S c h l o s s zu Gemeindezwecken.

1569. Von diesem Jahre an sind die hervorragendsten K u r g ä s t e K a r l s b a d s bekannt.

— fangen die Karlsbader K i r c h e n b ü c h e r an, darin alle lutherischen und katholischen Seelsorger verzeichnet, welche in Karlsbad angestellt waren.

1571 gebrauchte Erzherzog *Ferdinand von Tyrol* mit seiner Gemahlin *Philippine Welser* hier die Kur und wiederholten dieselbe ein zweites Mal im Jahre 1574.

— finden wir als z w e i t e n protestantischen Pfarrer *Joachim Rüdberg* verzeichnet.

— erschien von *Fabian Summer* (nächst Dr. Paier der zweitälteste ärztliche Schriftsteller über unsere Heilquellen) ein W e r k ü b e r K a r l s b a d, welches dem mehrmals zur Kur hiergewesenen Kurfürsten *August* v o n S a c h s e n gemidmet war.

1575 erliess Kaiser *Maximilian II.* die Anordnung, worin die g e r i c h t l i c h e n F ä l l e bestimmt sind, welche in K a r l s b a d und welche in E l b o g e n entschieden werden sollen.

1576. Der d r i t t e hierortige protestantische Pfarrer hiess: *Laurenz Enikl*.

1579 am 2. April riss bei Tepl der sogenannte Baderteich nach anhaltendem Regen und verursachte in Karlsbad einen Schaden von 4000 Schock meissnisch.

1580 war als v i e r t e r protestantischer Pfarrer *Petrus Langvon* hier.

1581 unterm 1. August verlieh Kaiser *Rudolf II.* der Stadt Karlsbad das Recht zur Abhaltung von j ä h r l i c h z w e i J a h r m ä r k t e n. (Priv.-Buch Nr. 1, S. 35.)

— herrschte in Böhmen eine epidemische Krankheit, welche mehr als 50,000 Menschen hinraffte, doch blieb K a r l s b a d v e r s c h o n t.

1582 am 9. Mai entstand in Folge eines Wolkenbruches eine W a s s e r f l u t h, bei welcher 33 Häuser, 3 Scheunen und alle Brücken und

Stege fortgerissen wurden und 20 Menschen in den Fluthen das Leben verloren.

1582. Der fünfte protestantische Pfarrer in Karlsbad hiess: *Johannes Klobe.*

— sprach in Beherzigung des erlittenen Wasserschadens Kaiser *Rudolf II.* die der Stadt Karlsbad gehörigen Güter Donitz, Fischern, Rossnitz und Maierhöfen von den Lehnzinsen frei.

1583 fungirte hier als sechster protestantischer Pfarrer *Christoph Krines,* im selben Jahre als siebenter Pfarrer *Johannes Görsdorfer,* und '

1584 als achter protestantischer Pfarrer *Kaspar Münchmayer.*

1588. Neunter protestantischer Pfarrer war *Simon Fleschner.*

1593 unterm 16. November erlaubte Kaiser *Rudolf II.* der Stadt Karlsbad, statt des hölzernen ein steinernes Halsgericht zu errichten. (Priv.-Buch 1, S. 41.)

1598 kaufte die Stadt Karlsbad von der Herrschaft Gisshübel die Waldungen Soss und Ploben.

— erlitt Karlsbad viele Drangsale; der mit den Türken fortdauernde Krieg hatte drückende Abgaben und der anhaltende Regen im Monate März grosse Ueberschwemmungen zur Folge.

— Der zehnte protestantische Pfarrer hier war *Georg Rhesus.*

1604 brach im Hause der Wittwe *Appollonia Rubendunst* (gegenwärtig N.C.30) am 13. August Feuer aus und verheerte die Feuersbrunst von den 102 Häusern, aus welchen damals Karlsbad bestand, 99, die Kirche und das Rathhaus sammt dem Stadtarchive. *Appollonia Rubendunst* musste nach überstandenem Arreste Karlsbad sammt ihren Töchtern auf immer verlassen.

— war als elfter protestantischer Pfarrer *Martin Ruthner* hier.

1605 wurden für die hierortige Kirche die Glocken von *Hans Wild* in Joachimsthal gegossen.

1608 wurde der Stadtthurm an dem Felsvorsprunge und an Stelle des vom Kaiser *Karl IV.* bewohnten alten Schlosses erbaut.

1609 erliess unterm 4. Juli Kaiser *Rudolf II.* aus Rücksicht des im Jahre 1604 erlittenen Brandunglückes der Stadt Karlsbad auf 5 Jahre die Steuern und erklärte das Gut Donitz, Ober- und Untermaierhöfen, Rossnitz und Fischern als freies Erbgut.

1613 hiess der zwölfte protestantische Pfarrer in Karlsbad: *Sigmund Scheres.*

1614 am 14. Februar kaufte die Stadt Karlsbad von *Wolf Bernard Vitzthumb von Egerberg* das Rittergut Dallwitz, Schobrowitz und Hohendorf um 16,000 Schock meissnisch.

1615 kaufte die Stadt Karlsbad von der Frau *Lucretia Elisabeta von Schönau* das Gut Wehediz um 3500 Schock meissnisch.

1617 am 16. April fand ein bedeutender Sprudelausbruch statt. Nach Fabian Summer's Werk kommt schon im Jahre 1589 ein Sprudelausbruch verzeichnet vor.

— verpfändet Kaiser *Mathias* die Städte Karlsbad und Schlackenworth an *Kaspar Egerer* in Schlaggenwald um 3000 Schock meissnisch.

— herrschte hier trotz der gesegneten Ernte eine solche Theuerung, dass der Strich Korn auf 10 f. 16 Groschen zu stehen kam.

— am 8. Juni riss ein grosses Wasser die Johannisbrücke fort, auch die Wiesen erlitten bedeutenden Schaden.

— fungirte hier der dreizehnte und letzte protestantische Pfarrer *Johannes Rebhuhn.*

1618 am 23. Mai erfolgte zu Prag der Fenstersturz des *Martinitz* und *Slawata,* worauf die böhm. Stände Kriegsvölker warben, wobei auch Karlsbad am 30. October 1618 bewaffnetes Volk zu dem Heere des ständischen Feldherrn *Ernst Mansfeld* absenden musste. Dieselben zogen gegen die dem Kaiser treu gebliebene Stadt Pilsen, welche auch am 19. November 1618 mit Sturm genommen wurde.

1620 am 7. Januar beschädigte ein sehr starker Eisgang die Sprudelschale hinter dem Gemeindebade derart, dass der Sprudel Tags darauf ausblieb und erst am 1. März wieder zum Vorschein kam.

— am 2. März wurde das Dorf Fischern von *Mansfeld'*schen Soldaten in Brand gesteckt und bis auf 4 Häuser eingeäschert. Auch die Stadt Karlsbad wurde in diesem Jahre durch kurfürstl. bairische Truppen geplündert. Am 28. September desselben Jahres musste der Stadtrath 24 Mann Soldaten werben und sie nach Elbogen zur Besatzung abschicken, von wo sie erst am 6. December wieder zurückkehrten.

— am 23. October übermittelte der Stadtrath wegen der Kriegsunruhen im Lande seine Privilegien zur Verwahrung nach dem festen Elbogen.

1621 am 12. April belagerte die 14,000 Mann starke baierische Armee Elbogen, bis sich diese feste Stadt nach 3 Wochen wegen Mangel an Munition ergab. Die Stadt Karlsbad musste dem Feinde für die Auslösung ihrer Privilegien 700 f. zahlen.

1623 am 6. Mai verlieh Kaiser *Ferdinand II.* der Stadt Karlsbad das wichtige Privilegium der immerwährenden Befreiung von jeder Militärbequartirung. Zu Ende dieses Jahres stieg das Agio so hoch, dass ein Dukaten 15 f. und ein Reichsthaler 10 f. galt, wodurch wieder eine so unerhörte Theuerung entstand, dass ein Strich Korn auf 60 f. zu stehen kam.

1624. Auf Befehl *Ferdinand's II.* wurde am 21. August die Kirche den Protestanten abgenommen und der Pfarrer *Johannes Rebhuhn* zog mit allen Einwohnern, welche nicht katholisch werden wollten, von Karlsbad ab. — Zur Erinnerung findet man noch einen mit dieser Jahreszahl bezeichneten Denkstein auf der Anhöhe oberhalb des „Belle vue." — Tags darauf hielt der von Prag hier angekommene geistliche Commissair Dr. theol. *Georg Binther* die erste katholische Predigt. *Christian Wallburger*, früher protest. Pastor, trat zur kathol. Kirche über, wurde kathol. Pfarrer in Karlsbad, und trat später in den Ritterorden der Kreuzherren mit dem rothen Stern ein. Im Monate December übernahm die Seelsorge hier P. *Severinus de Sto. Jacobo* aus dem Orden der unbeschuhten Augustiner.

— fiel das Agio weg und der Dukaten hatte wieder seinen eigentlichen Werth 2 f. 30, der Reichsthaler 1 f. 30. Der Strich Korn (Roggen) kostete 1 bis 2 Thaler.

1628 am 25. März (am Maria Verkündigungstage) haben alle hierortigen Männer in Gegenwart des k. k. Kreishauptmanns *Ertl* das katholische Glaubensbekenntniss abgelegt. Die Frauen liessen sich nur schwer und nach und nach dazu bewegen.

Karlsbad war demnach durch 74 Jahre der lutherischen Lehre zugethan.

— im April übernahm die Seelsorge P. *Franciscus Albinus.*

— erliess *Ferdinand II.* unterm 18. October 1627 den Karlsbadern die Lehnzinse gegen dem, dass sie die Brücken bei Donitz, Drahowitz und über die Chodau erhalten.

1630 am 3. Februar richtete ein starker Eisgang hier grossen Schaden an, die Bäder des *Daniel Christel* und *Martin Deiml* wurden mit fortgerissen.

— übernahm die Seelsorge hier P. *Jacobus Wollenschleger.*

— Der grosse Feldherr *Albrecht von Waldstein*, Herzog von Friedland, kam von seiner Reise zum Reichstag nach Regensburg mit einem höchst zahlreichen Gefolge, das 284 Pferde benöthigte und nebstdem 100 Leibrosse für die Person *Wallenstein's* mitbrachte, nach Karlsbad in die Kur.

1631 am 5. Juli wurde Karlsbad durch das schwedische *Ullefeld*'sche Cavallerieregiment und am 3. November von 4 Compagnien polnischer Soldaten hart bedrängt.

— Seit wie lange vordem die Karlsbader Schützengesellschaft bestand, lässt sich nicht bestimmen, doch ist erwiesen, dass sie ihre verbesserte Schützenordnung vom 31. October 1630 dem Stadtrathe zur Genehmigung vorlegte.

1632. Die Seelsorge übernahm P. *Dietrich Schad.*

1633 im Monat Januar übernimmt die Seelsorge P. *Elias Baderus.*

1633 ist die Sterblichkeit so gross, dass binnen einem Monat (vom Januar bis Februar) in dem damals noch kleinen Karlsbad über 100 Menschen starben.

— am 13. August ertheilt Kaiser *Ferdinand II.* der Stadt Karlsbad die Bewilligung, das Rittergut Dallwitz um 1400 Reichsthaler zu verpfänden oder zu verkaufen.

1634. Nach der am 25. Februar d. J. erfolgten Ermordung *Wallenstein's* in Eger fanden hier starke Truppendurchmärsche gegen Regensburg statt.

1635 legten die *Colloredo'*schen Soldaten das Dorf Donitz in Asche.

1636 am 10. Februar erlitt Karlsbad in Folge Abreissens von 4 Teichen bei Tepl grossen Schaden durch Ueberschwemmung.

— Das Rittergut Dallwitz, Schobrowitz und Hohendorf ward an *Hans Ullrich*, Schweizer-Oberstwachtmeister, für 11,500 Schock meissnisch verkauft.

1638 vergütete mittelst Vergleichsbrief d. d. Schönfeld am 22. September 1638 und durch Intervention des Commissärs Grafen *Nostiz* der Abt des Stiftes Tepl den Karlsbadern ihren erlittenen Wasserschaden mit 500 f.

— trat am 29. December eine so warme Witterung ein, dass in der ganzen Umgebung geackert wurde.

1639 am 1. Juni wurde der Karlsbader Bürgermeister *Andreas Höfer* beim Schmalenhof b. Elbogen von einem Schlackenwerther Amtsschreiber erschossen.

1640 wurde Karlsbad durch schwedische Truppen geplündert.

1645 übernimmt die Seelsorge P. *Tillemanus Blankenius*.

— nach Pfingsten trat grosse Theuerung ein. Der Strich Korn kostete 10 f. 11 Groschen.

1646 Plünderung der Stadt Karlsbad während der Belagerung Elbogens durch den schwedischen Feldherrn *Königsmark*.

— am 12., 13. und 14. December wurde Karlsbad wegen des Durchmarsches kurcöllnischer Truppen in grosse Unkosten versetzt.

1647 am 28. Mai übernachtete hier Erzherzog *Leopold* von Oesterreich (nachheriger Kaiser *Leopold I.*) mit zwei Fürsten von *Gonzago*. Er bewunderte unsere heissen Quellen.

— erliess Kaiser *Ferdinand III.* auf die Klage der Karlsbader am 14. August aus seinem Hauptquartier Pernklau an *Georg Fabian Mulz von Waldau*, Hauptmann des Elbogner Kreises, den Befehl, die Karlsbader mit Ernst zu schützen.

1648 endigte der 30jährige Krieg.

1652 war Seelsorger P. *Kasparus Haas;* Stadtschreiber war *J. Höfer.*

1656. Der Eisgang am 18. Februar machte der Stadt grossen Schaden, daher auch *Leopold I.* den Karlsbadern alle bisherigen Lehnleistungen erliess.

1656. Bisher hatten Karlsbad und Zettlitz ein und denselben Pfarrer. In diesem Jahre übersiedelte der hiesige Pfarrer *Kaspar Haas* nach Zettlitz. An seine Stelle trat der Kreuzherr *Salomon Augustin Frendl.*

1664 war Seelsorger *Philipp Jacob Goetze,* und

1670 *Georg Johann Heidl.*

1671 und 1717 wollten sich hier Kapuziner zur Bekehrung der Ketzer niederlassen und ein Kloster erbauen, mussten aber unverrichteter Sache wieder abziehen.

1675 war Pfarrer *Heinrich Waldmann,* und

1679 Pfarrer *Christoph Norbert Bernbach;* Stadtschreiber war *N. Schneider.*

1680 wüthete in Prag, Wien, Dresden und ringsumher die Pest, doch blieb Karlsbad gänzlich verschont.

— Aufruhr der Bauern gegen ihre Obrigkeiten. Die Rädelsführer der zu Karlsbad gehörigen Bauern waren *Schmal von Drahowitz* und *Hein von Fischern;* sie zogen mit Dreschflegeln, Sensen, Heu- und Mistgabeln bewaffnet gegen Karlsbad. Beim Steinbrückl angekommen wurden sie vom Bürgermeister und Stadtschreiber *Schneider* durch Zureden beruhigt und gingen ohne Gewalt zurück. Der General *Harant,* der in der Umgebung Karlsbads die Ruhe hergestellt hatte, liess die Hauptrebellen in Neudeck hängen.

1682 waren Kurfürst *Georg III.* von Sachsen und der Herzog von Lauenburg durch sechs Wochen lang zur Kur hier. Die von dem Ersteren veranstalteten Feste sind schon zu oft beschrieben, um hier näher darauf einzugehen.

1690 gab Freiherr von *Heimhaus,* Königlicher Hof-Vice-Präsident, der Schützengesellschaft ein Bestschiessen. (Siehe älteste Scheibe im Schiesshause.)

1691 brauchten *Friedrich August* Kurfürst von Sachsen, der Herzog von Hannover und der Kurfürst von Brandenburg hier die Kur. Auch während ihres Aufenthaltes fanden viele Festlichkeiten statt.

1692 besorgte die Seelsorge hier P. *Nik. Anast. Geringer.*

1695 wiederholt der Kurfürst *Friedrich August* von Sachsen die Karlsbader Kur und giebt ein Freischiessen mit einem Bestgewinn von 30 Reichsthalern. (Siehe im Schiesshause Scheibe No. 1.)

1696 richtete ein starker Wolkenbruch grossen Schaden an.

1698 am 2. September wurde zwischen dem Kreuzherrenorden und der hierortigen Stadtgemeinde in Ansehung des Patronatrechts, der Reparatur des Pfarrgebäudes u. dergl. m. ein wichtiger Vergleich abgeschlossen.

1699 übernahm die Seelsorge P. *Joh. Thom. Fz. Seitz.*

1700 liess Graf *von Sternberg* die Marionkapelle erbauen.

1701 wurde auf den Wunsch *August I.*, Königs von Sachsen, der Sächsische Saal (Salle de Saxe) erbaut.

— übernahm die Seelsorge P. *Leopold Ignatz Siegl.*

1702 am 28. November übernachtete hier Kaiser *Josef I.*

1703. Starker Sprudelausbruch, welcher wegen der einzuleitenden Maassregeln unter der Bürgerschaft zu grossen Verwirrungen Anlass gab.

— brannten am 4. Mai oberhalb der Kirche die Häuser zum blauen Stern, zu den drei Linden und zum weissen Engel ab.

1704 übernahm die Seelsorge P. *Joh. Stephan Mayer.*

1705 wird von dem berühmten Arzte *Fr. Hoffmann* der Mühlbrunn zum Trinken empfohlen.

— kam *Friedrich August I.*, König von Polen und Kurfürst von Sachsen, zur Kur nach Karlsbad mit Hofstaat und grossem militärischen Gefolge (668 Mann). Gleichzeitig war auch die schöne Gräfin *Aurelia von Königsmark* hier.

1707 am 13. December bestätigte Kaiser *Josef I.* die hierortigen Privilegien und erhob Karlsbad zu einer königlichen Stadt.

— war Seelsorger P. *Franz Mathias Böhmb.*

1708 machte Dr. *Gottfr. Berger* aus Merseburg in seinem Werke: „Prodrom. comment. de Carol. Bohemiae fontibus," der Erste, bekannt, dass sich aus dem Sprudelwasser ein Abführsalz bereiten lasse.

— gebrauchten *Friedrich I.*, König von Preussen, die Herzogin von Sachsen-Zeitz und die Markgräfin von Baireuth hier die Kur.

— übernahm *A. Nonner* das Stadtschreiberamt.

1709 machten zwei starke Eisgänge den Bädern grossen Schaden.

1711 und **1712** kam *Peter der Grosse*, Czar von Russland, mit grossem Gefolge zum Kurgebrauche nach Karlsbad. Er besuchte hier alle Werkstätten, schmiedete im Dorfe Pirkenhammer mit eigener Hand ein Hufeisen, drechselte eine Dose aus Elfenbein, womit er den hierortigen Pfarrer *Mathias Böhmb* beschenkte und welche im

Museum zu Prag aufbewahrt ist. — Am 11. November 1712 ritt er auf einem für den Pflug geschirrten Pferde auf den Hirschensprung und schnitt mit eigener Hand in das dort befindliche Kreuz: *M. S. P. I.* ein. Auf der Schiessstätte sind drei Scheiben (mit No. 2 bezeichnet) vorhanden, auf welche Czar Peter selbst geschossen hat. Die Schützengesellschaft erfreut sich einer immerwährenden Revenue von 29 f. 30 x., die sie diesem Regenten verdankt. Gleichzeitig mit dem Czar traf 1712 der grosse P h i l o s o p h *Leibnitz* hier ein.

1713 b r a c h d e r S p r u d e l m i t s o l c h e r G e w a l t a u s, dass die gewöhnlichen Hilfsmittel nicht hinreichten. Um den Lauf des Sprudels zu erforschen, durchschlug man die drei in verschiedener Entfernung übereinander befindlichen Sprudelschalen und entdeckte das grosse Wasserbehältniss des Sprudels. Seit jener Zeit nennt man dieses unterirdische Bassin den S p r u d e l k e s s e l.

— Die P e s t wüthet abermals ringsumher, C a r l s b a d b l i e b a u c h d i e s e s M a l v e r s c h o n t. — Gräfin *Wrtby* widmete aus Dankbarkeit, dass Karlsbad von der Pest verschont blieb, 1000 f. zur Herstellung der D r e i e i n i g k e i t s s t a t u e a m Markte. Es wurde diese Statue im Jahre 1716 aufgestellt.

— Herr *von Povion* gab ein grosses Bestschiessen (Scheibe No. 3).

1714 wurde der E l b o g n e r K r e i s dem S a a z e r einverleibt.

1716 stiftete der Forstaufseher *Bernard Benjamin Muckl* das M a r i e n b i l d an der grossen Fichte am Wege zum Aberge.

1718 v e r b o t über Bitte der Karlsbader Kaiser *Karl VI.* d i e A u s - f u h r d e s S p r u d e l w a s s e r s.

— g a b e n während ihres Kurgebrauches B e s t s c h i e s s e n:

Prinz *August* von Anhalt-Köthen (Scheibe No. 4),

Leopold F ü r s t z u A n h a l t, Herzog zu Sachsen und Westphalen, widmete 14 Dukaten (Scheibe No. 5),

Franz Ferdinand Reichsgraf *von Kinsky* widmete 70 f. (Scheibe No. 6),

Se. Exc. Freiherr *Johann Jakob von Kriegbauer* gab 11 Dukaten (Scheibe No. 7)

und

Max Freiherr *von Kettenschloss* widmete 23 Reichsthaler (Scheibe No. 8).

1720 bestellte die Seelsorge der Pfarrer P. *Georg Thomas Fassmann.* Er erwarb am 4. April 1723 für sich und seine Nachfolger die D e c h a n t s w ü r d e.

1721 am 19. Mai kamen zur Kur Kaiserin *Elisabeth Christina*, Gemahlin Kaiser *Karl's VI.*, mit ihrer vierjährigen Prinzessin, der nachmaligen Kaiserin *Maria Theresia.* Es fanden ihr zu Ehren viele und grosse Festlichkeiten statt, wovon wir blos bemerken wollen, dass 900 Bergleute einen Aufzug veranstalteten und unter den

Fenstern der kaiserlichen Wohnung im Posthause am Markte eine Bären- und Ochsenhetze von der Stadtgemeinde veranstaltet wurde. — Die Kaiserin bediente sich eines Bechers aus der Porzellanfabrik zu Meissen. Dieser Becher zeigt die Ansicht Karlsbads und ist mit zwei Chronographica versehen:

„HoCCe poCVLo TherMas
CaroLInas feLICIter bIbIt
ELIsabet aVgVsta.“

VoVet toto eX CerDe terra
bohoMa ELIsabethae proLes.“

Derselbe wird im Museum zu Prag aufbewahrt.

1721 erhielt Karlsbad von der Domaine Giesshübel die Waldstrecke, „zum ewigen Leben“ genannt, zum Geschenke.

1723. Bisher hatte die Karlsbader Schützengesellschaft blos Schützenmeister, erst in diesem Jahre wurde *Thomas Polz* als erster Schützenhauptmann gewählt.

— gab Frau Gräfin *Quästenberg* den Schützen ein Bestschiessen (Scheibe No. 11).

1725 wurde *David Becher* im Hause zu den zwei Ketten in der Sprudelgasse geboren.

— gaben folgende Kurgäste den Schützen Bestschiessen:

Franz Ludwig, Fürst und Erzbischof zu Trier, 10 Dukaten (Scheibe No. 13),

Se. fürstl. Durchlaucht Graf *Wilhelm Trautson* 10 Dukaten (Scheibe No. 14),

Se. Exc. *Ottokar* Reichsgraf von Stahremberg 6 Dukaten (Scheibe No. 15)

und

Se. Exc. *Wilhelm* Reichsgraf von Kolowrat 8 Dukaten (Scheibe No. 17).

1726. *Friedrich II.*, Herzog von Sachsen-Gotha und Altenburg, überzeugte sich während seines hierortigen Kurgebrauchs von der Gewandtheit der Karlsbader Schützen und lud diese vor seiner Abreise zu einem Königs- und Vogelschiessen nach Altenburg ein. Zufolge dieser ehrenvollen Einladung unternahmen die Reise: *Kaspar Küffl, G. B. Kirchberger, Ferdinand Richter, Johann Andreas Stöhr, Johann Adam Knoth* und *Johann Joseph Gebhart.* — Der Herzog, erfreut über deren Erscheinen, liess für sie ein eigenes Zelt erbauen und sie, nachdem *Gebhart* den Rumpf des Vogels abgeschossen und König geworden, nebstdem die Karlsbader Schützen die ersten Preise (kostbare Silbergeschirre) erhielten, alle in seinen Staats- und Gallawagen abholen, im Residenzschloss mehrere Tage lang bewirthen und bei der Rückreise mit seinen Equipagen bis an die böhmische Grenze geleiten. Den grössten Gewinnst, einen silbernen Becher, schenkte *Gebhart* der Schützengesellschaft. Dieser Becher wurde im Jahre 1795 mit 200 Dukaten gefüllt als Kriegsbeitrag nach Wien gesendet.

1726 wurden in Karlsbad folgende Bestschiessen gegeben:

E. A. Reichsgraf *Schafgotsch* gab 36 f. (Scheibe No. 18),

Fürst *Lobkowitz* (Scheibe No. 19),

Fürst *J. W. Trautson* 10 Dukaten (Scheibe No. 20),

Johann August, Herzog von Anhalt, 50 f. (Scheibe No. 21),

Heinrich, Herzog zu Wensterberg, 10 Dukaten (Scheibe No. 22),

. Ihre Exc. Gräfin *Marie Antonie Quästenberg* 3 Dukaten (Scheibe No. 23),

Georg Wilhelm, Markgraf von Brandenburg, 60 f. (Scheibe No. 24),

Philipp, Herzog von Sagan, 102 f. 30 x. (Scheibe No. 26).

1727 war ein bedeutender Sprudelausbruch.

— *Georg Caspar Müller* wird zum Schützenhauptmann gewählt.

— Der Bediente des Dechants aus Jechnitz war erst 17 Jahre alt, in Schluckenau geboren und hiess *Josef König*. Derselbe wurde von seinem Herrn dem Dechant sehr strenge behandelt und König fasste deshalb einen grimmen Hass gegen denselben, so dass er zwei Vergiftungsversuche machte. Der Dechant, welcher im Hause zum blauen Stern wohnte, hatte einige Gäste geladen. *König* vergiftete die Suppe, was aber ein unter den Gästen befindlicher Arzt erkannte. *König* wurde wegen zweimaliger Mordversuche hier mit dem Schwerte hingerichtet, was der Stadtgemeinde eine Auslage von 58 f. 18 x. verursachte.

— Gräfin *Waldstein* schenkte der Stadt Karlsbad zur Reparatur des Rathhauses, der Brücken und Stege und zur Anschaffung einer neuen Uhr 1300 f.

— am 28. Juli wurde P. *Wenzel Siegm. Otticzky* als Dechant installirt. Dieser schlug den Schlussstein in die Kuppel der Kirche am 1. October 1736.

1727 wurden folgende Bestschiessen gegeben:

Johann August, Herzog zu Sachsen-Engern, 50 f. (Scheibe No. 27),

P. *Fz. M. Böhm*, des ritterlichen Kreuzherrenordens General-Grossmeister, einen silbernen vergoldeten Pokal und 3 Dukaten (Scheibe No. 28).

1728 wurde das böhmische Saalgebäude von einem gewissen *Becher* erbaut und damals „Lusthaus" genannt.

1728 liess die Gräfin *Waldstein* vor den Markthäusern ein Trottoir legen und die Statue des h. Johann von Nepomuk auf der Brücke errichten.

— Bestschiessen wurden gegeben:

vom Reichsgrafen *J. A. von St. Julien* (Scheibe No. 32),

von Sr. königl. Hoheit dem Kronprinzen von Dänemark mit 150 f. (Scheibe No. 34).

1729 wurde das auf dem Platze der gegenwärtigen Sprudelcolonnade und dem Sprudelplatz stehende alte Bräuhaus über Vorstellung des M. Dr. *Franz Bachmann* von der k. k. Hofstelle wegzuräumen und ein neues vor der Stadt zu errichten anbefohlen; worauf im selben Jahre der Bau des jetzigen Bräuhauses begann.

— gaben Bestschiessen:

Graf *J. E. Schafgotsch* mit 40 f. (Scheibe No. 35) und

Fürst *Johann August* zu Anhalt mit 50 f. (Scheibe No. 36).

1730. Fürst *Georg Friedrich Carl* von Ostfriesland mit 18 Dukaten (Scheibe No. 37),

Reichsgraf *J. E. Schafgotsch* mit 48 f. (Scheibe No. 39),

Graf *Wilhelm Kolowrat* mit 40 f. (Scheibe No. 40),

Reichsgraf *von Wolfstein* mit 20 f. (Scheibe No. 41).

1732 am 14. Juni kamen Kaiser *Karl VI.* sammt dessen Gemahlin zur Kur nach Karlsbad und hatten einen höchst feierlichen Empfang. Vor der Abreise spendeten die Majestäten der Bürgerschaft 15,000 f. als Quartiergeld, — zum Baue der neuen Kirche 1000 Dukaten, — der Schützengesellschaft zu einem Freischiessen Silbergeschirre im Werthe von 1000 Thalern, nebst einer Fahne, mit dem Reichsadler und in der Spitze mit dem Namenschiffre *C. VI.* geziert, zu Ausrückungen. — 5000 f. bekamen die Karlsbader Armen.

— Gleichzeitig mit den kaiserlichen Majestäten waren hier Se. Majestät *Friedrich Wilhelm I.*, König von Preussen, und Prinz *Eugen* von Savoyen.

— wurde der im Jahre 1729 begonnene Bau des Bräuhauses, welcher auf 80,000 f. zu stehen kam, vollendet.

— kommt man bei der Grundgrabung zur gegenwärtigen katholischen Kirche auf eine Anzahl von Sprudelsteinen und fand man erst in der siebenten Klafter Tiefe festen Grund.

— lehrte *Nicolaus Borries*, Cand. med., nachher Professor zu Halle, dem hierortigen Färbermeister *Bernard Richter* die Art der Sprudelsalzbereitung. *Richter* erhielt von Kaiser *Karl VI.* das Privilegium, dieses Salz bereiten und verkaufen zu dürfen. *Bernard Richter* und Dr. *David Becher*, welch Letzterer die Salzbereitung ohne Feuer im Jahre 1769 einführte, hatten deshalb viele Verfolgungen von den hierortigen Bürgern zu erleiden.

1732 stiftete der Elbogner Bürger *Lorenz Pleyer* hier einen zweiten Kaplan durch Erlegung eines Capitals von 4000 f. mit der Verbindlichkeit, dass jede Woche für ihn vier, und so oft ein Karlsbader Bürger stirbt, für diesen eine heilige Messe gelesen werden soll.

— gab am 16. October der Fürst zu Anhalt noch ein Schlussschiessen mit 50 f. (Scheibe No. 45).

1733 wurde *Leopold Brandl* zum Schützenhauptmann gewählt.

— Bestschiessen wurden gegeben von Sr. Hochwürden und Gnaden dem Fürsten *Moritz Adolf Carl*, Herzog zu Sachsen, Bischof zu Königkrätz, mit 12 Dukaten (Scheibe No. 46).

1734. Ein Bestschiessen gab die Frau Reichsgräfin *Ant. von Quästenburg* mit 6 Dukaten (Scheibe No. 47).

1735 am 13. Juni ging in der Gegend von Gabhorn ein Wolkenbruch nieder und machte durch Anschwellung der Tepl hier grossen Schaden.

— Fürst *Georg Ludwig*, Markgraf von Baden, giebt ein Bestschiessen mit 24 Dukaten (Scheibe No. 48).

1736 am 1. October wurde der Bau der neuen Kirche beendet. Baumeister war *Ign. Diezenhofer*.

1739 liess der k. k. Appellationsrath *von Schuppig* an der rechten Ecke des Rathhauses die Statue Kaiser *Karl IV.* herstellen.

1740 am 20. December richtete ein Sturmwind grosse Verheerungen in den Karlsbader Waldungen an.

1741 am 8. September hielten die Jesuiten hier eine zehntägige Mission auf der alten Wiese gegenüber dem Hause „zum Wallfisch" ab.

— erlitt Karlsbad viel durch feindliche Einfälle französischer Truppen.

1742 am Ostertage marschirte ein französisches Heer hier durch. Als sie Eger eingenommen und Falkenau mit 5000 Mann besetzt hatten, machten sie in die Umgebung Ausfälle, wobei sie hier das Magazin wegnahmen, die Mühlbad- und Kreuzgasse plünderten und den Bürgermeister *Kaspar Daniel* als Geissel mit nach Falkenau führten. Dessen Auslösung kostete der Stadt Karlsbad 600 f. Im selben Jahre am 17. November überfielen 300 französische Reiter Karlsbad und nahmen den Bürgermeister *Leopold Brandl* als Geissel mit nach Eger, wo er auch starb.

1744 wurde P. *Joh. Jos. Schurer* als Dechant installirt.

1745 am 9. September wurde der berühmte Thiermaler *Wenzl Peter*, der Sohn des hierortigen Büchsenmachers *J. G. Peter*, geboren. Derselbe starb zu Rom am 27. December 1829.

— wurde *Kaspar Deiml* zum S c h ü t z e n h a u p t m a n n gewählt.

— B e s t s c h i e s s e n gaben Herr *Tripte* aus Leipzig mit 5 Dukaten (Scheibe No. 49), und Fürst *Paul von Mansfeld* mit 6 Dukaten (Scheibe No. 50).

1746 ereignete sich hier ein bedeutender W o l k e n b r u c h, der eine grosse Ueberschwemmung zur Folge hatte. Die Erben nach M. Dr. *Franz Bachmann* liessen an der bei der Kirche befindlichen St. Johannes - Statue ein diesbezügliches Chronographicon:

          „SVperate ob affLVXV VnDarVM his

          LoCIs IngentI nVbIfragIo "

anbringen.

— B e s t s c h i e s s e n gaben Reichsgraf *Alb. Carl zu Schönborn* mit 13 Maxd'or (Scheibe No. 51), und Reichsgraf *Hcinr. Sigm. Zedtwitz* mit einem silbernen Deckelbecher und 3 Dukaten (Scheibe No. 53).

1747 gaben B e s t s c h i e s s e n Freiherr *von Patuschka* mit 4 Dukaten (Scheibe No. 53), und Freiherr *von Büssinger* mit 4 Dukaten (Scheibe No. 54).

1748 wird d e r N e u b r u n n auf Anrathen des Dr. *Springsfeld* zum innerlichen Gebrauch angewendet.

— baute der bei der Kaiserin *Theresia* in hoher Gnade stehende Schneidermeister *Kraus* auf der alten Wiese ein Haus und versah es aus Dankbarkeit mit dem Brustbilde der Kaiserin *Maria Theresia* (zur schönen Königin).

— B e s t s c h i e s s e n gaben der F ü r s t - B i s c h o f z u A u g s b u r g mit 12 Dukaten (Scheibe No. 55) und der Reichsgraf *Pestouscheff Kumin* mit 12 Dukaten (Scheibe No. 56).

1749 verlor sich d e r S p r u d e l an seiner gewöhnlichen Stelle, weshalb man in der Nähe eine neue Oeffnung bohrte, aus welcher dann das Wasser wie vorher sprang.

— wurde *Carl Pols* zum Schützenhauptmann gewählt und gab abermals der Fürst - Bischof zu Augsburg, Landgraf in Hessen, ein Bestschiessen mit 12 Dukaten (Scheibe No. 58).

1751 wurde der E l b o g n e r K r e i s vom Saazer wieder getrennt und mit einem eigenen Kreishauptmann versehen.

— wurde P. *Josef Canzler* als Dechant installirt. Unter diesem wurde das D e c h a n t e i g e b ä u d e im Jahre 1756 erbaut, während bis dahin die Geistlichen in gemietheten Häusern wohnten.

— B e s t s c h i e s s e n gab der F ü r s t - B i s c h o f z u A u g s b u r g mit 12 Dukaten (Scheibe No. 60).

1752 wurden bei den Bohrungen der Sprudelschale v i e l e S p r u d e l - s t e i n e gewonnen, von welchen ein besonders schönes Exemplar in das Naturalien-Cabinet nach Wien geschickt wurde.

1753 wurden mehrere Hausbesitzer der alten Wiese mit ihrem An- sinnen, an die Stelle der M a r i e n k a p e l l e eine Kirche zu erbauen und dabei einen Priester anzustellen, abgewiesen.

1754 wurde die oberhalb der Johannisbrücke befindliche und zum alten Bräuhause nächst dem Sprudel gehörige W a s s e r w e h r e , ebenso der zur Malzmühle führende M ü h l g r a b e n beseitigt.

— wird an Stelle des alten Bräuhauses d i e S c h u l e erbaut. Vorher war sie neben dem Hause zum goldenen Ring.

— gab Sr. Hochwürden der Königgrätzer Bischof *Anton Peter Przichowsky* (nachmaliger Fürsterzbischof zu Prag) e i n N a c h t s c h i e s s e n bei 3500 Lampen, mit 10 Dukaten (Scheibe No. 61).

1755 wurde *Kaspar Damm* zum Schützenhauptmann gewählt.

— erinnerten sich die ältesten Leute keines so strengen Winters.

1756 liess Se. Exc. Graf *Rudolf von Chotek* viele Verschönerungen in und um Karlsbad machen, auf seine Kosten wurden die T e p l u f e r - m a u e r n erbaut, die K a s t a n i e n - A l l e e a u f d e r a l t e n W i e s e und der Graf Chotek'sche W e g angelegt.

— wurde, wie schon erwähnt, die D e c h a n t e i gebaut; oberhalb der Thüre derselben befindet sich folgendes Chronographicon:

„De CanatVs Carolother MensIs."

Die Stadtgemeinde übernahm die Verpflichtung der fortwährenden Instandhaltung dieses Gebäudes.

— brach der 7jährige Krieg aus, wodurch Karlsbad harte Bedrängnisse zu bestehen hatte. Kurgäste waren in diesem Jahre nur wenige hier.

1757 traf ein zu Sebastiansberg am 25. November 1757 vom königlich preuss. Obersten *Arnstedt* ausgestellter Befehl hier ein, worin der Stadt Karlsbad bei Vermeidung des Feuers und Schwertes verordnet wird, binnen 2 Tagen 3300 f. an Brandschatzungsgeld nach Postelberg baar abzuführen. Diesem Befehle wurde mit schwerem Herzen Folge geleistet.

— wurde P. *Mich. Angstenberger* zum Dechant installirt.

1759 am 23. Mai wurde zum grossen Jubel der Stadt der (im Archiv Fasc. O. 6.) erliegende S a l v a - G u a r d i a - B r i e f des Prinzen *Carl* v o n P r e u s s e n d. d. Landshut am 12. Mai 1759 kundgemacht, worin den Städten K a r l s b a d und T e p l i t z die Verschonung von jeder Kriegsverheerung zugesichert wird.

— am 23. Mai brach in dem Hause zu den 3 Mohren am Markte eine verheerende Feuersbrunst aus und legte 224 Häuser in Asche, auch verloren hiebei 4 Menschen das Leben. — Die Kaiserin *Maria Theresia* schenkte den Abgebrannten 1000 Dukaten und liess für 2254 f. eine neue (die jetzige) T h u r m u h r und für 1167 f. neue G l o c k e n herstellen. Diese Uhr, ein Meisterstück seltener Art und mit dem Brustbilde der Kaiserin geziert, verfertigte *Sebastian Landensperger* in Prag, die Glocken wurden bei *Di Valle* in Eger gegossen. Aus Dankbarkeit für die zu Theil gewordene Hilfe stiftete die Bürgerschaft ein Hochamt (sogenanntes Feueramt), welches jährlich am 23. Mai abgehalten wird.

1759. Von diesem Jahre an sind durch die geschriebenen Badelisten die Kurgäste und deren Anzahl bekannt.

1762 wurde das M ü h l b a d g e b ä u d e erbaut. Kaiserin *Maria Theresia* spendete hiezu 8000 f. (Es wurde 1827 wieder demolirt.)

— am 28. August forderten 28 preussische Husaren 800 f. Brandsteuer, gaben sich aber mit dem Erhalt von 44 f. zufrieden.

— am 30. August führten 8 vom General *Kleist* aus Schneeberg hieher commandirte preussische Husaren den Bürgermeister *Mathias Urban* und *Josef Dexter* als Geisseln nach P o r s c h e n s t e i n i n S a c h s e n, wo sie nach 3 Wochen mit 1500 f. wieder ausgelöst wurden.

— am 2. September erpresste der k ö n i g l. p r e u s s. R i t t m e i s t e r *Lauer* mit 300 Husaren ein Brandgeld von 3748 f.

— am 3. September kam der k ö n i g l. p r e u s s. General *Belling* mit 4000 Mann hier an. Auf Bitte des Stadtrathes verschonte er nicht nur die Stadt, sondern stattete von der Tags zuvor abgedrungenen Brandsteuer 1000 f. zurück. 2000 f. ersetzte Oberst *von Schulenburg* wieder.

— wird *Mathias Urban* zum Schützenhauptmann gewählt.

— wird die G a r t e n q u e l l e (Theresienbrunn) gefasst und zum Trinken hergerichtet.

1763 am 15. Februar endete der 7jährige Krieg und Karlsbad erfreute sich wieder eines zahlreichen Besuches. In diesem Jahre brauchten gleichzeitig hier die Kur der G e n e r a l *Laudon* und der berühmte S c h r i f t s t e l l e r *Gellert.* Sie wurden vertraute Freunde und verkehrten viel mitsammen.

— am 30. December war ein grosses W a s s e r, welches grossen Schaden verursachte und das Haus der *Theresia Egert* nächst dem Fleischerstege mit allen Einrichtungsstücken fortriss.

1764 wurde in der Nähe des Mühlbrunn über die Tepl die erste Brücke erbaut. Vorher bestand daselbst nur ein Steg für Fussgänger. Wer von der Kreuzgasse am Markt fahren wollte, musste die Tepl passiren.

— am 22. Mai wurde hier im Hause „zum braunen Reh" *Leopold Stöhr,* Commenthur des ritterlichen Kreuzherrenordens mit dem rothen

Sterne zu Eger, Historiograph von Karlsbad, und daselbst durch 25 Jahre Seelsorger, geboren.

1764 waren 273 Kurparteien anwesend, worunter sich *Gellert* leider zum letzten Male befand.

1765 war Prinz *Heinrich* von Preussen, Bruder *Friedrich II.*, zur Kur hier.

— wurde die erste italienische Oper: „L'Amore in Musica" aufgeführt. Der Director hiess *Giuseppe Bastelli*.

— ward *Georg Kaspar Piroff* zum Schützenhauptmann gewählt.

— gab Se. Exc. Reichsgraf *von Dietrichstein* ein Bestschiessen mit 3 Souverain d'ors (Scheibe No. 65).

1766 am 15. Juli kam auf seiner Reise nach Eger Se. Majestät Kaiser *Josef II.* hier an und besah sich die Stadt und die Heilquellen.

— ergab sich am 2. December ein bedeutender Sprudelausbruch, welcher erst nach mehreren Jahren dauerhaft geheilt werden konnte.

— gab abermals Reichsgraf *von Dietrichstein* ein Bestschiessen mit 12 Dukaten (Scheibe No. 66).

1767 liess es sich der verdienstvolle Dr. *David Becher* sehr angelegen sein, die Sprudelsalzfabrikation zu vervollkommnen, wesswegen er von den Karlsbadern viele Unbilden zu erleiden hatte. Es wurde eine kreisämtliche Commission angeordnet und Dr. *Becher* fand sich bewogen, am 17. Juni alle Salzkessel wegnehmen zu lassen.

— gab der Prager Erzbischof *Przichowsky* ein Bestschiessen mit 6 Dukaten (Scheibe No. 67).

1768 am 1. November wurde die 340 Pfund schwere Feuerglocke am Stadtthurm angebracht.

— Installation des P. *Johann Christian Werner* als Dechant.

1769 ward der hierortige Schuhmachermeister *Anton Tschamler* der Entdecker des Schlossbrunns.

— macht Dr. *D. Becher* die Entdeckung, dass sich das Sprudelsalz ohne Feuer bereiten lasse, worauf höchsten Ortes unterm 29. März angeordnet wurde, mit dieser Bereitungsart sogleich den Anfang zu machen.

— wird *Maxmilian Voigt* zum Schützenhauptmann gewählt.

1770 wurde in ganz Böhmen, daher auch in Karlsbad, die Bezeichnung aller Häuser und Gebäude mit Zahlen und die Berechnung der Einwohner vorgenommen.

— wurde durch Dr. *D. Becher* die erste Analyse der hierortigen Mineralquellen vorgenommen.

2*

1770 Anfangs März beschädigte der Eisgang die Sprudelschale so sehr, dass der Sprudel an seinem gewöhnlichen Orte ganz ausblieb und in der Tepl nächst dem Zapfenloche zum Ausbruche kam. Behufs der Reparatur musste die Tepl vom Posthause an abgedämmt und gegen das Gemeindebad zu geleitet werden. Am 24. März sprang der Sprudel wieder an seiner früheren Stelle.

— gab Se. Exc. *Ig. Koller von Nagy Manqua*, Bischof von Veszprim, ein Bestschiessen mit 3 Dukaten (Scheibe No. 71).

1771. Grosse Theuerung und Hungersnoth. Ein Strich Weizen galt 16 f., Korn 15 f., Gerste 12 f. und Hafer 5 f.

1772. Die im verflossenen Jahre in Folge der Hungersnoth entstandene Epidemie raffte in Böhmen allein 250,000 Menschen hinweg. In Karlsbad wurden so viele Menschen ein Opfer des sogenannten faulen Fiebers, dass man von dem nächst der Pfarrkirche befindlichen Kirchhofe viele Kreuze entfernen und während der Kurzeit die Bürgerlichen bei St. Andreas begraben liess. (Die eigentliche Verlegung des Kirchhofes aus der Stadt erfolgte erst 1784.) — Kaiserin *Maria Theresia* erliess in Beherzigung der harten Drangsale Böhmens jedem Angesessenen, deren 51,000 waren, 9 f. an Steuer, daher jeder Angesessene statt 66 f. nur 57 f. zu bezahlen hatte.

— am 26. Juni um 3 Uhr Nachmittags schlug der Blitz in den Stadtthurm, ohne zu zünden.

— Kurparteien: 147.

1773. Sehr gesegnete Ernte; das Strich Korn kostet 2 f. 15 x., der Weizen 4 f., die Gerste 1 f. 45 x. und das Viertel Erdäpfel 5 x.

— Kurparteien: 229.

1774 wurde an der Stelle, wo sich das heutige Sprudelbädergebäude befindet, von den Einkünften der Sprudelsalzerzeugung ein Saal erbaut und Sprudelsaal benannt. Zu diesem Baue spendeten ausserdem Kaiserin *Maria Theresia* 2000 f. und ein Herr *von Saldern* aus Russland 100 Dukaten. (Dieser Saal wurde 1830 in das gegenwärtige Sprudelbädergebäude umgestaltet.)

— am 10. August kam an der Ecke des neuen Sprudelsaales eine heisse Quelle zum Vorschein, welche von den Kurgästen durch sieben Jahre mit bestem Erfolg gebraucht wurde. Sie verlor sich aber nach und nach und blieb endlich ganz aus. Diese Quelle hinterliess jenen schönen kranzförmigen Erbsenstein, der sich im hierortigen städtischen Museum befindet.

— im Herbste brach der Sprudel in der Tepl aus, so dass bei allen fünf Sprudelöffnungen kein Wasser mehr anzutreffen war. Der Sprudel liess kein Flusswasser in seine Oeffnung, sondern stiess dasselbe zurück, woraus Dr. *Becher* folgerte, dass des Sprudels Sprung keinem Wasserfalle, sondern dem gepressten Elastischen zugeschrieben

werden müsse. Das Verschliessen dieses Ausbruches und Zurück-
drängen des Sprudels an seinen früheren Ort kostete grosse Anstrengung.

1774. Kurparteien: 279.

1775 wurde *Josef Heilingötter* zum Schützenhauptmann gewählt.

— giebt die Fürstin *Auersperg* ein Bestschiessen mit 6 Dukaten
(Scheibe No. 72).

— Kurparteien: 294.

1776 liess Dr. *D. Becher* für die Kaiserin *Maria Theresia* aus allen
Gattungen Sprudelstein einen Tischaufsatz verfertigen.

— Kurparteien: 290.

1777. Seit 1759 das Rathhaus verbrannte, mussten die Rathssitz-
ungen theils im böhm. Saalgebäude, im steinernen Hause oder im
Bräuhause abgehalten werden; erst 1777, also nach 18 Jahren, wurde
das heutige Rathhaus erbaut.

— wurde *Josef Pittroff* zum Schützenhauptmann gewählt. Von diesem
Jahre an durften die Schützenoffiziere zwar Degen, aber keine Uniform tragen.

— Kurparteien: 260.

1778 veranstaltete Graf *Moritz von Brühl* aus Sachsen im Plobenwalde
(der Antonsruhe gegenüber) ein grosses Diner.

— Anfangs September kamen vier Exjesuiten aus Duppan als Mis-
sionäre hier an und predigten durch 8 Tage theils in der Kirche,
theils am Platze vor dem böhmischen Saal.

— Wegen des Krieges mit Preussen belief sich die Zahl der Kurparteien
blos auf 59.

1779. Kurparteien: 244.

1780 macht Dr. *Becher* bei Anlage eines Gartens auf dem Platze, wo
heute das Hôtel „zum goldnen Schild" steht, die Wahrnehmung,
dass dort vor Erbauung der Stadt der Sprudel mit aller Gewalt gesprungen sein müsse; denn er traf einen grossen
Klumpen dunkelbraunen, warzenförmigen und festen Sinter an, der
sich nur bei dem Springen des Sprudels erzeugt.

— suchten der hierortige Rathsmann *Georg Kies* und der Weltpriester
Franz Kühl durch kostspielige Anlagen von Stollen in den Bergen
in und um Karlsbad nach edlen Metallen, ohne irgend ein Resultat
zu erzielen.

— Se. Exc. Graf *Orloff-Chesmensky*, kaiserl. russ. General en chef,
war schon als Oberst im Jahre 1768 zur Kur in Karlsbad, machte
hier viele Schiessübungen mit und kaufte mehrere hier erzeugte Schiessgewehre, welche er mit nach Russland nahm. Auch

in diesem Jahre gab Graf *Orloff* viele grossartige Bestschiessen (siehe Scheiben No. 68, 73, 74 nnd 75) und überreichte der Karlsbader Schützengesellschaft eine Mark Silber haltende Denkmünze, welche die Kaiserin *Katharina II.* von Russland in Folge der durch Graf *Orloff* gewonnenen Seeschlacht bei dem Fort Chisme (am 7. Jnli 1770) prägen liess, und hiezu drei ihrer Ordensbänder, wobei er versicherte, dass er den günstigen Erfolg dieser Seeschlacht insbesondere den Schiessübungen in Karlsbad und den Karlsbader Stutzen, womit er eigenhändig den Steuermann vom türkischen Admiralschiffe herabschoss, zn danken hatte; ferner gab Graf *Orloff* noch ein Theetuch mit der Abbildung dieser Seeschlacht.

— Hauptmann *Till* ist der erste k. k. Militär-Inspections-Offizier in Karlsbad.

— wird *Andreas Poetzl* zum Schützenhanptmann gewählt.

— Kurparteien: 225.

1781. Kurparteien: 187.

1782. Knrparteien: 110.

1783 wird *Jakob Mader* zum Schützenhanptmann gewählt.

— Knrparteien: 235.

1784 erscheint der Bernardsbrunn als neue Qnelle.

— riss der Eisgang am 28. Februar die bei Drahowitz über die Eger bestandene Brücke fort; dieselbe wurde nicht mehr hergestellt. Anch der etwa 300 Schritte nnterhalb der dermaligen Franz-Josefsbrücke (Egerbrücke) befindliche sogenannte Fischerner auch Zettlitzer Steg hatte ein gleiches Schicksal.

— erfolgte jede Beerdigung der Leichen bei St. Andreas.

— Installation des Dechanten P. *Jos. Phil. Neumann.*

— Knrparteien: 249.

1785 wnrde das Armen-Institnt hier eingeführt.

— Kurparteien: 445.

1786 wurde die bürgerliche Schiessstätte hinter der alten Wiese abgebrochen und am Schlossberge nächst der Ecce-homo-Kapelle errichtet.

— trugen bei der Frohnleichnamsprocession die hier anwesenden Grafen *Kolowrat, Salm, Saurau* nnd *Ileinau* den Himmel über dem Sanctissimnm.

— gab die rnssische Gräfin *Ozinska* den Kurgästen in der Allee vor dem böhmischen Saale ein ebenso prachtvolles, als kostspieliges Fest mit Diner und Ball.

— wurde auf Befehl Kaiser *Josef II.* der hierortige Stadtrath der Kriminalgerichtsbarkeit enthoben und das Halsgericht demolirt.

1786. Der polnische Graf *Gurosky* (stets in National-Costüm gekleidet) besang Karlsbad in herrlichen lateinischen und polnischen Gedichten. Derselbe war trotz seines Alters ein ausgezeichneter Pistolenschütze. Er gab ein B e s t s c h i e s s e n mit 18 f. (Scheibe No. 76). Weitere B e s t s c h i e s s e n gaben Herzog *Carl August* von Sachsen-Weimar mit 12 Dukaten (Scheibe No. 77) und Herr *von Beths* aus England mit 4 Dukaten (Scheibe No. 78).

— Kurparteien: 411.

1787. Bisher wurden alle Theaterstücke unter den Directoren *Brunian*, *Fiedler*, *Bimiskorn*, *Hofmann* und *Faller* in einer Bude hinter der Pupp'schen Allee auf einer Wiese des Messerschmiedmeisters *Thad. Damm* aufgeführt; erst in diesem Jahre wurde aus dem Erträgniss des Sprudelsalzes der *Trottmann*'sche Garten für 230 f. erkauft und daselbst d a s g e g e n w ä r t i g e T h e a t e r erbaut. Die Grundsteinlegung fand am 15. Juli 1787 statt.

— wurde der Stadt Karlsbad mittelst Hofdecret vom 12. Juni 1787 die Abhaltung eines W o c h e n m a r k t e s bewilligt. (Erst im Jahre 1824 wurde ein Wochenmarkt factisch eingeführt.)

— veranstaltet Graf *Josef Thun* vor dem böhmischen Saal eine S c h a c h - p a r t i e mit lebenden Figuren (costümirte Knaben und Mädchen).

— am 2. September gaben die hier anwesenden Kurgäste zu Ehren der anwesenden Prinzessinen *Amalia Augusta* und *Marianne* v o n S a c h s e n einen p r a c h t v o l l e n B a l l im böhmischen Saale.

— am 9. September brannte in der Langenweggasse die Scheuer des damaligen Bürgermeisters *Maxm. Voigt* ab.

— Kurparteien: 469.

1788 am 22. Juli wurde das S c h a u s p i e l h a u s unter *Faller's* D i r e c t i o n mit Mozart's Oper: „Figaro's Hochzeit" eröffnet.

— legte Herr *von Schönfeld* aus Prag im Hause „zum Maltheserkreuz" auf der Wiese eine B u c h d r u c k e r e i an, welche er später an seinen Setzer *Franz Franiek* verkaufte.

— bis zu diesem Jahre waren in Karlsbad immer 4 B ü r g e r m e i s t e r, von welchen jedes Vierteljahr Einer das Amt verwaltete, 12 Räthe, 1 Stadtrichter, 1 Syndikus und 6 Gemeindeälteste, 2 Mühl-, 2 Bau-, 2 Spitalherren, 2 Maierhofsvorsteher, 1 Forstmeister und 1 Bräuverwalter. Ueber Anordnung Kaiser *Josef II.* wurde dieses Personal auf 1 Bürgermeister, 4 Räthe, 3 Repräsentanten, 1 Amtmann und 1 Controlor reducirt. Das übrige Personal bestand aus 1 Buchhalter, 1 Canzlisten, 1 Gerichtsdiener, 1 Bräu- und 2 Spitalverwaltern. *Johann Becher* wurde zum Bürgermeister gewählt.

— brach abermals der S p r u d e l aus mehr als zehn grösseren und kleineren Oeffnungen in der Tepl aus und konnte nur mit grosser Mühe wieder in Ordnung gebracht werden.

1788 am 12. Juli Nachmittags zerschlug der Blitz die an dem Wege nach Donitz stehende Ecce-homo-Statue in viele Stücke.

— wurde *Gabriel Seidl* zum Schützenhauptmann gewählt.

— Kurparteien: 465.

1789 fand die chemische Untersuchung des Sprudels, des Neu- und des Schlossbrunnen durch den Chemiker *Martin Heinrich Klaproth* aus Preussen statt.

— erschlug der Blitz den Taglöhner *Math. Limlay* aus Drahowitz unter der Thüre des *Gebhart*'schen Hauses No. C. 292 am Jakobs- berge.

— fand am 20. October die Feier des Sieges von Belgrad hier statt.

— Theater-Director war *Medor.*

— Kurparteien: 466.

1790 untersucht *Klaproth* auch den Säuerling nächst der Dorotheens- Aue.

— Theater-Director: *Burghauser.*

— Kurparteien: 368, darunter befand sich der Theaterdichter *August von Kotzebue,* er wohnte am Markte im Hause „zur Stadt Annaberg."

1791 liess Graf *Christian Clam-Gallas* zu Ehren der Herzogin *Dorothea* von Curland auf einem Felsenvorsprunge einen Tempel herstellen, dessen Umgebung seither Dorotheens-Aue genannt wird.

— liess der hierortige Postmeister *Josef Korb* (später Ritter von Weidenheim) den Posthof bauen.

— waren die Dichter-Heroen *Schiller, Goethe* und *Tiedge* hier zur Kur.

— Mit Hofdecret vom 21. Mai wurde jedem ausländischen Kurgaste die Einfuhr eines Eimers Wein (ca. 80 Bouteillen) zum eigenen Gebrauche zollfrei gestattet.

— Bestschiessen gaben der Grosspropst Graf *Sigismund Regle- vich* aus Gran mit 12 Dukaten (Scheibe No. 80) und der Raaber Erzbischof *Josef Fengler* mit 12 Dukaten (Scheibe No. 81).

— Der Theater-Director hiess *Michuli* (bis 1794).

— Kurparteien: 563.

1792 am 24. Februar starb hier im Hause „zur Sklavin" der um Karls- bad hochverdiente Dr. *David Becher.*

— Kurparteien: 613.

1793 unterm 2. September bestätigte Se. Majestät Kaiser *Franz II.* die Stadtprivilegien, mit der Beschränkung, dass Karlsbad in äussersten Nothfällen Militär-Einquartierung anzunehmen gezwungen ist.

1793 kommt Graf *Findlater* aus Schottland zum ersten Male nach Karlsbad und lässt zur Verschönerung der Umgebung mehrere Promenaden anlegen.

— gab Baron *Bretfeld* aus Prag den hier anwesenden Kurgästen beim böhmischen Saale ein Déjeuner mit Tanz in Verbindung eines Frei-Jahrmarktes, wobei die Verkäufer costümirt waren und die drolligsten Sachen ausboten.

— Kurparteien: 622.

1794 begann die Anlage des Dorfes Neudonitz; die Einwohner sind zumeist Fabriks- und Handarbeiter.

— wurde nächst dem Sprudel eine Dampfstube mit einem Ruhe-zimmer errichtet, sie musste aber 1809 wegen eines bedeutenden Sprudelausbruches, nach welchem die Hygieensquelle zum Vor-schein kam, abgetragen werden.

— gaben Bestschiessen Graf *Muskin-Puskin* aus St. Petersburg mit 20 f., einen Kugelstutzen und 6 Flaschen Wein (Scheibe No. 85), und Gräfin *Pachta* nebst mehreren Gewinnsten 3 Dukaten (Scheibe No. 86).

— Kurparteien: 547.

1795 beginnt der Gebrauch des Schlossbrunnens mit gutem Erfolg.

— schickten die Karlsbader Schützen als Kriegsbeitrag nach Wien jenen 20 Loth schweren silbernen Becher, welchen *Johann Josef Gebhart* im Jahre 1726 in Altenburg gewann. Die Stadtgemeinde und Bürgerschaft füllte denselben mit 200 Dukaten.

— liess der Graner Grosspropst Graf *Sigismund Keglevich* das auf dem Felsen hinter dem Hause „zu den drei Schwalben" befindliche Kreuz errichten.

— Erste Drucklegung der Badeliste.

— wurde zufolge Hofdecrets vom 19. December das sogenannte Sprudelbuch, in welches die Kurgäste ihre freiwilligen Beiträge ein-zeichneten, beseitigt und die Kurtaxe von 2 f. für Adelige und von 1 f. für Nichtadelige bemessen.

— Theater-Director: *Spengler* (bis 1796).

— Grosspropst Graf *Keglevich* giebt ein Bestschiessen mit 12 Du-katen und 10 f. (Scheibe No. 87 und 88).

— Kurparteien: 635.

1796 uniformiren sich die hierortigen Schützen, und zwar: Röcke aus grünem Tuch, gelbe Knöpfe, Brust, Kragen und Aufschläge, wie auch Westen und Beinkleider aus schwarzem Manschester, Achsel-bänder von Gold und schwarzer Seide, dreistülpige Hüte mit weiss und

grünen Federbüschen und eben solchen Bandschleifen, gelbe Achsel-
riemen von Leder, woran schwarzlackirte, mit dem Stadtwappen
gezierte Patrontaschen hingen, ganz gleiche Kugelstutzen, gelb-
scheidige Hirschfänger mit weissbeinigen Griffen in gelben Riemen,
die Kuppelschale mit dem Stadtwappen versehen. Die Offiziere
trugen Degen und war die Uniform mit Gold bordirt. Die Unkosten betrugen 2100 f. Am 26. Mai (Frohnleichnamstag) rückten
die Schützen zum ersten Male aus. Schützenhauptmann war
Gabriel Seidl.

1796 verehrte Herzog *Peter Biron* von Curland der Schützencompagnie eine goldene, 10 Dukaten schwere und eine dergleichen
silberne Medaille von gleicher Prägung mit seinem Brustbilde,
welche von dem jeweiligen Hauptmanne bei Ausrückungen auf der
Brust zu tragen sind.

— wurden auf der alten Wiese die ersten Boutiquen errichtet.

— kommen die wegen des Vordringens der Franzosen auf der Flucht
begriffenen Bischöfe von Bamberg und Würzburg hier an und versetzen die Kurgäste in solchen Schrecken, dass alle Ausländer Karlsbad eiligst verliessen.

— Bestschiessen gaben: Gräfin *von Rothenhan* mit 12 Dukaten und
einer Dose (Scheibe No. 90), und Graf *Pletenberg* mit 217 f. 30 x.
(Scheibe No. 91).

— Kurparteien: 678.

1797 wurde der Schlossbrunn regelmässig gefasst und mit einem
tempelartigen Ueberbau versehen.

— beehrte Frau Gräfin *Rothenhan* die Schützen mit einem schönen
Fahnenbande.

— Bestschiessen gaben: Graf *Bergen* mit 6 Dukaten und Graf
Gajewsky mit 3 Dukaten (Scheibe No. 94).

— gab der Herzog von Gotha zu Ehren der Herzogin *Dorothea*
von Curland auf der Wiese unterhalb der Steinbrücke ein Fest,
welches darin bestand, dass auf ein Zeichen des Herzogs ein un-
geheuer grosser Heuschober wie durch Zauber verschwand und sich
eine wohlbesetzte Tafel zeigte. Eine schöne Musik ertönte, man
speiste und tanzte schliesslich.

— wurde über dem Sprudel ein Tempel auf korinthischen Säulen
und über dem Sprudelsalzkessel ein Gebäude hergestellt.

— Der grosse Schützenfreund, General en chef Graf *Alexis Orloff-Chesmensky,* gab mehrere grosse Festschiessen (Scheiben No. 92, 93); er
liess sich eine Schützenuniform anfertigen; damit bekleidet und mit
allen seinen Orden angethan, liess er am 8. Juni (Frohnleichnamstag) die Compagnie am Marktplatze defiliren. Auf der Schiessstätte

führte er seine Tochter mit den Worten ein: „Siehst Du, diese Herren haben mich schiessen gelehrt; auch Du musst es lernen!"

1797. Theater-Director Baron *Stensch*, Director der Prager Bühne, gab nebst dem Schauspiel auch Opern und Ballets.

— Kurparteien: 731.

1798 wurde der k. k. Polizeicommissär *Johann Klehe* aus Prag für die Kurzeit als erster Badepolizei-Inspectionscommissär hieher beordert und der Magistrat angewiesen, demselben die nöthige Assistenz zu leisten.

— am 7. Juni fand die Einweihung des Theresienbrunn-Tempels, welchen *Ferdinand Heinrich* Baron *von Carlowitz* auf eigene Kosten erbauen liess, statt. Nach der kirchlichen Feier stellte sich die Schützencompagnie nächst diesem Tempel auf und gab mehrere Salven. Magistratsrath *Sauer* hielt die Festrede; Baron *Carlowitz* gab eine Festtafel und Abends einen Freiball mit glänzender Beleuchtung.

— veranstaltete am 10. Juli zur Feier des Namensfestes Kaiser *Paul I.* von Russland der hier anwesende Graf *Orloff-Chesmensky* eine grosse Festtafel in seiner Wohnung „zum weissen Löwen," für die Schützen eine Tafel am Lusthause (stand am Platze der heutigen Bürgerschule), für die hohen Gäste einen Festball und Souper im böhmischen Saale, für die Schützen einen Freiball im Lusthause und gab nebstbei grossartige Bestschiessen (Scheibe No. 95). — Die Schützen veranstalteten hierauf für den Grafen ein Dankesfest im Lusthause, wobei alle Kinder der Schützen festlich gekleidet mit Blumensträusschen erschienen, und ein Mädchen, *Anna Gebhart*, an den hohen Gönner eine herzliche Dankrede hielt.

— gab bei Gelegenheit dieses vorbeschriebenen Festes der kaiserlich russische Senator Graf *August Illinsky* für fremde Arme 1000 f. und erscheint hiedurch als erster Begründer des Fremden-Hospitals.

— am 28. August besuchte Se. kaiserliche Hoheit Erzherzog *Carl* von Oesterreich, der Held von Aspern (Bruder Sr. Majestät des Kaisers *Franz*), Karlsbads Heilquellen gelegentlich einer Durchreise. Seine Anwesenheit wurde durch Festlichkeiten verherrlicht.

— Theater-Director war Ritter *von Steinsberg*.

1799 am 22. Februar verursachte der Eisgang einen Sprudelausbruch, welcher erst nach vielen vergeblichen Anstrengungen am 24. December desselben Jahres wieder verbaut war.

— wurde der von der Stadtgemeinde im vorigen Jahre begonnene Bau der Egerbrücke durch den Eisgang wieder gänzlich zerstört.

— liess Graf *Stollberg* den ersten bequemen Waldweg (unterhalb der Freundschaftsanhöhe) zur Promenade herstellen.

1799 wurde die Feier des Namensfestes Kaiser *Paul I.* von Russland am 9.· und 10. Juli bei Anwesenheit der Grossfürstin *Constantin* abermals feierlich begangen. General Graf *Alexis Orloff-Chesmensky* veranstaltete am 9. ein Festschiessen, ein Déjeuner, einen Ball im sächsischen Saale, Kunstreiterei, Concert, am 10. grosses Diner und Ball im böhmischen Saale, den 11. nach Beendigung des Schiessens für 150 Schützen ein Diner und Ball im Lusthause.

— am 13. December übernachtete hier im Hause „zur goldenen Kugel" Se. kaiserliche Hoheit der Grossfürst *Constantin* auf der Rückkehr aus dem Feldzuge gegen Napoleon.

— Die Direction *Medor* leitete das Theater.

— Kurparteien: 726.

1800 brach in der Nacht vom 28. zum 29. Januar im Hause „zu den drei Linden" oberhalb der Kirche Feuer aus und brannte der Dachstuhl und ein Theil des Hinterhauses ab. Zur dankbaren Erinnerung an die göttliche Rettung von einem grösseren Unglück stiftete die Bürgerschaft ein jährlich am 28. Januar abzuhaltendes Hochamt.

— im Frühjahre stellte die Schützencompagnie zu dem neu errichteten böhmischen Jägercorps 3 Mann, Namens *Michael Riedl*, *Johann Michael Funk* und *Friedrich Maas*, sammt Bekleidung und Armatur und gab jedem derselben täglich 12 Kreuzer Zulage.

— erhielten die Lieblingsplätzchen Ihrer königl. Hoheit der Prinzessin *Theresia* von Sachsen (später Königin) und Sr. königl. Hoheit des Prinzen (nachmals König) *Anton* von Sachsen zu deren Andenken die Namen „Theresienplätzchen" und „Antonsruhe."

— durch die Verwendung der Herren: Graf *Findlater*, des Kreishauptmanns Ritter *von Stahl* und des russischen Kammerherrn *Divoff* wird der Fahrweg nach dem Posthof und Hammer hergestellt.

— erhielt die Schützengesellschaft von König *Anton* von Sachsen und dessen Gemahlin, der Königin *Maria Theresia*, sechs silberne Medaillen mit den Bildnissen dieses Königspaares.

— am 10. Juni kam General Graf *Orloff-Chesmensky* zum sechsten und letzten Male nach Karlsbad, gab nächst der Pupp'schen Allee ein Bestschiessen mit 15 Dukaten und beschenkte die Schützencasse mit 150 Kaisergulden.

— Theater-Director war *Friedrich Nitschke*.

— Kurparteien: 744.

1801 wurde die Brücke über die Tepl in der Dorotheens-Aue fertig und auf Wunsch des hier zur Kur anwesenden Prinzen (nachmaligen König) *Anton* von Sachsen „Erzherzog-Karls-Brücke" benannt.

1801 liess im Walde auf der Rückseite des Hammerberges Lord *Findlater* einen Tempel bauen, welcher seither „Findlater's Tempel" genannt wird; ebenso ist der auf dem Hammerberge befindliche untere Weg auf *Findlater's* Kosten hergestellt.

— am 17. August kaufte das k. k. Aerar von dem damaligen Postmeister *Josef Korb* das Postgebäude am Markt und den Posthof sammt allen dazugehörigen Grundstücken für 75,000 f. ab.

— war Graf *Orloff-Chesmensky* wegen der Thronbesteigung des Kaisers *Alexander I.* verhindert, nach Karlsbad zu kommen. Die Schützengesellschaft sandte an *Orloff* ein Schreiben mit der Bitte: auch im fernen Russland das dankbare Karlsbad und seine Schützen nicht zu vergessen; worauf die hier wörtlich angeführte Antwort erfolgte:

> „Geehrteste Herren!
> Vor die mir zugesendeten guten Wünsche sage ich Ihnen bestens Dank. Ich werde mich der Ehre, welche Sie mir immer bei meiner Anwesenheit erwiesen, mit Vergnügen erinnern. Es thut mir leid, dass ich von jetzt an das Vergnügen nicht mehr haben kann, an Ihren Unterhaltungen Theil zu nehmen; ich hoffe zwar gewiss nach Verlauf einer Zeit, so Gott mir Leben und Gesundheit schenkt, die Zahl der werthen Schützencompagnie zu vermehren. Indessen wünsche ich, dass Sie allerseits recht gesund und vergnügt leben mögen, und Sie allerseits bei der einstigen Wiederkunft eben in der Art wiederzufinden das Vergnügen haben möge, und verbleibe allstets
>
> Einer löblichen Schützen-Compagnie
> ganz bereitwilliger
> Graf *Alexis von Orloff-Chesmensky.*
>
> *P.S.* Die Schützenuniform werde ich zu fernerem einstmaligem Gebrauch und Andenken sorgfältig bewahren."

— Als letztes Andenken erhielten die Schützen vom Grafen *Orloff-Chesmensky* eine neue Fahne, welche Gräfin *Bachmetieff* am 8. Juni 1801 überbrachte (Graf *Orloff* starb zu Moskau am 5. Januar 1807 — alt 74 Jahre).

— Kurparteien: 765, worunter auch Graf *Hannibal von Genga*, der am 10. Februar 1829 verstorbene Papst *Leo XII.* Er wohnte hier im Hause „zum Pommeranzenbaum."

1802 wurde dem M. Dr. *Bernard Mitterbacher* von der hohen Landesstelle die Aufsicht über die Sprudelsalzbereitung zugewiesen.

— leitet der Elbogner Kreishauptmann Ritter *von Stahl* unter den Kurgästen eine Subscription zu Verschönerungen Karlsbads ein und erzielt eine Summe von 1200 f., welchen Betrag Lord *Findlater* noch um 500 f. vermehrte.

— wird P. *Kaspar Seidl* zum Dechant installirt.

— wird M. Dr. *Michael* zum Bürgermeister gewählt.

— *A. Sauer* verbleibt als geprüfter Magistratsrath.

— Die Theater-Direction erhielt Madame *Düwe.*

1803 liess Oberstburggraf *Carl Rudolf von Chotek* auf e i g e n e K o s t e n von der P u p p'schen A l l e e an bei der Grotte vorüber bis z u m B i l d einen bequemen Weg anlegen und rückwärts der erwähnten Allee den sogenannten K i e s w e g und eine Pappelallee herstellen. Er spendete dem Fremdenhospital 500 f. und verordnete die Umgestaltung der Bräuhauswasserpumpe in einen gothischen Thurm und die Herstellung der Wasserufermauern an der Theaterseite.

— kaufte die Stadtgemeinde vom Bürgermeister Dr. *Michael* einen Theil seines „zum goldenen Schild“ gehörigen Gartens um 12,000 f. zur Anlegung der Strasse.

— am 2. September fand zu Ehren des O b e r s t b u r g g r a f e n ein F e s t s c h i e s s e n und Abends eine I l l u m i n a t i o n statt. Tags darauf gab Lord *Findlater* eben auch zu Ehren des Grafen *Chotek* ein D i n e r nahe am Parnassfelsen.

— widmete der Grosspropst Graf *Sigm. Keglevich* zur Instandhaltung des von ihm im Jahre 1795 errichteten Kreuzes oberhalb des Hauses „zu den drei Schwalben“ ein Stiftungscapital von 100 f.

— wurde die Anstellung eines S t a d t g ä r t n e r s mit dem Jahresgehalt von 80 f. bewilligt.

— nahmen die Erzherzöge *Johann* und *Ludwig* (Brüder Sr. Maj. des Kaisers *Franz II.*) am 1. November die Karlsbader Mineralquellen in Augenschein.

— Kurparteien: 719.

1804 wurde gemäss Allerhöchster Entschliessung Sr. Maj. Kaiser *Franz* d. d. 6. Februar die E r r i c h t u n g d e s S p i t a l s f ü r a r m e B a d e - g ä s t e mit einer genauen Anordnung für die innere Einrichtung desselben g e n e h m i g t und diesem S p i t a l e d e r P o s t h o f s a m m t d a z u g e h ö r i g e n G r u n d s t ü c k e n geschenkt, dem Dr. *Bernard Mitterbacher* die Leitung des Spitals, und die Oberaufsicht über dessen Verwaltung dem Magistrat anvertraut, die Verschönerung der Umgebung Karlsbads anbefohlen, dem Amtmann für die tägliche Aufsicht dabei eine jährliche Remuneration von 100 f. aus den Kurtaxen bewilligt, die Stadtbeleuchtung angeordnet, d i e K u r t a x e o h n e U n t e r s c h i e d d e s S t a n d e s auf 2 und 1 Gulden bestimmt, bei Einhebung der Handlungs- und Hausirtaxe eine neue Norm festgesetzt, und allen jenen Bürgern, welche ihre hölzernen feuergefährlichen Häuser nach genehmigtem Plane umbauen, eine zwölfjährige Steuerfreiheit zugesichert.

— begann der Bau der höchst merkwürdigen Kunststrasse vom Bergwirthshaus abwärts.

— lässt Lord *Findlater* von dem Dorotheens-Tempel aufwärts einen Promenadenweg anlegen; der Oberstburggraf *Rudolf* Graf *von Chotek* liess dortselbst den Sonnenschirm (böhmischer Sitz) und den Spazierweg weiter bis auf die Anhöhe, unweit des Helenenhofes, herstellen.

1804. Der Wiener Galanteriewaarenhändler *Franz Maier* (ein geborner Karlsbader) lässt unter dem Kreuze am Hirschensprung ein Gloriet, seither das *Maier'sche* Gloriet genannt, errichten, und auch den Weg von diesem Gloriet abwärts zur Stadt auf seine Kosten herstellen.

— widmet die Karlsbader Bürgerschaft (an deren Spitze sich *Valentin Keil* befand) dem Lord *Findlater* eine 4 Klafter 4 Fuss hohe Granitsäule mit der (etwas sonderbaren) Inschrift:

> „Dem Herrn Grafen *Findlater*, dem edlen Freunde und Verschönerer (!!) der Natur, widmet dieses Denkmal die Dankbarkeit der Bürger von Karlsbad am 4. August 1804.“

— vom 8. bis 10. August weilte *Gustav Adolf IV.*, König von Schweden, unter dem Namen eines Grafen *Haga* hier und wohnte im Hause „zum österreichischen Wappen.“

— schenkte Se. Maj. Kaiser *Franz* zum Baue des F r e m d e n h o s p i t a l s aus dem Religionsfonde 5000 f.

— liess Frau *Victoria Maier*, Galanteriewaarenhändlerin aus Wien, einen S p a z i e r w e g zur Freundschaftsanhöhe anlegen.

— wurde die S t r a s s e nach H a m m e r vollendet.

— Auf Anordnung des Oberstburggrafen wird der Schlachthof vor die Stadt (beim Hause „zum Neptun“) verlegt. Er befand sich früher sammt der Fleischbank auf dem Platze, wo heute das Haus „zum König von Preussen“ steht.

— weilte hier vom 7. bis 9. October im Hause „zum österreichischen Wappen“ Se. kais. Hoheit Erzherzog *Josef*, Palatin von Ungarn.

— wurde *Gabriel Seidl* zum ungeprüften B ü r g e r m e i s t e r gewählt.

— *A. Sauer* verbleibt geprüfter M a g i s t r a t s r a t h.

— Kurparteien: 910.

1805 liess Oberstburggraf *Rudolf* Graf *von Chotek* auf eigene Kosten die Kastanienbäume auf der neuen Wiese setzen.

— wurde der F r i e d h o f bei St. Andreas durch Verwendung eines dem heil.-Geistspitale gehörigen Feldes erweitert. Das heil.-Geistspital wurde mit einem anderen Felde am Glatschkaberge entschädigt.

— Kurparteien: 725.

1806 am 21. Januar s c h w o l l der T e p l f l u s s derart an, dass das Wasser einen grossen Schaden an Strassen und Ufermauern anrichtete. In der Sprudelgasse wurde das *Damm'sche* Haus No. C. 65 von den Fluthen fortgerissen.

1806 fand die Weihe des Friederikenfelsens unterhalb der Prager Kunststrasse zu Ehren Ihrer königl. Hoheit der preuss. Prinzessin *Friederike* (damals Fürstin von Solms) von dem Grafen *Kornelian*, dann der Stahlsbuche und des Nariskinplatzes an der Hammerfahrstrasse statt.

— wurde bei dem Hause „zum Auge Gottes" ein Steg errichtet, wozu Fürstin *Rosa von Kinsky* 500 f. spendete.

— beginnt der Bau des Fremdenhospitals unter der Aufsicht des M. Dr. *Bernard Mitterbacher*.

— mussten in Karlsbad durch Intervention des k. k. Kreiscommissärs *Jos. Prohaska* (nachmaliger k. k. Gubernial-Vicepräsident Freiherr *Jos. von Prohaska*) alle hölzernen Rauchfänge (Essen) in feuerfeste umgewandelt werden.

— geruhten Se. Maj. Kaiser *Franz I.* alle k. k. Offiziere vom Hauptmann abwärts für die Zukunft von der Kurtaxe zu befreien.

— Kurparteien: 814, worunter Erzherzog *Rainer*, Bruder des Kaisers.

1807 wurde die Vieruhrpromenade und die Dichterbank hergestellt. Lord *Findlater* trug hiezu 109 f. bei.

— am 1. August spendeten die Herren: Prinz *Friedrich* von Sachsen-Gotha, Fürst *Wilh.* Auersperg, Lord *Findlater*, Graf *Joh. Chotek*, Graf *Ant. Appony*, Graf *Bouquoi*, Graf *Ernst Waldstein* und Graf *Wrtby* für das Fremdenspital 1000 f. und veranstalteten zum selben Zwecke ein Concert im böhmischen Saal, welches 4000 f. eintrug.

— wurde, um den misslichen Vermögensumständen der Stadtgemeinde eine Aushülfe zu verschaffen, über Anordnung des k. k. Guberniums (31. Juli 1807) bestimmt, dass die bräuberechtigte Bürgerschaft von jedem erzeugten Fass Bier an die Stadtgemeinde 2 f. abzuführen habe. Mittelst k. k. Hofdecrets vom 3. December desselben Jahres wurde dieser sogenannte Bierkrenzer derart festgesetzt, dass von jedem Maass Bier 1 x., somit von jedem Fasse 2 f. 40 x. an die Stadtrenten abzuführen sind.

— wird die bürgerliche Schiessstatt aus der Nähe der sogenannten Schwarzischen Kapelle in die Heilingötters-Lohe nächst der Restauration „Klein-Versailles" verlegt.

— fand durch *Philipp von Miesl*, k. k. Tabakverleger (früher Oberlieutenant beim k. k. Regimente *Frohn*), eine Reorganisation der uniformirten Schützen statt. Nicht nur die Compagnie, auch das Musikcorps wurde bedeutend verstärkt, und *Philipp von Miesl* zum Hauptmann, *Franz Strohbach* zum Kapellmeister ernannt.

— Zum Eröffnungsschiessen in dem neuen Schiesshause zu „Klein-Versailles" am 15. August gab unser schon genannte

Landsmann *Franz Maier*, Galanteriewaarenhändler in Wien, 9 Species-
thaler und 11 f. (Scheibe No. 104). — Auch Herzog *Carl August* von
Sachsen-Weimar gab ein Bestschiessen mit 12 Dukaten (Scheibe
No. 103).

— Kurparteien: 698.

1808 am 6. April richtete die angeschwollene Tepl an Fahr- und Fuss-
wegen grossen Schaden an.

— wurde der Fahrweg von Hammer nach Aich hergestellt
und trug das Aerar 2066 f. bei.

— wurde statt der unvollkommenen Johannisbrücke eine neue entsprechende Brücke hergestellt und die Kosten (5877 f. 29 x.) aus
dem k. k. Strassenbaufond bestritten.

— am 4. Juli veranstaltete der zur Kur hier befindliche kaiserl. russische General *von Yermoloff* auf eigene Kosten ein Concert zum
Vortheile der Karlsbader Armen, wobei seine beiden Söhne *Thomas*
und *Paul* auf der Violine mitwirkten. Es wurde eine Einnahme von
850 f. erzielt.

— gaben zum Vortheile des Fremdenhospitals die Gebrüder
Pixis, *Beer* und *Franz von Holbein* ein Concert, dessen Ertrag in
800 f. bestand.

— sah sich der Schützenhauptmann *von Miesl* wegen Krankheit
gedrungen, diese Stelle niederzulegen; er starb (32 Jahre alt) am
25. Februar 1809.

— am 22. November übernahm die Schützenhauptmannsstelle
Werndl Ritter von Lehenstein, gewesener Rittmeister bei dem k. k.
Husarenregimente Vescey. Auch er musste diese Schützenhauptmannsstelle Krankheits halber schon im Jahre 1809 wieder abgeben;
er starb den 3. Februar 1811 (im 47. Lebensjahre).

— Kurparteien: 826.

1809 am 27. Januar zerstörte der Eisgang die Fahrstrasse zum Posthofe, deren Wiederherstellung der Stadtgemeinde 4000 f. kostete.

— wurde die Kunststrasse vom sogenannten Haberer bis zur Egerbrücke
in der Länge von 1225 Klafter hergestellt.

— am 26. Juni wurde der vom Kaiser *Franz* dem Fremdenhospitale
geschenkte Posthof im Wege der Versteigerung (seiner Baufällig-
keit wegen) an den Bürger *Frid. Gotthelf Pfitzmaier* für 4510 f.
Bankozettel verkauft.

— ereignete sich der grösste Sprudelausbruch, den die Geschichte
Karlsbads aufweist. Am 2. September fand eine mehrseitige Berat-
ung der Sprudelschale und Erschütterung aller nächst dem Sprudel
gelegenen Häuser statt; der Schlossbrunn blieb gänzlich aus,
doch erhielt die Hygieensquelle hierdurch ihren Ursprung.

1809 zählte Karlsbad 437 Häuser und 2274 Einwohner.

— wurde *Lorenz Deiml* zum Bürgermeister gewählt.

— *Ant. Sauer* verblieb als geprüfter Magistratsrath.

— erhielt die Theaterdirection *Georg Schantroch* und führte dieselbe bis 1819.

— übernahm *Anton* Graf *Bolza*, ehedem Offizier im k. k. Husarenregimente Wurmser, die Schützenhauptmannsstelle. Am 11. Juni gab er den Offizieren ein Diner, der Schützengesellschaft einen Ball und ein Bestschiessen (Scheibe No. 105).

— Kurparteien waren des Krieges wegen nur 113.

1810 gebrauchten Ihre Maj. *Maria Ludovica*, Kaiserin von Oesterreich, vom 6. bis 22. Juni die Kur; vor ihrer Abreise wurde ihr „der Kaiserinplatz" gewidmet. Der Empfang und die Abreise der Kaiserin wurden durch glänzende Feste gefeiert und von dem hier anwesenden *Goethe* durch zwei lange Gedichte besungen.

— wurden die hierortigen Aerzte Dr. *Damm* und Dr. *Bernard Mitterbacher* zu einer Gubernialcommission nach Prag berufen, um mitzuberathen, wie den Sprudelausbrüchen vorzubeugen sei.

— bewilligte Se. Maj. Kaiser *Franz I.*, um den Verbau des im vorigen Jahre entstandenen Sprudelausbruches beendigen zu können, der Stadtgemeinde einen Vorschuss aus Staatsmitteln im Betrage von 30,000 f. ohne Interessen.

— übergaben die Gräfinnen *Chotek* und *Bouquoi* dem Fremdenhospitale den von ihnen durch Subscription erzielten Betrag von 5400 f. Dr. *Bern. Mitterbacher* sammelte zum selben Zwecke 910 f. und der öfter genannte Wiener Galanteriewaarenhändler *Franz Maier* übermachte eben auch diesem Krankeninstitute eine 4 proc. Schuldurkunde von 500 f.

— Kurparteien: 1255.

1811 am 11. Februar richtete der Eisgang einen grossen Schaden an; bei der Stadtgemeinde allein betrug derselbe 13,159 f. 27 x.

— Das Finanzpatent hat Karlsbad schwer betroffen.

— schenkt der Grosshändler *Simon Lämmel* aus Prag der Stadtgemeinde 500 f. auf Verschönerungen.

— am 26. Juli wurde der Platz unfern des vom Grafen *Keglevich* errichteten Kreuzes zur Erinnerung an den Aufenthalt der Prinzessin *Maria Anna*, Schwester der Königin von Sachsen, von jetzt ab Mariannensruhe genannt.

— führte der erschöpfte Zustand der Gemeinderenten die Nothwendigkeit herbei, den 1807 nur für die Zeit vom 1. Mai bis Ende August bewilligten Bierkreuzer von 2 f. 40 x. auch für die übrigen 8 Monate auszudehnen.

1811 leistete die Regierung zur gänzlichen Herstellung des Weges von Hammer nach Aich einen abermaligen Beitrag von 2350 f.

— wurde eine Vorhalle beim Neubrunn hergestellt, wozu der Stadtgemeinde aus dem k. k. Kameralzahlamte ein Capital von 20,843 f. 12 x. vorgeschossen und derselben überdies noch die Aufnahme eines Capitals von 12,000 f. bewilligt wurde.

— schien die Hygieensquelle an Wassermenge abzunehmen und man kam dahin überein, nach Vorschlag des k. böhm. ständischen Professors der Baukunst *Georg Fischer* am 15. October mittelst eines zweizolligen Kreuzbohrers diese Quelle nachzubohren. In einer Tiefe von 2½ Fuss sprang ein Stückchen von der Sprudelschale los und das heisse Wasser spritzte mit Gewalt über drei Ellen in die Höhe und eine Elle in die Breite. Im October entdeckte man mittelst einer gebogenen Eisenstange in der Mündung der Hygieensquelle, dass zwischen der oberen und unteren Sprudelschale nur ein Raum von zwei Zoll vorhanden sei. Diese zweite Schale wurde sodann mit einem vierzolligen Schraubenbohrer zwei Fuss tief angebohrt.

— beorderte die hohe Landesstelle den k. k. Bergrath und M. Dr. *F. A. Reuss* aus Bilin, die hierortigen Mineralquellen nach dem Sprudelausbruche einer neuerlichen Analyse zu unterziehen. Bei der vorgenommenen Messung der Wassermenge lief<u>e</u>rte der Sprudel und die Hygieensquelle zusammen in 1 Stunde 4637½ Eimer oder 8,030,280 Kubikfuss, folglich in 24 Stunden 192,726,720 Kubikfuss Wasser.

— verfasste der zur Kur hier anwesende Dichter *Theodor Körner* als Andenken an Karlsbad und dessen Umgebung mehrere höchst ansprechende Gedichte; er wohnte im Hause „zum weissen Adler.“

— Kurparteien: 1334.

1812 am 22. Januar wurde die Hygieensquelle neuerdings bis zu einer Tiefe von 5 Fuss 5 Zoll gebohrt, dann gefasst und mit einem Ständer versehen.

— wurde hinter der Hygieensquelle eine der früher hier bestandenen ähnliche Dampfbadestube errichtet.

— fanden im Fremdenhospital die ersten dürftigen Kurgäste, 84 an der Zahl, Aufnahme.

— nach gänzlicher Heilung der 1809 erlittenen Wunden setzte man am 21. Juni in die Mündung des Sprudels wieder einen Ständer von gewöhnlicher Höhe ein und wurde diese Hauptquelle mit einem neuen Tempel versehen.

— am 2. Juli kamen Se. Maj. Kaiser *Franz I.* von Oesterreich mit Höchstdessen Tochter, Ihrer Maj. Kaiserin *Maria Louise* von Frankreich, mit grossem Gefolge nach Karlsbad; sie besuchten die Mineralquellen und machten Ausflüge in die Umgegend. Ihnen zu Ehren

3*

fanden grosse Aufzüge und Festlichkeiten statt. Am 5. Juli reisten sie von hier nach Eger ab.

1812 gaben die zwei berühmten Componisten und Virtuosen *Louis van Beethoven* und *Polledro* im böhmischen Saal ein Concert zum Besten der durch Feuer verunglückten Bewohner der Stadt Baden bei Wien.

— wurde P. *August Leopold Stöhr*, später Commenthur in Eger, zum Dechant installirt. *Stöhr* hat sich als Historiograph und Schriftsteller um seine Vaterstadt Karlsbad sehr verdient gemacht.

1813 veranstalteten die hier zahlreich anwesenden kaiserl. russischen Offiziere zu Ehren der eben auch hier befindlichen Schwestern des Kaisers *Alexander* von Russland, der Herzogin von Oldenburg-Holstein *Katharina* und der Erbgrossherzogin von Weimar *Maria*, im böhmischen Saal einen glänzenden Ball, welchem ein Freitheater und Kunstreiterei voranginge.

— verscheucht das Vordringen der französischen Armee den grössten Theil der Kurgäste und endet die Saison bereits am 9. August.

— kam *Theodor Körner* verwundet nach Karlsbad; nachdem er sich einigermaassen erholt hatte, reiste er sogleich wieder zu seinem Corps ab und fiel kurz darauf am 28. August bei Schwerin.

— vom 7. bis 9. September bivouakirte hier bei Donitz und Fischern das *Thielemann*'sche Corps, bestehend aus 4000 Mann österreichischer, russischer und preussischer Truppen. — Transporte von über Tausend Gefangenen und Blessirten, welche nach der Schlacht bei Kulm hier ankamen, nahmen die Thätigkeit und Mildherzigkeit der Karlsbader sehr in Anspruch. Den Frauen Karlsbads wurde öffentlicher Dank für ihre edle Aufopferung bei der Krankenpflege. Am 9. December traf hier der kaiserl. französische Marschall *Gouvion St. Cyr*, gewesener Commandant zu Dresden, als Kriegsgefangener mit mehreren Generalen ein, und verweilte bis zum Mai 1814, die Kur brauchend.

— erwarben sich die Karlsbader Schützen durch militärische Verrichtungen bei Wachen und Transporten wesentliche Verdienste.

— Die Siegesfeier der Völkerschlacht bei Leipzig wird hier am 21. November durch solenne kirchliche Feier, während welcher die Schützen paradiren, und Abends durch eine allgemeine glänzende Beleuchtung begangen.

— am 17. December kam der Oberstburggraf *F. A.* Graf *Kolowrat-Liebsteinski* aus dem Hauptquartier zu Frankfurt a. M. hier an, wurde von der Bevölkerung und der Schützencompagnie freudig empfangen und fand ihm zu Ehren eine Illumination statt.

— wurde *Joseph Lochner* zum Bürgermeister gewählt.

— Kurparteien des Krieges wegen nur 629.

1814 fanden in den Monaten Januar und Februar Durchmärsche russischer Truppen nach Frankreich statt; ihre stereotype Frage war: „Noch weit Paris?"

— fand zur Feier des Sieges und Einzugs der Alliirten in Paris wieder Gottesdienst, Ausrückung der Schützen und allgemeine Beleuchtung statt.

— wurde am 1. Mai wegen der Befreiung des Papstes *Pius VII.* aus der Gefangenschaft eine ganz ähnliche Feierlichkeit veranstaltet.

— wurde in Karlsbad am 17. Juli die Feier wegen des am 30. Mai in Paris abgeschlossenen Friedens begangen.

— am 19. Juli fand eine von den Kurgästen veranstaltete Trauerfeier für die am 19. Juli 1813 dahingeschiedene Königin *Louise* von Preussen statt. *Tiedge* verfasste hierzu ein schönes Gedicht.

— gaben Bestschiessen: Fürst *Repnin* mit 10 Dukaten (Scheibe No. 106) und die Schützengesellschaft ein ritterliches Freischiessen.

1815. Graf *Bolza* übergab kränklichkeitshalber die Schützenhauptmannsstelle an *Carl Stieff.*

— am 15. Februar fand eine Untersuchungs-Commission im Bräuhause statt.

— am 7. Juni um 11 Uhr Nachts war ein schweres Gewitter mit Wolkenbruch, wodurch die Prager- und Sprudelgasse so aufgerissen wurden, dass sie mehrere Tage hindurch unfahrbar blieben.

— veranstalteten am 29. Juli das gräfliche Ehepaar *Amadi,* Gräfin *Schafgotsch,* Fräulein *von Rappart,* Frau und Fräulein *Kanitz,* Baronin *Ortmann,* die Herren *von Eskeles* und *Fischer* aus Berlin eine musikalische Akademie zum Vortheile des hierortigen Fremdenhospitals, deren Ertrag in 1064 f. w. W. bestand.

— feierten die hier anwesenden Preussen den Geburtstag ihres Königs *Friedrich Wilhelm III.* im sächsischen Saale mit einem Diner und festlichen Ball. Hierbei wurden für die Armen 400 f. gesammelt.

— Kurparteien: 1302.

1816 wird die erste Stadtbeleuchtung, aber blos für die Sommernächte, eingeführt.

— wurde durch Fachmänner nachgewiesen, dass sich aus dem Karlsbader Mineralwasser Soda bereiten lasse. Um eine solche Unternehmung auszuführen, fand sich ein Baron *von Hackelberg-Landau* aus Linz hier ein und wollte zu diesem Ende das Haus No. C. 63 „zur Stadt Hamburg" von dem Färber *Michael Wohlrab* kaufen. Daselbst wollte *Hackelberg* von dem Ablaufe des Sprudels und der anderen Quellen Soda erzeugen. Allein die Besitzer der Häuser „zu den zwei Schwertern" und weiter hinab liessen in ihren Hausmauern keine Rinne einschlagen. Für die Benutzung der Abfälle des Mineralwassers bot *Hackelberg* der Stadtgemeinde einen Jahreszins von 200 f. C.-M. oder 500 f. w. W. Am 12. November fand deshalb hier eine kreisämtliche Commission statt, welche Alles aufbot, die Hausbesitzer zu bewegen, die Wasserrinnen an ihren Häusern anbringen zu lassen, allein sie verweigerten hartnäckig diese Servitut. Mittlerweile bereiteten die Bürger *Joh. Huppmann*, ein Klempner, *Jos. Richter*, ein Färber, *Ant. Glaser*, ein Müller, und *Math. Seidl*, ein Gerber, selbst Soda, um das Project des Baron *Hackelberg* zu vereiteln, welches letztere ihnen um so mehr gelang, als es sich hier Einige zum Geschäft machten, die Besorgniss zu verbreiten, Baron *Hackelberg* werde zum Nachtheile der Karlsbader statt Soda Sprudelsalz erzeugen. Alle entgegengesetzten Betheuerungen und Ehrenwortsverpfändungen des Baron *Hackelberg* fanden nicht den geringsten Glauben. Am 9. December reisten *Huppmann* und *Richter* nach Prag, um ihre bereitete Soda untersuchen zu lassen und die Erklärung abzugeben, dass die Karlsbader selbst aus eigenen Mitteln eine Sodafabrik errichten würden, was sie aber nie zu realisiren im Sinne hatten. Die vielen Schwierigkeiten, welche man Baron *Hackelberg* bereitete, bewogen ihn, das ganze Unternehmen aufzugeben.

Welcher enorme Reichthum unbenützt in unseren Mineralwässern in die Tepl fliesst, geht aus der Berechnung hervor, welche uns Dr. *Ryba* auf Grundlage der im Jahre 1826 mit grösster Genauigkeit vorgenommenen Messung der hierortigen Mineralquellen liefert. Dr. *Ryba* berechnet das Gewicht ihrer Wassermenge in einem Jahre auf **Zwanzig Millionen 277,199 Centner und 2133 Pfund**, und das Gewicht der in dem Mineralwasser aufgelösten festen Bestandtheile für sich allein in einem Jahre auf **110,698 Centner und 695,35 Pfund.**

1816 veranstalteten die Kurgäste zu Ehren des hier anwesenden Fürsten *Blücher von Wahlstatt* ein Fest, bestehend in einem Diner und einem Freiball.

— am 12. Juli veranstalteten im collegialischen Vereine 24 Doctoren der Medicin aus aller Herren Länder im Posthofe ein Diner.

— am 28. Juli gab der berühmte Pianist *Ignaz Moscheles* im sächsischen Saale ein Concert.

— am 3. August wurde das Geburtsfest des Königs *Friedrich Wilhelm III.* von den hier anwesenden Preussen sehr festlich mit Diner, Ball und Stadtbeleuchtung begangen.

— kam Se. Maj. König *Friedrich Wilhelm III.* von Preussen am 6. August unter dem Namen Graf *von Ruppin* zum Kurgebrauche nach Karlsbad und wohnte im „steinernen Hause" auf der alten

Wiese. — Höchst zufrieden mit den Wirkungen der hiesigen Quellen verliess der König Karlsbad am 7. September.

1816. Kurparteien: 2019.

1817 richtete in der Nacht vom 4. zum 5. Januar ein heftiger Sturm bedeutende Verheerungen in den städtischen Waldungen an.

— führte allzugrosse Nässe eine grosse Theuerung herbei. Der Strich Weizen kostete 40 f., Korn 34²/₃ f., Gerste 25¹/₆ f. und Hafer 10²/₃ f.

— obgleich man das fernere Anbohren der zweiten Schale bei der Hygiensquelle anfänglich zu unterlassen beschloss, so wurde diese Tieferbohrung dennoch in diesem Frühjahre vorgenommen, worauf der Wassersprung so hoch war, dass er das Fenster des ersten Stockes vom Hause „zum goldenen Herzen" erreichte. Eben auch in diesem Frühjahre erfolgte der Ueberbau dieser Quelle.

— am 8. Juni kamen Se. kaiserl. Hoheit Erzherzog *Josef*, Palatinus von Ungarn, sammt Gemahlin, und am 1. Juli Se. Maj. König *Friedrich Wilhelm III.* von Preussen in die Kur nach Karlsbad.

— hat Se. Maj. Kaiser *Franz I.* unter Allerhöchster Entschliessung vom 21. November anzuordnen geruht, dass der Karlsbader Magistrat aus einem ungeprüften Bürgermeister und zwei geprüften Magistratsräthen zu bestehen habe.

— Kurparteien: 1911.

1818 waren k. k. Bade-Inspectoren: vom Civile *Ign. Kopfenberger*, vom Militär *Jüttner von Wahlenburg*, k. k. Major.

— fand die Einweihung der dem k. k. Feldmarschall *Karl* Fürsten von Schwarzenberg, als dem Sieger von Leipzig, bei Hammer gewidmeten Schwarzenbergs-Brücke und des ihm gewidmeten, in der Nähe des Posthofes errichteten Denkmals (ein Obelisk) statt.

— wurde mit höchster Gubernial-Verordnung vom 2. Januar die Holzpassirung für das Karlsbader Bräuhaus bemessen.

— verursachte der schwächer und kühler fliessende Mühlbrunn einen schwierigen und kostspieligen Bau.

— ward vermöge höchsten Hofkanzleidecrets vom 25. Juni der 1807 bestimmte Bierkreuzer auf so lange bewilligt, als es die Nothwendigkeit erheischen würde.

— sang am 1. und 4. August die berühmte Sängerin *Catalani* im Saale des Posthofes. Das Entrée bestand in zwei Dukaten, deren sie in beiden Concerten 1142 einnahm; auch gaben *Sassaroli*, *Sapardi* und Mad. *Grünbaum* Concerte.

— am 28. Juni gegen 6 Uhr Abends brach im Revier Stadtgut oberhalb der Donitzer Schäferei ein Waldbrand aus, der auf einer Strecke von 8 Joch zwanzigjährige Bäume so anbrannte, dass sie schwarzen

Stangen glichen. Ein erfolgter anhaltender Gewitterregen verscheuchte die Gefahr.

1818 am 7. October kam hier Ihre Maj. *Maria Feodorowna*, Wittwe Kaiser *Paul I.* von Russland, an; zum ehrenden Empfang waren Erzherzog *Anton*, Bruder des Kaisers *Franz I.*, *Maria Paulowna*, Gemahlin des Grossherzogs von Weimar, eine grosse Menge Fürsten und Grafen, ferner 45 österreichische Uhlanen und das kaiserl. österreichische Feldjägerbataillon No. 5 anwesend. Die Kaiserin-Wittwe beschenkte die Stadtrenten mit 50 Dukaten, die Sprudelweiber mit 250 f., die Jägermusik mit 100 f., das Jägerbataillon und die Uhlanen mit 500 f.

— war die Badesaison durch die Anwesenheit vieler hohen Herrschaften höchst brillant, und auch nur „das Dukatenjahr" genannt. Besonders bemerkenswerth bleibt die gleichzeitige Anwesenheit des Staatskanzlers Fürsten *Metternich*, des k. k. Feldmarschalls Fürsten *Karl Schwarzenberg* und des königl. preussischen Feldmarschalls Fürsten *Blücher*; auch *Goethe* war hier zur Kur.

— Kurparteien: 2147.

1819 wurde P. *J. K. Weber* zum Dechant installirt.

— fand in Karlsbad jener Ministerial-Congress unseligen Andenkens statt, auf welchem die berüchtigten Karlsbader Beschlüsse gefasst wurden.

— wurde die Chaussée von hier bis Schlackenwerth gebaut.

— am 4. August gab der Pianist *Ignaz Moscheles* ein Concert.

— Kurparteien: 2017.

1820 ward unter Direction von *Johann Schmidt* ein grösseres Kur-Orchester hier errichtet.

— Die Direction des Theaters wurde der Wittwe *Theresia Schantroch* übertragen.

— waren Bade-Inspectoren: vom Civile *August Longin*, Fürst von Lobkowitz, vom Militär *Jüttner von Wahlenburg*, k. k. Major.

— wurde die Kurtaxe von 2 und 1 Gulden auf 4 und 2 Gulden erhöht.

— wurde durch die zur Stadt gehörigen Frohnarbeiter der von der Strasse bis zu den 3 Kreuzen 669 Klafter messende Promenadenweg hergestellt.

— kam Se. Maj. König *Friedrich Wilhelm III.* von Preussen zum dritten Male in die Kur nach Karlsbad. Während seiner Anwesenheit wurde ihm der Platz oberhalb der Marienkapelle, dessen Umgebung sich so vorzüglich zu Illuminationen eignet, vom Magistrate gewidmet, und König Friedrich Wilhelmsplatz genannt.

1820 nahm über Ansuchen der hierortigen Bürgerschaft Professor *Lambadius* aus Freiberg die A n a l y s e des S a u e r b r u n n e n s nächst der Dorotheens-Aue vor.

— Bestschiessen gab *Carl Alex.* Fürst von Turn und Taxis mit 15 Dukaten (Scheibe No. 108).

1821 ward das dem Einsturz drohende, in der Mühlbadgasse am Platze des Hauses „ z u m K a f f e e b a u m " situirte „ h e i l i g e G e i s t - spital" an den Glasermeister *Joh. Fischer* um den höchsten Anbot von 17,880 f. w. W. verkauft. Von diesem Kaufschillinge wurde das gegenwärtige heilige Geistspital in der Egerstrasse im Betrage von 13,370 f. w. W. erbaut. In diesem Spitale wurden, wie bereits im Jahre 1531 die Rede ist, früher auch fremde Arme zum Kur- gebrauche untergebracht.

— vom 9. auf den 10. September war in Karlsbad d i e g r ö s s t e U e b e r - s c h w e m m u n g, welche hier je erlebt wurde. Das mit rapider Schnelle hereinbrechende Wasser überschwemmte nach einem starken Gewitter und Wolkenbruch, welcher bei Tepl niederging und die Dämme mehrerer grossen Teiche abriss, alle niedrig gelegenen Gassen, Strassen und Plätze der Stadt; der Sprudeltempel, das Steinfeld'sche Haus in der Sprudelgasse stürzten in die Wellen, viele Häuser und Boutiquen wurden stark beschädigt, alle Brücken und Stege abge- rissen, und kostbare Waarenlager, Werkzeuge und Geräthschaften aus den Gewölben und Parterre-Wohnungen mit fortgeführt.
Der amtlich erhobene Schaden betrug:
a) an Häusern, Professionsvorräthen, Einrichtungsstücken und Waarenlagern . . . . 163,055 f. — x.
b) jener der Stadtgemeinde . . . . 61,114 f. 30 x.
Zusammen 224,169 f. 30 x. w. W.

— Die T h e a t e r d i r e c t i o n erhielt für dieses und das nächste Jahr 1822: *Alois Kramer.*

— Kurparteien: 1559.

1822 wird *Josef Becher* zum ungeprüften B ü r g e r m e i s t e r gewählt.

— wurde das städtische A m t h a u s an dem Platze, wo heute das Haus „zum Kaiser von Oesterreich" steht, erbaut.

— a n a l y s i r t e der berühmte schwedische Chemiker *Jakob Berzelius* die Karlsbader Mineralquellen und entdeckt in denselben sechs bis dahin unbekannte feste Bestandtheile.

— am 20. Juli veranstaltete der hiesige Badearzt M. Dr. *Pöschmann* eine musikalisch-declamatorische Unterhaltung zum Vortheile des hierortigen F r e m d e n h o s p i t a l s, deren Ertrag in 309 f. w. W. bestand.

— gab der berühmte Violinist und königl. spanische Hof- und Kammer- virtuos *Alexander von Boucher* mit seiner Gattin, einer vollendeten Harfenistin, mehrere C o n c e r t e.

1822 gab Herzog *Ernst August* von Cumberland ein Bestschiessen (Scheibe No. 110).

1823 kam der im Jahre 1809, also durch 14 Jahre lang ausgebliebene Schlossbrunn am 15. October dieses Jahres zur grossen Freude aller Karlsbader wieder zum Vorschein.

-- ernennt der französische Sprachlehrer *Ignaz Lösch* das hierortige Armeninstitut zu seinem Haupterben und bestimmt zur Kirche und Schule ansehnliche Legate. Sein Nachlass vertheilte sich folgendermaassen:

das Armeninstitut erhielt 9576 f. 41 x. C.-M.
die Dekanatkirche , 1200 f. — x.
die Stadtschule , 800 f. — x.
Zusammen 11,576 f. 41 x. C.-M.

— erhielt die Karlsbader Schützengesellschaft von Sr. königl. Hoheit *Ernst August*, Herzog von Cumberland, als Andenken einen grossen silbernen Pokal.

— gab Freiherr *von Erben*, k. k. Kreishauptmann zu Elbogen, ein Bestschiessen mit 10 Dukaten (Scheibe No. 111).

— übernimmt die Theaterdirection abermals *Therese Schantroch* und führt dieselbe bis zum Jahre 1828.

— Kurparteien: 1554.

— Vollendung und Eröffnung des Freundschaftssaales.

1824 am 2. Januar wurde P. *Alois Richter* und schon am 13. März P. *Josef Sykora* zum Dechant installirt.

— am 26. Juli brach im Hause des *Johann Langer*, N. C. 423 am Schlossberge, Feuer aus, und brannte dieses sowie die beiden Nachbarhäuser No. 424 und 425 nieder. Mehrere hier anwesende hohe Kurgäste spendeten für die Verunglückten den Betrag von 3042 f. 32 x. w. W.

— gab der schon in den Jahren 1816 und 1819 erwähnte berühmte Pianovirtuose *Ignaz Moscheles* abermals am 26. Juli hier ein Concert.

— fand abermals ein Sprudelausbruch statt, und obwohl derselbe keine grosse Bedeutung hatte, so wurde doch von der hohen Landesstelle eine Commission, bestehend aus dem Director des technischen Instituts in Prag, Ritter *von Gerstner*, und des Professors der Chemie, *Steinmann*, zur Erhebung dieser Angelegenheit hieher geschickt. Bei der wasserreichsten Stelle aller Oeffnungen fand man die Sprudelschale 9 Fuss 1 Zoll dick.

— wurde der wiedergekehrte Schlossbrunn von dem eben genannten Professor der Chemie, *Jos. Joh. Steinmann* aus Prag, einer gründlichen Analyse unterzogen, wobei er zwei neue Bestandtheile, und zwar:

a) schwefelsaures Kali und
b) kohlensaures Lithion, entdeckte.

1824 gaben der polnische Graf *Potocky* und General Graf *Fredro* Best-schiessen mit einem schönen neuen Kugelstutzen und einem silbernen Damengürtel (Scheibe No. 114).

— Kurparteien: 1618.

1825 wurde dem Apotheker *Josef Nentwich* (trotz dem Recurse des hier-ortigen Apothekers *Josef Becher*) hohen Orts das Personalbefugniss ertheilt, eine z w e i t e A p o t h e k e in Karlsbad zu errichten.

— wurde von dem Feuerspritzen-Fabrikanten *Joh. Ferd. Rohn* in Greuz eine W a s s e r s a u g m a s c h i n e sammt 3 0 0 E l l e n l a n g e n S c h l ä u c h e n für 750 Thaler, dann hierzu insbesondere noch 300 Ellen derlei Schläuche um 625 f. w. W. angeschafft. Diese Maschine treibt das Wasser bis auf 300 Ellen den Berg hinan und kann mit ihren 3 Röhren 3 Feuerspritzen hinlänglich mit Wasser versehen.

— am 8. Juli gab die berühmte Sängerin *Henriette Sontag*, spätere Gräfin Rossy, ein C o n c e r t im sächsischen Saale.

— wurde über Anordnung der Landesstelle eine Tieferbohrung der Sprudelöffnung No. 2 angeordnet, deren Resultat die E n t s t e h u n g d e s g e g e n w ä r t i g e n S p r i n g e r s war.

— wurde *Josef Schielhabl* zum S c h ü t z e n h a u p t m a n n gewählt.

— Kurparteien: 1660.

1826 wurden zu Bade-Inspectoren bestimmt: vom Civile *Anton Graff*, k. k. Rath, vom Militär Graf *Gorcey*, k. k. Hauptmann.

— wurde, von der sogenannten Plobenbrücke angefangen, ein S p a z i e r-w e g durch den Wald bis nach H a m m e r hergestellt, der Bernards-fels behufs Anlage eines Weges von der Neubrunn-Colonnade zum Fremdenhospitale d u r c h b r o c h e n und die hundertjährigen ab-gestorbenen Bäume in der Pupp'schen Allee durch junge Bäume ersetzt.

— errichtete man an Stelle der im Jahre 1794 eingeführten Badestube regelmässig construirte D a m p f b ä d e r in einem bei der Hygieens-quelle hiezu hergestellten Gebäude.

— B e s t s c h i e s s e n gaben: Prinz *Leopold* v o n C o b u r g, nachmaliger König der Belgier, mit 12 Dukaten (Scheibe No. 116), und Freiherr *von Schlemmer* (Scheibe No. 117).

— am 10. Juli unternahm der Schnellläufer *Göhrig* einen L a u f n a c h S c h l a c k e n w e r t h und von dort zurück bis zur Egerbrücke in 75 Minuten und brachte aus dem dortigen Garten Blumen mit. Es wurde ihm ungetheilter Beifall und eine beträchtliche Einnahme zum Lohne.

— wurde die aus einem flachen Bogen von 96 n. ö. Fuss Spannweite und 12 Fuss Segmenthöhe bestehende K a i s e r - F r a n z e n s b r ü c k e vollendet.

1826. Kurparteien: 1871.

1827 in der Nacht vom 14. auf den 15. Januar wurden durch Sturm in den Karlsbader Waldungen mehr als 600 Stämme gebrochen und entwurzelt.

— wurde das im Jahre 1762 erbaute Mühlbadhaus wieder entfernt und statt dessen ein gedeckter Säulengang zwischen dem Mühl- und Neubrunn und ebenso beim Sprudel eine Colonnade errichtet, was einen Kostenaufwand von 10,638 f. 30 x. C.-M. erforderte.

— am 10. Juni war ein grosses Wasser, welches die Fürst-Schwarzen- berg-Brücke bei Hammer und die sogenannte Plobenbrücke mit sich fortriss, und die drei Häuser „zu den zwei Ketten,“ „zur blauen Kugel“ und „zu den zwei Schwertern“ schwer beschädigte. Eine von den Kurinspectoren *Graff* und Graf *Gorcey* eingeleitete Sammlung bei den Kurgästen ergab für die drei vom Wasserschaden betroffenen Hausbesitzer: *Lang*, *Fussolt* und *Becher*, 602 f. 30 x. w. W. Eine Dilettanten-Theatervorstellung junger Bürgerssöhne und Bürger- töchter erzielte zu gleichem Zwecke einen Ertrag von 100 f. w. W.

— wurde nächst dem Mühlbrunn eine Bohlenbrücke über die Tepl errichtet. Sie kostete 1097 f. 56 x. C.-M.

— kam Se. Excellenz *Carl Graf von Chotek*, Oberstburggraf in Böhmen, sammt Gemahlin und Familie zum Kurgebrauche nach Karlsbad, welcher Besuch sich auch im folgenden Jahre wiederholte. Diesem Besuche Sr. Excellenz verdankt die Stadt Karlsbad sehr wesentliche und erspriessliche Veränderungen und Verschönerungen.

— wurde die obere alte Stadtmühle sammt der mit ihr in Verbindung stehenden und weit in die Mühlbadgasse hineinragenden Brettmühle abgetragen, die neuerbaute Mühle zurückgesetzt, der Mühlgraben überwölbt und die Regelung der Ufer zur Erweiterung des Platzes vollendet. Dieser Bau kostete 7857 f. 26 x. C.-M.

— wird mittelst eines Beschlusses der Bürgerschaft von der Hälfte des Erträgnisses des Sprudelsalzes die Winterbeleuchtung in Karlsbad eingeführt.

— Bestschiessen gab: General Graf *Leon Nariskin* mit 100 f. (Scheibe No. 119).

— Kurparteien: 2018.

1828 wurde mittelst Allerhöchster Entschliessung vom 21. October 1827 der Karlsbader Magistrat geregelt, und zwar:

1. Wird ein geprüfter Bürgermeister mit einem Jahresgehalt von 800 f. C.-M., und

2. ein geprüfter Rath mit dem jährlichen Gehalte von 600 f. C.-M. angestellt.

3. Wird die Anstellung zweier ungeprüfter und unbesoldeter Räthe im Wege der Wahl aus der Mitte der Bürgerschaft bewilligt.

4. Dem Grundbuchführer ist neben seinem Geschäfte die Ordnung und Aufsicht der Registratur, dann die Verrechnung der Taxen zugewiesen.

5. Das Fremden- und Passprotokoll ist von der k. k. Kurinspection ohne Einflussnahme des Magistrats zu führen,

6. zwei Kanzellisten und Gerichtsdiener ihrer Bestimmung gemäss zu verwenden, und endlich

7. hat es bei der bisherigen Gehaltsbestimmung aller Magistrats-mitglieder und Bediensteten zu verbleiben.

— wird in Folge höchster Entschliessung *Josef Johann Lehnhart* zum ersten und einziger geprüften Bürgermeister von Karls-bad ernannt, indem diese Magistratsregulirung im Jahre 1848 wieder behoben wurde.

— wurde neben der Stadtmühle das neue Mühlbäderhaus vollendet. Es enthält im Erdgeschosse 6 Bade- und Ruhezimmer und im oberen Stockwerk einen Saal und zwei Nebenzimmer. (Der Saal wurde 1830 zum Zeitungslesekabinet verwendet.)

— wird die Stadt in 8 Bezirke eingetheilt und für jeden derselben ein wohlverhaltener und einsichtsvoller Bürger als Bezirksvorsteher auf-gestellt mit der Verpflichtung, alle seine Wahrnehmung in Bezug auf Störung der Ordnung und Sicherheit dem Magistrat zur Kenntniss zu bringen.

— gab am 18. August im sächsischen Saale der grösste damalige Violin-Virtuose *Nicclo Paganini* ein Concert (die Karte zu 4 f.) mit einer Einnahme von 1017 f. C.-M.

— Bestschiessen gaben: *Franz* Graf *von Schlick* (Scheibe No. 124) und *von Harkort* aus Leipzig (Scheibe No. 123).

1829 übernimmt die Theaterdirection *Josef Lutz*, der Schwiegersohn der *Therese Schantroch*.

— am 12. Februar festliche Feier des Geburtstages Kaiser *Franz I.* durch Gottesdienst, Ball u. s. w.

— fand am 12. April zum Vortheile der Armen eine musikalische Akademie von hierortigen Dilettanten statt, wobei ein Reinertrag von 64 f. 55 x. C.-M. erzielt wurde.

— wurde die Verzehrungssteuer (Accise) eingeführt.

— am 1. Juli Nachts gegen 11 Uhr brannten am Schlossberge zwei Scheuern ab. In Folge dessen wurden die meisten hölzernen Scheuern durch feuerfeste ersetzt.

— am 14. Juli veranstaltete der berühmte Pianist *Joh. Nep. Hummel* im oberen böhmischen Saale ein Concert.

— am 26. Juli traf der Blitzstrahl den Stadtthurm und erschlug einen alten Polizeisoldaten Namens *Josef Hohl*.

1829 gab Graf *Bobrinsky* ein Bestschiessen (Scheibe No. 125).

— Kurparteien: 2302.

1830 wurde beim Schlossbrunnen ein neuer Tempel mit Colonnade erbaut.

— wurden die wegen ihrer Ungleichheit einen hässlichen Anblick gewährenden 8 Marktboutiquen mit einem Aufwande von 1118 f. 10 x. C.-M. auf Befehl des Oberstburggrafen umgebaut.

— wurde der offene Mühlgraben zwischen den Gasthäusern zum „goldenen Löwen" und „Paradies" überwölbt und eine Fusspromenade hinter den Häusern der Egerstrasse bis zum Wiesenthal hergestellt.

— gab der Bürgermeister *Lehnhart* ein Buch unter dem Titel: „Darstellung der Eigenschaften, welche die Würde des Richteramtes von dem Richter fordert," heraus und bestimmte den Erlös daraus zum Besten des Fremdenhospitals. Kaiser *Franz I.* übersandte für das ihm zugekommene Exemplar 100 f. C.-M.

— verursachte am 25. Mai ein gewaltiger Sturm grossen Schaden, wobei auch ein bei der Egerbrücke befindlicher ärarischer Vorrathsschuppen zertrümmert wurde.

— wurde, um Irrungen wegen missverstandenem Feuersignal vorzubeugen, eine zweite Glocke zum Nachschlagen der Stunden angeschafft.

— wurde, wie schon erwähnt, im neuen Mühlbadgebäude das Zeitungsleskabinet errichtet.

— am 20. Juni gab der berühmte Pianist *Sigmund Thalberg* zum Vortheile des Fremdenhospitals im böhmischen Saale ein Concert, wobei ein Ertrag von 698 f. 11 x. w. W. erzielt wurde.

— wurde die Chaussée von Karlsbad nach Neudek gebaut.

— erfreute sich hier Kurfürst *Wilhelm III.* von Hessen-Cassel der Genesung nach einer lebensgefährlichen Krankheit und verlieh mehrere Ordenszeichen, unter Anderen auch dem M. Dr. *Bernard Mitterbacher*, den k. k. Bade-Inspections-Commissären: *Ludw. Richter*, Polizei-Obercommissar aus Prag, und Grafen *Gorcey*, k. k. Hauptmann, den kurhessischen Hausorden vom goldenen Löwen.

— hat in Anbetracht der erfolgten Genesung des genannten Kurfürsten die Gräfin *Reichenbach-Lessonitz* der hierortigen Kurinspection 200 Dukaten zu wohlthätigen Zwecken übergeben.

— befanden sich hier zur Kur: die schwarze Exkönigin aus Hayti, Mad. *Christophe* mit ihren Töchtern.

— Kurparteien: 2448.

1831 wird das alte Schulhaus behufs Verlängerung der Sprudelcolonnade abgetragen; ein Gleiches geschieht mit dem alten Sprudelsaalgebäude, an dessen Stelle das heutige Sprudelbadehaus im Parterre mit 8 Bädern und im ersten Stocke mit einem schönen geräumigen Saale erbaut wurde.

1831 wurde die Parkanlage nächst und oberhalb des Theresienbrunnens vollendet.

— Die Cholera, an welcher ringsum viele Menschen starben, verschonte Karlsbad ebenso, wie alle früheren Epidemien.

— am 26. März starb zu Eger der Historiograph Karlsbads, *August Leopold Stöhr*, Commenthur des ritterlichen Kreuzherrenordens, im 67. Lebensjahre.

— giebt Dr. Chevalier *de Carro* einen französischen „Almanach de Carlsbad" heraus, der seitdem bis zu seinem Ableben von ihm fortgesetzt wurde.

— spendete *Apostolo von Petrino*, Gutsbesitzer aus der Bukowina, zum hierortigen Fremdenhospital 400 f. C.-M.

— wurde den durch Wolkenbruch verunglückten Bewohnern von Neudeck, Neuhammer, Sauersack und Hochofen von hier aus ein durch Sammlungen und Wohlthätigkeitsvorstellungen aufgebrachter Unterstützungsbetrag von 1633 f. 49 x. w. W. zu Theil.

1832 vermachte *Johann Mainone*, Karlsbader Bürger und Handelsmann, der katholischen Kirche zu Anschaffung einer neuen Orgel 6000 f. C.-M.

— am 15. Juli veranstaltete das uniformirte Schützencorps die einhundertjährige Jubelfeier der Schenkung der kaiserlichen Fahne von Sr. Maj. Kaiser *Karl VI.* mit einem solennen Te-Deum und neuerlicher Fahnenweihe in der Dekanatkirche, sodann ein Festschiessen (Scheibe No. 127).

— entstand Anfangs Mai im Teplflusse, nahe dem Hause „zu den drei Ringen," ein Sprudelausbruch, welcher aber schon am 26. Mai wieder gänzlich verbaut war.

— am 25. Juli fand im neuen Sprudelsaale zur Mitbegründung eines Krankenhauses für Handwerksgesellen und Dienstboten eine musikalisch-deklamatorische Akademie statt, wobei der berühmte Pianist *Joh. Nep. Hummel*, die grossherzogl. weimarische Hofschauspielerin Frau *Christine Genast* und der kurfürstl. hessische Hofopernsänger *Emmich* mitwirkten. Der Reinertrag bestand in 548 f. 14 x. C.-M.

— Kurparteien: 2063.

1833 wurden die Anlagen bei Bellevue (ehemals Galgenberg) nächst der Prager Chaussée, ferner bei der Eisenquelle bis zur Kargsruhe hergestellt.

— unterm 22. Januar bewilligt Se. Maj. Kaiser *Franz I.* den Kurgästen in

Karlsbad und Teplitz bei Spazierfahrten die unbedingte Mauth-freiheit.

1833 gab *Carl Philipp Lafont* auf der Violine zwei Concerte mit grossem Beifall.

— Auch der berühmte Bauchredner *Alexander* aus Paris erregte durch seine an's Fabelhafte grenzende Schnelligkeit im Umkleiden und sein consequentes Mienenspiel in mehreren Vorstellungen grossen Enthusiasmus.

— gaben der Gouverneur von Tyrol Graf *Wlcek* ein Bestschiessen (Scheibe No. 130) und Domherr *Werner* aus Prag (Scheibe No. 131).

— Kurparteien: 2933.

1834 wurde zur Erinnerung an die Anwesenheit der Königin *Pauline* von Würtemberg, der Erzherzogin *Maria* von Oesterreich und der Herzogin *Amalia* von Sachsen, Erbprinzessin von Sachsen-Altenburg, der schöne Fels auf der Vieruhrpromenade unter dem Namen „Fürstinnenstein" gewidmet. — Zu Ehren der Herzogin *Maria Theresia Karolina von Angoulème* wurde auf der Bergkuppe nächst dem Hirschensprunge ein Denkmal gesetzt und der Platz „Theresienhöhe" benannt.

— liess Baron *A. von Chabot* dem Fürsten *Louis Rohan* ein Denkmal errichten, welches am 28. Juli Abends bei Beleuchtung eingeweiht und mit dem Namen „Dankbarkeitssitz" belegt wurde.

— wurde zum Andenken an die Anwesenheit des Herzogs und der Herzogin *von Cambridge* zu Karlsbad auf der Anhöhe nächst dem Bernardsfelsen eine hohe Granitsäule mit bezüglicher Inschrift errichtet und am 14. August eingeweiht.

— wurde der Bau des Hôtels zum „goldenen Löwen," jetzt „Hôtel Russie," vollendet und am 15. Mai desselben Jahres eröffnet.

— übersandte Herzog *Adolf Friedrich von Cambridge* dem Elbogner Kreishauptmann Freiherrn *von Karg* und dem k. k. Inspections-hauptmann Grafen *Gorcey* das Ritterkreuz des königl. hannoverischen Guelphen-Ordens.

— unternahm *Corda*, Custos am böhmischen Nationalmuseum in Prag, sehr interessante mikroskopische Untersuchungen über jene räthselhaften Infusorien, Oscillatorien u. s. w., welche in den grünen flechtenartigen Algen fortkommen, welche sich in gewissen Entfernungen von den Mündungen der hierortigen heissen Mineralquellen, wo diese mit der atmosphärischen Luft in Berührung kommen, ansetzen.

— am 26. October wurde die neue Stadtschule (heute Volksschule) feierlich eingeweiht. Der Bau kostete 8842 f. 4 x. C.-M. Hiezu trug die Stadtgemeinde 6428 f. 43 x. und die Bürgerschaft 2413 f. 21 x. C.-M. bei.

1834 fand abermals ein Sprudelausbruch hinter dem Hause „zu den zwei Ketten" statt. Der Erfolg dieses Verbaues kommt beim Jahre 1835 vor.

— wurden die **Karlsbader Waldungen** durch den geprüften Forstsystemater *Franz Oppelt* systemisirt.

— liessen mehrere Kurgäste, an deren Spitze sich der Herzog *von Cambridge* befand, der Gräfin *Leon von Rasumowsky* über der an dem sogenannten Kieswege befindlichen Grotte (Wurstkapelle) eine Terrasse errichten. An der Stelle dieser Terrasse stand vor uralten Zeiten ein Haus von zwei Stockwerken. Der letzte Besitzer desselben war der Nadlermeister *Küffel*, welcher ein Billardbefugniss besass.

— wurde die **Helenenhofstrasse** vollendet.

— im Monate October legte *Josef Schielhabl* die Schützenhauptmannsstelle nieder, und übernahm das Commando bis zur Wahl eines neuen Hauptmanns: *Josef Stadler.*

— gaben **Bestschiessen:** Se. königl. Hoheit *Adolf Friedrich*, Herzog von Cambridge, und Domherr *Werner* aus Prag (Scheibe No. 132).

— war diese Saison seither die glänzendste. Sie zählte 3287 Parteien, bestehend in 6165 Personen.

1835 wurden unter der Leitung des Oberbaudirections-Adjuncten *Esch*, des substituirten Kreisingenieurs *Josef Seifert* und unter der Aufsicht des Stadtanwaltes *Wenzl Drumm* die im vorigen Jahre angeführten Sprudelausbrüche zur Gänze verbaut.

— wurde zur Verherrlichung des Andenkens jener Familienglieder des russischen Kaiserhauses, welche in Karlsbad jemals anwesend waren, während der Anwesenheit des Grossfürsten *Michael Pawlowitsch* und dessen Gemahlin der Grossfürstin *Helene* von Russland auf dem Hirschensprunge dicht bei dem Aufgange zum Kreuze ein Denkmal aus Marmor, mit den Namen aller der benannten russischen Herrschaften versehen, angebracht, und der Platz „**Petershöhe**" benannt.

— erhielt das von der Grossfürstin *Helene* von Russland bewohnte Landhaus „Tappenhof" die Benennung „**Helenenhof**."

— wurde zum Andenken der mehrmaligen Anwesenheit des Grossherzogs und der Grossherzogin von Weimar unterhalb des Kreuzes am Hirschensprunge ein Denkmal von Marmor mit der Inschrift „**Weimars-Denkmal**" errichtet.

— organisirte sich die hierortige **Schützengesellschaft** und wurde am 3. Mai bei einer Versammlung der Schützen und Bürgerschaft *Franz Franiek* zum **Schützenhauptmann,** *Josef Wagner* zum **Oberlieutenant,** *Friedrich Gottl* und *Josef Stadler* zu Lieutenants und *Andreas Gottl* als Adjutant gewählt.

1835 übernimmt *Josef Labitzky* als Director die Leitung des hierortigen Kur-Orchesters.

— giebt Dr. Chevalier *de Carro* ein englisches Buch über Karlsbad heraus.

— entdeckte der hierortige Apotheker *Josef Nentwich* mittelst der gewöhnlichen Reagentien in den hierortigen Mineralquellen „Jod." Professor *Pleischl* in Prag hat nach vorgenommener Analyse nicht nur die Angabe *Nentwich's* bestätigt, sondern auch noch „Brom" und schwefelsaures „Kali" gefunden.

— fanden hinter den Häusern „zum schwarzen Adler," „zu den drei Ringen" und „zum Tempel" im Teplflussbette abermals mehrere Sprudelausbrüche statt. Der Verbau derselben fand unter Leitung und Aufsicht des Stadtanwaltes *Joh. Pet. Knoll* und des Bauamtmanns *Wenzl Gasser* im Monate November statt.

— am 14. September beehrten JJ. k. k. Majestäten Kaiser *Ferdinand I.* und Höchstdessen Gemahlin *Maria Anna Carolina* Karlsbad mit einem Besuche. Sie wurden mit Jubel empfangen; Beleuchtungen, Fackelzüge, Festschiessen wurden während der Tage der Anwesenheit veranstaltet.

-- erhielten der k. k. Kreishauptmann Freiherr *von Karg*, der Civil-Bade-Polizei-Inspectionscommissär *Richter* und der Militär-Bade-Inspections-Major Graf *Gorcey* in Folge der Anwesenheit des Grossfürsten *Michael*, vom Kaiser *Nicolaus* von Russland den kaiserl. russischen Stanislausorden.

— gab Fürst *Adolf zu Schwarzenberg*, Herzog zu Krumau, der Schützengesellschaft zwei grosse Bestschiessen (Scheiben No. 136 und 137).

— wurde P. *Adam Straka* zum Dechant installirt.

— Ueber höchst ausgesprochene Genehmigung Sr. königl. Hoheit des hier anwesenden Prinzen *Wilhelm* von Preussen (Kaiser *Wilhelm I.*) erhält das Hôtel „zum goldenen Löwen" das Schild „zum Prinzen Wilhelm von Preussen" (jetzt Hôtel de Russie), und als derselbe Prinzregent wurde, das Schild „zum Prinzen von Preussen."

im Monate August kam der grossherzogl. Baden'sche Oberst Prinz *Louis Napoleon Bonaparte* (später Kaiser von Frankreich) hier an und wohnte im Hôtel „zum Prinzen Wilhelm von Preussen." Seinem Wunsche, nicht gemeldet zu werden, konnte der strengen Maassregeln wegen unterlassener Fremdenmeldung nicht willfahrt werden, worauf ihn die Kur-Inspectoren, die Geistlichkeit und der Magistrat begrüssten. Einen Tag nach seiner Abreise nach Teplitz kam im selben Hôtel Fürst *Lichnowsky* an (er fand im Jahre 1848 in Frankfurt a./M. ein tragisches Ende), General unter dem spanischen Prinzen Don *Carlos*, und erkundigte sich nach dem Prinzen *Louis Bonaparte*. Trotz der grossen Eile, die er zu haben schien, musste er doch 48 Stunden hier verweilen, um die Achse seines Reisewagens repariren zu lassen.

1835. Kurparteien: 2737.

1836 am 25. Januar fand die feierliche Uebergabe der von Sr. Maj. Kaiser *Ferdinand I.* dem Karlsbader Bürgermeister *Jos. Joh. Lehnhart* verliehenen mittleren goldenen und dem Schützenhauptmann *Franz Franick* verliehenen kleinen goldenen Civil-Verdienstmedaille am Bande statt. Ebenso erfolgte die Uebergabe des von Sr. Maj. dem Schützencorps zum Andenken gewidmeten grossen silbernen Pokals.

— am 19. April, dem Geburtstage Sr. Maj. des Kaisers *Ferdinand I.*, rückte das organisirte und neuuniformirte bürgerliche Schützencorps zum ersten Male zur Kirchen-Parade aus und gab während des Hochamtes die üblichen Salven.

— am 14. Mai kaufte das bürgerliche Schützencorps den sogenannten Steinberg sammt Saalgebäude zur Errichtung einer neuen Schiessstätte um 2814 f. C.-M.; die Grundsteinlegung dazu fand am 27. Mai, die Eröffnung der Schiessstätte am 3. Juli mit einem Fest-Diner und Bestschiessen statt (Scheiben No. 139 und 140).

— am 24. Juni fand man an jener Stelle, wo man die neue Schiessstätte zu bauen im Begriffe stand, unter einer durch Sprengen mit Pulver beseitigten Felskluft von 6 Fuss Tiefe 30 Stück theils böhmische, theils meissner Groschen mit den Jahreszahlen 1622 bis 1632, welche in der Schützenkassa aufbewahrt worden.

— am 16. Mai nahm der Elbogner k. k. Kreishauptmann Baron *Karg* das Protectorat über das Karlsbader Schützencorps an, bei welcher Gelegenheit die Schützen nach Elbogen marschirten und ihm das Gedenkbuch zur Einzeichnung vorlegten.

— wurden mit Ende Juni die ersten Moorbäder hier eingeführt und bis zum 15. September 168 Bäder bereitet.

— am 5. Juli besuchten JJ. MM. die Königin *Therese* von Baiern und König *Otto I.* von Griechenland Karlsbad gelegentlich einer Durchreise.

— am 26. Juli, dem Namensfeste Ihrer Maj. der Kaiserin *Maria Anna* von Oesterreich, leiteten die hier zur Kur anwesenden Oesterreicher eine Sammlung ein, welche den bedeutenden Betrag von 1800 f. w. W. ergab und von welcher zu gleichen Theilen das Fremdenhospital und das projectirte Militär-Badehaus betheilt wurden.

— am 11. September wurde hier die in Prag stattgehabte Krönungsfeier des Kaisers *Ferdinand I.* und der Kaiserin *Maria Anna* durch ein solennes Hochamt, am Abend mit grosser Beleuchtung der Stadt und Berghöhen, mit Fackelzug und Festgesängen begangen.

— untersuchte der Chemiker *Johann W. Radig*, ein geborner Elbogner, auf Kosten der Stadtgemeinde den Sauerbrunn nächst der Cambridge-Säule.

4*

1836. Ueber Anregung des Bürgermeisters *Lehnhart* wurde aus zusammengebrachten Sammlungen ein Spital für Gesellen und Dienstboten errichtet und in diesem Jahre eröffnet.

— Bade-Inspectoren waren vom Civile: *Ant. V. Watzka*, k. k. Polizei-Obercommissär aus Prag, vom Militär: *Ant.* Graf *Gorcey*, k. k. Major.

— Bestschiessen gab Fürst *Joh. Ad. zu Schwarzenberg* zwei (Scheibe No. 143).

- Kurparteien: 2499.

1837 wurde die Trinkwasserleitung hinter dem Jägersaal und bei Klein-Versailles erweitert, eine neuentdeckte Wasserquelle mit derselben in Verbindung gebracht und zur Ausmündung derselben ein neues Wasserbecken nächst dem Rathause aufgestellt.

am 23. Februar starb hier im 74. Lebensjahre der verdienstvolle M. Dr. *Franz Damm* senior.

— liess Graf *Boutourlin* einen Spazierweg, welcher bei der Mariannenruhe beginnt und nächst dem Narischkinplatze an der Strasse nach Hammer endet, auf eigene Kosten herstellen.*

— kam Se. k. k. Hoheit Erzherzog *Johann* sammt Gemahlin Baronin *von Brandhof* zum Kurgebrauche nach Karlsbad.

— liessen die Verwandten des Fürsten *Louis Rohan* demselben eine mit Blumen und Gesträuchen geschmückte Terrasse errichten und diese mit einem Tische und zwei Ruhebänken von Gusseisen ausstatten.

— erfreute sich Karlsbad einer sehr glänzenden Saison; gleichzeitig waren zur Kur anwesend: Ihre Maj. die Königin *Pauline* von Würtemberg, Se. Maj. König *Ernst August* von Hannover, der regierende Herzog von Sachsen-Koburg-Gotha mit dem Prinzen *Albert*, der commandirende General von Böhmen, Graf *Mensdorf*, Fürst *Adolph Schwarzenberg*, der Oberstburggraf von Böhmen Graf *Carl Chotek* und viele andere hohe Herrschaften.

— am 26. Juli veranstalteten mehrere hohe Kurgäste einen Ball im sächsischen Saale zum Besten des neuen Krankenhauses für Gesellen und Dienstboten, wobei ein Reinertrag von 432 f. 20 x. C.-M. erzielt wurde.

am 6. August spendete die Gemahlin des Oberstburggrafen *Carl* Grafen *Chotek* der Schützencompagnie ein prachtvolles, eigenhändig gesticktes Fahnenband an die im Jahre 1732 von Kaiser *Karl VI.* den Schützen geschenkte Fahne, bei welcher Gelegenheit die Compagnie vor den hohen Herrschaften defilirte und mehrseitige Auszeichnungen erhielt.

— spendete der kaiserl. russische Staatsrath *Paul von Demidoff* während seiner Kur durch 25 Tage zur Vertheilung an Arme täglich 25 f. C.-M. und übergab bei seiner Abreise überdies noch dem Bürgermeister 500 f. C.-M. zur Unterstützung der dürftigsten Karlsbader.

1837 am 22. und 26. August sang die berühmte englische Sängerin Miss *Kemble* und spielte der berühmte Virtuose *Vieuxtemps* in zwei Concerten, wobei der Ertrag des ersteren pr. 408 f. 31½ x. C.·M. dem Dienstbetenspitale zugewendet wurde.

— gaben die beiden ausgezeichneten englischen Gymnastiker *Lawrence* und *Redisha* K u n s t v o r s t e l l u n g e n im Theater.

— übergab Se. Exc. *Bailli von Tatitscheff*, kaiserl. russischer Botschafter in Wien, dem k. k. Kur-Inspectionscommissär *Watzka* den kaiserl. russischen Stanislausorden 4. Classe.

— wurde das P r i v i l e g i u m, womit den Kurgästen die z o l l f r e i e E i n f u h r eines Eimers Wein gestattet war, a u f g e h o b e n.

— wurden ausser einem Bestschiessen vom Fürsten *Schwarzenberg* mehrere Unterhaltungs- und Taubenschiessen gegeben, an welchen viele hohe Herrschaften Theil nahmen. Der König von Hannover schoss wöchentlich 2 bis 3 Mal auf der Schiessstätte.

— Kurparteien: 2772.

1838 am 5. April kam zwischen den Häusern „zum weissen Adler" und „zur Giraffe" eine Quelle zum Vorschein. Dieselbe wurde vom Professor der Chemie M. Dr. *Wolf* analysirt und erhielt den Namen „M a r k t b r u n n."

— verlieh der regierende Fürst von Reuss-Greiz, *Heinrich XX.*, dem M. Dr. *Gallus Hochberger* den Hofrathstitel.

— wurde für die durch U e b e r s c h w e m m u n g schwer geschädigten Städte P e s t h und G r a n von den Bürgern *Johann Bermann*, *Carl Mattoni* und *Franz Laube* hier eine Sammlung eingeleitet, welche 330 f. 30 x. C.-M. ergab.

— erschien von Dr. *Leopold Fleckles* ein W e r k ü b e r K a r l s b a d.

— wurde von der Bürgerschaft und den Unterthanen der Herrschaft Karlsbad in F i s c h e r n ein C o n t r i b u t i o n s - G e t r e i d e - S c h ü t t b o d e n errichtet.

— am 7. Juli gab der kaiserl. russische Botschafter am österreichischen Hofe, *Bailli von Tatitscheff*, zur Feier des G e b u r t s t a g s f e s t e s des Kaisers *Nicolaus I.* von Russland im Freundschaftssaale ein glänzendes Fest mit Diner und Ball.

— wurden bei dem S a u e r b r u n n hinter der Dorotheens-Aue G a s b ä d e r errichtet.

— am 21. Juli kamen die K a i s e r i n v o n R u s s l a n d und die G r o s s - f ü r s t i n *Alexandra* unter dem Namen Gräfin *Romanow* hier an.

1838 gab abermals Miss *Kemble* im Vereine mit dem Violinvirtuosen *Beriot* und dessen Schwägerin Mad. *Garcia* im sächsischen Saale ein Concert zum Besten der hierortigen neuen Krankenhäuser.

— fand im Teplflusse nächst dem Hause „zur blauen Kugel" ein Sprudelausbruch statt, wurde jedoch mit gutem Erfolg und geringen Kosten bald wieder verbaut.

— am 20. November fand die Uebergabe der grossen goldenen Civil-Verdienstmedaille an den hierortigen k. k. Aerarial-Postmeister *Johann Dewez* statt.

— widmete der Tischlergeselle *Ernst Fassung* aus Leuthen laut Testament vom 6. December 1838 zur Mitbegründung einer Lehrkanzel der französichen Sprache an der hierortigen Stadtschule einen Betrag von 40 f. C.-M.

— am 21. December trat Musikdirector *Joseph Labitzky* mit dem hierortigen Brunnenorchester auf Wunsch des kaiserl. russischen Ceremonienmeisters Grafen *Bobrinsky* eine Reise nach Petersburg an. Am 5. Februar musste *Labitzky* mit seiner Kapelle vor dem russischen Kaiserpaar und dem ganzen Hofe im Anitska'schen Palais spielen. Tags darauf sandte ihm Kaiser *Nicolaus I.* einen Brillantring, welchen Sachverständige auf mindestens 2500 Rubel schätzten. Nebst freien Reisekosten, freier Kost, Wohnung und Bedienung erhielt *Labitzky* 300 Dukaten und jedes seiner Mitglieder 100 Dukaten als Honorar für ihre Leistungen.

— Kurparteien: 2580.

1839 am 25. März schwoll die Tepl zum reissenden Strome an und überfluthete sämmtliche tief gelegene Stadttheile.

— wurde die Sodaerzeugung aus dem unbenützt in die Tepl fliessenden Mineralwasser auf Anordnung des Oberstburggrafen Graf *Chotek* hier abermals am 4. Mai 1839 einer Berathung unterzogen.

Dieser Gegenstand ist für das Wohl Karlsbads zu interessant, als dass nicht das Resultat der Berathung hier verewigt würde.

Zu dieser Commission unter dem Vorsitze des Elbogener Kreishauptmanns Baron *Karg* wurden die beiden Apotheker *Nentwich* und *Ortmann*, dann der Chemiker *Leidenfrost* zugezogen. *Nentwich* und *Leidenfrost* legten nachstehenden Befund ihrer gemachten Untersuchungen vor, die ergaben, welche Quantität Soda sich hier in einem Jahre erzeugen liesse.

Nentwich's Berechnung ist folgende:

Die Quellen: der Sprudel, die Hygieensquelle, Bernardsbrunn, Marktbrunn, Mühl-, Theresien- und Schlossbrunn, geben zusammen Wasser:

in einer Minute . . . . . 17 Eimer 93¼ Seidl,
in einer Stunde . . . 1,038 - 15 -
in 24 Stunden . . . . 24,914 - 40 -
und in einem Jahre . 9,093,610 - 41 -

Diese Mineralwassermenge führt gelöst fort, nach der letzten *Wolf*-schen Analyse berechnet:

I. an schwefelsaurem Natron:

in einer Minute . . . . . . 4 Pfund 30 Loth 42 Gran,
in einer Stunde . . . 2 Ctr. 96 - 18½ - 42 -
in 24 Stunden . . . 71 - 18 - — - 28 -
und in einem Jahre 25,980 - 70 - 42 - 16 -

welche letztere Menge, den Centner zu 4½ f. C.-M. angeschlagen, einen Werth von 116,910 f. C.-M. ergiebt;

II. an kohlensaurem Natron:

in einer Minute . . . . . . 2 Pfund 15 Loth 21 Gran,
in einer Stunde . . . 1 Ctr. 18 - 9 - 60 -
in 24 Stunden . . . 35 - 59 - — - 14 -
und in einem Jahre 12,990 - 35 - 21 - 7 -

das kohlensaure Natron zu 10 f. C.-M. den Centner angeschlagen, ergiebt einen Werth von 233,820 f. C.-M.

Zusammen also fliesst in einem Jahre ein Werth von **350,730** f. unbenützt in die Tepl.

Nach *Leidenfrost's* Berechnung lässt sich aus der Gesammtmenge der in einem Jahre zu producirenden Salze, welche zu Soda erzeugung sich eignen, mindestens 60,750½ Centner Soda erzeugen.

Am Schlusse dieses Commissionsprotokolles heisst es: „Da aber nach Ansicht des Magistrats und der Anwaltschaft die Gemeinde selbst mit dieser Unternehmung sich nicht befassen kann, so wurde von der Commission in Antrag gebracht, die Sodaerzeugung jenem Privaten zu überlassen, welcher sich zu den vortheilhaftesten Bedingungen herbeilässt."

Die hochortige Entscheidung über diesen wichtigen Gegenstand wird heute, wo ich dieses niederschreibe, 1873 (also nach 34 Jahren noch), gewärtiget.

— am 27. Mai starb in Berlin unser Landsmann M. Dr. *Bernard Mitterbacher*, Director des hierortigen Fremdenhospitals, um dessen Begründung er sich grosse Verdienste erwarb. Der Karlsbader Magistrat widmete seinem Andenken einen Nekrolog, welcher zur Vertheilung in Druck gelegt wurde.

— wurde erst eine kunstmässige Herstellung der Strasse nach Hammer vollzogen.

— wurde das vom Erzbischof *Ladislaus Pirker* (Verfasser der „Rudolphiade") gegründete Offiziers-Badehaus in der Marienbader Strasse vollendet und feierlich eingeweiht.

1839 am 3. August wurde von den hier zur Kur anwesenden Preussen der Geburtstag des Königs von Preussen im Posthofe durch ein grosses Diner, an welchem 130 Personen Antheil nahmen, gefeiert.

— am 15. August gab Herzog *Ernst* von Sachsen-Coburg-Gotha im Posthofe einen glänzenden Ball, welchem der für die Königin *Victoria* von England zum Gemahl erwählte Prinz *Albert* von Sachsen-Coburg-Gotha beiwohnte.

— gaben der Virtuose *Franz Prume*, Professor am königl. belgischen Conservatorium, auf der Violine, und Fräulein *Theresia Brunner* aus Wien auf der Pedalharfe Concerte.

— am 22. August wurde von dem k. k. Inspections-Major Grafen *Gorcey* und dem Bürgermeister *Lehnhart* ein Ball zum Vortheile der hierortigen Wohlthätigkeits-Institute im sächsischen Saale veranstaltet, wobei ein Reinertrag von 476 f. 30 x. C.-M. erzielt ward.

— leitete der k. k. Hofrath und Prager Stadthauptmann *Peter Edler von Muth* bei allen anwesenden Kurgästen aus Wien eine Sammlung ein, wobei der Betrag von 377 f. 58 x. aufgebracht wurde. Von diesem Gelde wurde „der Wiener Sitz" errichtet, und der nicht verbrauchte Ueberrest des gesammelten Geldes im Betrage von 46 f. 2 x. C.-M. als Fond angelegt, um von den Zinsen die Reparaturen an diesem Platze bestreiten zu können.

— fand im Teplflusse in der Nähe der Häuser „zum Merkur" und „zum Templ" ein Sprudelausbruch statt und wurde auf die übliche Art bald wieder verbaut.

— am 22. Juli wurde P. *Wenzl Seifert* (später Commenthur zu Brüx) zum Dechant installirt.

— Bestschiessen gaben in diesem Jahre:

    Fürst *Adolph Schwarzenberg* mit 12 Dukaten; hierbei betheiligten sich Herzog *Ernst* und Prinz *Albert* von Sachsen-Coburg-Gotha (Scheibe No. 168);

    Freiherr *von Schröder*, kaiserl. russischer ausserordentlicher Gesandter am sächsischen Hofe zu Dresden, mit 12 Dukaten (Scheibe No. 164), und

    August Tschepper, geprüfter Magistratsrath in Karlsbad (Scheibe No. 169).

— Kurparteien: 2637.

1840 erhält der Karlsbader Bürgermeister *Jos. Joh. Lehnhart* vom Herzog *Ernst* von Coburg-Gotha das silberne Verdienstkreuz des herzogl. sächsischen Ernestinischen Hausordens.

— kam unter Mitwirkung der Hausbesitzer mit der Stadtgemeinde die Trottoirlegung in Karlsbad zu Stande.

1840 gab am 7. Juli, dem Geburtstage Kaiser *Nicolaus I.* von Russland, abermals der hier zur Kur anwesende kaiserl. russische Botschafter am kaiserl. österreichischen Hofe, *Bailli von Tatitscheff*, im Posthofe ein grosses Diner. Abends war dessen Wohnung wie auch diejenigen der übrigen hier anwesenden Russen schön decorirt und festlich beleuchtet. Am Friedrich-Wilhelmsplatz strahlte der Name des Kaisers und über demselben der kaiserl. russische Adler.

— am 10. Juli fand schon wieder zum Geburtsfeste der russischen Kaiserin *Alexandra Feodorowna* ein vom Botschafter *Tatitscheff* arrangirtes Fest statt, bestehend in einer glänzenden Soirée und der Beleuchtung der alten Wiese bis zum sächsischen Saale, aller Stege und Brücken und des Friedrich Wilhelmplatzes, wo sich der Name der Kaiserin mit der Krone präsentirte.

— erhielt M. Dr. Chevalier *de Carro* von Sr. Maj. Kaiser *Ferdinand I.* für die um den Kurort Karlsbad erworbenen Verdienste einen Brillantring mit der a. h. Namens-Chiffre.

— am 10. Juli begann der Natur-Mechaniker *J. Ch. Tschuggmall* aus Tyrol die erste Vorstellung im böhmischen Saale mit den von ihm selbst verfertigten Automaten, bestehend aus Pantomimikern und Gymnastikern.

— Unter den in dieser Saison stattgefundenen Concerten verdient der besonderen Erwähnung jenes des Violinvirtuosen *C. W. Hilf* aus Leipzig und *Ant. Bohrer* mit seiner elfjährigen Tochter. Auch *Lepinsky* und *Ghys* concertirten.

— am 17. September traf hier bei festlichem Empfang Se. kaiserl. Hoheit Erzherzog *Franz Carl* ein und verweilte einige Tage hierselbst. Die Schützengesellschaft gab ihm zu Ehren ein Festschiessen und erhielt von Sr. kaiserl. Hoheit einen grossen silbernen Pokal.

— Graf *August Poniatowsky*, kaiserl. russischer Rittmeister, Graf *Paul Tolstoy*, kaiserl. russischer Oberst, Graf *Boutourlin* und Graf *Thaddée Walewsky* gaben der hierortigen Schützengesellschaft am 20. Juli einen glänzenden Ball, bei welchem nebst den hohen Damen: der Gräfin *Rasoumowska*, der Prinzess *Bariatinsky*, Gräfin *Zakrzewska*, Gräfin *Tolstoy*, Gräfin *Walewska*, Gräfin *Königsmark*, Gräfin *Solms-Sonnewalde*, auch der kaiserl. russische Botschafter *Bailli von Tatitscheff* erschien und dem Schützencorps einen silbernen Pokal als Andenken übergab.

— wurde dem Bürgermeister *Lehnhart* das Ehrenbürgerrecht der Stadt Karlsbad ertheilt.

— derselbe giebt seine Memorabilien im Drucke heraus.

— Bestschiessen wurden gegeben:
von Gräfin *Wimpfen* mit einem silbernen Pokal,

von Herrn *von Lengefeld* (Scheibe No. 174),

vom Grafen *Poniatowsky* (Scheibe 175) und

vom Fürsten *Mich. Gortschakoff* (Scheibe 181).

1840 erscheint bei den Gebrüdern *Franiek* die erste periodische Zeit-schrift Karlsbads, unter dem Titel: „Unterhaltungs-, Aus-kunfts- und Anzeigeblatt von Karlsbad."

— Kurparteien: 2882.

1841 am 17. und 18. Januar verursachte der Eisgang der Stadtgemeinde grossen Schaden.

— am 6. April wurde im Theater zum Vortheile des hiesigen Dienst-botenhospitals unter der Leitung des Kurorchester-Directors *Josef Labitzky* das grosse Oratorium „Christus am Oelberge" von mehr als 100 Musikern und Sängern aufgeführt.

— liess Graf *Boutourlin* den Faullenzerweg nach Hammer her-stellen.

— wurde die Friedhofskirche bei St. Andreas, welche schon 1500 errichtet wurde, umgebaut, und im Souterrain ein Leichen-, ein Sections- und ein Wärterzimmer hergestellt. Der neue Altar mit dem Bilde des h. *Andreas* (angeblich eine Schöpfung von *Corregio*) wurde nach Angabe des Stadtanwaltes *J. P. Knoll* ausgeführt.

— am 28. Juli kam Se. königl. Hoheit Erzherzog *Stephan* nach Karls-bad und verweilte hier mehrere Tage.

— spielte im Sommer unter der Direction der bekannten Madame *Mar-garethe Georges* vom Theater français aus Paris eine sehr brave fran-zösische Schauspielergesellschaft im hierortigen Theater.

— gaben Concerte: *Kazatel* aus Prag am Violoncello, der schwedische Sänger *Isidor Danström*, der Prager Conservatoriumsschüler *Pleiner* (aus Engelhaus) auf der Violine, desgleichen der Violinist *Felix Lepinsky*, der kaiserl. russische Hofopernsänger *Breiting*, der Violin-virtuose *Sivori* und der berühmte Flötist *Briccialdi*.

— Bestschiessen gaben:

Lord *William Russell*, königl. englischer Gesandter am königl. preussischen Hofe, Lady *William Russell* und Söhne ein grosses Bestschiessen mit Stutzen (Scheibe No. 190),

Mr. *Hastings Russell* ein Pistolenschiessen auf 150 Ellen Distance (Scheibe No. 191), und

Graf *Leo Festetics* gab einen schönen Kugelstutzen und 3 Dukaten (Scheibe No. 194).

— war einer der heissesten Sommer.

— Die Kurliste des Jahres 1841 enthält 2809 Parteien, bestehend in 4763 Personen nebst 2659 Passanten.

1842 erschienen die Werke: „Karlsbad in geschichtlicher, medicinischer und topographischer Beziehung," von M. Dr. *Eduard Illawaček*, und „Karlsbad und seine Heilquellen," von M. Dr. *Josef Wagner*.

— wurde die Freitreppe von der Dreifaltigkeitsstatue zum Schlossbrunn gebaut, die Kirchhofmauer bei der katholischen Kirche abgetragen und die Strasse erweitert. Die russischen Herren *von Sabluhoff* und Graf *Boutourlin* spendeten hierzu 600 f. C.-M.

— gab die französische Theatergesellschaft unter der Direction *Taliers* sechs sehr gelungene Vaudeville-Vorstellungen. Ebenso gab der Balletmeister *Fenzl* aus Wien mit seinen Zöglingen fünf Vorstellungen.

— war der Sommer so heiss und anhaltend trocken, dass alle Quellen versiegten und in Folge dessen die Lebensmittel sehr hoch im Preise stiegen. Der Strich Korn kostete 16 f. w. W., für das Mahlen eines Striches desselben zahlte man 3 f. w. W.

— wurden die Boutiquen auf der alten Wiese und dem Markte verkauft und solider umgebaut.

— wurde das alte sogenannte Lusthaus demolirt und dort das grosse schöne Haus „zum Schloss Windsor" (gegenwärtig Bürgerschule) erbaut.

— gaben nennenswerthe Concerte: die Sängerin Madame *Bishop* aus London, der Harfenvirtuos *Bochsa*, dann die Violinspieler *Bazzini* und *Hilf*.

— am 30. October veranstalteten mehrere Aerzte eine musikalische Akademie zur Gründung eines Denkmals für Dr. *David Becher*.

— Bestschiessen fanden statt: Zur Namensfeier Sr. Maj. Kaiser *Ferdinand I.*, gegeben von dem k. k. Inspections-Major Grafen *Gorcey* mit drei grossen geschliffenen Glaspokalen (Scheibe No. 202), vom Fürsten *Adolf Schwarzenberg* und Grafen *Tolstoy* (Scheibe No. 203), von *Hastings Russell* ein Pistolenschiessen auf 200 Ellen Distance (Scheibe No. 205), vom k. k. Generalmajor Grafen *Frans Schlick* ein Pistolenschiessen auf 100 und 200 Ellen Distance und ein grosses Stutzenschiessen von Lord *William Russell* sammt Familie (Scheibe No. 209).

— Bei dem am 9., 10. und 11. October abgehaltenen Königsschiessen wurde *Wenzl Müller* Schützenkönig (Scheibe No. 213).

— Die Kurliste weist 2829 Parteien nach, bestehend aus 7567 Personen, unter welchen sich nachstehende Celebritäten bemerkbar machten: der Philosoph Ritter *von Schelling*, *Heinrich Zschokke*, Dr. *Heinrich Laube*, *Karl Egon Ebert*, M. Dr. *Enemoser*, einst *Andreas Hofer's* Waffengefährte, u. A. m.

1843 wurde wegen Vermehrung der Bäder die obere Stadtmühle beim Mühlbrunn abgetragen und das neue Badehaus gebaut. Das erste und zweite Stockwerk wurde zu Wohnungen hergerichtet.

1843 war grosse Noth im Erzgebirge. In Prag und Karlsbad bildete sich ein Hilfsverein, und wurde von demselben bis zum Schlusse dieses Jahres an die Nothleidenden verabreicht: Im Baaren: 25.655 f. 56 x. C.-M., 99 Frauenkleider, 3848 Stück Hemden, 179 Gattien, 747 Paar Strümpfe, 1146 Leibeln, 1497 Unterröcke, 1419 Kinderkleider, 225 Mäntel, 59 Schürzen, 2808 Männerröcke, 2734 Beinkleider, 234 Westen, 23 Hüte, 722 Mützen, 283 Paar Stiefel, 1542 Paar Schuhe, 693 Paar Filzschuhe, 2025 Stück Halstücheln, 79 Bettstücke, 1145 Kotzen, 18 Leintücher, 43 Strich Getreide, 9327 Seidl Erbsen und Linsen, 3048 Seidl Graupen, 15,380 Seidl Mehl, 7168 Seidl Reis, 998 Seidl dürre Pflaumen, 5159 Laibe Brod, 523 Seidl Gries, 3 Fasseln Salz und viele andere Gegenstände; auch wurden 13 Kühe und 20 Ziegen an die ärmsten Feldbaubesitzer verloost.

Das meiste Verdienst bei dieser Nothabhilfe hatten hier in Karlsbad folgende Herren: M. Dr. *Gallus*, *E. Hochberger*, fürstl. Reuss'scher Hofrath, Magistratsrath *Tschepper*, *Fried. Gottl*, *Jos. Schilhabl*, *Bernard Gottl*, die Gebrüder *Franiek*, *Jos. Schaller*, *Wenzl S. Zörkendörfer*, *Karl Anger* (Hôtelier), *Josef Stadler*, *Karl Lang* und *Gottl. Unger*.

— ertheilte das hohe k. k. Landesgubernium in Prag am 3. Februar 1843, Z. 3167 dem Musikdirector *Josef Labitzky*, den M. Doctoren *Forster*, *Hlawaczek* und *Mannl*, dem Gasthofsbesitzer *Anton Karl Loew* und dem Kaufmannssohne *Friedrich Knoll* die Bewilligung zur Begründung eines Musikvereins in Karlsbad und bestätigte am 14. Mai 1843 den Entwurf der Statuten.

— am 11. April wurde vom Karlsbader Musikverein das Oratorium „die Schöpfung" von Haydn (nach 40 Jahren zum ersten Male wieder) hier gegeben.

— wurde über den zuerst von M. D. *Eduard Hlawaczek* bei einer kreisamtlichen Commission rege gemachten Antrag von der hohen Landesstelle bewilligt, die hierortigen Mineralwasser zu versenden.

— am 23. Juni feierte M. D. Chevalier *Johann de Carro* sein fünfzigjähriges Doctor-Jubiläum. M. D. *de Carro* erwarb sich durch Einführung der Vaccination in Europa und durch die Versendung des Impfstoffes nach Asien und in andere Welttheile grosse Verdienste um die Menschheit; ebenso erwarb er sich durch seine Schriften den grossen Dank des Kurortes Karlsbad. Er wurde Ehrenbürger der Stadt Karlsbad.

— wurde mittelst h. Gubernialerlass vom 30. November 1843 Z. 6820 M. Dr. *Gallus Hochberger* zum ersten Stadt- und Brunnenarzt mit einem Jahresgehalte von 400 f. ernannt.

— entstand in Folge der vorjährigen Missernte eine grosse Theuerung. Ein Strich Weizen kostete 24 f. w. W., Korn 24 f., Gerste 17 f., Hafer 13 f., Erbsen 23 f., Linsen 24 f., Erdäpfel 5 f. 30 x. w. W.

1843 finden folgende Concerte Erwähnung: das des Tenoristen *Franz Wartel* aus Paris, des Violinisten *Ernst Neswadba*, der Pianistin *Julie Grünberg* aus Russland und jenes des hierortigen M u s i k - v e r e i n s im Theater.

— schenkte Se. Erlaucht der kaiserl. russische General-Gouverneur von Neurussland und Bessarabien, *Michael* Graf *von Woronzow*, zum Sprudel jene oberhalb der Thüre, welche zu den Bädern führt, befindliche, acht Tage gehende P e n d e l u h r aus der berühmten Thurmuhrenfabrik von *J. Moore & Sohn* in London.

— wurden B e s t s c h i e s s e n gegeben: vom k. k. Inspections-Major Grafen *Gorcey* (Scheibe No. 216), von Lord *William Russell* sammt Familie (Scheibe No. 218), vom k. k. Generalmajor Grafen *Schlick* ein Taubenschiessen. Am 15., 16. und 17. October wurde das zweite Königsschiessen abgehalten, wobei *Franz Löw* den ersten Preis als Schützenkönig erhielt; er starb am 23. März 1844; das Schützencorps gab ihm die letzte Ehre als S c h ü t z e n k ö n i g.

— Die Kurliste weist nach: 2952 Kurparteien, bestehend aus 4950 Personen. Die Zahl der Passanten belief sich auf 2631 Personen.

1844 wurde am 18. April vom hiesigen M u s i k v e r e i n e unter Leitung des Musikdirectors *Josef Labitzky* und unter Mitwirkung von 350 Musikern und Sängern das grosse Oratorium „D i e v i e r J a h r e s - z e i t e n “ von *Jos. Haydn* aufgeführt.

— fand die erste Versendung der Karlsbader Mineralwässer statt. Dieselbe übernahm der Franzensbader Brunnenpächter *Jos. Aug. Hecht* für einen jährlichen Zins von f ü n f h u n d e r t G u l d e n auf drei Jahre.

— fand ein Umbau der hierortigen J o h a n n i s b r ü c k e statt. Der in der Mitte des Flusses stehende gemauerte Pfeiler wurde entfernt und die auf derselben stehende steinerne Statue des h. *Johann* wurde in der Nähe der Kaiser-Franzens-Brücke auf einen Fels gestellt.

— eröffnete *Johann Knoll* seine neuerrichtete Café-Restauration „z u m P a n o r a m a“ nächst der Stephans-Promenade.

— wurde die Marktbrunnenquelle neu gefasst, worauf bedeutend mehr Wasser zum Vorschein kam, als früher.

— am 11. August kam der zum Landes-Chef ernannte Erzherzog *Stephan* hier an. Viele Festlichkeiten, Fackelzug der Schützen, glänzender Ball u. s. w. fanden statt. Se. königl. Hoheit gewährten die an ihn gestellte Bitte, die zum Panorama führende Promenade „E r z h e r z o g S t e p h a n s - P r o m e n a d e “ nennen zu dürfen.

— Auch in diesem Sommer erheiterte der Mechaniker *Tschuggmall* mit seinen bewunderungswürdigen Automaten, Androïden und Metamorphosen im böhmischen Saale das Publicum. Im Theater producirten sich die ausgezeichneten Gymnastiker *Whitoyn* und *Maurice* vom Drurylane-Theater in London, die kleine anmuthige Tänzerin *Campi* aus Wien und zuletzt die sehr gewandten Akrobaten Gebrüder *Johannowitsch* und *Pietro Petiani* vom königl. Theater zu Madrid.

1844 am 29. Juli starb hier im 53. Lebensjahre *Wolfgang Amadeus Mozart*, Tonkünstler und Tonsetzer, geboren am 26. Juli 1791, Sohn des grossen Mozart. Am 1. August wurde ihm zu Ehren in der hierortigen Dekanatkirche unter Mitwirkung mehrerer hier anwesender Künstler und Kunstfreunde das grosse Requiem seines Vaters *W. A. Mozart* aufgeführt. Eine Dame aus Wien liess dem hier begrabenen Sohne Mozart's ein Denkmal setzen.

— kommt Erzherzog *Carl Ferdinand* zu kurzem Aufenthalte nach Karlsbad.

— am 26. Juli starb zu Prag der um das Fremdenhospital sehr verdiente M. Dr. *Carl Mitterbacher* (Sohn des Dr. *Bernard Mitterbacher*).

— fand wieder der e r s t e p r o t e s t a n t i s c h e G o t t e s d i e n s t im böhmischen Saale statt.

— am 30. September starb hier M. Dr. *Pöschmann*, prakt. Arzt in Karlsbad und V e r f a s s e r e i n e s g e a c h t e t e n W e r k e s ü b e r d e n S c h l o s s b r u n n e n.

— Der Sommer war durchwegs ein sehr nasser.

— hielten die Engländer ihren G o t t e s d i e n s t im Hause „z u m S c h l o s s W i n d s o r."

— B e s t s c h i e s s e n wurden gegeben: vom Fürsten *Camill Rohan* mit 50 Dukaten (Scheiben No. 226, 227, 228 und 233); *Mich.* Graf *Woronzow*, Graf *Simon Woronzow*, Graf *André Schuwalow* und Graf *Pierre Schuwalow* gaben ein B e s t s c h i e s s e n mit 50 Dukaten (Scheibe No. 229). Die Frau Gräfin *Elisab. Woronzow* spendete der Schützencompagnie einen s i l b e r n e n P o k a l zum Andenken. Lord *William Russell* gab am 3., 4., 5. und 6. November ein grosses B e s t - s c h i e s s e n (Scheibe No. 237) und wurden dessen Söhne *Hastings, Arthur* und *Odo Russell* (letzterer ist gegenwärtig englischer Gesandter in Berlin) als E h r e n m i t g l i e d e r d e s S c h ü t z e n c o r p s aufgenommen. Bei dem 3. Königsschiessen am 17., 18. und 19. November wurde S c h ü t z e n k ö n i g *Wilhelm Gebhart*, Besitzer des Hauses „zur Stadt Moskau."

— Die Zahl der Kurgäste betrug 3202 Parteien oder 5201 Personen; die Zahl der Passanten belief sich auf 3122 Personen.

— zählte man unter den Kurgästen 89 fremde Aerzte; andere nennenswerthe Badegäste waren: Dr. *Heinrich Laube*, Dr. *Joh. Hyrtl*, Professor der Anatomie aus Prag, *von Strombeck* Präsident aus Wolfenbüttel, Dr. *Fried. Christ. Dahlmann* aus Bonn, *Fried. von Schelling*, der renommirte Porträtmaler *Kriehuber* und der erste österreichische Landschaftsmaler *Sandmann* aus Wien.

1845 paradirte bei der alljährlich am 2. Januar stattfindenden Brunnenweihe zum ersten Male das uniformirte Schützencorps.

— am 13. Januar errichtete die Schützengesellschaft eine F u n e r a l i e n-
k o s t e n - B e s t r e i t u n g s c a s s e.

— am 20. Mai erfolgte die Aufstellung und Verbauung des Auslauf-
ständers bei der nun gefassten F e l s e n q u e l l e.

— am 22. März (Charsamstag) war die Tepl noch so stark gefroren,
dass das Schützencorps nach der Feier der Auferstehung vom Theater-
steg bis zum Wassereingang bei der Johannisbrücke am Eise marschirte.

— am 18. Juli gab der Dichter Baron *von Klesheim* (das Schwarzblattl
aus 'm Wienerwald) im Theater bei ausverkauftem Hause Vorlesungen.

— am 28. Juli kam Erzherzog *Stephan* abermals auf einige Tage nach
Karlsbad. Der Empfang war sehr feierlich, die Beleuchtung der
Stadt brillant, und fand die E r z h e r z o g - S t e p h a n s - P r o m e n a d e
vielen Beifall, wo der Name und die Krone desselben strahlten.

— wurde das Haus „zum römischen Kaiser" nächst der Hygieensquelle
von der Stadtgemeinde gekauft und abgetragen.

— Desgleichen wurde das Haus „zum Schlossbrunnen" nächst der
Quelle gleichen Namens von der Stadtgemeinde um 3200 f. C.-M.
gekauft und abgetragen.

— war der berühmte Chemiker *Berzelius* zum letzten Male in Karlsbad.

— anfangs October begann der Hôtelier *Carl Anger* den Bau seines
neuen Hôtels nächst dem Theater und gab ihm das Schild „z u m
d e u t s c h e n H o f" (gegenwärtig *Anger's* Hôtel).

— wurden über Antrag des Stadt- und Brunnenarztes Dr. *Hochberger*
die Ausbrüche bei dem sogenannten Sprudelberge verbaut und dabei
wichtige Beobachtungen über das Sprudelbecken und den Wasser-
strom des Sprudels gemacht.

— war während der Saison im Posthofe die aus 4897 Exemplaren
bestehende o r n i t h o l o g i s c h e Sammlung des k. k. Obersten
Christoph Baron *von Feldegg* zum Verkauf ausgestellt.

— wurden nennenswerthe Concerte gegeben, und zwar am 25. Juli von
dem Violinvirtuosen *Prume* und Mitte August von dem berühmten
italienischen Tenoristen *Montrésor*.

— waren Bade-Inspectoren: Vom Civile: *Vincenz Scholay*, k. k. Polizei-
Obercommissär aus Prag; vom Militär: Major Graf *Gorcey*.

— B e s t s c h i e s s e n fanden statt: Vom Grafen *Gorcey* (Scheibe
No. 240), von der Gräfin *Zichy* (Scheibe No. 242), Fürst *Camill Rohan* mit 200 f. C.-M. (Scheibe No. 244), Graf *Gregor von Kucheleff*
einen silbernen Pokal (Scheibe No. 245), Graf *Limburg-Stirum* einen

Glas - Pokal mit silbernem Deckel (Scheibe No. 248) und Lord *William Russell* mit Familie sehr viele schöne Preise (Scheibe No. 250).

1845 traten die Herren *Hastings* und *Odo Russell* mit hochortiger Genehmigung als Ehrenoffiziere in das priv. uniformirte Schützencorps ein.

— beim vierten Königsschiessen am 5., 6., 7. und 8. October wurde *Josef Lössl* Schützenkönig (Scheibe No. 252).

— *Saldanha* Graf *von Almoster*, portugies. Gesandtschafts - Secretär in Wien, aus Brasilien gebürtig, wollte auch als Ehrenoffizier in's Schützencorps eintreten, erkrankte aber gleich nach dem Schützenballe und starb wenige Tage darauf am 8. October im 23. Lebensjahre.

— Die Kurliste weist nach: 3234 Parteien mit 5267 Personen; die Zahl der Passanten belief sich auf 2980 Personen.

1846 wird der S c h l o s s b r u n n überbaut, der Platz um denselben wie auch die Colonnade erweitert.

— wurde an Stelle des Hauses „zum römischen Kaiser" nächst der Hygieensquelle ein freier Platz hergestellt.

— wurde für das u n i f o r m i r t e S c h ü t z e n c o r p s Blechharmonie eingeführt und das Kurorchestermitglied *Franz Stark* zum Kapellmeister gewählt.

— am 16. April führte der Karlsbader M u s i k v e r e i n das grosse Oratorium „P a u l u s" von Felix Mendelsohn-Bartholdy bei Mitwirkung von 500 Musikern und Sängern unter der Direction des Kurorchester-Directors *Josef Labitzky* hier auf.

— lässt Fürst *Paul Esterhazy* den Birkenweg vom Bild nach Hammer herstellen.

— hatte das Badeleben einen sehr stillen und ernsten Charakter, so dass nicht einmal während der ganzen Saison eine Reunion zu Stande kam.

— verweilte Erzherzog *Stephan* den 13., 14., 15. und 16. August in Karlsbad.

— vom 29. Mai angefangen gab das *Labitzky*'sche Orchester an jedem Dienstag und Freitag C o n c e r t e im P o s t h o f e.

— trugen die von der Kur-Inspection und dem Bürgermeister *Lehnhart* veranstalteten drei W o h l t h ä t i g k e i t s b ä l l e 940 f. C. - M. ein.

— wurden Concerte gegeben: von Madame *Marietta Alboni*, Violinvirtuosen *Ernst*, Pianistin *Amalie Mauthner*, Flötisten *Kittl* (ging von hier als Kapellmeister eines königl. grossbritannischen Regiments nach Indien); den Opernsängern Herr und Fräulein *Puganini*, Pianist *Waldmüller*, *J. C. Stiegler* am Polymelodikon, dem Tenorist *Dobrsky*,

Pianist *Wernik*, dem Opernsänger *Kren* (unter Mitwirkung des Dichters Baron *Klesheim*), dem 14jährigen Violinvirtuosen *Ferdinand Laub* und dem Pianist *Leschetitzky*.

1846 am 25. October brannte die *Seifert'sche* Scheuer nächst dem Gasbade ab.

— wird der Lieutenant *Josef Schaller* im uniformirten Schützencorps bei dem Königsschiessen am 11., 12. und 13. October Schützenkönig.

— Bestschiessen gaben: Graf *Gorcey* (Scheibe No. 254) und Fürst *Lobkowitz* (Scheibe No. 255).

— enthält die Kurliste 3438 Parteien mit 5429 Personen; die Zahl der Passanten betrug 3122 Personen.

1847 war eine so grosse Theuerung aller Lebensmittel, dass die Getreideausfuhr verboten und die Branntweinbrennereien geschlossen wurden. 1 Strich Weizen kostete 30 f. w. W., 1 Strich Korn 28 f., 1 Strich Gerste 22 f., 1 Strich Hafer 10 f., 1 Strich Kartoffeln 8 f.

— am 16. April wurde in der Dekanatkirche ein neues Altarblatt, die heilige *Magdalena* als Patronin dieser Kirche vorstellend, welches von Lady *William Russell* derselben gespendet wurde, aufgestellt.

— war die Fassung der Theresienquelle bisher blos auf verwittertem Granitstein nach der alten Bauart mit Säcken, die mit Gyps und Schweinshaaren gefüllt waren, verbaut. Erst in diesem Jahre wurde die Theresienquelle nach neueren Principien gefasst und giebt seither dreifach so viel Wasser wie früher.

— wird Erzherzog *Stephan* Statthalter in Ungarn. In einem sehr schmeichelhaften Schreiben an die Bürgerschaft Karlsbads erklärt derselbe, das ihm angetragene Protectorat über die hierortige Hauptschule mit Vergnügen anzunehmen.

— am 8. Juni spendete der Fürst-Erzbischof Baron *Schrenk* auf Notzing aus Prag hier das Sakrament der Firmung und übergab bei seiner Abreise dem Magistrat für die hierortigen Nothleidenden 200 f.

— am 28. Juli fand die Einweihung des hierortigen israelitischen Hospitals und Bethauses von Seiten des Kreisrabbiners *Sachs* in Gegenwart zahlreicher Kurgäste, des Magistrats und vieler hierortiger Einwohner statt. Die Festrede des genannten Rabbiners erntete allgemeinen Beifall. Bei dieser Feier wirkte der israelitische Cantor Müller aus Eidlitz mit seinem Chorpersonale mit.

— am 30. August feiern, wie schon seit Jahren, die Karlsbader Veteranen den Jahrestag der siegreichen Schlacht bei Kulm, da viele von ihnen dort mitgefochten haben.

— erscheint von Dr. *Rudolf Mannl* ein in englischer Sprache geschriebenes Werk über Karlsbad.

— am 8. September wurden JJ. k. k. Hoheiten die Erzherzöge von

Oesterreich: *Franz Josef, Ferdinand Max* und *Karl Ludwig,* bei ihrer Ankunft in Karlsbad feierlichst empfangen. Dieselben besahen sämmtliche Heilquellen und Badeanstalten, besuchten die Schule, die Umgebung und auch die Schiessstätte, wo ein Festschiessen zu Ehren und zur Unterhaltung J J. k. k. Hoheiten veranstaltet war. Höchstdieselben gewannen mehrere der ersten Preise und verehrten der Schützengesellschaft einen g r o s s e n s i l b e r n e n P o k a l als A n d e n k e n.

1847 trugen die von den beiden Kur-Inspections-Commissären und dem Bürgermeister veranstalteten zwei Wohlthätigkeitsbälle einen Rein-ertrag von 1424 f. C.-M. ein.   •

— überbaute M. Dr. *Josef Wagner* sein Wohnhaus „z u m M a r k t b r u n n,“ wozu ihm der Prager Architekt und Professor *Grueber* den Plan lieferte.

— producirten sich hier folgende Künstler: *Pratte* aus Stockholm auf der Pedalharfe; die Sängerin *Garcia* mit dem berühmten Violon-cellisten *Demunk* aus Brüssel; der italienische Sänger *Chimichi;* die k. k. Hof- und Kammersängerin *Angri* aus Wien mit dem Pianisten *C. Lewy; Ferd. Laub* auf der Violine mit dem Oboisten *Müller;* die Pianisten *Alexander Dreischock* aus Prag und *Rudolf Willmers* aus Kopenhagen, dann *Ignaz Lasner* am Violoncello, und zwar dieser zum Vortheile des hierortigen Fremden- und Israeliten-Hospitals. Auch der Musikverein gab mehrere Concerte.

— B e s t s c h i e s s e n gaben: *Graf Gorcey* mit mehreren schönen Ge-winnsten; am 11. Juli Fürst *Stolipin* desgleichen; Gräfin *Woronzow* mit einem silbernen Pokal; — am 24. Juli Fürst *Camill Rohan* mit 200 f. C.-M. und der Kur-Inspections-Obercommissär *Weinmann* aus Prag zum Namensfeste der Kaiserin mit einer Stockuhr, einem Theeservice und mehreren anderen Preisen; — am 8. August Fürst *Michael Obrenovich* mit einem silbernen Pokal, einer silbernen Dose, einer Stockuhr und mehreren Jagd-Utensilien; Baron *Orzy* mit 10 Dukaten, 10 Speciesthalern und 10 Silbergulden; Lady *William Russell* mit einer grossen Stockuhr, einem silbernen Becher, einer silbernen Tabatière, einer Meerschaumpfeife und einer der-gleichen Cigarrenspitze, einer Zuckerdose und 6 Kaffeelöffeln, einem silbernen Fruchtkorb und einem Aufsatz mit Gläsern.

— Bei dem Königsschiessen am 10. October wurde der Schützenhaupt-mann *Franz Franiek* S c h ü t z e n k ö n i g.

— bezifferte sich die Zahl der Kurgäste auf 3435 Parteien mit 5322 Per-sonen. Die Zahl der Passanten bestand aus 3025 Personen.

1848 am 13. März brach in Wien die Revolution aus.

— am 17. März brachte die Post das Zeitungsblatt, in welchem die am 15. März vom Kaiser *Ferdinand* bewilligte Constitution für alle österreichischen Provinzen publicirt war. — Unter grossem Jubel versammelte sich eine Menschenmenge am Marktplatze, Böllerschüsse ertönten von allen Anhöhen und Alles schmückte sich mit weiss-rothen Cocarden. Mit dem Schlage Zwölf Mittags erschallte am Stadtthurme eine Interade von Pauken und Trompeten und die am Markte versammelte Menschenmenge brach in ein laut hallendes Vivat aus. „Es lebe Kaiser Ferdinand und die Constitution!" Es bildete sich ein Zug, voran mit zwei weiss-rothen grossen Fahnen, hinter welchen die Schützenmusik-Kapelle sich anreihte, und nun durchzog man die ganze Stadt, worauf die Fahnen auf dem Stadtthurme befestigt wurden. Abends versammelte sich eine Gesellschaft im „goldenen Schild" und es wurde eine Collecte für die Armen im Betrage von 50 f. C.-M. zusammengebracht. Tags darauf fand ein feierliches Hochamt mit Te-Deum statt, während dessen das ausserhalb aufgestellte Schützencorps, commandirt von dessen Ehrencapitain *Odo Russell*, die üblichen Salven gab. Abends folgte eine allgemeine Illumination. Ueber Ansuchen der Bürgerschaft wurde vom h. Landespräsidium die sofortige Aufhebung der k. k. Civil- und Militär-Kur-Inspection erlassen und deren Geschäfte dem Magistrate übertragen.

1848 am 9. April wurde im sächsischen Saale die Wahl des Bürger-Comités vorgenommen. Diese Wahl fiel auf die Doctoren *Anger* und *Hlawaczek*, dann auf die Bürger *Josef Knoll* jun., *Caspar Wagner* und *Anton Karl Loew*.

— am 6. April wurde der sogenannte Bierkreuzer aufgehoben.

— wurde vom Bürger-Comité, um der mittellosen Classe Erwerb zu verschaffen, die Herstellung zweier Fahrwege zum Giesshübler Sauerbrunn beschlossen.

— am 10. April wurde die Nationalgarde errichtet. Zu Commandanten wurden gewählt: der k. k. Finanz-Obercommissär Ritter *Kreith von Kreiterthal* und der Schützenhauptmann *Franz Franiek*.

— am 14. April fand die erste Sitzung des Bürger-Comité's statt, in welchem wohl der Beschluss wegen Aufhebung des geheimen Protokolls (von *A. C. Loew* gestellt) der Erwähnung werth ist. — Hiezu musste erst die Genehmigung des k. k. Landespräsidiums erwirkt werden.

— am 20. April erschien die erste Nummer der „Wochenblätter für Freiheit und Gesetz."

— verschwanden alle geprägten Münzen aus dem Verkehr, weshalb sich die hierortige Gemeindeverwaltung genöthigt sah, für zwei Tausend Gulden C.-M. Geldanweisungen zu 20 und 10 Kreuzer auszugeben. Aber auch viele Privatleute brachten ihre Geldanweisungen in Verkehr, so dass der hier befindliche Graf *Boutourlin* hievon 245 verschiedene Stücke aus Karlsbad, Prag, Eger, Teplitz u. s. w. in ein Album sammelte.

1848 am 22. April fand die Gründung eines constitutionellen Vereins im sächsischen Saale statt.

— am 27. April erschien der erste öffentliche Ausweis über die Einnahmen und Ausgaben der Karlsbader Stadtgemeinde.

— fand die Brunnenweihe nicht mehr am 2. Januar, sondern erst am 1. Mai statt.

— am 1. Mai fand eine festliche Ausrückung der ungefähr 900 Mann zählenden Nationalgarde statt, wobei drei riesige Nationalfahnen am Stadtthurme aufgehisst waren.

— am 9. Mai war ein Waldbrand am Fusse des Aberges ausgebrochen, wurde jedoch bald gelöscht.

— am 10. Mai wurde die Wahl eines Deputirten für das Frankfurter Parlament vorgenommen und fiel dieselbe auf einen gewissen von Wien aus in Vorschlag gebrachten *Joh. Neumann*.

— am 20. Mai, nach den Pfingstereignissen in Prag, wo alle Posten durch 8 Tage ausgeblieben waren, kam wieder der erste Eilwagen, mit einer weissen Fahne geziert, hier an.

— am 12. Juli fand in Elbogen die Wahl eines Abgeordneten für den Landtag nach Prag statt und fiel dieselbe auf den k. k. Professor der Rechte *Franz Heimerl* in Prag.

— am 11. August prankte zur Feier der Einnahme von Mailand der Name des greisen Helden *Radetzky* an der dunkeln Waldwand unterhalb des König-Friedrich-Wilhelms-Platzes mit Flammenschrift.

— am 7. August starb der um Karlsbad hochverdiente Chemiker Dr. *Berzelius* in seiner Heimath Schweden.

— am 28. August fand in Teplitz ein Congress der Deutschböhmen statt. — Karlsbad entsandte zu demselben die drei Abgeordneten: *A. C. Löw, Karl Hofmann* und *Karl Deninger.*

— trugen die Bewohner Karlsbads zur Unterstützung der am 6. October verunglückten Wiener 212 f. 37 x. C.-M. bei.

— am 30. October kaufte die Karlsbader Gemeindeverwaltung 600 Strich Kartoffeln, um selbe an arme Bürger unter dem Ankaufspreis abzulassen.

— fand am 20. November eine Versammlung der deutschen Vereine Böhmens in Eger statt, wozu Karlsbad als Abgeordnete die beiden Doctoren *Anger* und *Hlawacsek* sandte.

— Die Kurliste weist nur 1778 Parteien mit 2626 Personen aus; es gab weder einen Ball, noch eine Reunion, kein Concert, kein Bestschiessen, wie überhaupt keine öffentliche Unterhaltung.

— am 9. und 10. December wurde von dem k. k. Appellationsrath *Steyerer* die Ausmittelung der Localitäten für die neuen k. k.

Behörden vorgenommen. Es wurden die Wohnungen des Bürgermeisters *Lehnhart* und des geprüften Rathes *Tschepper* im 1. und 2. Stock des Sprudelhauses N. C. 20 provisorisch für die k. k. Bezirkshauptmannschaft und das Rathhaus für das k. k. Bezirksgericht, dann der Umbau der auf der neuen Wiese situirten grossen Gemeinde-Wagenremise für die erwähnten zwei Behörden in Vorschlag gebracht.

1849 am 1. Januar fand die Wahl eines neuen grossen Bürgerausschusses von dreissig und aus dieser eines engeren von zehn Mitgliedern statt.

— am 8. Februar mussten die für die Nationalgarde beigeschafften Waffen an die Stadtgemeinde übergeben werden.

— am 12. März wurde eine kirchliche Feier (Trauerfeier?) nach der erhaltenen neuen octroyirten Verfassung vom 4. März abgehalten.

— Die aufgehobene Kur-Inspection wird wieder eingeführt, und zwar vom Civile: *Anton Grünes,* k. k. Polizei-Obercommissär aus Prag, vom Militär: *Ant.* Graf *Gorcey.* k. k. Major.

— wurde in diesem Sommer zum ersten Male Sprudelseife von *Hugo Göll,* Besitzer der Apotheke „zur böhmischen Krone," bereitet.

— lässt Graf *Boutourlin* einen neuen Spazierweg dem Posthofe gegenüber anlegen.

— liessen die Herren *Odo* und *Arthur Russell* beim sogenannten Steigbügl in der Stadtentwaldung einen neuen Spazierweg erbauen.

— die Cholera, welche neuerlich in Böhmen ausbrach, verschonte Karlsbad abermals.

— verordnet ein Erlass des Ministers *Stadion.* dass Karlsbad — welches sich seit 1623 des Privilegiums der Befreiung von Militärbequartirung erfreute — von jetzt ab, wegen der Gleichberechtigung, zur Militärbequartirung und Vorspannsleistung verpflichtet sei. In Folge dessen wurde am 26. April hier eine Schwadron Husaren einquartirt.

— am 23. April erliess das k. k. Landespräsidium das Verbot wegen Emittirung von die Münze vertretenden Privat-Geldanweisungen.

— fand wegen Resignation vieler Glieder des Bürgerausschusses im Mai eine Neuwahl statt, wobei folgende Individuen gewählt wurden: Die Doctoren *Anger* und *Illawaczek,* die Bürger C. *Wagner, Ignaz Stainl, Jos. Seifert, Bern. Richter, Johann Bermann, Jos. Heinz, Franz Damm, Bern. Sebert, A. C. Loew, Fr. Zeidler, Karl Bär, Joh. Schneider, Martin Voigt, Jos. Stöhr, Rudolf Frisch, Christ. Rückrim, Joh. Pötzl, C. S. Gutti, Josef Pittroff, Wzl. Laube, Wzl. Mader, Joh. Schaefer, And. Poetzl, Joh. Voigt, Jos. Dexter, A. F. Seifert, Peter Krisch* und *Ludwig Bernhart.* Justiziär *Heinz* wurde Vorsteher des Bürgerausschusses, resignirte aber schon in kurzer

Zeit, worauf dann am 9. Juni durch k. k. kreisämtlichen Erlass der alte Bürgermeister *Jos. Joh. Lehnhart* zum Vorstand des Bürgerausschusses bestimmt wurde.

1849 am 18. August wurde die 19jährige Geburtsfeier Sr. Maj. des Kaisers *Franz Josef I.* hier sehr festlich begangen.

— erbaute Theaterdirector *Jos. Lutz* eine Arena nächst dem Posthofe.

— am 18. September starb plötzlich am Schlagflusse der k. k. Inspections-Major Graf *Gorcey*.

— am 17. October unternimmt der hierortige Musikdirector *Josef Labitsky* mit 35 Musikern eine Kunstreise nach Norddeutschland.

— am 24. October rückte die erste Militärgarnison in Karlsbad ein. Es war das k. k. Infanterie-Regiment Baron *Wimpfen* mit dem Obersten *Habermann* an der Spitze.

— trat unter diesen Soldaten (Italiener) der Typhus so epidemisch auf, dass täglich mehrere Leichen stattfanden und sich die hierortigen Doctoren: *Jos. Wagner*, Director des Fremdenhospitals, *Forster*, Ordinarius im Dienstbotenhospitale, und Dr. *Anger*, wie auch der Wundarzt *Carl Glaser* der ärztlichen Behandlung des Militärs widmeten.

— am 29. November starb M. Dr. *Jos. Wagner* am Typhus als Opfer seiner Berufsausübung im Militärhospital; er wurde mit militärischen Ehren zur Ruhe bestattet. Zu seinem Nachfolger als Director des Fremdenhospitals wurde Dr. *Math. Forster* ernannt. Auch Dr. *Anger* verfiel in eine gefährliche Krankheit, sowie auch der Wundarzt *Glaser* durch einige Wochen das Bett hüten musste.

— ordnete das Handelsministerium an, dass die zur Versendung des hierortigen Mineralwassers verwendeten Krüge mit der Jahreszahl ihrer Füllung versehen werden müssen.

— mit Ende dieses Jahres übernahm die Stadtgemeinde das Geschäft der Mineralwasserversendung in eigene Regie.

— am 22. December wird dem Theaterdirector *Blum* der Pacht des Theaters auf 3 Jahre zugestanden.

— weist die Kurliste 2987 Parteien mit 4414 Personen, worunter sich Se. königl. Hoheit der Grossherzog von Weimar, 72 fremde Doctoren der Medicin und 12 Künstler befanden. Eine Reunion kam auch dieses Jahr nicht zu Stande. Die Kur-Inspection im Vereine mit dem Bürgermeister *Lehnhart* veranstaltete einen Wohlthätigkeitsball, welcher 552 f. C.-M. eintrug.

— Concerte gaben: der Violinvirtuose *Raimund Dreischock*, die Opernsängerin Fräulein *Louise Bergauer* aus Prag, *Joh. Anger* aus Karlsbad auf der Violine und *Joh. Oertl* aus Solmus am Violoncello. Der Magier *Wiljalba Frikell* producirte sich zweimal im Theater.

1849. Bestschiessen gaben: *Stieff* aus Wien (ein geborner Karlsbader) mit 20 f. C.-M.; Graf *Limburg Stirum* mit mehreren Geldpreisen;
Biedermann und *Löwenstein* aus Wien desgleichen; Baron *Kempener*
aus Holland mit 6 Wilhelmstücken in Gold und 2 Thalern; Lady
William Russell und S ö h n e abermals mit vielen werthvollen Preisen,
und endlich fand am 14., 15. und 16. October das Königsschiessen
statt, wobei Apotheker *Hugo Göttl* S c h ü t z e n k ö n i g wurde.

1850 am 2. Januar wurde das Bureau der k. k. Bezirkshauptmannschaft als unterste politische Behörde eröffnet. Am 25. Januar begann dieselbe ihre Wirksamkeit unter dem Bezirkshauptmann *Franz
Grimm*. Ihm zur Seite standen die Bezirkscommissäre *Lorenz Strigl*
und *von Sternfeld*. Zum k. k. Bezirksrichter wurde *Bernard Rubner*,
zum Adjuncten *Wilhelm* ernannt. Als k. k. Steuereinnehmer fungirte
Franz Schmiedel, als Controleur *Franz Swatek*. Das Grundbuchs-
amt verwaltete *Carl Pittinger* und nach dessen Tode *Carl Bauer*.

— am 28. Januar kam der k. k. Kreis-Präsident Graf *Rothkirch-Panthen*
aus Eger zur Inspicirung der neuen Behörden hier an, wurde von
dem k. k. Beamten, dem Gemeindevorstand und der Schützencompagnie empfangen.

— am 17. Februar hielt das hier garnisonirende k. k. Infanterieregiment
Baron *Wimpfen* eine grosse Parade ab. Es fand die Uebergabe eines
Ordens an den Obersten *von Habermann*, der grossen goldenen Ver-
dienstmedaille an den Regimentsarzt *Dobsch* und zweier silberner
Medaillen an zwei Soldaten des Regiments statt.

— am 3. März erfolgte der A b m a r s c h der Garnison nach Prag.

— am 1. April starb der hier sehr beliebte Kreuzherren-Ordenspriester
und erster Kaplan an der Dekanatkirche, P. *Matthias Duffek*, am
Typhus, als Opfer seines Berufs beim Krankenbesuche.

— bewilligt das k. k. Ministerium zur Gründung eines Militär-Bade-
hauses in Karlsbad eine Subscription in der ganzen österreichischen
Monarchie, wobei 162,878 f. 15½ x. erzielt wurden. Durch die von
Sr. Maj. dem Kaiser bewilligten zwei Lotterien zum s e l b e n
Z w e c k e wurde der Betrag von 160,733 f. 20 x. C.-M. erreicht.
Das Gründungs-Comité bestand aus den Herren: Graf *Eug. Czer-
nin*, M. Dr. *Gallus Hochberger*, k. k. Kreisrath *Paul Klar* und k. k.
Landgerichtsrath *F. A. Tschepper*.

— am 11. Mai wird M. Dr. *Forster* zum Director des Fremdenhospitals
ernannt.

— am 20. Mai findet die Eröffnung des vom Director *Blum* ganz neu
decorirten Theaters mit der Oper „N o r m a“ statt.

— Die Kur-Inspection übernehmen für's Civil: der Prager k. k. Polizei-
Obercommissär *Jos. Pilsch*, für's Militär: der k. k. Oberstlieutenant
Jos. Pfrenger. (Später erhielt er in dieser seiner Stellung den Ober-
sten-Titel.)

1850 erscheinen in verschiedenen Zeitschriften von Dr. *Leopold Fleckles* balneotberapeutische Skizzen, welche die Kenntniss von der Heilwirkung Karlsbads wesentlich bereichert haben; ferner erschien im Buchhandel die 5. Auflage des **Führer's von Karlsbad** von Dr. *Mannl.*

— am 10. Juni erfolgt die Uebergabe des Rathhauses an das k. k. **Bezirksgericht.**

— am 1. Juli: Installirung des k. k. Bezirksgerichts.

— am 30. Juli erschien die Verordnung über die **Einkommensteuer.**

— am 1. August veranstalteten hochgestellte Dilettanten ein **Concert** mit **Ball** zum Besten der in **Krakau** Abgebrannten, wobei ein Ertrag von 3042 f. erzielt wurde.

— am 26. August erhielt der Stadt- und Brunnenarzt M. Dr. *Gallus Hochberger* den **Franz-Josefs-Orden.**

— am 1. September erfolgte die Aufstellung des **ersten Gensdarmerie-Postens** in Karlsbad.

— Das octroyirte Gemeindegesetz vom 17. März 1849 (welches jeder Gemeinde das Recht ertheilt, ihren Vorstand selbst zu wählen) trat zu Karlsbad erst im September 1850 in's Leben. Am 16., 17. und 18. September fand im Sprudelsaale die Wahl für die Stadtgemeinde Karlsbad statt. Hieraus gingen hervor: *J. P. Knoll,* als Bürgermeister; als Gemeinderäthe: Ritter *von Kreith,* M. Dr. *Mannl, Bernard Sebert* und *Eduard Wagner;* als Ausschussmänner: Stadtdechant P. *Wenzl Seifert,* gewesener Bürgermeister *Jos. Lehnhart,* M. Dr. *Forster, Jos. Knoll* junior, *Karl Knoll, Franz Franiek, Franz Damm, Lud. Kämpfler, Friedrich Pallas, Franz Swatek, Joh. Bermann, Franz Muder, Karl Muttoni, Karl Hofmann, Franz Stadler, Heinr. Drumm, Moritz Pöhl, Jos. Stieff* und *Kasp. Wagner.*

— am 8. October rückte schon wieder eine neue Garnison, das k. k. Infanterieregiment *Welden* hier ein.

— am 18. October, dem Schlachttage von Leipzig, stifteten die Karlsbader Veteranen, 100 Mann an der Zahl, einen **Verein** und gründeten einen Fond zur Bestreitung der Kosten in **Krankheits-** und **Sterbefällen.**

— am 18. October fand die Grundsteinlegung zum **Amtsgebäude** auf der neuen Wiese statt.

— am 28. November stieg in Folge des Conflictes zwischen Oesterreich und Preussen das Silberagio auf 52 Procent.

— am 29. November rückte das Regiment *Welden* von hier ab in's Feldlager nach Aussig.

— am 13. December kam das Regiment *Welden* aus dem Feldlager wieder nach Karlsbad zurück.

1850 am 19. December erhielt M. Dr. Chevalier *de Carro* den Franz-Josefs-Orden; der Bürgermeister *J. P. Knoll* gab zu Ehren des Decorirten im Hause „zum goldenen Stern" eine Festtafel, wobei die Musikcapelle vom Regimente *Welden* spielte.

— wurden sämmtliche Sprudelöffnungen tiefer gebohrt, wodurch ein weit grösserer Wasserzufluss wie bisher erzielt wurde.

— gab das erste Concert der hiesige Bürgerssohn und Zögling des Prager Conservatoriums *Johann Anger*; am 28. October veranstaltete derselbe zum Vortheile der Welden-Stiftung für verwundete Soldaten ein zweites Concert, welches 120 f. Reingewinn ergab. Nicht geringeres Interesse gewährte das Concert der Brüder *Wilhelm* und *August Labitzky* (Söhne unseres Musikdirectors, wovon Letzterer dermalen Kurorchesterdirector in Karlsbad ist). Ferner concertirten noch: der Violinvirtuose *Pixis*, der Pianist *Smolarz* aus Prag, und der Violoncellist *Jg. Lasner* aus Wien.

— gab der Missionär Dr. *Halleur* aus Afrika eine sehr interessante Vorlesung über die dortigen Negerstämme. Den Ertrag dieser Vorlesung widmete er dem Armen-Institute.

— liess der kaiserl. russische Kammerherr Graf *Peter Boutourlin* den im vorigen Jahre begonnenen Spazierweg vis-à-vis dem Posthofe am rechten Teplufer vollenden.

— wurde das Haus „zur englischen Flotte" ganz neu und jenes „zum Pfau" in der Kreuzgasse umgebaut.

— gaben Bestschiessen: am 9. Juni Fürst *Camill Rohan*; am 14. Juli *Stieff* aus Wien mit 24 f. C.-M.; am 28. Juli *Kempener* aus Holland; die Schützengesellschaft selbst zum Besten des böhmischen Invalidenfonds mit einem Erträgniss von 40 f. C.-M.; am 26. August der k. k. General Graf *Schlick* mit 12 Dukaten. Beim Königsschiessen am 28., 29. und 30. September wurde *Wilhelm Gebhart* zum zweiten Male Schützenkönig.

— Am Geburtsfeste Sr. Maj. des Kaisers am 18. August veranstalteten die beiden Kur-Inspections-Commissäre *Pitsch* und *Pfrenger* einen Wohlthätigkeitsball, welcher 400 f. C.-M. eintrug.

— Die Kurliste enthielt 4227 Parteien, worunter 47 hohe Staatsmänner, 42 Generäle, 20 Schriftsteller, 100 Aerzte und 175 österreichische kranke Offiziere sich befanden.

1851 wurde beim Sprudel das Abbrühen von Schweinen, Geflügel u. s. w., wie auch das Scheuern von Gefässen abgestellt.

— wurde ein Concurs ausgeschrieben behufs Umbaues der Colonnade beim Neubrunnen. Für den schönsten und zweckmässigsten Plan war eine Prämie von hundert und für den nächsten eine Prämie von fünfzig Dukaten zugesichert. — Aus den dreizehn eingelangten Bauplänen wurde der des königl. baierischen Kreisbauinspectors

Maurer als der vorzüglichste anerkannt. Nach demselben der des Baumeisters *Carl Schaeck* in Genf, eines gebornen Karlsbaders.

1851 wurde dem M. Dr. Chevalier *de Carro* die Schadloshaltung bei Herausgabe seines Almanachs für das Jahr 1851 bewilligt.

— wurde statt des lästigen Gebrauches des Trinkgeldergebens für's Einblasen mit Trompeten vom Stadtthurme, für die Brunnenweiber u. s. w. nebst der bestehenden Kurtaxe von 4 und 2 f. noch eine Nebenabgabe von 2 f. von bemittelten Kurgästen und 1 f. von minder Bemittelten eingehoben. In Folge dessen ward dem Stadtthürmer verordnet, statt des bisherigen Einblasens jedes einzelnen Reisewagens täglich um 8 Uhr früh auf jeder Seite des Stadtthurmes eine Fanfare zu veranstalten. Hiefür erhielt derselbe für jede Saison 450 f. Das Einschalten der Namen in die Badeliste wurde mit 400 f., jedem der 10 Brunnenweiber täglich 24 x. und jedem der 17 Brunnenmädchen täglich 20 x. C.-M. von der Gemeinde bezahlt. Die Ablösung der verpachteten Abortschlüssel bestand für jede Saison in 745 f. C.-M.

— am 26. Januar fand der Abmarsch der Garnison *Welden* von hier statt.

— am 31. Januar starb hier der erste k. k. Bezirkshauptmann *Grimm*.

— am 19. Februar wurde von der Stadtgemeinde der Cyrill Donatsche Garten und Felder um 5600 f. C.-M. angekauft.

— am 21. Februar pachtete die Stadtgemeinde den sächsischen Saal zur Benutzung als Kursaal, und wurde derselbe am 28. Mai eröffnet.

— wurde von dem Comité des hier zu erbauenden Militär-Badehauses die gegenüber der Egerstrasse gelegene und den Brüdern *Johann* und *Karl Stadler* gehörige Wiese — im Flächenmaasse von 1340 Quadrat-Klaftern — als Baugrund gekauft. — Das Anerbieten, dieses für den Kurort so wichtigen Grundstückes von Seite des Comitémitgliedes Dr. *Hochberger* an die Stadtgemeinde gegen einen anderen weniger wichtigen Grund tauschen zu wollen, wurde von derselben refüsirt.

— am 14. April wurde der Schlossbrunn tiefer gegraben, um eine grössere Wassermenge zu erzielen, und hierauf mit einer neuen Fassung versehen.

— am 27. April wandern mehrere Karlsbader Familien nach Amerika aus.

— am 29. April erscheint das für die Kurorte Karlsbad, Teplitz, Marienbad und Franzensbad octroyirte neue Badestatut, welches diese Badeorte unter die besondere Oberaufsicht der Staatsverwaltung stellt. Auch das Expropriationsgesetz darf in diesen Kurorten in Anwendung gebracht werden.

— am 26. April kam *Julius Kromer* als Bezirkshauptmann nach Karlsbad.

— wurde im Frühjahre wegen des anzuhoffenden grossen Andranges bei den Mineralquellen die Einrichtung getroffen, dass man dieselben mit Barrièren versah, innerhalb welchen ein Kurgast hinter dem andern sich der Quelle nähert.

1851 am 14. Mai kam der Statthalter von Böhmen, Baron *von Mecsery*, zum Kurgebrauche hier an.

— am 20. August wird durch einen kaiserl. Erlass die Constitution als wieder aufgehoben erklärt.

— am 9. September bringt Dr. *Gallus Hochberger* seine Resignation auf die Stelle eines Stadtarztes ein.

— im Monate September reisen mehrere Karlsbader Industrielle zur Weltausstellung nach London.

— führt die zahlreiche und gewählte Schauspiel- und Operngesellschaft unter der Direction *Blum* viele grosse Opern, unter anderen auch eine von unserem talentirten Landsmann *Friedrich Knoll*, unter dem Titel: „Das Fräulein am See," Text von *Otto Prechtler*, mit vielem Beifall auf.

— wurden Concerte gegeben von *Hilf*, *Dreischock* und Madame *Schütz-Oldosi*.

— am 27. November wurde die Gründung einer Hauptschule in Karlsbad definitiv beschlossen.

— Auch in diesem Jahre wurden mehrere entstandene Sprudel-ausbrüche verbaut.

— wurde die Felsenquelle neu gefasst und überdacht.

— Die Braubürgerschaft beginnt den Bau eines grossen Felskellers nächst dem Bräuhause. Die beiden alten Häuser in der Kreuzgasse: „zum König von Schweden" (früher „zu drei Fähnrichen") und „das nordische Haus" (früher „zum goldenen Kammrad"), wurden vom Grund aus umgebaut.

— gab Baron *Orcey* ein Bestschiessen mit mehreren Geldpreisen; beim Königsschiessen am 5., 6. und 7. October wurde zum zweiten Male Schützenkönig: der Schützenhauptmann *Franiek*.

— Die Kurliste weist eine Parteienzahl von 4626 mit einer Personenzahl von 7430 aus. Darunter befanden sich 117 Aerzte.

1852 am 5. und 6. Februar überschwemmte der Teplfluss sowohl die Wiese als auch den Marktplatz, jedoch ohne wesentlichen Schaden zu verursachen.

— am 14. Februar wurde eine neue sehr wasserreiche Ader am Markt-brunnen, der seit einiger Zeit fast verschwunden war, aufgefunden.

— am 15. Februar kam der mit dem ersten Preise betheiligte Architekt *Maurer* aus Regensburg hier an, um zur Ausführung seines Planes einer neu zu erbauenden Colonnade die Besichtigung der Oertlichkeit vorzunehmen.

1852 in der Nacht vom 21. auf den 22. April wurde in der hiesigen k. k. Zoll-Legestätte im Hause „zum Grafen Chotek," heute „Hôtel zum baierischen Hof," in der Egerstrasse ein bedeutender und kühner Cassadiebstahl verübt und eine Summe von 45,000 f. C.-M. entwendet.

— am 1. Mai kam das provisorisch einzuführende neue **Badestatut** hier an; dadurch wurde die Kurtaxe zu drei Klassen festgestellt, und zwar mit 5 f. für Bemittelte, mit 3 f. für minder Bemittelte und mit 30 x. für Kinder unter 15 Jahren und Domestiken. Die eingeführten Nebenabgaben für das Blasen vom Thurme, für das Einrücken der Namen in die Kurliste, für den Abortschlüssel, für das Brunnenschöpfen u. s. w. wurden aufgehoben.

— am 14. Mai wurde über Anregung des Dr. *Rudolf Mannl* die **Eisenquelle** oberhalb des Wiesenthales eröffnet und zum Kurgebrauche bestimmt.

— wird die Einrichtung getroffen, dass jeden Sonntag und Mittwoch das ganze Kurorchester auf der alten Wiese eine **Abendmusik** abhält.

— wird der **Sprudelsaal** in eine **Badeanstalt** mit 11 Badelogen umgewandelt, wozu das Sprudelwasser durch eine künstliche Vorrichtung — vom Klempner *Messerer* — hinaufgeleitet wird.

— am 1. August kommt König *Otto I.* **von Griechenland** unter dem Namen eines Grafen *von Athen* zum Kurgebrauche nach Karlsbad. Seine herablassende Güte und Freundlichkeit wurden Veranlassung zu vielen schönen Festen und heiteren Unterhaltungen.

— am 18. August wurde der Geburtstag Sr. Maj. des Kaisers *Franz Josef I.* von Oesterreich durch einen feierlichen Gottesdienst begangen, welchem König *Otto*, alle hier anwesenden k. k. Militärs, die k. k. Behörden, die Gemeindevertretung und viele hohe Badegäste beiwohnten. Das Schützencorps war in Parade ausgerückt und gab die üblichen Salven. Nach Beendigung der Kirchenfeier defilirte dasselbe auf der alten Wiese vor dem Könige *Otto*. Nachmittags besuchte derselbe die Schiessstätte, wo ein Festschiessen gegeben wurde. Der König schoss sowohl mit Stutzen als Pistolen und erhielt mehrere der ersten Preise. Die Scheiben sind zum bleibenden Andenken im Schiesshause aufbewahrt.

Abends gab Frau *von Laska* im sächsischen Saale einen Thee dansant, welchem sowohl König *Otto*, wie auch die Elite der Badegesellschaft beiwohnten.

— am 24. August beehrte der König *Otto* abermals die Schiessstätte mit einem Besuche, wobei er die Schützengesellschaft mit einem prachtvollen türkischen Säbel beschenkte, welcher aber erst nach dessen ausgesprochenem Wunsche durch den Bestschuss gewonnen werden sollte. Der wackere Schütze *Josef Anger* machte diesen Bestschuss und übergab sodann den Säbel zum bleibenden Andenken dem uniformirten Schützencorps.

1852 gab König *Otto* der Elite der Badegesellschaft im Freundschaftssaale ein Goûter, welches mit einer Soirée dansant und einer prachtvollen Illumination der Umgegend verbunden war und welche bis zur neuen Wiese reichte.

— veranstaltet Fürst *Bariatinsky* zu Ehren König *Otto's* am Helenenhof eine Unterhaltung, wobei die Lokalitäten festlich beleuchtet waren und ringsum auf den Bergeshöhen griechische Feuer in allen Farben brannten und Leuchtkugeln und Raketen stiegen.

— gab *Wilhelm* Ritter *von Neuberg* bei dem ihm gehörigen Giesshübler Sauerbrunn dem Könige *Otto* und dem Grossherzog von Sachsen-Weimar-Eisenach ein ländliches Fest. Dabei erhielt der Sauerbrunn, früher „Rothesfurther" oder „Giesshübler Wasser" genannt, den Namen „König Otto's Quelle."

— am 8. September wurde die sogenannte „Orientirungshöhe," welche vom Könige *Otto* zum Oefteren bestiegen wurde, mit dem Namen „König Otto's Höhe" versehen, worauf die feierliche Weihe dieser Höhe durch Absingung einer von dem schon genannten talentvollen *Friedrich Knoll* componirten Cantate und der Aufstellung einer Denksäule aus Granit stattfand.

— am 27. August kam der Grossherzog von Oldenburg, Schwiegervater König *Otto's*, zum Besuche desselben hier an.

— Bei der am 9. September erfolgten Abreise des Königs *Otto* von Griechenland verlieh derselbe an nachstehende Herren Ordensauszeichnungen: Dem k. k. Feldmarschall-Lieutenant Grafen *von Degenfeld* das Grosskreuz, dem k. k. Oberstlieutenant und Militär-Kur-Inspector *Pfrenger* das Commandeurkreuz, dem k. k. Bezirkshauptmann *Julius Kromer* das Offizierskreuz, dem k. k. Civil-Kur-Inspector *Josef Pitsch*, dem Stadtdechant P. *Wenel Seifert* und dem Ritter *Wilhelm von Neuberg* das Ritterkreuz des griechischen Ordens vom Erlöser; der Bürgermeister *J. P. Knoll* erhielt eine goldene Uhr sammt Kette, der Stadtkaplan P. *Nodin* eine goldene Uhr, der Musik-Director *Josef Labitzky* einen werthvollen Brillantring und der Kunsthändler *Seifert* eine goldene Uhrkette.

— verlieh der Grossherzog von Weimar dem k. k. Oberstlieutenant *Pfrenger* das Commandeurkreuz des sächsischen Falkenordens und dem k. k. Bezirkshauptmann *Kromer* das Ritterkreuz desselben Ordens.

— am 7. September brannten in Drahowitz zwei Bauernwirthschaften ab, und verlor in den Flammen ein Kind von zwei Jahren das Leben. König *Otto* unterstützte reichlich die obdachlosen Abbrändler.

— am 10. September wurde der Grundstein zu dem neuen Mineralwasser-Versendungsgebäude in der Egerstrasse gelegt.

1852 am 11. September fand im Kursaale (sächs. Saal) zu Ehren des Dechants P. *Wenzel Seifert*, welcher zum Commenthur in Brüx ernannt wurde, eine A b s c h i e d s f e s t t a f e l statt.

— kamen am Bauplatze zum Militär-Badehause w a r m e Q u e l l e n zum Vorscheine, welche später gefasst wurden und die Namen: „Kaiserbrunn" und „Hochberger Quelle" erhielten.

—· am 13. September begann Dr. *Ehrenmann*, Professor der Chemie aus Olmütz, seine Untersuchungen über den Gehalt der E l e k t r i c i t ä t und des M a g n e t i s m u s in den hierortigen warmen Quellen; ebenso nahm er eine q u a l i t a t i v e Prüfung der neugefassten E i s e n - q u e l l e vor.

— am 14. October fand die Einweihung der neuen H a u p t s c h u l e durch den k. k. Schulrath P. *Maresch* feierlichst statt und wurde Mittags eine Festtafel im Hôtel „zum deutschen Hof" gegeben.

— erhielt der Karlsbader Bürger und Hausbesitzer *Christian Neidhart* den königl. d ä n i s c h e n D a n e b r o g - O r d e n 4. Classe.

— wird die neue e i s e n h a l t i g e Q u e l l e nächst dem Wiesenthale in Glasflaschen gefüllt und zum Behufe der quantitativen Analyse auch nach Wien an Professor *Redtenbacher* gesandt.

— resignirt der pensionirte k. k. Finanzwach - Oberkommissär *Kreith von Kreiterthal* auf die Stelle eines Stadtraths und wird statt seiner der frühere geprüfte Bürgermeister *Lehnhart* gewählt.

— am 12. December erhielt der greise Dr. Chevalier *de Carro* vom König *Otto I.* von Griechenland das Ritterkreuz des O r d e n s v o m E r l ö s e r.

— macht der Apotheker *Hugo Göttl* wichtige Entdeckungen neuer Bestandtheile in den hierortigen warmen M i n e r a l q u e l l e n.

— am 6. December wurde der seit 25 Jahren hier als Kaplan fungirende Priester P. *Nodin* zum Stadtdechant gewählt.

— gab es folgende N e u b a u t e n: Beginn des Baues des grossen M i l i t ä r - B a d e h a u s e s; Umbau des Hauses zur Maria Hilf, zur goldenen Glocke, zur goldenen Kanone, zum Oelzweig und Bau des neuen Hauses zum Stephansthurm. Vollendung des grossen Felskellers nächst dem Bräuhause. Derselbe ist mit den Seitengängen 62 Klafter lang, 3 Klafter 1 Fuss breit und 12 bis 14 Fuss hoch. Die Herstellung desselben kostete ca. 9000 f. C.-M.

— fanden abermals mehrere B e s t s c h i e s s e n statt.

— wurden Concerte gegeben von *Köckert, Konsky Besecny* und Madame *Schütz - Oldosi*.

— Die Zahl der Kurgäste betrug im Jahre 1852: 4591 Parteien mit 7179 Personen.

— Obgleich der Theater-Director *Blum* aus dem Kurfonde eine S u b -

vention von 1000 f. C.-M. erhielt, fand er doch seine Rechnung nicht, da ihm die Oper zu viel kostete.

1853 am 9. Januar wurde der neugewählte Dechant P. *Nodin* feierlich installirt. Am Vorabende wurde ihm ein Fackelzug mit Serenade gebracht.

— am 16. Januar hielt Apotheker *Göttl* in der Stadtschule seinen ersten Vortrag über Karlsbader Quellenkunde.

— am 18. Januar wurde die seit 1824 versinterte und wasserleere Sprudelöffnung No. IV. auf das Niveau der übrigen Mündungen im Sprudelraume, nämlich auf 10 Fuss 6 Zoll gebohrt, wodurch man viel Wasser erhielt.

— am 23. Januar wurde auch der Bernardsbrunn seit 1847 wieder gebohrt.

— am 13. Februar wurde der vollendete neue Bräuhauskeller eingeweiht.

— am 20. Februar wurde für die glückliche Rettung Sr. Maj. des Kaisers *Franz Josef I.* aus Mörderhand hier ein kirchliches Dankopfer gefeiert, wobei die bürgerliche Schützencompagnie in Parade ausrückte. Mittags wurden viele Arme gespeist, wozu Ritter *von Neuberg* 50 f. C.-M. beitrug.

— an demselben Tage fand im oberen böhmischen Saale ein Concert des Karlsbader Musikvereins zum Besten der in Friedland Abgebrannten statt, wobei ein Erträgniss von 235 f. C.-M. erzielt wurde.

— Ebenfalls wegen der glücklichen Rettung Sr. Maj. des Kaisers liess der böhmische Landesausschuss im hierortigen k. k. Militär-Badehause eine Votivtafel errichten, welche 6000 f. C.-M. kostete.

— wurden alle Bäder neu hergerichtet und am 28. Februar an Mademoiselle *Josefa Müller* auf 6 Jahre um den jährlichen Pachtschilling von 6560 f. C.-M. verpachtet.

— Zur Förderung der Hauptschulanstalten trugen der Gemeindeausschuss mit dem Bürgermeister *J. P. Knoll* an der Spitze 160 f. C.-M. bei. Ferner wurde ein Gemeindegrund vor der Stadt zu einem Spielplatze für die Jugend angewiesen, dann eine Baustelle nächst dem Schulhause zu einem Turnplatze um 400 f. C.-M. angekauft. Dr. *Gallus Hochberger* schenkte der Hauptschule eine sehr werthvolle Electrisirmaschine mit allen dazu gehörigen Apparaten, und die Bräubürger widmeten der Hauptschule 200 f. C.-M.

— wurden an der Promenade nach dem Posthofe und Freundschaftssaal an die Stelle der dort befindlichen alten Pappeln frische Bäume gesetzt.

— am 1. Mai übergab Apotheker *Göttl* eine von ihm gemachte Analyse der Eisenquelle, welche an die k. k. Statthalterei nach Prag geschickt wurde. Die Anerkennung derselben von der Prager medicinischen Facultät erfolgte am 18. Juli.

1853. Ende April wurde das B e z i r k s a m t s g e b ä u d e auf der neuen Wiese von der k. k. Bezirkshauptmannschaft und zwar die zweite Etage bezogen. Es kostete der Gemeinde 27,979 f. C.-M.

— wurde der Bau des k. k. Zollamtes nächst der Kaiser-Franzens-Brücke begonnen.

— Nach dem Ableben der Wittwe *Mainone* wurde das von ihrem Gatten *Johann Michael Mainone* gemachte Legat von 6000 f. C.-M. zur Errichtung einer n e u e n O r g e l in der Stadtkirche disponibel, daher die Gemeindeverwaltung im Einverständnisse mit dem General-grossmeister des ritterlichen Kreuzherren-Ordens, P. Dr. *Beer*, mit der Anfertigung einer neuen Orgel den Orgelbauer *Lummert* aus Breslau betraute.

— am 24. Juni feierten über 100 anwesende schwedische Familien hier das M i t s o m m e r f e s t im Freundschaftssaale.

— am 1. Juli wurden in dem kleinen Hinterhause im Wiesenthale 3 Badelogen für Bäder aus der nahen E i s e n q u e l l e hergerichtet und an die Sprudelbäderpächterin für einen Jahreszins von 60 f. C.-M. überlassen.

— am 18. August übliche F e i e r d e s G e b u r t s t a g e s Sr. Maj. des K a i s e r s mit Te-Deum, Theater parée, Illumination und Wohl-thätigkeitsball, wobei 300 f. C.-M. erzielt wurden.

— schenkte *August von Lützow auf Tessin* der Stadtgemeinde eine guss-eiserne Statue der *Pomona*, welche an der Stephans-Promenade und später im Kurgarten aufgestellt wurde.

— erschien von Dr. *Rudolf Mannl* das Werk: „K a r l s b a d i n m e-d i c i n i s c h e r, t o p o g r a p h i s c h e r u n d g e s e l l i g e r B e z i e h-u n g," und von Dr. *G. Porges:* „S p e c i f i s c h e W i r k u n g s w e i s e u n d p h y s i o l o g i s c h e A n a l y s e n d e r K a r l s b a d e r H e i l-q u e l l e n " (Dessau 1853). Ferner von M. Dr. *Chevalier de Carro:* „V i n g t h u i t a n s d'o b s e r v a t i o n s e t e x p e r i e n c e à Karlsbad."

— am 22. September fand die Feier der Enthüllung der B ü s t e König *Otto's* v o n G r i e c h e n l a n d bei der Otto's-Quelle statt, wozu von dem Besitzer *Wilhelm* Ritter *von Neuberg* nebst vielen Honorationen auch sämmtliche Behörden von Karlsbad geladen waren.

— am 20. September bezog das k. k. Bezirksgericht die Localitäten im 1. Stock des neuen Bezirksgebäudes auf der neuen Wiese. Das dadurch leer gewordene Rathhaus wurde geschlossen.

— am 1. October wurde die neucreirte Gewerbsschule eröffnet. Erster Lehrer derselben war *Max Rudolf*. Die W i e d e r h o l u n g s-s c h u l e für Knaben wurde in 2 Jahrgänge getheilt.

— am 3. October wurde der Ankauf des Hauses „z u m S a m s o n" in der Mühlbadgasse für die Summe von 20,000 f, behufs eines n e u z u erbauenden Badehauses von Seite der Gemeinde beschlossen und ausgeführt.

1853 legt der Lehrer *Karl Stark* seine Stelle nieder und erhält eine Pension von 200 f. C.-M. Die Stelle eines Chorrectors behält er bei.

— am 29. October wurde allen hier domicilirenden Juden die Ausweisung aus der Stadt während des Winters zugestellt, wogegen sie sämmtlich Recurse einbrachten. (Schauerlich aber wahr!)

— Ende October wurde das neuerrichtete Wirthschaftsgebäude nächst der Kaiser-Franzens-Brücke fertig und von dem städtischen Materialrechnungsführer *Hofmann* bezogen. Auch die städtischen Stallungen wurden dort untergebracht. Dieses Gebäude kostete 18,977 f. C.-M.

— erhielt für das nächste Jahr das Theater der von früher her gekannte Theater-Director *Josef Lutz*.

— am 10. December wurde zufolge einer Berathung der hiesigen Aerzte mit der Gemeindevertretung der Verbau der entstandenen Sprudelausbrüche, wie auch die Bohrung einer neuen Oeffnung im Sprudelraume beschlossen.

— am 17. December Nachts brannte ein Theil der Porzellanfabrik in Fischern ab, wobei sich der Schaden auf 10,000 f. belief.

— am 24. December war der Verbau am Sprudelberge vollendet; man gebrauchte dazu amerikanischen Cement. Die Kosten betrugen 410 f. C.-M.

— kaufte die Gemeinde das den Gebrüder *Seidl* gehörige Grundstück nächst der Vierubr-Promenade um 250 f. C.-M.

— wurde die Wasserwehre oberhalb des Sprudels abgetragen und die Pfostendielung bis zum Hause „zum Ritter" fortgesetzt.

— die Mineralwasserversendung betrug 106,529 Krüge. Sprudelsalz wurden 34 Centner erzeugt.

— wurde laut Consistorial-Erlass dem hiesigen Stadtdechant der bisher aus den Kreuzherrenordensrenten bestimmte Sustentationsbeitrag von jährlich 120 f. C.-M. für die Folge aus der Karlsbader Kirchencasse angewiesen.

— betrugen die Einnahmen der Stadtgemeinde 42,444 f. 12 x. C.-M., die Ausgaben beliefen sich auf . . . . 68,307 - 15 - -

mithin ergab sich eine Mehrausgabe von . 25,863 f. 3 x. C.-M.

— am 24. August war ein grosses Hagelwetter, wobei die Hagelkörner die Grösse eines Hühnereies erreichten. Tausende von Fensterscheiben wurden zertrümmert, Vögel erschlagen u. s. w. Die Ernte war glücklicher Weise bereits beendet.

1853. Der Herr *August von Lützow auf Tessin*, dem Karlsbad ausser der schon benannten Pomona auch die aus Zink gegossene **G e m s e** auf der Felsklippe unterhalb des Hirschensprunges zu danken hat, erhielt das Ehrenbürgerrecht der Stadt Karlsbad. Dasselbe wurde auch dem k. k. Ober-Polizei-Commissär *Josef Pitsch* aus Prag verliehen.

— Ueber Antrag des Breslauer Consistorialraths *Böhmer* wurde für die k i r c h l i c h e n   A n g e l e g e n h e i t e n   d e r   e v a n g e l i s c h e n C h r i s t e n   h i e r   ein bleibendes Comité gebildet, an dessen Spitze Graf *Wilhelm Kleist von Loss* stand.

— Im Theater gastirten: der Zwerg *Jean Piccolo*, *Klischnigg* als Affe, *Dragon* in der Rolle als Hund des *Aubry*, der orientalische Divan des *Jussuf ben Ibrahim*, *Constanze Geiger* (Baronin von Ruttenstein), der berühmte afrikanische Tragiker *Ira Aldridge*, der Athlet *Toldy Janos*, Fräulein *Heidrich*, die Familie *Porter*, die beiden arabischen Springer *Hagy Ali* und *Hagy Wolfey*, sowie der Athlet *Wondraczek* mit seinem graziösen, sechs Jahre alten Sohne.

— Concerte gaben: *August Labitzky* (Sohn des Kurorchester-Directors *Josef Labitzky*), *Ferdinand Laub*, *Eduard Singer*, der Pianist *Guido von Bülow* aus Weimar.

— unter den Kurgästen befanden sich die beiden ausgezeichneten Gelehrten *Don Diego Raquerry Bilems*, früher spanischer Consul in Wien, und *Joachim Barrande*, Verfasser des riesenartigen Pracht-werkes: „Systeme Silurien du Centre de la Bohème;" ferner der gelehrte Geologe *Murihson*, der bekannte Paläentolog *Morris* aus England, dann die beiden berühmten Philologen *Böckh* und *Döderlein*.

— erhielt der Karlsbader Bürger *Christian Neidhart* auch die königl. s c h w e d i s c h e   g o l d e n e   E h r e n m e d a i l l e   für die den Kurgästen aus Dänemark und Schweden erwiesenen Gefälligkeiten, da er beider Sprachen vollkommen mächtig war.

— am 4. Juli, dem Geburtstage König *Oskar I.* von Schweden, grün-deten die zur Kur anwesenden Schweden eine Stiftung, von deren Zinsen alljährlich am 4. Juli, insofern kein bedürftiger Schwede hier sein sollte, ein armer Karlsbader betheiligt werden sollte; sie führt den Namen: „K ö n i g   O s k a r's   S t i f t u n g."

— Kurparteien waren hier 4620 mit 6803 Personen. Die Zahl der Pas-santen betrug 5527 Personen.

— Die Kurtaxe betrug 24,080 f., die Handels- und Hausirtaxe 1622 f. 30 x., die subscribirten Beiträge für die verschiedenen Wohlthätig-keitsanstalten 4833 f. 51 x. C.-M.

1854 im Januar wurde behufs Bergung der Habe bei Feuersgefahr die hierortige K i r c h e n g r u f t ausgeräumt. Das Holz der vielen Särge erhielten die Armen, die vorhandenen mumescirten Leichen und Ueberreste wurden in eine Seitennische eingemauert, und der massenhafte Fledermausdünger in die städtische Pflanzschule übergeführt. Ausser einer Silbermünze fand man nichts von Werth.

1854 am 30. Januar wurde durch einen Betteljungen im nahen Dorfe Wehedic wegen verweigerten Almosen absichtlich F e u e r angelegt, wodurch ein Haus und einige Scheuern eingeäschert wurden.

— erfolgte die definitive Anstellung des L e h r p e r s o n a l s an der hierortigen H a u p t s c h u l e, und zwar wurden ernannt:

Zum Director und zugleich zum Lehrer erster Kategorie: *Joh. Goldbach.*

zum Lehrer erster Classe: *Wenzl Proksch,*

zu Lehrern zweiter Classe: *Ant. Herget* und *Jos. Wettengel,*

zu Lehrern dritter Classe: *Joh. Baier* und *Wenzl Rank,*

zum Unterlehrer: *Franz Christl,*

zur Industriallehrerin: Fräulein *Kath. Hofmann* und

zum Lehrer der französischen Sprache: *Ferd. Seemann.*

— am 2. Februar wurde über Berathung der Aerzte eine neue Oeffnung im Sprudelraume gebohrt, nachdem sich der schon erwähnte erste als ungenügend erwies. Aber auch diese neugebohrte Oeffnung gab kein Resultat, weshalb sie im Frühjahr wieder geschlossen wurde.

— wurden die J o h a n n i s - und die M ü h l b a d b r ü c k e neu hergestellt.

— Neue Organisirung der k. k. Behörden. Seit 1850 bestand Böhmen aus sieben Kreisen, dermalen wird es in d r e i z e h n Kreise eingetheilt. Aus den 79 Bezirkshauptmannschaften wurden 213 k. k. Bezirksämter organisirt. Der Kreis E g e r ist in 19 Bezirke eingetheilt, deren Aemter zu K a r l s b a d, Asch, Buchau, Eger, Elbogen, Falkenau, Graslitz, Joachimsthal, Königswart, Luditz, Neudek, Petschau, Pfrauenberg, Plan, Platten, Tachau, Tepl, Weseritz und Wildstein bestehen. Der Karlsbader Bezirk besteht aus 40 Quadrat-Meilen mit 18,856 Einwohnern und 47 Katastergemeinden.

— am 23. April, dem Vorabende des Vermählungstages Sr. Maj. des Kaisers *Franz Josef I.*, wurde von dem hierortigen Musikverein im Theater zum Besten der Erzgebirgsbewohner eine musikalische Unterhaltung veranstaltet und ein Erträgniss von 95 f. C. - M. erzielt.

— am 24. April, dem eigentlichen V e r m ä h l u n g s t a g e, fand in der Stadtkirche ein feierlicher Gottesdienst statt. Hierauf marschirten die Schützen auf den Markt, wo eine Cantate, gedichtet von *Franz Franiek* und in Musik gesetzt von *Jos. Labitzky,* abgesungen wurde. Zum Schluss gaben die Schützen drei Salven. Mittags wurden 100 Arme gespeist und ein gesammelter Geldbetrag von 150 f. C. - M. unter dieselben vertheilt. Nachmittags um 3 Uhr wurden am Ein-

gange der Hauptschule zwei Pappelbäume von der Schuljugend gepflanzt. Die Pflanzung dieser sogenannten Kaiserbäumchen wurde
von dem Knaben *Neidhart* und dem Mädchen *Loib* vollzogen. Dechant P. *Nodin* hielt dazu eine passende Festrede, worauf die Volkshymne abgesungen wurde.

● **1854** lässt die Stadtgemeinde die E i s e n q u e l l e mit einem Tempel
versehen und die nächste Umgebung derselben parkartig umgestalten.

— — wurde am Schlossplatze das links vor dem Eingange in den Park
zum Theresienbrunn situirte Haus No. 422 des *Karl Voigt* von der
Stadtgemeinde gegen Ueberlassung eines Baugrundes im erwähnten
Parke selbst eingetauscht und demolirt. *Karl Voigt* erbaute darin
„das K a i s e r h a u s." Die angrenzenden Hausbesitzer unterstützten
behufs Acquirirung des fraglichen demolirten Hauses die Gemeinde
mit folgenden Beiträgen, und zwar: *Jos. Wagner* mit 1000 f., *Georg
Fülla* 200 f., *Wenzl Proksch* 150 f., *Jos. Thoma* 100 f. und *Ant.
Fasolt* 50 f., zusammen init 1500 f. C.-M.

— wurde laut Beschluss vom 20. Mai der B i e r k r e u z e r wieder eingeführt.

— wird auf der neuen Wiese gegenüber dem Theater ein R ö h r k a s t e n
hergestellt, wozu die nächsten Hausbesitzer Beiträge leisteten, und
zwar: *C. V. Anger* 149 f., *Jos. Knoll* jun. 5C f., *Rud. Knoll* 30 f.,
Frau *Ida Müller* 20 f., *E. B. Stieff* 10 f. u. s. w., im Ganzen 300 f.
C.-M.

— wurde der V i c t u a l i e n m a r k t vom Marktplatze auf den in der
Nähe des Gasthofs „zum Paradies" situirten Platz verlegt.

— wurden auf beiden Seiten der Treppe zum Schlossbrunn Linden-
bäume gepflanzt.

— wurde das Theater dem Theater-Director *Feichtinger* zugesprochen,
derselbe jedoch nicht bestätigt. Theater-Director *Lutz* übernahm
das Theater nicht, weil er einen verlangten Vorschuss von 1000 f.
nicht bewilligt bekam. Es musste deshalb ein neuer Concurs ausgeschrieben werden, bis sich endlich der Theater-Director *Kotzky*
aus Raab meldete. Das T h e a t e r wurde in Folge dessen erst am 13.
Juli eröffnet.

— vom 16. Mai angefangen, spielt das Kur-Orchester jede Woche zwei
Mal Abends auf der alten Wiese und erhält dafür aus dem Kurfonde
300 f. C.-M., wogegen die im vorigen Jahre noch üblich gewesene
Subscription von Beiträgen zur Brunnenmusik eingestellt ist.

— sind wegen der Anwesenheit des Allerh. Kaiserpaares alle Gemeinde-
vorstände Böhmens nach Prag berufen. Die Karlsbader Bürgerschaft übersendet bei dieser Gelegenheit durch ihren Bürgermeister
Ihrer Maj. der Kaiserin einen aus Sprudelstein gefertigten T o i -
l e t t e s p i e g e l, welches Geschenk sehr huldvoll aufgenommen
wurde.

1854 am 24. Juni feierten die hier anwesenden Schweden abermals das Mittsommerfest durch ein grosses Diner und sammelten weitere Beträge für die bereits erwähnte „König Oskar's Stiftung." Gegen Ende Juli haben viele schwedische Kurgäste dem M. Dr. *Johann Anger* einen gesammelten Betrag von 229 f. C.-M. als Beitrag zur selben Stiftung eingehändigt.

— wird der sächsische Saal als Kursaal wieder aufgelassen, und übernimmt denselben der dortige Restaurateur *Jos. Hammerschmidt* auf eigene Rechnung für sechs Jahre in Pacht.

— am 24. Juni fand dort die erste Reunion zu Wohlthätigkeitszwecken statt.

— am 18. August: Feier des Geburtstages Sr. Maj. des Kaisers. Einweihung der neugebauten Schiessstätte nebst grossem Diner. Abends Armenball mit dem Erträgniss von 350 f. C.-M.

— am 12. August wurde für den in Tyrol verunglückten König von Sachsen ein Todtenamt gehalten, wobei der Hofprediger *Heine* eine Trauerrede hielt.

— wurde zur Deckung der Staatsausgaben ein sogenanntes freiwilliges Nationalanlehen angeordnet, wobei sich die Gemeinde Karlsbad mit 10,000 f. C.-M., die Bürgerschaft mit 167,280 f. und der Karlsbader Steuerbezirk mit 287,690 f. C.-M. betheiligen mussten.

— am 12. September kaufte *August von Lützow* „das Panorama" um 18,000 f. C.-M. von *Johann Knoll*.

— am 13. und 14. September hielten die hierortigen Aerzte unter Vorsitz des k. k. Sectionsrathes *Paul Sprenger* aus Wien Berathungen über den Verbau der Sprudelausbrüche und wurde die Tieferbohrung von No. II., III. und IV. zur Ableitung des Wassers beschlossen. Am 22. September wurde das Schlussprotokoll aufgenommen, von allen Anwesenden unterzeichnet, lithographirt und an alle Aerzte vertheilt. Es ist dieses ein in der Quellengeschichte Karlsbads sehr wichtiges Document.

— beschloss am 21. September die Gemeindevertretung, das zu erbauende neue Badehaus zugleich in den oberen Stockwerken zum Rathhause einzurichten und das alte Rathhaus am Markte dagegen abzutragen. (Leider verunziert dieses unschöne Gebäude heute noch den Markt.)

— kaufte das Comité für den evangelischen Kirchenbau in Karlsbad die Pöhl'sche Wiese nächst dem Bräuhaussteg um 2500 f. C.-M. zum Bauplatz der Kirche und Schule.

— Bei der am 11. October anberaumten öffentlichen Verpachtung der Karlsbader Mineralwasserversendung erschien kein Pachtlustiger. Die Gemeinde musste daher dieses Geschäft in eigener Regie führen.

1854 am 22. October wurde die den *Bermann*'schen Erben gehörige Waldparzelle N. top. 665 beim „Bilde" im Stadtgut von der Stadtgemeinde behufs Arrondirung ihrer Waldung für 1200 f. C.-M. gekauft.

— am 10. August veranstaltete das Lehrpersonal der hierortigen Haupt- und Gewerbeschule unterhalb des Aberges bei der Ziegelhütte ein schönes Schulfest.

— erscheint die Brochure: „Das Fremdenhospital für arme Kranke aller Nationen in Karlsbad," von M. Dr. *M. C. Forster*, Director des Fremdenhospitals u. s. w.

— war die schöne Kunst vertreten durch den bekannten Dichter Baron *Zedlitz*, *Friedrich Halm*, *Heinrich Laube*, die Hofschauspieler *Rott*, *Lukas* und *Beckmann*, den berühmten Geuremaler *Pollak* aus Rom, dann den Tonkünstler *Wehner*, *Seelmann* aus Dresden, den Opernsänger *Gulielmi*, die schwedische Sängerin *Westerstrand* und endlich den ersten Tenor der „Academie de musique" zu Paris *R. Garcia*. Besonderer Erwähnung verdient die Anwesenheit des 82jährigen Greises *Georg Kestner*, Archivsrath aus Hannover. *Kestner* ist der Sohn der Heldin aus Goethe's „Werther's Leiden."

— am 29. October führten hierortige Dilettanten im Theater die Posse: „Einen Jux will er sich machen" zum Besten der Abgebrannten in Sebastiansberg auf und erzielten eine Einnahme von 164 f. C.-M.

— am 5. November spielte dieselbe Gesellschaft zum zweiten Male und zwar: „Doctor Faust's Hauskäppchen" zum Besten des Armenfonds. Es wurden 106 f. erzielt.

— am 6. November wurde dem Apotheker *Hugo Göttl* das Recht ertheilt, aus dem Abflusse des Mineralwassers Versinterungen zu erzeugen. Der Pacht wurde auf 4 Jahre mit jährlich 50 f. C.-M. abgeschlossen.

— am 20. November kauft die Stadtgemeinde von *Joh. Steidl* in Drahowitz eine Waldparzelle im Ausmaasse von 2 Joch 1410 Quadrat-Klaftern um den Preis von 558 f. C.-M.

— am 12., 19. November und 3. December fanden abermals Dilettanten-Theatervorstellungen statt, wobei für die Bezirksarmen 88 f. C.-M., für arme Schulkinder 50 f. C.-M. und für Hausarme 36 f. C.-M. erzielt wurden. Von der k. k. Bezirkshauptmannschaft wurde jedes weitere Theaterspielen verboten.

— In der Nacht vom 15. zum 16. December trat die Tepl aus ihren Ufern und überschwemmte die alte Wiese, ohne jedoch weiteren Schaden anzurichten.

— wurden über Anregung des Stadtkaplans P. *Czornig* Beiträge gesammelt und damit für 60 Schulkinder Geschenke zum heiligen Christ angeschafft und vertheilt.

1854 weist die Kurliste 4146 Parteien mit 6134 Personen nach. Die Kurtaxe betrug 21,600 f. 30 x. C.-M., die Handels- und Hausirtaxe
1634 f., für die Wohlthätigkeitsanstalten wurden gezeichnet 4800 f.
C.-M. Die Wasserversendung betrug 101,902 Krüge; Sprudelsalz
wurde verkauft 1950 3/4 Pfund, Sprudelseife 317 1/2 Pfund.

— Neubauten wurden theilweise vollendet: die Villa des *August von
Lützow* nächst dem Panorama, das k. k. Militär-Badehaus, das k. k.
Zollamt und das Mineralwasser-Versendungsgebäude sammt Maga-
zinen.

1855 am 2. Januar eröffnete der M u s i k v e r e i n in Form einer Liedertafel nach mehrjähriger Pause seine Thätigkeit im „Schlosse Windsor." Es traten über 90 ausübende Mitglieder ein.

— Ende Januar wurde der Verbau der Ausbrüche am Sprudelberge vollendet; er kostete 2500 f. C.-M., welche Auslage die Gemeinde auf
ihre eigenen Kosten bestreiten musste, da die octroyirte Kur-Com-
mission sich sonderbarer Weise weigerte, aus dem Kurfonde dazu
etwas beizutragen.

— am 31. Januar entstand Feuerlärm; glücklicherweise brannte nur die
Esse im Hause „zum Nordlicht" aus.

— spricht die k. k. Statthalterei den Bräuberechtigten das Recht zu,
ihren Verwaltungskörper ohne irgend welche Einmischung wählen
zu dürfen.

— am 8. Februar wurde bei einer Berathung der Aerzte beschlossen,
in Mitte der Tempelhalle bei der Hygieensquelle die Bohrung einer
Oeffnung zu veranlassen.

— war die Stadtgemeinde in folgende Prozesse verwickelt:

   1. Mit den Besitzern von Privatbädern (seit 1852).
   2. Mit der bräuberechtigten Bürgerschaft wegen Einverleibung des
      Röhrkastens beim Bräuhause und wegen des B r ä u h a u s -
      b e s i t z e s selbst.
   3. Mit dem Comité des Militär-Badehauses wegen der Kosten-
      anrechnung pr. 9472 f. C.-M. für die Quellenfassung.
   4. Wegen Einbeziehung der Kurtaxe.
   5. Mit den Bräuberechtigten wegen Holzlieferung (ging für die
      Gemeinde verloren).
   6. Mit den Wasserversendungspächtern *Damm* und *Seifert* (wurde
      von der Gemeinde gewonnen).

— am 17. Februar wurde dem Gemeindevorstande die neue Instruction für den B r u n n e n a r z t mitgetheilt.

— M. Dr. Chevalier *de Carro* veröffentlicht seine Memoiren, welche
auf Kosten der Stadtgemeinde in D r u c k erscheinen.

— am 5. Februar kam die k. k. Grundabschätzungs-Commission hier
an. Der Zweck derselben ist die Regulirung der Grundsteuer nach
dem Werthe des Bodens.

1855 am 5. März erhält M. Dr. *Johann Anger* den schwedischen W a s a - O r d e n.

— am 6. März wurde die Geburt der Erzherzogin *Sophie*, des ersten Kindes unseres jungen Kaiserpaares, durch 21 Böllerschüsse und Te - Deum gefeiert. Unter die Armen wurden 200 f. vertheilt, wozu *Andreas Gottl* 100 f. spendete.

— Nach dem Tode seines Vorgängers *Schmidel* ward *Eduard Dobrowsky* k. k. Steuereinnehmer in Karlsbad.

— Dem neucreirten k. k. Steuerinspector *Josef Weiser* in Karlsbad wurde der Ueberwachungsbezirk der k. k. Steuerämter Karlsbad, Buchau, Luditz, Elbogen, Joachimsthal, Neudeck und Platten zugewiesen.

— am 15. März kam man beim Bohren in der Halle der Hygiensquelle bei einer Tiefe von 8 Fuss 11 Zoll in eine 2 Zoll tiefe Höhle, aus der in einer Minute 11 Eimer Wasser herausquollen.

— wurde beschlossen, eine neue Analyse des Sprudels (nach 23 Jahren) durch Apotheker *Hugo Göttl* machen zu lassen.

— am 19. März war bei der k. k. Bezirkshauptmannschaft eine commissionelle Berathung wegen des Baues der N e u b r u n n c o l o n n a d e. Die Brüder *Klein* hatten einen Kostenvoranschlag von 260,000 f. C.-M. vorgelegt. Der von der Gemeinde abverlangte Beitrag zu diesem Baue wurde von derselben verweigert, da dieser Bau dem Kurfonde zusteht.

— am 26. März wurde der Prozess der Mineralwasser-Versendungs-Pächter *Damm* und *Seifert* dahin entschieden, dass sie den Pachtrest in runder Summe mit 3000 f. zu bezahlen haben, wogegen ihnen die übrigen 547 f. erlassen werden.

— am 10. April kam der k. k. Statthalter Baron *Mescery* auf der Durchreise in's Erzgebirge hier an.

— am 17. April räumte die Gemeindeverwaltung das bisher innegehabte A m t h a u s und bezog wieder das leerstehende Rathhaus.

— am 20. April reiste eine Deputation, bestehend aus dem Stadtrathe Dr. *Mannl* und dem Stadtverordneten *Anton Neidhart*, zum Minister *Bach* nach Wien, um eine von Dr. jur. *Hauschild* in Prag verfasste Vorstellung wegen A u f h e b u n g d e s o c t r o y i r t e n B a d e - s t a t u t s zu überreichen.

— wird das leer gewordene Amthaus an mehrere Parteien um den jährlichen Zins von 507 f. vermiethet.

— am 24. April früh um 3 Uhr brach im Hause No. 519 in der Egerstrasse Feuer aus, das jedoch bald gelöscht wurde.

— wurde den von hier in andere Stationen versetzten k. k. Beamten *Lorenz*, *von Sternfeld*, Bezirksrichter *Rubner* und *Wilhelm* im Hôtel „zum Prinzen von Preussen" ein Abschieds-Diner gegeben.

1855 wurde dem k. k. Bezirkscommissär *Lorenz* das Ehrenbürgerrecht von Karlsbad verliehen.

— am 18. Mai wurde gelegentlich einer Prozession um die Felder die Eisenquelle von der Geistlichkeit eingeweiht.

— wurde das Haus „zum Freischütz" von dem Thierarzte *Jakob Pschirer* um 8000 f. gekauft. Ebenso kaufte *Sebastian Zörkendörfer* das Gasthaus „zur Stadt Hannover" um 30,000 f. C.-M.

— am 24. Mai begannen die neuorganisirten k. k. Behörden hier ihre Wirksamkeit. Als k. k. Bezirksvorsteher für Karlsbad war *Karl Grünes* ernannt.

— Der evangelische Gottesdienst wurde im oberen böhmischen Saale abgehalten.

— hielten die Engländer ihren Gottesdienst im Locale des ehemaligen Lehrsaales nächst dem Mühlbrunn. Die Gemeinde überliess ihnen diese Locale gratis. Ihr Geistlicher hiess Rev. *Henry Clissold*.

— am 30. Juni wurde das k. k. Militär-Badehaus in Karlsbad vollendet. Dasselbe enthält die Wohnungen für die Commandanten, für das ärztliche und Rechnungspersonal, für die Warte- und Wachmannschaft, die Räumlichkeiten für die Küche und Wirthschaft, grosse Keller, feuersichere Magazine, 3 grosse Bäder, dann 33 Zimmer mit 15 Vorzimmern für kranke Offiziere, 210 Mannschaftsbetten, 2 Zimmer für schwere Kranke und eine kleine Hauskapelle. Unter den Gründern dieses grossartigen und echt patriotischen Unternehmens gebührt der Löwenantheil unserem verdienstvollen Bade-, Stadt- und Brunnenarzte M. Dr. *Gallus Hochberger*. In Würdigung dieses seines grossen Verdienstes geruhten Se. k. k. Apostolische Majestät, dem Dr. *Gallus Hochberger* für seine Bemühungen um die Zustandebringung des Militär-Badehauses den Orden der eisernen Krone 3. Classe und den Ritterstand allergnädigst zu verleihen.

Am 12. Juli fand die Einweihung dieses k. k. Militär-Badehauses statt. Das priv. Schützencorps rückte zu dieser Feier mit Musik in parade aus. Eine grosse Anzahl Gäste, darunter Feldzeugmeister Fürst zu Schwarzenberg, der Ban von Croatien *Josef Graf Jellacic, Josef Fürst Dietrichstein*, der Egerer Kreispräsident Graf *Rothkirch-Panthen* u. A. m., viele k. k. Stabs- und Oberoffiziere und andere in- und ausländische hochgestellte Persönlichkeiten, wie auch die hierortige Gemeinderepräsentanz versammelten sich in der Eingangshalle. Dr. *Hochberger* empfing im Namen der anderen nicht anwesenden Gründer die Geistlichkeit mit dem Bezirksvicar und den hochwürdigen General-Grossmeister des ritterlichen Kreuzherrenordens mit dem rothen Stern. Der Stellvertreter Sr. Maj. des Kaisers, Feldmarschall-Lieutenant *Eduard* Fürst *von Lichtenstein*, wurde von Dr. *Hochberger* und den hochwürdigen Pontificanten und der Geistlichkeit empfangen und hierauf der Weiheakt vollzogen.

1855 vom 13. bis 15. Juli gab die bürgerliche Schützengesellschaft ein Festschiessen, woran sich sowohl der Stellvertreter Sr. Maj. des Kaisers, wie auch viele andere hohe Herrschaften betheiligten.

— kam die über Anregung des Dr. M. *Forster* von *Fernkorn* in Wien aus Bronze erzeugte Statue des M. Dr. *David Becher* zur Aufstellung im Sprudeltreppenhause.

— verkaufte Dr. *Bermann* sein Haus „zum Prinzen Wallis" am Markte für 20,000 f. C.-M. an den israelitischen Traiteur *Moser*.

— kaufte der hierortige Hôtelier *C. V. Anger* das Gut Welchau um 30,000 f. C.-M. (Heute Eigenthum des k. k. Hofrathes Professor *von Löschner*).

— am 15. Juli fand hier der Durchmarsch des 24. k. k. Jägerbataillons statt, es defilirte am Markte vor den hier anwesenden Generälen und Tags darauf spielte die Bataillonsmusik auf der Wiese.

— verfasste ein Herr *Georg Asaki* aus Jassy ein Gedicht in rumänischer Sprache, liess dasselbe auf einer Blechplatte an der Felswand des Kiesweges anheften und vertheilte es in vielen gedruckten Exemplaren an die Kurgäste. Der Verfasser schrieb auch mehrere Artikel über Karlsbad in die Moldau'sche Zeitung.

— im September kam der österreichische Reichsgeologe Dr. *Hochstetter* aus Wien im Auftrage der geologischen Reichsanstalt hier an, um die Umgegend, insbesondere aber das Terrain von Karlsbad geognostisch zu untersuchen.

— wird die durch Dr. *Rudolf Mannl* ansehnlich erweiterte Stadtbibliothek in einen eigens hierzu angeschafften Bücherschrank im grossen Rathszimmer aufgestellt.

— wurde nach dem Ableben des Stadtthürmers *Johann Ruppert* die alljährlich gezahlte Ablösung pro 500 f. C.-M. für das Einblasen der Kurgäste behoben. Zum Stadtthürmer wurde *Gustav Stadler* mit 70 f. Jahresgehalt ernannt.

— fand von den hierortigen Dilettanten eine Theatervorstellung für die in Schlackenwerth durch Feuer Verunglückten statt und wurden 96 f. C.-M. erzielt.

— Anfangs November wurde über Anregung des hierortigen k. k. Bezirkshauptmanns *Karl Grünes* eine Subscription von Geldbeiträgen zur Errichtung einer Rumforter Suppenanstalt eingeleitet, welche 252 f. 10 x. C,-M. einbrachte. Zu gleichem Zwecke fand eine Dilettanten-Theatervorstellung statt, welche den Betrag von 100 f. C.-M. ergab.

— leitet der k. k. Bezirkshauptmann *Karl Grünes* Sammlungen ein zur Gründung einer Kleinkinderbewahranstalt; die Brau-Commune giebt dazu 300 f. C.-M.

— giebt die wandernde Theatergesellschaft *Ludwig Feidler* sechs Vorstellungen, theils im Theater, theils im böhmischen Saale.

1855 hat Dr. *Mansl* seinen Winteraufenthalt in Italien genommen, wo
er eine Brochure in italienischer Sprache: „Sulli aque minerali
di Carlsbad in Bohemia" schrieb und in Turin durch Drucklegung veröffentlichte. Es ist dieses ein um so anerkennenswertheres
Unternehmen, als unsere Mineralquellen in Italien nur wenig bekannt sind.

— verwüstet ein in der Naturgeschichte bisher nur wenig gekanntes
Insekt einen grossen Theil unserer schönen Wälder, so dass circa
130 Joch oder 208,000 Quadrat-Klafter Flächenraum Wald ab-
geholzt werden musste.

— am 19. November wurde die Strasse von Karlsbad zur König-Otto's-
Quelle beendet und von der k. k. Behörde als Kreisstrasse übernommen.

— am kaiserlichen Geburtsfeste wurde vom k. k. Bezirkshauptmann
Karl Grünes und den übrigen Gliedern der k. k. Bade-Commission
ein Wohlthätigkeitsball veranstaltet, welcher einen Ertrag von 542 f.
C.-M. einbrachte.

— giebt zur Feier des kaiserlichen Geburtsfestes die Schützengesellschaft ein festliches Bestschiessen.

— Concerte wurden gegeben: von dem Pianisten *Wilhelm Graf* und dem
Violinvirtuosen *Ferdinand Laub* im Vereine mit dem Pianisten
Andreoli aus Modena.

— im Theater producirte sich an zwei Abenden die berühmte Tänzerin
Miss *Lydia Thompson.*

— von Kunstnotabilitäten weilten zur Kur hier: Bildhauer *Aug. Kiss*
und Maler *Wilh. Hensel* aus Berlin, sowie der Physiker *Wjlialba
Frikell*, welcher über Aufforderung für die in Schlackenwerth und
Cerekwe durch Feuer Verunglückten eine Vorstellung gab.

— betrug die Frequenz 4780 Kurparteien mit 6968 Personen. Die
Zahl der Passanten betrug 5496 Personen. Asien (Ostindien) war
durch 6, Afrika (Egypten) durch 3, Australien (Sidney und Haiti)
durch je 1 und Amerika durch 45 Personen vertreten.

— Das Ertrgäniss der Kurtaxe belief sich auf 22,296 f., die Handels-
und Hausirtaxe auf 1700 f., Mineralwasser wurde versendet mit
einem Erträgniss von 4627 f. 7 x., an Sprudelsalz wurde verkauft
um 4121 f. 43 x. C.-M., die Sprudelseife lieferte ein Erträgniss
von 151 f. 10 x. C.-M.

1856 am 16. Januar wurde unter Intervention des k. k. Kreispräsidenten zu Eger Grafen *Rothkirch* die schon seit zwei Jahren erwartete Colonnadenbau-Commission abgehalten. Die Stadtvertretung beschloss, ratenweise die Summe von 18,000 f. zu diesem
Bau aus Gemeindemitteln beitragen zu wollen.

— am 29. Januar beging der Karlsbader Musikverein die hundertjährige

Geburtsfeier *W. A. Mozart's* im Hôtel zum deutschen Hofe mit einer musikalischen Abendunterhaltung. Das Programm bestand nur aus *Mozart's* Compositionen.

1856 kauft die Stadtgemeinde eine den Gebrüdern *Hein* gehörige Waldparzelle oberhalb des Friederikenfelsens um den Betrag von 600 f. C.-M.

— am 17. Februar schickte Dr. *Eisenstein* aus Wien mehrere Exemplare seines in der Versammlung der Aerzte am 7. December 1855 gehaltenen Vortrags unter dem Titel: „Pia desideria für, und Neues aus Karlsbad" hieher. Dies Schriftchen rief eine förmliche Polemik hervor, an der sich insbesonders der Franzensbader Brunnenarzt Dr. *Cartellieri* betheiligte. In einem Artikel vom 14. Februar und in einem Aufsatze in der medicinischen Wiener Wochenschrift greift er die Karlsbader Gemeindeverwaltung etwas leidenschaftlich an und vertheidigt das Badestatut. In einem zweiten Sendschreiben des Dr. *Eisenstein* vom 18. Februar fordert derselbe die Karlsbader Gemeindevertreter auf, eine Widerlegung seiner Angaben zu erlassen. In Folge dessen verfasste Dr. *Forster* ein „Sendschreiben der Karlsbader Gemeindeverwaltung an das Comité der pharmacologischen Section der k. k. Gesellschaft der Aerzte in Wien," in welchem er die Angaben des Dr. *Eisenstein* zu widerlegen bemüht ist. Dieses Sendschreiben wurde in 200 Exemplaren hier gedruckt und vertheilt. Schliesslich veröffentlicht Dr. *Frankl* aus Marienbad noch eine Brochure: „Ueber die Verwendung des Kurfonds in den böhmischen Bädern."

— war der im vorigen Jahre gemachte Verbau eines Sprudelausbruches nicht entsprechend und musste deshalb neu hergestellt werden.

— am 3. März starb der städtische Forstmeister *Josef Hampe*; er war der erste theoretisch und praktisch gebildete Forstbeamte, welcher in Karlsbad angestellt war.

— der hiesige Bürger *Karl Ertl* (früher Mitglied des Karlsbader Kurorchesters) erhält bei der von der Musikalienhandlung *Ad. Christof* und *W. Kuhe* in Prag für die bestgelungensten Tanzcompositionen erfolgten Concursausschreibung für den Carneval 1854 und 1856 den ersten Preis, bestehend in einem silbernen Pokal.

— am 4. März trat unsere Landsmännin Fräulein *Antonie Labitzky*, Tochter des Kurorchester-Directors *Josef Labitzky*, zum ersten Male im Stadttheater zu Olmütz in der Rolle der Adalgise (Norma) auf und gefiel. Ihre Lehrmeisterin war Madame *Marchesi* in Wien.

— Anfangs März gab der Cirkus *Hüttemann* Vorstellungen am Platze nächst dem böhmischen Saale.

— wurde das neue Glashaus im Stadtgarten nach einem Plane des

Professors *Grüber* aus Prag unter Leitung des Baumeisters *Grimm* gebaut. Es kostete 3600 f. C.-M.

1856 am 2. Mai wurde der gewesene Förster zu Hartenberg, *Wenzl Koch*, als F o r s t m e i s t e r der Gemeinde Karlsbad beeidigt.

— erhält die H a u s k a p e l l e des hierortigen k. k. M i l i t ä r - B a d e - h a u s e s eine kostbare Bereicherung, bestehend in einer vom Bild- hauer *Wenzl Levcy* in Rom ausgeführten Marmorgruppe: „D e r s t e r b e n d e H e i l a n d a m K r e u z e m i t z w e i a n b e t e n d e n E n g e l n z u r S e i t e."

— Kaiser *Ferdinand* und Kaiserin *Maria Anna* spenden dem Fonde zur Errichtung einer K l e i n k i n d e r b e w a h r a n s t a l t in Karlsbad den Betrag von 300 f. C.-M.

— malt der Prager Historienmaler *Kandler* die Kapelle im k. k. Militär- Badehause aus; desgleichen restaurirte er das Bild des heil. Lauren- tius an der gleichnamigen Kapelle aus eigenem Antriebe und un- entgeldlich.

— am 4. Mai wurde auf Regierungsbefehl in allen Kirchen die F r i e d e n s - f e i e r zwischen Russland, den Westmächten und der Türkei festlich begangen. Die Armen der Stadt wurden mit 100 f. C.-M. betheilt.

— am 1. Mai wurde das Theater unter der Direction *Kotzky* eröffnet.

— erhielt Dr. Chevalier *de Carro* in Folge der Versendung seiner im Drucke erschienenen Memoiren an seine vielen Bekanntschaften mehrere namhafte Geldgeschenke; so schickte ihm die Stadt Bombay von Seite der ostindischen Compagnie 250 Pfund Sterling, der Fürst *Stirbey* aus der Moldau 80 Dukaten u. s. w.

— am 1. Juni (Pfingstsonntag) erfolgte bei zahlreicher Betheiligung die E i n w e i h u n g d e r p r o t e s t a n t i s c h e n K i r c h e i n K a r l s - b a d. Das Weihegebet hielt Consistorialrath, Hofprediger *Niemann* aus Hannover, die Weihepredigt der sehr geachtete Pastor *Kettem- beil* aus Hannover.

— am 1. Juli starb hier die königl. preussische Hofschauspielerin *Viereck* in Folge des Diabetes und der königl. preussische Appellationsrath Freiherr *von Proff* an Apoplexie im Bade.

— erschien von Dr. *Hochstetter:* „K a r l s b a d, s e i n e g e o g n o s t i - s c h e n V e r h ä l t n i s s e u n d s e i n e Q u e l l e n, n e b s t e i n e r g r o s s e n g e o g n o s t i s c h e n K a r t e," im Verlage bei Gebrüder *Franiek.*

— am 5. Juni wurde im Hause „zur Kaiserin von Oesterreich" unter der Leitung des k. k. Telegraphenbeamten *Johann Wisgrill* das k. k. T e l e g r a p h e n a m t in Karlsbad eröffnet.

— am 7. Juni war in diesem Jahre die erste R e u n i o n zum Besten der Wohlthätigkeitsanstalten. Sie trug 123 f. C.-M. ein.

1856 am 15. Juni wurde Gottesdienst in deutscher, lateinischer, englischer und schwedischer Sprache hier abgehalten.

— am 25. Juni fand die Einsegnung des am zweiten Tage nach seiner Ankunft hier verstorbenen kaiserl. russischen Generals der Cavallerie Grafen *von Rüdiger* statt; er ist dadurch bekannt, dass *Görgey* am 13. August 1849 an denselben mit seinem ganzen Corps bei Vilagos die Waffen streckte.

Der Sarg, zur Ueberführung nach Mitau in Russland vorbereitet, stand in der evangelischen Kirche auf einem Katafalk, zu dessen beiden Seiten 8 Unteroffiziere der hierortigen bürgerlichen Schützencompagnie ein Spalier bildeten. Zur Leichenfeier fanden sich Notabilitäten aus allen hier vertretenen Nationen im tiefen Traueranzuge zahlreich ein. Im Auftrage Sr. Maj. des Kaisers von Oesterreich waren der k. k. Feldmarschall-Lieutenant Baron *Herzinger* und der k. k. Generalmajor Baron *Stankowits* aus Prag zur Leichenfeier hieher gereist. Alle hier anwesenden k. k. Offiziere, die k. k. Beamten, die Gemeindevertretung, wie auch die hochwürdige katholische Geistlichkeit wohnten dieser Trauerfeier bei. Die Leichenrede hielt Pastor *Kettembeil* in erhebender Weise. Zu Ende der Ceremonie gab das Schützencorps vor der Kirche drei Ehrensalven.

Das Feldbett, welches *Rüdiger* im orientalischen Kriege gebrauchte, schenkte seine Wittwe dem hierortigen Fremdenhospitale.

— im Juni begann die aus 9 Gliedern zusammengesetzte Grundabschätzungs-Commission des Karlsbader Gemeindevermögens ihre Arbeiten, und ergab deren Elaborat folgendes Resultat: Die städtischen Waldungen im Ausmaasse von 1876 Joch und 1044⁵/₆ Quadrat-Klafter wurden auf 286,250 f. 20 x. C.-M. geschätzt. Der Gesammtvermögensstand wurde mit 635,940 f. 57 x. C.-M. (die Waldungen mit eingerechnet) angenommen.

— Gelegentlich seiner Durchreise nach Marienbad besichtigte Se. Maj. König *Friedrich Wilhelm IV.* von Preussen die Karlsbader neue evangelische Kirche und verlieh dem Mitbesitzer der Porzellanfabrik in Hammer, *Ludwig Mieg*, wegen seiner dem Baue dieser Kirche gewidmeten Sorgfalt den rothen Adlerorden.

— am 8. Juli kam König *Otto I.* von Griechenland hieher in die Kur. Tags darauf fand ihm zu Ehren eine Illumination am „Friedrich-Wilhelms-Platz" und auf der „König-Otto's-Höhe," wie auch eine Festvorstellung im Theater statt.

— wurde hier die am 12. Juli erfolgte Geburt der Erzherzogin *Gisela* durch 21 Böllerschüsse und ein feierliches Te-Deum gefeiert, welchem König *Otto* und der Kardinal-Erzbischof *Geisel* aus Köln nebst allen Civil- und Militärbehörden beiwohnten. Die Karlsbader Stadtvertretung spendete an diesem Tage an Dürftige 50 f. C.-M. und ein Comité österreichischer Kurgäste subscribirte 646 f. C.-M. zur besseren Subsistenz der Soldaten im hierortigen Militär-Badehause.

1856 am 14. Juli gab Fräulein *Antonie Labitzky* im Kursaale ein sehr besuchtes C o n c e r t.

— am 29. Juli kam Se. Maj. König *Friedrich Wilhelm IV.* von Preussen von Marienbad zurück hier an und speiste bei Sr. Maj. König *Otto* von Griechenland zu Mittag; während des Diners im Hause „zum goldenen Schlüssel" spielte das Kurorchester. Nach Tisch besahen sich die Majestäten das Militär-Badehaus. Von hier fuhren die höchsten Herrschaften in's „Panorama." Abends statteten die beiden Könige der Herzogin v o n S a g a n einen Besuch ab. Bei Eintritt der Nacht war am Friedrich - Wilhelms - Platz die Königskrone und darunter *F. W. IV.* in Brillantfeuer beleuchtet, dann die Geländer am Hirschensprung und das *Maier'*sche Gloriet mit zahlreichen Lampen besetzt.

Se. Maj. der König von Preussen verliess Karlsbad am 30. Juli und verlieh dem Kur-Inspector *Dederra* den rothen Adlerorden.

— am 3. August Mittags wurde im Theater von 200 Schülern und Schülerinnen der hierortigen Haupt- und Gewerbeschule unter der Leitung ihrer Lehrer und Mitwirkung des Kurorchesters vorgetragen: „D a s S c h u l f e s t," Dichtung von *Friedrich Hofmann*, Musik von *Jul. Otto.* Der Reinertrag von 220 f. C.-M. wurde zur Hälfte der hier zu errichtenden Kleinkinderbewahranstalt und zur anderen Hälfte für die Abgebrannten in Kupferberg (im Erzgebirge) bestimmt.

— am 3. August kam der k. k. Statthalter von Böhmen, Baron *Mescery,* zur Kur hier an.

— am 9. August wurde die „K ö n i g - O t t o' s - H ö h e" eingeweiht; der König wurde mit Fanfaren und einem Männerchor empfangen. Der Bürgermeister überreichte ihm ein Festgedicht.

— am 19. August verliess König *Otto* Karlsbad und verlieh vor seiner Abreise dem k. k. Bezirkshauptmann *Grünes*, dem Kurcommissär *Dederra*, dem Dechant P. *Nodin*, dem landesfürstl. Stadt- und Brunnenarzt Dr. Ritter *Gallus von Hochberger* und dem k. k. Gendarmerie-Lieutenant *Keisslern* das Ritterkreuz des griechischen Erlöserordens, schenkte dem k. k. Postverwalter *Bauer* eine kostbare goldene Cylinderuhr und dem Banquier *Gottl* einen Brillantring.

— am 11. August kauften die Hausbesitzer in der Marienbader - Gasse die Hälfte der sogenannten Bräuhauswiese von *Friedrich Gottl* für 7000 f.

— am 18. August Geburtstagsfeier Sr. Maj. des Kaisers *Franz Josef I.*; dem feierlichen Hochamte wohnten der k. k. Statthalter von Böhmen, Baron *Mescery*, der k. k. Feldzeugmeister Graf *Gyulai*, die beiden französischen Gesandten Graf *Persigny* (vertrautester Freund *Napoleon III.*) und Graf *Reyneval*, der Patriarch *Rajacic* von Serbien und viele andere hohe Würdenträger, die sämmtlichen Behörden u. s. w. bei. Das Schützencorps paradirte wie gewöhnlich. Abends war

Wohlthätigkeitsball mit einem Ertrkgnisse von 544 f. Zur Feierlichkeit trug nicht nur der schön erleuchtete kaiserl. Adler auf der Friedrich-Wilhelms-Höhe, sondern auch noch die auf dem Durchmarsche nach Mainz hier befindliche Musikkapelle des k. k. Infanterieregimentes Graf *Degenfeld*, welche mit dem Kurorchester abwechselnd spielte, wesentlich bei.

1856. Im Auftrage des Ministeriums kam Hofrath Baron *Hohenbruck* von Wien hier an, um sich persönlich zu überzeugen, was Karlsbad für die Zukunft noth thut.

— am 23. August war Ball im neuen Saale des Schiesshauses; der Ertrag desselben von 110 f. ist zur Verschönerung der dortigen Parkanlagen bestimmt.

— am 29. August wurde auf Veranlassung Dr. *Mannl's* am Rathhause eine Urkunde ausgestellt, durch welche die Gründung einer Stiftung unter dem Namen „Dr. Becher-Stiftung" mit dem Zwecke, arme Schulkinder zum heil. Christ mit Kleidern zu betheiligen, in's Leben gerufen wird.

— wurden am Stadtthurme 8 Aborte für Herren wegen des nahen Schlossbrunnens errichtet, die am Schlossbrunnen befindlichen Retiraden aber blos für Damen belassen.

— kam Professor Dr. *Oppolzer* aus Wien hier an, verweilte hierselbst drei Wochen und gab täglich Ordinationsstunden. Die Karlsbader Doctoren gaben ihm zu Ehren ein Diner, wozu alle fremden hier anwesenden Aerzte geladen waren.

— wurde, da aller Vorrath verkauft war, auch im Sommer S p r u d e l - s a l z erzeugt.

— am 15. September fand die Enthüllungsfeier des Monumentes des am 5. Februar 1792 hier verstorbenen Karlsbader Arztes und Bürgers Dr. *David Becher* statt. Dr. *Hochberger* hielt die Festrede, Stadtdechant *Nodin* sprach nach diesem; hierauf wurde vom Kurorchester und dem Musikverein eine zu dieser Feier eigens gedichtete und von unserem Landsmanne *Friedr. Knoll* componirte Festhymne executirt. Das ausgerückte Schützencorps gab drei Salven; auch die Schuljugend trug in ihren festlichen Gewändern zur schöneren Staffage des Festes bei. Im deutschen Hof war ein Diner von 60 Couverts. Den Schluss des feierlichen Tages machte eine Festvorstellung im Theater, welche mit einem Prologe eröffnet wurde, den Dr. *Alfred Meissner* gedichtet und Dr. *Mannl* gesprochen. Der Ertrag dieser Theatervorstellung, 70 f. C.-M., wurde dem schon erwähnten D r. B e c h e r - F o n d e zugewendet.

— am 29. September wurde mit dem Verbaue der S p r u d e l a u s b r u c h - s t e l l e n begonnen und wurden selbe am 16. October mit einem Kostenaufwand von 332 f. 25 x. beendet.

1856 bei dem am 28. und 29. September abgehaltenen Königsschiessen wurde der Schützenhauptmann *Franz Franieck* S c h ü t z e n k ö n i g.

— am 6. October hielten die hierortigen Aerzte mit den Bauverständigen k. k. Bezirksingenieur *Alois Meyer* und Stadtbauamtmann *Vogl* eine Berathung über den Sprudelverbau, wobei festgestellt wurde, dass obere Zapfenloch nicht mehr zuzustecken und alle Ständer umzulegen, damit dem neuen Einbaue keine Gewalt angethan werde, was bisher jedesmal geschah und wodurch das Wiederaufbrechen der Ausbruch-stellen eine natürliche Folge war. (Protokoll vom 6. October 1856.)

— am 15. October wurde die hierortige M i n e r a l w a s s e r v e r s e n d u n g verpachtet, und zwar um die jährliche Pachtsumme von 7050 f. C.-M. Der Bürger *Karl Mattoni* pachtete dieselbe im Namen seines Sohnes *Heinrich Mattoni* und im Namen des hierortigen Bürgermeistersohnes *Friedrich Knoll*. Mit-Licitanten waren: Apotheker *Hugo Göttl*, zwei Herren aus Prag und *Ferdinand Beuer*, Buchhalter in der Porzellan-fabrik zu Pirkenhammer.

— am 26. October ereignete sich hier ein schreckliches Unglück. Ein Zimmermaler stellte einen Topf mit Lack an's Feuer, um ihn kochen zu lassen, und entfernte sich dann. Während seiner Abwesenheit fing der Lack an zu sieden, lief über und entzündete sich. Die zurückgebliebene Gattin wollte das Feuer dämpfen, wobei ihre Kleider von demselben ergriffen wurden. Sie erlitt solche Brand-wunden, dass sie denselben bereits nach einigen Stunden erlag.

— am 26. October hielt hier eine Abtheilung Soldaten des k. k. Infanterie-regiments Graf *Degenfeld* am Durchmarsche nach Mainz einen Rast-tag. Mehrere derselben verübten in der Trunkenheit vielfache Ex-cesse auf öffentlicher Strasse, so dass sie mit Gewalt arretirt werden mussten. Tags darauf erhielten die Schuldigen im Hofe des Militär-Badehauses vor dem Abmarsche den Lohn für ihr Betragen in einer erklecklichen Anzahl Stockprügel.

— am 8. October wurde die marmorne Gedenktafel an das Geburtshaus („zum braunen Reh" in der Sprudelgasse) von *Leopold Stöhr*, dem Historiographen seiner Vaterstadt Karlsbad, angebracht.

— am 19. November, dem Namensfeste Ihrer Maj. der Kaiserin *Elisabeth* von Oesterreich, fand zur Gründung der K l e i n k i n d e r b e w a h r-a n s t a l t eine Effectenlotterie in Verbindung mit einer musikalischen Abendunterhaltung statt, bei welcher *Odo Russell* als Sänger und Frau Dr. *Anger* als Pianistin mitwirkten. Der Reinertrag bestand in 53 f. C.-M.

— am 1. December wurde wieder mit der Vertheilung der Rumforter-suppe begonnen und wurden täglich 146 Portionen gratis an Arme vertheilt. Viele verschämte Arme kauften sich solche Suppe, da die Portion nur 1 Kreuzer kostete; für 6 Kreuzer konnte man im ge-heizten Locale des Amthauses eine Suppe und noch eine Speise erhalten.

1856 am 3. December wurde der Musikverein mit vollständig besetztem Orchester im Gasthofe „zum goldenen Schild" eröffnet.

— am 17. December wurde das Haus „zum goldenen Herz" nächst der Hygieensquelle von der Kurcommission für 14,800 f. angekauft.

— erklärt der städtische Forstmeister *Wenzl Koch* bezüglich des in den Karlsbader Wäldern vorgekommenen Wicklerraupenfrasses: dass das so schädliche Auftreten von Wicklerraupen an Weisstannenbeständen eine eigenthümliche, bisher noch nicht bekannte Erscheinung war, und dass dieser Tannenwickler im Vergleiche der bisher abgebildeten und beschriebenen Wickler eine g a n z n e u e A r t i s t, was sowohl die charakteristische Abweichung in der Zeichnung, als Frass und Lebensweise desselben ausser Zweifel stellt, weswegen ihm der Forstmeister *Koch* wegen seiner Farbeähnlichkeit des Ziegenmelkers (Caprimulcus) den Namen „z i e g e n m e l k e r f a r b i g e r W e i s s t a n n e n w i c k l e r (Phalaena Tortrix caprimulgana)" beilegte. In der Folgezeit befassten sich die anerkanntesten Entomologen mit der Sicherstellung dieses in der Naturgeschichte bis jetzt unbekannten, für die Waldungen so verderblichen Insects und bestätigten die Beobachtungen des Forstmeister *Wenzl Koch* mit der Erklärung, dass d i e s e r Weisstannenwickler thatsächlich ein neuentdecktes Insect sei. Alles, was bisher über dieses Insect in der Literatur bekannt ist, verdankt man einzig und allein dem Forstmeister *Koch* und wurde auch der von ihm dem Insecte beigelegte Name beibehalten.

— an Stelle des Hauses „zur Unmöglichkeit" wurden die beiden Häuser „z u r K a i s e r k r o n e" und „z u m Herzog von Brabant" gebaut.

— gaben Concerte: der königl. hannover'sche Hof-Violoncellist *Karl Matys*, Violinvirtuose *Ferd. Laub* und *Wilh. Graf*; die Opernsängerin Fräulein *Antonie Labitzky*; der Opernsänger *Eibenschütz*; der Erfinder der neuconstruirten Pedal-Guitarre, *Ed. Bayer* aus Hamburg; die Zithervirtuosen *Joh. Schnitzer* aus Wien und Fräulein *Bogdanowicz* aus Lemberg und die Pianistin *Emma Kania.* — Anderweitige Unterhaltung boten: das Panorama des Dr. *Schmidt*, der Circus *Hüttemann*, die Ausstellung des grossen Oelgemäldes „d e r S c h m e r z" von *Cosroé Dusi*, der afrikanische Elephant des *Liebich* und der Hund *Cäsar.*

— betrug die Zahl der Kurgäste 6031 Parteien mit 8829 Personen; die Zahl der Passanten belief sich auf 5772 Personen. Unter den diesjährigen Kurgästen befanden sich: 1 König, 1 königlicher Prinz, 2 königliche Prinzessinnen, 1 Herzog, 4 Herzoginnen, 16 fürstliche, 135 gräfliche und 171 freiherrliche Personen; 38 Generale, 67 Minister und hohe Staatsbeamte, 23 hohe Geistliche, 42 Consuln, 130 fremde Aerzte, 8 Maler, 2 Bildhauer, 20 Sänger, Schauspieler und Virtuosen.

1856 betrug die Kurtaxe 27,674 f., die Musiktaxe 9349 f., die Handels- und Hausirtaxe 1490 f. 30 x., die Wohlthätigkeitsbeiträge 5234 f. 27 x., der Erlös aus der Mineralwasserversendung 6142 f. 37 x., Sprudelsalz wurde verkauft für 5282 f. 13 x., Sprudelseife für 122 f. 37 x. C.-M.

1857 wurde der bereits ausgeschriebene Concurs zur Besetzung der Stadtarztstelle mit dem Jahresgehalte von 200 f. C.-M. auf Befehl des k. k. Statthalters widerrufen und dafür eine Gehaltszusicherung von 300 f. C.-M. angeordnet. Die Gemeindevertretung fasste in Folge dessen den Beschluss, en masse zu resigniren.

— wurde der Recurs der Bräubürgerschaft wegen Herabsetzung des Bierpreises von Seite der Behörde mit dem Bedeuten abweislich beschieden, dass den Bräuberechtigten mit dem Verluste des Bräurechtes gedroht wird, insofern sie nicht ein besseres Bier erzeugen würden.

— wurde eine Gedenktafel an dem Geburtshause des Dr. *David Becher* („zu den zwei Ketten" in der Sprudelgasse) auf Kosten der hierortigen Aerzte angebracht.

— am 9. Februar wurde in einer Berathung der Aerzte beschlossen, auf Antrag des Stadtbauamtmanns *Vogl* das untere Zapfenloch beim Sprudel zuzustecken und nach und nach in Zwischenräumen von 8 Tagen die Ständer auf die übrigen Oeffnungen aufzustellen, um durch diese allmälige Spannung das Wasser wieder in die alten Bohrlöcher zu leiten.

— am 19. Februar ging von Seite der Gemeindevertretung eine Vorstellung mit 16 Beilagen an das Ministerium gegen die Anordnung der k. k. Statthalterei in Prag.

— am 12. März um 8 Uhr Morgens starb hier in seinem Hause „zum Walter Scott" der berühmte und hochverdiente Arzt *Johann* Ritter *de Carro*. Er war im Jahre 1799 der Erste, welcher Dr. *Jenner's* grossartige Entdeckung — die Einimpfung der Kuhpocke — am Continente einführte und von da auch jenseits des Oceans verbreitete. *De Carro* kam im Jahre 1826 nach Karlsbad, von wo ab er behufs der Verbreitung des Rufes Karlsbads eine unermüdete Thätigkeit bewährte. 25 Jahrgänge seines „Almanach de Carlsbad," zwei Abhandlungen in englischer Sprache (denen der Kurort die grosse Frequenz der Engländer zu danken hat), die Herausgabe seines letzten grösseren Werkes: „Vingt-huit ans d'observation et d'experience à Carlsbad," sowie viele kleinere Schriften liefern einen ehrenvollen Beweis von dem Eifer, mit dem Dr. *de Carro* Karlsbads Interessen zu fördern bemüht war. Seine sämmtlichen Almanache nebst mehreren medicinischen Büchern vermachte er der Stadtbibliothek, seine Badelisten mit vielen sehr interessant geschriebenen Notizen schenkte er Dr. *Mannl*.

7*

1857 wurden in der Pragergasse neben dem Trottoir Kastanienbäume gepflanzt; die Bäume gab die Stadtgemeinde, die Kosten des Pflanzens trugen die Hausbesitzer.

— der Process, welchen die Stadtgemeinde gegen die Besitzer von Privat-Sprudelbädern seit dem Jahre 1852 führte, wurde beim hierortigen k. k. Bezirksgerichte g e g e n die Stadtgemeinde entschieden. Letztere ergriff den Recurs gegen dieses Urtheil bei dem k. k. Appellationsgerichte. Dr. *Ant. Gschier* aus Eger ist der Vertreter der Stadtgemeinde.

— kam unterm 23. März der a b w e i s l i c h e B e s c h e i d der k. k. Statthalterei auf das R o s i g n a t i o n s g e s u c h der Gemeindeververtretung hier an.

— errichteten die Hausbesitzer in der Marienbadergasse auf der von ihnen gekauften *Gottl'*schen Wiese eine Terrasse mit Gartenanlagen, wodurch diese Strasse bedeutend verschönert und auch verbreitet wurde.

— wurde im Donitzer städtischen Maierhofe ein neues Wohngebäude zur Unterbringung des Schaffers und der zeitweiligen Militärbequartirung erbaut. Der Bau kostete der Gemeinde 2576 f. 44 x. C.-M.

— Obgleich Dr. Ritter *von Hochberger* auf die Stelle eines S t a d t a r z t e s schon am 9. September 1851 resignirte, so hat sich doch die Ernennung eines neuen Stadtarztes in der Person des Dr. *Franz Sorger* durch Vorstellungen und Recurse bis am 9. Mai 1857 verzögert. Die beiden Mitconcurrenten um diese Stelle waren Dr. *Berndorf* aus Nepomuck und Dr. *Wahl* aus Mauth.

— Nach Dr. *David Becher's* Vorschrift soll das obere Zapfenloch nur während der Sprudelbohrungen geöffnet werden, daher mussten die hiesigen Aerzte daran denken, sechs Monate nach Verbau des Sprudelausbruches die Vorbereitungen zu diesem Verschlusse zu treffen. Dieselben beschlossen, nachdem am 5. April d. J. zuerst ein weitgebohrter Ständer darin befestigt worden war, die Aufstellung eines enger gebohrten Ständers im oberen Zapfenloch, welcher Beschluss am 15. Mai ausgeführt wurde. Aus den fünf künstlich hergestellten Oeffnungen auf der Höhe des verbauten Sprudelausbruches, sowie aus dem engen Ständer des oberen Zapfenloches strömt Gas und Wasser mit einer viel grösseren Gewalt hervor als früher; denn die Spannung der Dämpfe, der Gase und des Wassers ist gesteigert. Alsbald entstanden neue Risse sowohl am Sprudelbergl, als unter der ganzen Bretterdielung, aus denen das Wasser hervordrang.

— legt Dr. *Mathias Forster* die Stelle als O r d i n a r i u s des D i e n s t b o t e n h o s p i t a l s nieder; er hatte dieselbe durch 16 Jahre ohne Anspruch auf ein Emolument mit unermüdeter Berufstreue versehen. Aus diesem Anlasse wurde ihm am 1. Juni d. J. mittelst eines prachtvoll ausgestatteten Diploms das E h r e n b ü r g e r r e c h t der Stadt Carlsbad verliehen.

1857. Dr. *Mannl* übergibt der Stadtvertretung den Entwurf eines Gesuchs an das Ministerium des Innern, sowie an den Minister *Bach*, um die Genehmigung, die 500jährige Jubiläumsfeier im Jahre 1858 abzuhalten und zugleich die Naturforscherversammlung nach Karlsbad einladen zu dürfen.

— im Juni wurde mit dem Baue des neuen Schlachthauses nächst dem Einflusse der Tepl in die Eger unter der Leitung des Baumeisters *Georg Fülla* begonnen. Derselbe nahm den Bau für 570 f. 50 x. in Accord.

— Se. Maj. Kaiser *Franz Josef I.* spendet über Bitte der Gründer für den grossen Speisesalon im hierortigen k. k. Militär-Badehaus sein lebensgrosses Bildniss in prachtvoller Ausstattung, von *Eybl's* Meisterhand gemalt. Die Aufstellung des schönen Kaiserbildes erforderte eine künstlerisch durchgeführte Ausschmückung des Saales.

— Bei der am 11. Juni stattgehabten Frohnleichnams-Prozession kam es zwischen dem k. k. Bezirkshauptmann und einem anderen hierortigen Staatsbeamten zu einer Erklärung wegen des dabei einzunehmenden Platzes, in Folge deren eine Beschwerde eingereicht wurde.

— am 12. Juli reiste König *Friedrich Wilhelm IV.* von Preussen hier durch nach Marienbad.

— am 5. Juli wurde dem k. k. Regierungsrath M. Dr. und Professor *Adolf Martin Pleischl* für seine öfter vorgenommenen Analysen der hierortigen Mineralquellen und für sein wissenschaftliches Wirken im Interesse unseres Kurortes das Ehrenbürgerrecht der Stadt Karlsbad nach Wien übersendet.

— am 19. Juli entstand in der Nähe des Faullenzerweges in Folge des Verbrennens von Baumrinde behufs Insectenvertilgung ein Waldbrand. Der Schaden war nicht bedeutend, da das Feuer bald gelöscht wurde.

— am 9. Juli kam im Auftrage der Regierung Ministerialcommissär Dr. *Schneller* aus Wien hier an, um die Mängel und Wünsche des Badeortes der Regierung mittheilen zu können.

— kommt der Stattbalter von Böhmen, Baron *Mescery*, zur Kur hier an und liess hinterm Gartenthale auf Kosten des Kurfonds einen Pistolenstand errichten.

— liess *August von Lützow* seine Realitäten (die Villa und das Panorama) öffentlich versteigern. Die Villa kaufte *Andreas Gottl* für 6400 f. und das Panorama *A. F. Seifert* für 25,600 f. C.-M. — Der Besitzer genehmigte aber kraft seiner im Lcitationsakte aufgestellten Bedingung weder den einen noch den anderen Verkauf.

— Mit Erlass des hohen Ministeriums vom 21. Juli wird der Stadtgemeinde die Verwaltung des hierortigen Kurfonds wieder übergeben, jedoch hat die Kur-Inspection fortzubestehen und die Gemeinde in Erfüllung der mit der Uebernahme des Kurfonds verbundenen Verpflichtungen zu überwachen.

1857 am 6. August kaufte *Bernard Gottl* vom Aerar die nächst dem „Haberer" an der Prager Strasse gelegene Oeckonomie („Posthof" genannt) um den Preis von 11,500 f. C.-M.

— am 18. August fand die übliche Geburtstagsfeier Sr. Maj. des Kaisers mit Hochamt, Festtheater und Festschiessen der bürgerlichen Schützengesellschaft statt. Abends war Wohlthätigkeitsball, der ein Erträgniss von 258 f. ergab.

— am 19. August verkaufte die Gräfin *Nieulant*, Tochter des Dr. *de Carro*, ihr Haus „zum Walter Scott" an Fräulein *Schmit* für 8000 f. C.-M.

— veröffentlichte die Stadtvertretung den Concurs für Abfassung eines Lagerplanes von Karlsbad. Es meldete sich nur ein Bewerber, und zwar der Baumeister *Haberzettl* aus Eger; da er jedoch 1200 f. dafür forderte, wurde er nicht angenommen.

— wird der Recurs der Gemeinde gegen die Privatbäderbesitzer auch in zweiter Instanz (von der k. k. Appellation) abweislich entschieden.

— wird vom Ministerium des Innern das Gesuch der Gemeinde wegen der beantragten Verschmelzung der Versammlung deutscher Aerzte und Naturforscher mit der 500jährigen Gründungsfeier Karlsbads als nicht zeitgemäss und nicht zweckentsprechend abgewiesen.

— am 1. September früh um 3 Uhr brach im Hause No. 156 „zur Stadt Lindau" Feuer aus, welches jedoch bald gelöscht wurde. Die Feuerglocke am Stadtthurme wurde nach 27 Jahren bei dieser Gelegenheit zum ersten Male wieder angeschlagen.

— am 14. September kam Architekt *Mauerer*, gemäss der an ihn ergangenen Aufforderung, hier an, um mit der Gemeindeverwaltung wegen der endlichen Ausführung des Colonnadenbaues beim Neubrunn die nöthigen Einleitungen zu treffen. Bei der am 15. September stattgefundenen allgemeinen Besprechung verlangte der eine Theil eine Eisenconstruction, der andere Theil einen Oberbau von Holzconstruction, und so blieb die Angelegenheit abermals auf sich beruhen.

— wurde die Erweiterung der Strasse vom „blauen Schiffsteg" bis zur Johannisbrücke durch den Bau neuer Ufermauern erzielt.

— verkauft *August von Lützow* das Wohnhaus No. 484 an der Prager Chaussée an *A. C. Loew* für 8000 f. C.-M.

— kauft Dr. *Franz Sorger* das Haus „zum Nordlicht" von der Witwe *Theresia Bermann* für 13,000 f. C.-M.

1857 baute *Ludwig Mieg* an Stelle des von ihm gekauften Hauses „zum Mylordstempel" in der Marienbadergasse das drei Stock hohe Haus „z u r   A u s t r i a."

— am 30. September kommt der k. k. österreichische Minister des kaiserl. Hauses und des Aeussern, Graf *Boul Schauenstein*, in die Kur nach Karlsbad und wohnte im Hause „zum goldenen Schlüssel."

— am 8. October kaufte *Josef Hammerschmid* das P a n o r a m a von *August von Lützow* für 34,000 f. C.-M.

— am 12. October war Königsschiessen, wobei die Schützencompagnie zu Ehren des Ministers Grafen *Boul* in Parade ausrückte. Derselbe betheiligte sich sammt seinen Töchtern an diesem Schiessen. — Schützenkönig wurde *Wilhelm Gebhart*.

— am 13. October sprang im hierortigen Bräuhause der Braukessel, wobei viel Bier verloren ging.

— im November wurde durch einen Gemeindebeamten am Rathhause eine Volkszählung Karlsbads vorgenommen.

— verkauft *Josef Knoll* jun. sein Haus „zum Matrosen" auf der neuen Wiese, sowie seine dort befindliche Handlung an *Vincenz Weczerczik*.

— am 7. November wird der geisteskranke Stadt-Dechant P. *Nodin* nach Prag gebracht. Am 12. November findet wegen seiner Genesung in der Dekanatkirche ein Bittamt statt.

— am 15. November erlässt der Stadtrath einen Aufruf an die Bewohner Karlsbads wegen reger Betheiligung derselben an der im Herbste 1858 bevorstehenden Jubelfeier des 500jährigen Bestehens der Stadt.

— am 15. November gab die Gesellschaft der hierortigen Dilettanten im Theater die Posse: „Atlas-Shawl und Harrasbinde" zum Besten der Dr. B e c h e r - S t i f t u n g, wobei ein Reinertrag von 115 f. 19 x. C.-M. erzielt wurde.

— fand die B e r ä u m u n g d e r T e p l von der Johannisbrücke bis zum Spitalsteg statt.

— herrschten Catarrhe mit dem Charakter der Influenza, woran viele Menschen starben. Vom September bis Ende November starben allein 50 Kinder am Scharlach.

— wurde trotz der Einrede des Bürgermeisters, der die Ausspeisung von R u m f o r t e r S u p p e nur in Zeiten der Noth und Theuerung als wohlthätige Unterstützung erklärt — über den Einfluss des k. k. Bezirkshauptmanns *Grünes* vom 1. November an den ganzen Winter hindurch solche Suppe vertheilt (18,761 Portionen).

— am 3. December starb der Gemeinderath *Bernard Sebert;* an seine Stelle wurde *Carl Mattoni* gewählt.

— am 4. December wurde der Egerer Kreispräsident Graf *Rothkirch-Panthen* zum L a n d e s p r ä s i d e n t e n der B u k o w i n a ernannt.

1857 wird die von dem Modelleur *Saidan* angefertigte Gypsbüste des verstorbenen Dr. *de Carro* im Rathhaussaale aufgestellt.

— tritt im Gasthofe „zum deutschen Hof" ein Casino in Verbindung mit einem Dilettantentheater als Winterunterhaltung in's Leben.

— am 18. December kam der Egerer Kreisphysikus Dr. *Skoda* hier an, um wegen Einrichtung eines grossen Bezirksspitals in Karlsbad zu unterhandeln. Von Seite der Gemeinde wurde ein solches Ansinnen im wohlverstandenen Interesse des Kurortes entschieden zurückgewiesen.

— an Bauverbesserungen sind erwähnenswerth: die neuen Badehäuser am Sauerbrunn in der Dorotheens-Aue und bei der Eisenquelle; die Führung der Schluche der Dachrinnen unter das Steinpflaster und dann weiter in Verbindung mit den Hauptkanälen gebracht, um das Trottoir bei Regenwetter durch das herabstürzende Wasser nicht überströmen zu lassen. Von Privatbauten ist noch zu nennen: der Umbau des Hauses „zur Stadt Wien" in der Marienbadergasse, ferner jenes „zu den drei Lämmern" am Markte. Die Parkanlage im Kurgarten nächst dem Panorama wurde der Vollendung zugeführt, und endlich wurde eine neue Allee von Buchen- und Kastanienbäumen auf der beliebten Promenade vom Posthofe bis zum Freundschaftssaale gepflanzt.

— am 21. December nimmt der Eisgang dem Bürger *Karl Schwanzara* von seinen nächst dem Hause „zur Stadt Hamburg" in der Tepl eingestellten, zum Verkaufe für den heiligen Christabend bestimmten Fischen vierzehn Centner Karpfen mit fort. Eine eingeleitete Sammlung deckte ihm einen guten Theil des erlittenen Schadens.

— Von Unterhaltungen finden Erwähnung: eine Soirée, gegeben vom regierenden Fürsten von Schaumburg-Lippe; derselben wohnte der auf der Durchreise hier befindliche König *Friedrich Wilhelm IV.* von Preussen bei; ein Goutée, gegeben am Panorama von *August von Lützow*, welches sich der Theilnahme der Grossherzogin von Mecklenburg zu erfreuen hatte.

— am 26. und 27. Juni producirte sich Miss *Lydia Thompson*, erste Tänzerin des Drury-Lane-Theaters zu London.

— Concerte gaben: die Pianistin *Teinzmann-Elmen;* die acht Béarnais-Sänger im National-Costüme; die Sängerin *Theresia de Burowich-Rossi* aus Venedig; der Violinvirtuose *Frassineti* aus Genua; der 14jährige Pianist *Rogueki;* der Concertsänger *Adolf Uttner;* der Violinist *Ig. Lasner* aus Wien, unter Mitwirkung des hierortigen Kurorchester-Mitglieds *Ferd. Jakob;* der Musikdirector *Meyer* mit seinen Kindern *Lina* (Sängerin), *Hugo* und *Felix* (Violin.) aus Berlin; der Wiener Kammervirtuose *A. Bazzini*, und Fräulein *Sacher*, Pianistin aus Prag. Ausserdem gab der Physiker *Louis Figér*, im Oriente unter dem Namen *El Maraphet* bekannt, am 1., 3. und 4. August Vorstellungen im Theater.

1857 betrug die Zahl der Kurgäste 9336 Parteien. Die Passantenzahl betrug 5836 Personen. Unter den Ersteren waren 46 aus den nordamerikanischen Freistaaten, 2 aus Canada, 1 aus Mexico, 1 aus Brittisch-Guinea, 1 aus Cuba, 9 aus Brasilien, 1 aus Peru, 1 aus Hayti, 1 aus Ostindien, 1 aus Java und 3 aus Egypten.

— betrug die Kurtax-Einnahme 27,807 f., die Handels- und Hausirtaxe 1300 f., die Musiktaxe 9272 f., die Beiträge für Wohlthätigkeitsanstalten 4792 f. 12 x., der Ertrag des Sprudelsalzes (für 3600 Pfund) 3441 f. 36 x., für Sprudelseife (523 Pfund) 79 f. 51 x. C.-M. Die Wasserversendung hob sich gleich wesentlich unter den Pächtern. Sie beläuft sich auf 164,160 Krüge und übersteigt die des letzten Jahres um **44,983** Krüge.

1858 am 9. Januar wurde unter 13 Bewerbern das Theater dem Director *Bömly* aus Passau zugesprochen; allein diesem wurde von der Statthalterei in Prag die Concession verweigert, worauf *Josef Lutz* das Theater zugesprochen bekam.

— am 9. Januar wurde *Ludwig Renner* aus Plass zum städtischen Bauamtmann erwählt.

— am 29. Januar starb der Stadtcassier *Josef Heilingötter*.

— wird Bürger *Christian Neidhart* Sprudelsalz-Inspector; er erhält eine jährliche Remuneration von 100 f. C.-M.

— wurde von den Bewohnern Karlsbads für die durch eine Pulverexplosion in Mainz Verunglückten ein Betrag von 324 f. 40 x. C.-M. gespendet.

— wurden die Papierscheine à 10 Kreuzer ausser Verkehr gesetzt.

— am 9. März um 8 Uhr früh brach in dem Hause No. 414 des Tischlermeisters *Carl Wirkner* am Schlossberge Feuer aus, wobei der Dachstuhl theilweise abbrannte. Durch schnelle Hilfe wurde das Haus von der gänzlichen Vernichtung gerettet. Man verwendete zum Löschen Sprudelwasser.

— am 20. März räumten die Fleischhauer die allgemeine Fleischbank, um ihren Fleischverkauf in Privathäusern einzurichten. Diese Fleischbank bestand seit 1805.

— am 23. März feierte der sehr geachtete frühere Karlsbader Badearzt M. Dr. *Eduard Meissner* in Prag (Vater des rühmlichst bekannten Dichters Dr. *Alfred Meissner*) sein fünfzigjähriges Doctor-Jubiläum, wozu ihm von den Karlsbader Aerzten, denen er seit 1832 angehörte — eine herrlich ausgestattete Glückwunschadresse durch den hierortigen M. Dr. *Stark* überreicht wurde.

— am 25. März kaufte die Stadtgemeinde das nächst der Eisenquelle gelegene Feld im Ausmaasse von 120 Quadrat-Klaftern für 300 f. C.-M. von dem Besitzer *Alois Hohl*. Derselbe hat dieses Grundstück im Jahre 1849 von der Stadtgemeinde um 14 f. C.-M. gekauft.

1858 stellte Apotheker *Hugo Göttl* ein interessantes Experiment am Sauerbrunn nächst der Dorotheens-Aue an, indem er durch Anwendung der hier vorhandenen einfachen Mineralwasserfüllungs-Apparate in mit Wasser gefüllte Flaschen eine ziemliche Quantität dieser Quelle entnommener Kohlensäure einpresste und so ein Sodawasser erzeugte, welches an Frische und Lieblichkeit dem besten Sauerbrunn zur Seite gesetzt werden kann.

— am 10. April starb der Erbauer und Besitzer des Hauses „zum Schloss Windsor" (heutige Bürgerschule), Advocat *Josef Heinz.*

— am 11. April wurden die Kastanienbäume an der neuen Ufermauer gegenüber dem Hôtel „zum goldenen Schild" gepflanzt.

— kam auf das am 28. Februar vom Stadtrathe eingebrachte Gesuch wegen Expropriation der Privathäuser nächst dem Sprudel der Ministerial-Erlass, in welchem betont wird, dass in jedem Falle der Stadt Karlsbad die Anwendung des Expropriationsgesetzes zusteht.

— am 20. April kam der Kardinal-Erzbischof Fürst *Schwarzenberg* hier an, um das h. Sakrament der Firmung zu spenden. Er wurde feierlich empfangen. Tags darauf fand die Firmung statt. Vor Beginn derselben hielt Se. Eminenz eine sehr erbauliche Kanzelrede. Am 23. April prüfte der Kardinal in sämmtlichen Classen der Hauptschule und reiste Abends nach Elbogen.

— wurden die Bäder am Sauerbrunn in der Dorotheens-Aue neu hergestellt.

— lässt der Forstmeister *Wenzl Koch* den von ihm gekauften öden Grund gegenüber dem Wasserversendungs-Gebäude mit 600 Stück Obstbäumen bepflanzen.

— Zum k. k. Civil-Kurinspector wurde *Adam Johann Forster*, k. k. Polizei-Obercommissär in Prag, ernannt. Militär-Kurinspector ist *Heinrich Pfrenger*, k. k. Oberstlieutenant und Militär-Badehaus-Inspector.

— am 20. Mai wurde am Glitschkaberge (Promenade oberhalb des Wiesenthales) ein Kind gefunden, welches auf Kosten der Stadtgemeinde einer Familie in Pflege übergeben wurde. Das Knäblein starb jedoch schon nach 8 Tagen; die Mutter desselben konnte nicht ermittelt werden.

— wurde Mitte Mai der neue Schlachthof am Platze nächst der Einmündung der Tepl in die Eger eröffnet. Die Erbauung desselben kostete 3362 f. C.-M.

— im Juni fand der Chorumbau in der Dekanatkirche behufs Aufstellung der neuen grossen Orgel statt.

— am 9. Juni reichte der Gemeindevorstand ein Gesuch beim k. k. Ministerium des Innern um Bestätigung der alten Privilegien Karlsbads ein!!!

1858 am 15. Juni entstand am Aberg ein Waldbrand durch Unvorsichtigkeit der Holzfäller. Es verbrannten 215 Klaftern Scheitholz im Werthe von ca. 900 f. C.-M.

— am 28. Juni wurde hier für den in Wien verstorbenen Feldzeugmeister Fürsten *Carl zu Schwarzenberg* ein Trauergottesdienst abgehalten, welchem alle hier anwesenden Civil- und Militär-Autoritäten beiwohnten.

— am 1. Juli brannten im nahen Orte Giesshübel 17 Häuser ab.

— am 14. Juli wurde das neuerbaute Badehaus an der Eisenquelle eröffnet. Es enthält 8 Badelogen, kostete 6900 f. 44 x. C.-M. und wurde an Mademoiselle *Josefa Müller* für diesen Sommer um 100 f. C.-M. verpachtet.

— wurde die alte Orgel der Dekanatkirche für 400 f. C.-M. an die Kapuziner in Falkenau verkauft.

— wird die neue schöne und kürzere Strasse von Karlsbad nach Marienbad längs des pittoresken Teplthales dem Verkehre übergeben.

— wird ein neuer Spazierweg, beginnend von der Kurve des alten Hirschensprungweges und endend bei dem hübschen stillen Plätzchen „der Himmel auf Erden," hergestellt und „Jubiläumsweg" benannt.

— am 25. Juli wurde dem Besitzer des Hauses „zum grünen Adler" für dasselbe von Seite der Stadtgemeinde ein Angebot von 25,000 f. C.-M. gemacht, was aber refüsirt wurde.

— am 28. Juni wurde die von *C. Müller* aus Eger verfertigte neue Orgel in der evangelischen Kirche zum ersten Male gespielt. Sie enthält 12 Register und kostete 1900 f. C.-M.

— am 18. August fand die Feier des kaiserlichen Geburtstages in üblicher Weise statt.

— am 23. August früh um 6 Uhr kam die telegraphische Nachricht von der Geburt des kaiserlichen Kronprinzen *(Rudolf)* hier an und wurde mit 101 Böllerschüssen, feierlichem Te-Deum, Speisung der Armen, mit Theater parée, Illumination und vielen anderen Festlichkeiten gefeiert.

— Baron *von Wucherer* wird zum Egerer Kreisvorsteher ernannt.

— Um das Fest des 500jährigen Gründungs-Jubiläums Karlsbads in würdevoller Art zu feiern, widmete die Stadtvertretung einen Geldbeitrag von 2000 f. C.-M.; durch die unter der Bewohnerschaft eingeleitete Subscription kam die Summe von 2242 f. C.-M. ein. Folgende Herren bildeten das Jubiläums-Comité: Der k. k. Bezirkshauptmann *Karl Grünes,* der k. k. Kur-Inspector, Ober-Polizeicommissär *Adam Forster,* der Bürgermeister *J. P. Knoll,* die Gemeinderäthe M. Dr. *Rudolf Mannl*, und *Karl Mattoni*, der Schützenhauptmann *Franz Franieck*, der Musikdirector *Josef Labitzky*, Apotheker *Hugo Göttl* und M. Dr. *Mathias Forster*.

Das Fest selbst begann am 12. September Abends, und würde eine eingehende Beschreibung desselben das angestrebte Ziel einer kurzgefassten Chronik bei Weitem überschreiten, weshalb ich mir erlaube, meine geehrten Leser in dieser Richtung auf das Werkchen: „Karlsbads fünfhundertjährige Jubiläums-Feier, beschrieben von Dr. *M. C. Forster* — als Anhang zu den Erinnerungsblättern aus der Geschichte Karlsbads von Dr. *Rudolf Mannl*. (Der Netto-Ertrag ist zum Besten des Karlsbader Siechenhauses bestimmt.) Prag, Druck der k. k. Hofbuchdruckerei von *Gottlieb Haase Söhne*. 1858.“ — aufmerksam zu machen.

1858 am 22. September kam der seit dem 7. November 1857 im Prager Irrenhaus befindlich gewesene Karlsbader Stadtdechant P. *Nodin* vollständig geheilt hieher, blieb jedoch nur eine Woche hier, resignirte auf seine Stelle und verliess sodann Karlsbad für immer, um im Ordenshause als Quiescent zu leben. Für sein 30jähriges eifriges und humanes Wirken in der Karlsbader Seelsorge sprechen am deutlichsten seine erhaltenen Auszeichnungen (das Ritterkreuz des schwedischen Nordstern- und des griechischen Erlöser-Ordens). Am 19. September verlieh ihm die Stadtgemeinde Karlsbad das Ehrenbürgerrecht.

— am 25. September kaufte die Stadtgemeinde das Haus „zu den zwei Husaren“ in der Sprudelgasse für 6000 f. C.-M.

— am 28. September veranstaltete Dr. *Mannl* (der eigentliche Schöpfer der Jubiläumsfeier) eine Sängerfahrt mit den Musikvereinsmitgliedern zur König-Ottos-Quelle als Nachfeier des Jubiläums, wobei wohl der im reinsten Abendhimmel glänzende grosse *Donath*'sche Komet zur Festlichkeit am meisten beitrug.

— am 3. October wurde *Bernard Richter* zum Brauverwalter gewählt.

— am 5. October marschirte das 14. k. k. Jägerbataillon hier durch nach Eger in die Garnison. Die Musikkapelle spielte zwei Stunden lang vor der Wohnung der zur Kur hier anwesenden Generalsgemahlin Gräfin *Wimpfen*.

— am 10. October trat der hiesige Goldarbeiter *Unger* aus der evangelischen zur katholischen Kirche über, welcher Akt mit aller kirchlichen Feierlichkeit vollzogen wurde.

— am 11. October kam der königl. sächsische Hofrath Dr. *Hedenus* zum Kurgebrauche hier an. Die Stadtgemeinde hatte diesem langjährigen Gönner Karlsbads beim Jubiläum einen silbernen Ehrenpokal mit passender Inschrift verehrt.

— am 16. October wurde P. *Laube*, ein geborener Karlsbader und Pfarrer in Poppitz in Mähren, zum Stadtdechant gewählt.

1858 am 19. October starb der städtische Sprudelsalz-Inspector *Christian Neidhart*, Inhaber eines dänischen und eines schwedischen Ehrenzeichens.

— am 21. October erschoss sich in der Nähe des Militär-Badehauses der zur Kur hier befindliche k. k. Hauptmann *Hening*.

— am 23. October kaufte die Stadtgemeinde den g a n z e n G r u n d - b e s i t z sammt Z i e g e l h ü t t e unterhalb des Aberges von der Witwe *Burkhart* um 10,000 f. C. - M.

— am 11. November kam *Odo Russell*, Gesandtschaftssecretär in Washington, zur Kur hier an, wurde jedoch schon nach 14 Tagen telegraphisch angewiesen, sich sofort als königl. grossbritannischer G e s c h ä f t s - t r ä g e r n a c h R o m zu begeben.

— am 1. November trat die n e u e ö s t e r r e i c h i s c h e G o l d w ä h r - u n g, 100 Krenzer zu 1 Gulden gerechnet, in's Leben und verursachte viel Wirrwar, da die neue Scheidemünze noch nicht circulirte und das alte Silbergeld entwerthet wurde.

— am 27. November kam der neuernannte Dechant P. *Laube* hier an und wurde durch eine Serenade von der Schützenkapelle und einen Fackelzug bewillkommt.

— vom 1. December an wurden täglich 150 Portionen R u m f o r t e r S u p p e an Arme vertheilt.

— am 7. December wurde vom k. k. Bezirksamte den Hausbesitzern „der Stadt Neapel," „des halben Mondes" und „des rothen Engels" die Entscheidung in erster Instanz wegen der E x p r o p r i a t i o n dieser ihrer genannten Häuser zngestellt.

— wurde zum Controleur bei der Sprudelsalzbereitung *Gabriel Hofmann* mit einem jährlichen Honorar von 100 f. gewählt.

— verbrauchte das hierortige Bräuhaus zu 223 Gebräuen 580 Klaftern Holz à 4 f., von der Gemeinde geliefert. Zum Normalpreise kostet die Klafter Holz 6 f.

— am 26. December fand die I n s t a l l a t i o n des neuen D e c h a n t P. *Josef Laube*, bischöflich Brünner Consistorialrath und Ehrenbürger der Residenzstadt Wien und zuletzt Pfarrer zu Poppitz bei Znaim, statt. Nach den üblichen Ceremonien hielt der Bezirksvicar, Canonikus P. *Schipaunsky*, eine gediegene Kanzelrede, worauf der neue Dechant das Hochamt celebrirte, dessen Hauptmomente von der priv. Schützencompagnie durch Salven signalisirt wurden. Ein Festdiner von 24 Gedecken endete die Feier.

— am 30. December spielte das von *August Labitzky* zusammengestellte Orchester im goldenen Schild. Tags darauf traten sie ihre Kunstreise nach Sachsen an.

— erscheint die schon erwähnte J u b i l ä u m s s c h r i f t von Dr. *Forster* und Dr. *Mannl;* dieselbe wurde in alle Häuser zum Kaufe geschickt. Der Erlös zu 1 f. pro Exemplar betrug 267 f. C.-M., welcher dem S i e c h e n h a u s f o n d zugewiesen wurde; derselbe belief sich mit Ende December 1858 anf 1102 f. C.-M.

1858 schickt Dr. *Hauck* aus Berlin 500 Exemplare seines Buches: „Karlsbad. Neun Briefe von Dr. *Gustav Hauck.* Zum Gedächtniss des fünfhundertjährigen Gründungs-Jubiläums. Berlin. Verlag von *Albert Nauck & Comp.* 1858." — Diese 500 Exemplare wurden zum Gedächtniss an die fünfhundertjährige Jubiläumsfeier, bei welcher Dr. *Hauck* als Gast geladen und auch erschienen war, an die Karlsbader Bürger und Hausfrauen vertheilt.

— — trat eine neue Reform im Zollwesen ein; die Hauptzollamtscasse wurde nach Eger verlegt und nach Karlsbad kam ein k. k. Zollamts-Director Namens *Ellmaurer.*

— von Neu- und Umbauten verdienen der Erwähnung: Die beiden alten Wiesenhäuser „zum blauen Hecht" und „zur weissen Taube" wurden demolirt und neu aufgebaut. Das zwischen diesen beiden Häusern befindliche Gässchen wurde mittelst Entscheidung des k. k. Oberst-Landgerichts der Stadtgemeinde als Eigenthum zugesprochen.

— fanden folgende Kunstproductionen statt: Im Theater gab die ungarische National-Ballettänzer-Gesellschaft des Balletmeisters *L. Friedrich* Gastvorstellungen; der Wiener Komiker *Tomaselli* (vor 16 Jahren hier engagirt) giebt Gastrollen; *Bosko* jun. bewährt sich gleich seinem bekannten Vater als Escamoteur; die geologische Vorstellung des Prof. *J. Bank* bestand darin, dass er mittelst eines „Hydro-Oxygengas-Apparates" die Bildung der Erdoberfläche vom Ur-Anfang bis zum Auftreten des Menschengeschlechts vorführte. Concerte gaben: Fräulein *Czermak* aus Prag unter Mitwirkung des trefflichen Kurorchester-Mitgliedes und Flötisten *Klöckner;* der Pianist *Mössner;* die Sängerin *Haagen;* der Flügelhornist *Warzinck* und die herzogl. coburgische Kammersängerin *Falkoni* mit dem königl. preussischen Kammer-Cellisten *Giovanni di Dio.*

— betrug die Zahl der Kurgäste 5776 Parteien mit 8283 Personen; die Passantenzahl belief sich auf 3989.

— Die Kurtax-Einnahme beziffert sich mit 25,649 f., die Musiktaxe mit 8726 f., die Wohlthätigkeitsspenden mit 4041 f. 58 x., die Handels- und Hausirtaxe mit 1430 f. 45 x. C.-M. Sprudelsalz wurden 40 Centner erzeugt. Mineralwasser wurden versendet 166,554 Flaschen.

1859 am 4. Januar wurde das dem Baumeister *Gustav Hein* gehörige neue Haus No. 590 unterhalb des Gasthauses „zum Haberer" um den Preis von 3000 f. angekauft und zum Siechenhaus bestimmt. Die erste Anzahlung (1000 f.) wurde mit den aus dem Verkaufe der Jubiläums-Erinnerungsblätter von Dr. *Mannl* und Dr. *Forster* eingenommenen 1102 f. gemacht.

1859 wurden die Gehalte sämmtlicher Gemeindebeamten nach der neuen österreichischen Währung festgestellt, und jener des Forstmeisters auf 800 f., der des Bauamtmanns auf 750 f. erhöht.

— am 15. Januar wurde abermals wegen des Ankaufs der Häuser von Privatbesitzern unterhandelt. *Anton Rudolf* verlangt für eine Klafter Breite (dem Sprudelgässchen entlang) seines Hauses „zur Stadt Neapel" 18,000 f., für das ganze Haus 31,000 f.; *Josef Hofmann* verlangt für sein Haus „zum halben Mond" nächst dem Sprudel 26,000 f. Beide Anträge wurden zurückgewiesen und das Expropriations-Verfahren eingeleitet. *Josef Hein* verlangt für sein Haus „zum rothen Engel" 18,000 f. Ihm wurden 14,000 f. angeboten. *Gabriel Hofmann's* zum Kaufe angetragenes Haus „zu den zwei Ketten" in der Sprudelgasse gegen Ueberlassung des vierjährigen Bäderpachtes wurde abgelehnt.

— am 18. Januar starb der hierortige Buchhändler und Buchdrucker, Schützenhauptmann *Franz Franieck. Franieck's* Andenken wird in der Geschichte Karlsbads fortan ehrenvoll bestehen; denn er war ein guter Patriot und ein ausgezeichneter Bürger.

— am 11. Februar wurde von der Stadtgemeinde der Kauf des Hauses „zum rothen Engel" sammt Nebengebäude behufs Verlängerung der Sprudelcolonnade um den Preis von 15,000 f. abgeschlossen.

— am 24. Februar wurden die neuangekauften Grundstücke (St. Leonhardts-Ziegelhütte) im Ausmaasse von 7 Joch 1035 Quadrat-Klaftern Feld und 4 Joch 740 Quadrat-Klaftern Wiesen auf sechs Jahre an *Josef Steidl* aus Drahowitz um 315 f. verpachtet. Die Ziegelerzeugung behielt sich die Gemeinde vor.

— am 28. Februar wurden die städtischen Badeanstalten auf sechs Jahre verpachtet. Die 19 Bäder im Sprudelbadhause für 5260 f., die 19 Bäder im Mühlbadhause für 3899 f., die 8 Bäder an der Eisenquelle für 1261 f., die Dampfbäder für 150 f. und die Bäder am Sauerbrunn für 300 f. ö. W.

— am 8. März (Faschingsdienstag) fand ein kleiner Maskenzug durch mehrere Strassen statt.

— im Monat März wurde ein Moorschuppen neben dem Mineralwasserversendungsgebäude errichtet.

— am 31. März wurde zwischen der Stadtgemeinde und *Karl Behr* aus Prag die pachtweise Ueberlassung des Ablaufwassers der hierortigen Mineralquellen zur technischen Ausbeutung (Versinterung) gegen einen jährlichen Zins von 1000 f. auf die Dauer von 15 Jahren abgeschlossen. Zu diesem Behufe kaufte *Behr* die sogenannte „Ochsenwiese" (dermalen *Winter*'scher Garten) um 11,000 f. und die alte Papiermühle (heute „zum Kaiser Wilhelm") von der Wittwe *Burkhart* für 12,000 f. ö. W.

1859. Mit 1. April wurde die Vertheilung der Rumforter Suppe beendet. Im Ganzen wurden 21,026 Portionen solcher Suppe vertheilt.

— am 2. Mai wurde unter Intervention des k. k. Kreiscommissärs *Veit* aus Eger der schon erwähnte Ankauf von 13 Klaftern Flächenraum des Hauses „zur Stadt Neapel" wegen Erweiterung des Sprudelgassels, die Klafter mit 1000 f., also mit 13,000 f. vollzogen.

— am 30. April erfolgte die Kundmachung eines neuen Gemeindegesetzes.

— am 1. Februar erschien das kaiserliche Kriegsmanifest an die Völker Oesterreichs.

— Karlsbad hatte viele Einquartirung, da starke Truppendurchmärsche nach Italien stattfanden, welche hier jedesmal einen Rasttag hielten.

— fielen die Course so sehr, dass der preussische Thaler auf 2 f. 4 x. ö. W. stieg.

— am 5. Mai fand im Beisein des Egerer k. k. Kreisvorstandes Baron *von Wucherer* und der sämmtlichen hierortigen Behörden die Eröffnung der Kleinkinderbewahranstalt statt. Nach Einweihung der Localitäten wurde in der Kirche ein Te-Deum und hierauf Mittags eine Tafel im sächsischen Saale abgehalten. Die Schulschwestern übernahmen die Verwaltung und Leitung dieser Anstalt.

— wurde in der Stadt Karlsbad als freiwilliger Kriegsbeitrag die Summe von 1217 f. ö. W. gesammelt und abgeführt.

— am 19. Mai wurde von der Karlsbader Stadtgemeinde auch das Haus „zum halben Mond" nächst dem Sprudel für 21,000 f. von *Josef Hofmann* acquirirt. Er kaufte dieses Haus vor 18 Jahren um 6000 f.

— Der Karlsbader Bezirk stellte das auf ihn entfallende Contingent von 14 Pferden für den Kriegsbedarf dem Staate unentgeldlich. Auf die Stadt Karlsbad entfiel zu diesem Behufe ein Beitrag von 1398 f.

— am 23. Mai, dem 100jährigen Gedächtnisstage des grossen Stadtbrandes, fand ein feierliches Hochamt mit Te-Deum statt.

— am 28. Mai kam die Erledigung des Gesuchs der Karlsbader Gemeindevertretung an das Ministerium des Innern vom 8. Juni 1858 wegen Allerhöchster Bestätigung der Privilegien. Selbe wurden noch als gültig zuerkannt.

— erlässt die k. k. Berghauptmannschaft in Komotau ein Circulare, womit die Befreiung des Stadtbezirks Karlsbad von allen künftigen Freischurf-Licenzen behufs Wahrung und Nichtgefährdung des Heilquellengebiets kund gemacht wird.

— am 29. Juni findet wegen des ausgebrochenen Krieges eine Bitt-

Procession zur St. Andreaskirche statt, wobei sich sehr viele fremde Gäste, insbesonders österreichische Adelige betheiligten.

1859 am 12. Juli Abends traf die officielle Depesche von dem an demselben Morgen unterzeichneten Friedensabschlusse hier ein. Da Niemand die Bedingungen kannte, so erregte diese Kunde mehr Staunen als Jubel.

— am 12. Juli kam ein Transport kranker Soldaten aus den Prager Garnisonsspitälern hier an, um im Militär - Badehaus untergebracht zu werden.

— am 17. Juli ertrank im sogenannten Seidltümpel ein Lehrjunge. In Folge dessen wurde diese Flusstiefe in der Tepl durch Felssprengungen ausgefüllt.

— Der neue zum Panorama führende Weg erhält laut Gemeindebeschlusses zu Ehren des *August von Lützow* den Namen „Lützow-Weg."

— in der Nacht am 29. Juli kam in der Zündrequisiten-Fabrik (heute „Hôtel Bellevue") des *Jos. Zimmermann* Feuer aus, wurde jedoch bald gedämpft.

— Eine in Karlsbad veranstaltete Geldsammlung für die am 23. Juli abgebrannte Stadt Klösterle betrug 1094 f. ö. W. Auch eine Sendung Kleider und Wäsche ging von hier aus an die Verunglückten ab.

— am 31. Juli (einem Sonntage) wurde die von *Lummert* aus Breslau angefertigte grosse und vortreffliche neue Orgel in der hierortigen katholischen Stadtkirche eingeweiht. Um ³/₄9 Uhr Morgens hielt Dechant P. *Laube* eine diesbezügliche kurze Kanzelrede, hierauf wurde das Asperges abgesungen und um 9 Uhr das Hochamt (eine Messe von *Veit*) abgehalten. Die Orgel kostete mit allen Nebenauslagen 8456 f. ö. W.

— am 15. August reiste der hierortige Stadtkaplan P. *Huspeka* Kränklichkeitshalber in's Ordenshaus nach Prag. An seine Stelle kam der sehr geachtete und würdige P. *Melichar*.

— am 18. August übliche Feier des Geburtstages Sr. Maj. des Kaisers *Franz Josef I.* Der abgehaltene Wohlthätigkeitsball ergab ein Reinerträgniss von 296 f. ö. W.

— am 29. August kam ein Transport verwundeter Soldaten aus der französischen Gefangenschaft hier durch. Die Stadtgemeinde liess 60 f., die Bräucommune 30 f. ö. W. unter sie vertheilen.

— am 13. September wurde (als Nachfeier des Jubiläums) das neue Siechenhaus feierlich eingeweiht. Am Rathhause und am Stadtthurme flatterten die Jubiläumsfahnen; am Markte spielte von ¹/₂4 bis ¹/₂6 Uhr das Kurorchester. Nun marschirten die Schützen mit

klingendem Spiele heran, nahmen die beim Rathhause versammelten
Honoratioren und Behörden in ihre Mitte und ging der Zug über
die Johannisbrücke zur Kirche, worin ein Präludium von *Friedrich
Knoll* auf der neuen Orgel gespielt wurde, dem eine solenne Vesper
mit Te-Deum folgte. Nun begab sich der Festzug durch die Prager
Gasse zum Siechenhause, welches sehr gefällig decorirt war.
Während der Einweihung durch die Geistlichkeit sang die Liedertafel einen Chor, hierauf hielt Stadtdechant P. *Laube* eine der Handlung entsprechende Anrede, welche von Dr. *Mannl*, dem eigentlichen
Stifter dieses Siechenhauses, in würdiger Weise erwidert wurde.
Es war mittlerweile dunkel geworden und die Laternen- und Fackel-
träger reihten sich dem Zuge an, welcher längs der Prager Chaussee
sich zur Kaiser-Karls-Säule bewegte. Hier angelangt brachte Dr.
Mannl dem Andenken des erhabenen Gründers Karlsbads ein dreimaliges Hoch, welches von der zahlreichen Zuschauermenge begeistert
erwidert wurde und dem eine Fanfare, Gewehrsalve und Böller-
schüsse folgten. Nun sang die Liedertafel einen Chor, dem sich ein
Octett von Hörnern anreihte. — Nach Schluss desselben brachte
der k. k. Bezirkshauptmann *Grünes* ein Hoch den Gründern des
Siechenhauses und der Stadt Karlsbad, welches abermals mit einer
Salve beantwortet wurde. Den Schluss machte ein Männerchor mit
Hornbegleitung. Während dieser ganzen Scene erglänzte der Schau-
platz in bengalischem Feuerlichte. Hierauf ging der Zug die Stephans-
Promenade herab zum Marktplatz, wo die Feierlichkeit ihr Ende fand.
Die ganze Festlichkeit verlief so musterhaft anständig, dass die Kur-
gäste, namentlich die Norddeutschen, nicht genug Worte des Lobes
dafür hatten. Eine noch am selben Abende stattfindende gesellige
Unterhaltung am Panorama, wobei die Liedertafel sang, brachte dem
Siechenhause noch einen Betrag von 52 f. 70 x. ö. W. ein.

1859 am 17. September stellte Professor und Bildhauer *Kiss* aus Berlin
an der Granitwand des Fahrweges in der Dorotheens-Aue den von ihm
der Stadt Karlsbad als Andenken geschenkten, in Bronze gemeiselten
L ö w e n k o p f m i t e i n e r S c h l a n g e i m R a c h e n auf.

— wurde von der Stadtgemeinde der G a r t e n g r u n d nächst dem
Siechenhause um 400 f. von dem Besitzer *Lippert* gekauft.

— wird dem Theater-Director *Josef Lutz* für die abgelaufene Saison
1859 eine Subvention von 800 f. bewilligt.

— am 2. October machte die Karlsbader L i e d e r t a f e l i h r e z w e i t e
S ä n g e r f a h r t nach der König-Otto's-Quelle und brachte
dort dem Andenken des verstorbenen *Franz Franieck* bei seinem
Monumente eine entsprechende Huldigung.

-- im September kommt Se. kaiserl. Hoheit der Grossherzog *Leopold II.*
von Toskana sammt seiner erlauchten Familie aus Florenz in
Schlackenwerth an und macht häufige Besuche in Karlsbad.

— wurde der T e i c h im Kurgarten nach Verlauf von sieben J a h r e n gezogen und ausgeschlammt; es entwickelte sich ein bedeutendes Miasma.

1859 wurde die Ufermauer von der Johannisbrücke bis zum Sprudel mit einem Kostenaufwande von 1200 f. ö. W. hergestellt.

— am 19. October wurde dem zum k. k. Statthaltereirath in Prag ernannten Karlsbader Bezirkshauptmann *Karl Grünes* im sächsischen Saale ein Abschieds-Diner gegeben.

— am 20. October übernahm die Stadtgemeinde die Kleinkinderbewahranstalt in ihre Obhut und stellte die nöthigen Documente darüber aus.

— wird die Kirchhofsmauer bei der Dekanatkirche abgetragen; die vielen vorgefundenen Gebeine wurden auf den Friedhof bei St. Andreas übergeführt.

— mittelst Stadtverordneten-Beschlusses wird der Pachtzins zu 1000 f. des *Karl Behr* aus Prag (für das Versinterungsrecht) während der nächsten zwei Jahre zur Tilgung des Kaufschillings von 2000 f. für das Siechenhaus und im nächsten (dritten) Jahre zur Completirung des Dr. Becher-Fonds verwendet.

— fand unter Intervention einer k. k. kreisämtlichen Commission die Ausmittelung eines geeigneten Grundstückes für einen neu zu errichtenden katholischen Friedhof statt und wurden hiezu 2000 Quadrat-Klafter von der städtischen Hutweide unterhalb des Dreikreuzberges bestimmt.

— das Haus „zum spanischen Kreuz" (heute „zum Wiener") wird von dem Schneidermeister *Pröckl* um 10,000 f. gekauft.

— am 10. November wurde der 100jährige Geburtstag des grossen deutschen Dichters *Friedrich von Schiller* hier im Theater durch die Aufführung der „Glocke," in Musik gesetzt von *And. Romberg*, festlich begangen. Vor Beginn derselben hielt Dr. *Mannl* eine vortrefflich gearbeitete Festrede. Das Haus „zum weissen Schwan," in welchem *Schiller* im Jahre 1791 wohnte, war glänzend beleuchtet. Abends war Souper im deutschen Hofe, wo die Liedertafel mehrere Chöre vortrug. Das Erträgniss der Theaterproduction ergab einen Reingewinn von 73 f. 60 x., welcher an die Schiller-Stiftung in Wien gesendet wurde.

— am 21. November kam der neuernannte k. k. Bezirkshauptmann *Miesl von Zeileisen* in Karlsbad an.

— Ende Januar war die Demolirung der drei alten Häuser „zum rothen Krebs," „zum halben Mond" und „zum rothen Engel" beendet. Für die Materialien dieser Häuser wurde ein Erlös von 706 f. 26 x. ö. W. erzielt. — Bei Abtragung des Hauses „zum rothen Krebs" fand man in einer Tiefe von ungefähr 6 Fuss Reste des alten Strassenpflasters. Im Grunde traf man dichte Schichten von

8*

Sprudelsinter und einige leider schon schadhafte Sprudelsteinblöcke, wie auch mehrere — merkwürdigerweise — noch ziemlich gut erhaltene Bretter, welche behufs Aufschüttung als Haltewand gedient haben mussten. Auf der Sohle der vorderen Fronthauptmauer des Hauses „zum halben Monde" kam eine + 23° R. warme Quelle zum Vorschein. Die Sprudelschale reicht von der Sohle unter dem Hause „zum rothen Krebs" mächtig empor und wurden davon grosse Stücke ausgebrochen, die nur noch den innersten Kern gesund nachwiesen. Zwischen den beiden Häusern „zum rothen Krebs" und „zum halben Mond" zieht sich eine Wand schief gelagerten Sinters gegen die Kirchhofsterrasse und ebenso abwärts zur Sprudelschale, welche stellenweise wie verbrannt, ganz schwarzbraun und sehr fest ist.

— am 9. December reichte die Gemeindevertretung ein Gesuch wegen der Kurtaxbemessung nach Rangclassen ein. Gleichzeitig wurde an den k. k. Statthalter wegen Gewährung eines unverzinslichen Anlehens von 200,000 f. ö. W. aus Landesmitteln zur Durchführung der nöthigen Bauten ein Ersuchsschreiben gerichtet.

— erhält Dr. *Mannl* von Don *Claudio Moyano Samaniego*, vormaligem Unterrichtsminister in Spanien, drei Exemplare der spanischen medicinischen Zeitschrift: „El siglo medico," in welcher ein von Dr. *Mannl* geschriebener Aufsatz abgedruckt ist. Es ist dieses wahrscheinlich die erste ausführliche Notiz über unsere Heilquellen, welche in jenem Lande bekannt wurde.

— erscheint schon gegen Schluss des Jahres das neue freisinnige Gewerbegesetz für Oesterreich.

— legt die Stadt eine Eisgrube oberhalb der sogenannten schwarzen Kapelle am Wege nach dem Jägersaale an.

— kauft die Stadtgemeinde von *Franz Teller* die Waldparcellen N. top. 1651 und 1653 im Ausmaasse von 1240 Klaftern nächst der Orientirungshöhe für 450 f. ö. W.

— stiess man beim Grundgraben des Baues der Kirchhofsterrasse am 9. December auf eine 2 Klafter lange und 6 Fuss tiefe Höhle, aus festem Sinter gebildet, auf deren Sohle sich + 21° warmes Wasser mit Gasbläschen fand. Die Ausströmung des Kohlensäure-Gases war so gross, dass man kaum athmen konnte. Die Sohle der Höhle war Sprudelschale. Diese Höhle stand in Verbindung mit einer in der ersten Hälfte Januars an der rechten Seite der Kirchhofsterrasse entdeckten zweiten noch interessanteren Höhle. Sie bestand aus einem Gefüge eines fast speckartigen Sprudelsteins, der sich schaben lässt, und scheint sie von dem daselbst mit Gewalt circulirt habenden heissen Wasser förmlich ausgewaschen, wie dieses bei Sandsteinbildungen vorkommt. Diese Höhle ist, vom Strassenpflaster bis auf den darin befindlichen Wasserspiegel gemessen, 7 Fuss 9 Zoll tief gelegen; vom Niveau des Kirchhofs bis auf das Gewölbe der Höhle sind 2 Klafter 5 Fuss. Sie befindet sich von der Eckmauer des Hauses „zur silbernen Kanne" gemessen 3 Klafter 5 Fuss entfernt. Ueber dem Gewölbe dieser Höhle lagen Piloten, auf denen eine starke Kalkmauer ruhte, in welcher aber der Kalk schon versintert war; rechts und links zur Seite sind Sinterschichten. Auf der Sohle der Höhle quillt aus tiefgehenden Klüften und Rissen viel Wasser von 22 bis 24° R. Wärme hervor. Aehnliche Klüfte gehen in den tropfsteinartig geformten Seitenwandungen der Höhle gegen die Kirche hin. Dieses Wasser wurde in einem Bassin gesammelt und in einem aus lauter Sprudelsteinen — welche man am Fusse der mittleren Treppenmauer der Terrasse in Massen gebrochen hatte — gemauerten Stollen zu den Bädern geleitet. Wenn dereinst Noth an Sprudelsteinen eintreten sollte, so wird man hier einen grossen Vorrath derselben finden, welche dann durch gewöhnliche Bausteine ersetzt werden können. Bei Abgrabung der rechtsseitigen Terrasse stiess man noch auf eine dritte Höhle, aus weichem Sinter gebildet. Diese wurde wegen ihres mürben Deckengewölbes, welches keine Sicherheit gegen etwaiges Zusammenstürzen bot, und weil sie überhaupt nichts Besonderes darzubieten schien, nicht genauer untersucht. Die Mittelwand der rechten Terrassenseite bot ein höchst interessantes Bild bezüglich der Structur in der Sprudelsteinbildung. Leider fehlte es an einem Fachgeologen, um die Einzelnheiten genau untersuchen und deuten zu können, was als ein grosser Verlust für die Kenntniss unserer Quellen bedauert werden muss. Von den unzähligen Erscheinungen von Sprudelsteinbildungen und Sinterablagerungen verdient besondere Erwähnung ein mächtiger Block in Mitte der rechten Wandseite; in ihm waren alle Stadien und Grade der Uebergangsbildung, nämlich vom zerreiblichen Sinter bis zur härtesten Sprudelschale, nachgewiesen. Von letzterer lag eine mächtige Schicht unter einem grossen Stücke feinkörnigen Granits, welcher mit ihr förmlich verwachsen zu sein schien. Ueber diesem lag eine 5 Zoll dicke Schicht blassgrüner Thonerde, in der dünne Streifen Kalksteins abgelagert waren; darüber lagen abermals dichte Schichten Sinters von jedem Härtegrade und jeder Farbe und je weiss, blassgelb, orangengelb und dunkelbraun. Es zeigten sich viele Spalten und Risse, welche offenbar dereinst Heisswasserkanäle waren, was auch die rauhen, warzenförmigen Kalkablagerungen auf denselben bewiesen. Häufig kamen jene hornsteinartigen, mattglänzenden Ueberzüge an dem festen Sinter — welcher ein täuschend holzähnliches Gefüge trägt — vor. In dem rechten Flügel der Terrasse aufwärts, dem Hause „zur Stadt Berlin" gegenüber, fand sich die Sprudelschale von 11 bis 15 Fuss unter dem Pflaster.

1859. Städtische Bauherstellungen wurden in diesem Jahre folgende gemacht: Ein bequemer Aufgang zum Dorotheentempel und Sauerbrunn; Erweiterung des Vorplatzes bei dem genannten Tempel; die

Auffahrtsstrasse zum Jägersaal; weitere Ausführung der Parkanlage im Kurgarten; ein neuer Aufgang unterhalb der Villa Lützow zum Panorama; — von Privatbauten wurden das alte Haus „zum Lorbeerkranz" in der Kreuzgasse demolirt und ganz neu gebaut; die alte Papiermühle (heute Kaiser Wilhelm) cassirt und in ein Wohnhaus umgestaltet; ebenso wurde der dem *Josef Hofmann* gehörige Keller in der Schulgasse No. 171 in ein Wohnhaus umgebaut und dahin das Hausschild „zum halben Mond" verlegt; ferner wurden die Häuser „zu den drei Glocken" in der Prager Gasse, „zur Zufriedenheit" am neuen Wege, „zu den drei Rebhühnern" (heute „zur Insel Rügen") in der Kreuzgasse, und das Caféhaus „zur Weilburg" hinter dem k. k. Militär-Badehaus theils um-, theils neugebaut.

1859. Die Zahl der Kurgäste betrug 4545 Parteien.

— Die Kurtaxe betrug 23,680 f., die Musiktaxe 7252 f., die Beiträge zu den Wohlthätigkeitsanstalten 3003 f. 41 x., die Handels- und Hausirtaxe 1600 f. 50 x., Sprudelsalz wurde verkauft für 6650 f. ö.W.

— die Mineralwasserversendung stieg auf 170,347 Krüge.

1860 lässt die Gemeindevertretung einen gedruckten Ausweis ihrer Leistungen während einer 10jährigen Verwaltungsperiode an die hierortigen Bewohner vertheilen.

— am 21. Januar trifft die Antwort der Statthalterei auf das Ansuchen der Karlsbader Gemeinde um ein unverzinsliches Darlehen hier ein. — Die Gemeinde entschloss sich, von dem Anerbieten der k. k. Statthalterei keinen Gebrauch zu machen. — Die Erledigung auf das Gesuch wegen Erhöhung der Kurtaxe nach Rangclassen war eine abweisliche.

— am 15. Februar wurde ein neuer, höchst plumper und unschöner Steg beim Sprudel aufgestellt. Die vox populi machte viele Witze darüber.

— am 19., 20. und 21. Februar, als den drei letzten Faschingstagen, ging es sehr lustig her; am 20. war Maskenball und am 21. grosser Maskenzug durch die Stadt.

— am 26. fand eine grosse Schlittage nach Petschau statt.

— wurden Listen zu Unterschriften für eine Ergebenheitsadresse an den Papst in Umlauf gesetzt.

— im Februar erschien das humane und zeitgemässe Gesetz, welches den Israeliten die Besitzfähigkeit in Städten und am Lande rechtsgültig einräumt.

— wurde unter dem Vorsitze des k. k. Bezirkshauptmanns *von Zeileisen* in der Stadtverordnetensitzung beschlossen, den neuerbauten plumpen Sprudelsteg nächstes Jahr wieder zu entfernen und durch einen geeigneteren zu ersetzen.

1860 am 18. März feierte die hierortige Liedertafel ihren einjähri-
gen Gründungstag durch Gottesdienst nebst Aufführung einer Vocalmesse und Abonds im sächsischen Saale durch eine gesangliche Production und Fest-Souper.

— bis zum 25. März gingen nach der von der Kanzel aus gemachten
Angabe des Dechants im Ganzen 7 f. 40 x. während des ganzen
Winters als Peterspfennig für den Papst ein.

— Ende März waren 13 eingesendete Baupläne für eine neue
Sprudelcolonnade zur Ansicht des Publikums im Zeitungslesesaale ausgestellt.

— am Ostersonntage wurde in der Kirche über erzbischöfliche Anordnung die Abhaltung einer Bittprocession für den Papst verkündigt. Ebenso wurde die Excommunication gegen alle Feinde
des Kirchenstaates verlesen.

— am 1. Mai wird Apotheker *Hugo Göttl* zum Schützenhauptmann
gewählt.

— übergab Apotheker *Hugo Göttl* die im Auftrage der Stadtvertretung
gemachte vollständige Analyse des Sprudelsalzes.

— am 5. Mai erschien die Fortsetzung der Memorabilien Karlsbads vom Jahre 1840 bis Ende 1858 von *Jos. Joh. Lenhart.*

— wird die Turnanstalt auf dem Platze nächst dem Schulgebäude
eröffnet.

— am 24. Juni machte die Schützencompagnie ihren neuernann-
ten Ehrenmitgliedern: dem Bürgermeister *J. P. Knoll*, Hofrath
Dr. *Hochberger* und Dr. *Mannl*, die Honneurs in einem feierlichen
Aufzuge.

— wurde das dem hierortigen k. k. Militär-Badehaus gespendete grosse
Wandgemälde „die Entdeckung Karlsbads“ von *Kandler* im
dortigen Speisesaale aufgestellt.

— am 7. Juli kam die tscherkessische Fürstenfamilie: der regierende
Fürst *Michael Szerwaesidzu I.* von Abhasien mit den beiden
Fürsten *Dadian* (19 Personen im Ganzen), hierher zur Kur. Sie er-
regten durch ihre Tracht, ihre Bewaffnung, wie auch durch ihre
Persönlichkeiten allgemeines Interesse.

— am 4. August producirte sich die Karlsbader Liedertafel am Posthofe.

— am 11. August reisten gegen 30 hierortige Sänger zum Gesangsfest
nach Teplitz, welches am 12. und 13. August bei einem Vereine
von 1000 Sängern dort stattfand.

— am 18. August, dem Geburtstage Sr. Maj. des Kaisers, fanden
die üblichen Festlichkeiten statt. Im Posthofe war eine Festtafel
von 70 Gedecken und Abends Wohlthätigkeitsball.

1860 am 20. August wohnten alle hier anwesenden Ungarn wegen des St. Stephanstages einer stillen Messe bei, worauf Mittags ein gemeinsames Diner im Posthofe stattfand.

— Tags darauf celebrirte ein polnischer Bischof ein Hochamt, dem alle hier befindlichen Polen beiwohnten. (Wesbalb diese kirchliche Feier stattfand, blieb unbekannt.)

— am 4. September starb der Gemeinderath *Karl Mattoni*, Vater des Mineralwasser-Versendungspächters *Heinrich Mattoni*.

— am 7. September fand wegen der Ablösung der Holzlieferung von Seite der Gemeinde an die Braucommune eine Commission statt.

— besitzt die Gemeinde Karlsbad einen Waldcomplex von 1742 Joch oder 2,787,200 Quadrat-Klafter.

— am 13. September wurde der zweite Jahrestag des 500jährigen Jubiläums unserer Stadt gefeiert. Wieder erscheinen das Rathhaus und der Stadtthurm beflaggt. Um 9 Uhr war solenner Gottesdienst, wobei *Beethoven's* D-Messe aufgeführt wurde, Mittags Festessen von 30 Gedecken im sächsischen Saale und Abends trug die Liedertafel bei der beleuchteten Karlssäule einige Chöre vor. Der Hirschensprung erglänzte in bengalischer Beleuchtung; hierauf wurde der Kaiser-Karls-Statue am Rathhause ein Hoch gebracht und das Fest mit einem Commers der Liedertafel und vieler Schützen im Gasthause „zum blauen Stern" abgeschlossen.

— wird der äussere Theil der Dekanatkirche auf Kosten des ritterlichen Kreuzherrenordens um den Betrag von 2000 f. renovirt und die Wände übertüncht.

— am 19. September wurde zum Gerüstbau wegen Reparatur der Kirche ein Holzstamm aufgezogen, wobei das Seil riss. Das schwere Holz traf den am Kirchenplatze stehenden Zuschauer *K. Bernhart* und zerschmetterte ihm Arm und Füsse, so dass er in einigen Stunden starb. Er hinterliess eine Witwe und 6 unversorgte Kinder; für diese wurden durch eine veranstaltete Sammlung 700 f. aufgebracht.

— schenkt *Ernst Mahs*, Consul aus Odessa, der Stadtgemeinde ein Pianoforte, welches am 21. September anlässlich einer Soirée musicale im sächsischen Saale unter Mitwirkung der Liedertafel und des halben Kurorchesters, ferner durch ein Concertspiel des Fräuleins *Rosa Friedrich* auf besagtem Flügel seine Weihe empfing.

— am 28. September marschirte die Karlsbader Schützencompagnie nach Elbogen, woselbst die dortige Schützencompagnie zu Ehren ihres Protectors, des k. k. Generals Grafen *Schlick*, ein Fest veranstaltete. Die Karlsbader wurden trefflich bewirthet und fand eine grosse Verbrüderung statt.

— am 30. September macht die Liedertafel seit ihrer Gründung die dritte Sängerfahrt; diesesmal nach Elbogen.

1860 am 1. October wird an Stelle des verstorbenen Gemeinderaths *Mattoni*, nach Ablehnung der hiezu Gewählten *Franz Stadler* und *Friedrich Pallas*, mit 14 gegen 2 Stimmen *Josef Pitroff* zum Gemeinderath gewählt.

— am 4. October kamen die an das Ministerium im April eingesendeten Pläne für die Sprudelcolonnade zurück. Der Plan E., von dem Prager Ingenieur *Turba* verfasst, wurde zwar genehmigt, dagegen eine Unterstützung aus dem Landesfonde abgelehnt.

— am 19. October bringt die Schützencompagnie ihrem von der Prager 500jährigen Schützen-Jubiläumsfeier heimkehrenden Hauptmann *Hugo Göttl* einen Fackelzug.

— am 4. October wurde zum Besten der auszubauenden beiden Kirchenthürme auf der hierortigen Dekanatkirche von Dilettanten im Theater „Der Verschwender" aufgeführt und ein Betrag von 160 f. erzielt. Eine Sammlung zum selben Zwecke bei den Einwohnern ergab die Summe von 1122 f. ö. W.

— wurde der Bau der Tepelufermauern längs der Sprudelcolonnade hergestellt.

— wird der Gensdarmerie-Offiziersposten in Karlsbad aufgehoben, der hier stationirte k. k. Lieutenant *von Isendorf* nach Eger übersetzt und die Mannschaft in Karlsbad auf einen Unteroffizier und zwei Gensdarme reducirt.

— liess die Stadtvertretung über Anrathen ihres Vertreters J. U. Dr. *Hrdliczka* von dem im Jahre 1857 gegen die Bräucommune eingeleiteten Process wegen des Besitzrechtes des Bräuhauses deshalb ab, weil ihr dieser Rechtsanwalt die Ueberzeugung beibrachte, dass die Gemeinde entschieden keinen wie immer gearteten Anspruch auf das Besitzrecht des Bräuhauses zu erheben im Stande sei.

— am 19. November schickte Graf *Joachim Münch Bellinghausen*, k. k. Staatsminister a. D. (durch einen Artikel in der Zeitung „Bohemia" aufmerksam gemacht), 1000 f. ö. W. zum Ausbaue der beiden Kirchenthürme.

— am 15. December fand in Eger wegen der Ablösung des von der Karlsbader Gemeinde an die Bräucommune zu liefernden Brennholzes eine Commission statt, bei welcher J. U. Dr. *Gschier* die Karlsbader Gemeinde vertrat. Von Seite der Karlsbader Gemeinde selbst waren dort der Gemeinderath *Josef Pitroff*, der Stadtverordnete *Gabriel Hofmann*, Forstmeister *Wenzl Koch* und Kanzellist *Filaus* anwesend. Das Resultat ist folgendes: Das Ablösungscapital wurde auf 34,000 f. ö. W. festgesetzt und ist in jährlichen Raten von 3000 f. nebst 5 procentigen Zinsen seitens der Gemeinde vom 1. März 1862 angefangen an die Bräucasse abzuzahlen.

1860 am 17. December reisten Bürgermeister *Knoll* und Stadtrath Dr. *Mannl* nach Prag, um dem neuernannten Statthalter von Böhmen, Grafen *Forgach*, ihre Aufwartung im Namen der Stadt Karlsbad zu machen. Der bisherige Statthalter Baron *von Mescery* wurde zum Polizeiminister ernannt.

— wurden die Anlagen und Spazierwege am Glitschkaberge, an der Eisenquelle, der Weg nach Drahowitz und der Lützows-Weg mit Bäumen und Sträuchern bepflanzt, ein Verbindungsweg vom sogenannten „M a r t e r l" bis zum K r e u z s t e i n und, von hier ab bis zur Promenade am Dreikreuzberge hergestellt.

— Die Anlagen des Kurgartens wurden nach dem Plane des fürstlich Metternich'schen Schlossgärtners *Martin Bieba* aus Königswart beendet; gleichzeitig wurde der Platz bei der Kleinkinderbewahranstalt erweitert.

— Von Bauten ist jener des Hauses „z u m g o l d e n e n S c h i f f" am Markte zu erwähnen, da dieses alte Haus demolirt und mit dem Hause „z u d e n d r e i L ä m m e r n" vereinigt, von Grund aus neu gebaut wurde.

— Concerte fanden statt: Fräulein *Weber* aus Strassburg, eine Schülerin der berühmten Sängerin *Ungher-Sabatier*, gab am 11. Juli ein Concert im sächsischen Saale. Das Billet kostete 5 f. und dennoch war der Saal gedrängt voll. Ueber Ansuchen Dr. *Mannl's* sang Fräulein *Weber* am 18. Juli unter Mitwirkung des berühmten Pianovirtuosen *Rubinstein* zum Besten der hierortigen Wohlthätigkeitsanstalten und wurde ein Ertrag von 218 f. ö. W. erzielt. Am 24. Juli sang Fräulein *Weber* mit der Opernsängerin *la Grua* abermals in einem Concerte.

— Die Badeliste weist 6366 Parteien aus. An Kurtaxe gingen ein 34,949 f. 73 x.; an Musiktaxe 10,875 f.; an Beiträgen für die Wohlthätigkeitsanstalten 3941 f. 90 x. ö. W. Sprudelsalz wurden 24 Centner verkauft. Mineralwasser wurde versendet 207,462 Flaschen.

— Zum Schlusse des Jahres langte eine Ministerial-Aufforderung herab, einen geeigneten Platz für ein neues Postamtsgebäude zur Unterbringung des gesammten Personals und Stallungen für 60 Pferde zu ermitteln.

1861 am 3. Januar war hier eine Versammlung der Brunnendirectionen und Mineralwasserversendungspächter von Karlsbad, Marienbad, Franzensbad, Bilin, Giesshübel und Püllna, um über die Uebelstände beim Versendungsgeschäfte Beschlüsse zu fassen.

— am 5. Februar wurde mit der Abtragung der bisherigen bestehenden Nothdächer auf den beiden Kirchenthürmen begonnen.

— am 12. Februar fand wie im vorigen Jahre ein g r o s s e r M a s k e n - z u g durch die meisten Strassen statt. Unter der Zuschauermenge befand sich auch die grossherzogliche Familie von Toskana.

— am 16. Januar waren die neuen Gemeindewahlen beendet und

gingen aus denselben hervor: *J. P. Knoll* als Bürgermeister, *Josef Pitroff, Josef Hofmann, Hugo Göttl* und *Ernst Stark* als Gemeinderäthe.

1861 am 21. Februar starb der allgemein beliebte Bezirksvikär, Canonikus und Pfarrer zu Zettlitz, P. *Anton Schipaunsky.*

— am 28. wurde der neugewählte G e m e i n d e v o r s t a n d in der Kirche b e e i d i g t; während des Hochamtes gab die Schützencompagnie die üblichen Salven.

— las der k. k. Bezirkshauptmann *von Zeileisen* am Markte eine an ihn eingelangte telegraphische Depesche vor, worin bekannt gegeben wird, dass in Wien am 26. Februar das neue Staatsgrundgesetz veröffentlicht wurde. In Folge dessen fand eine allgemeine Stadtbeleuchtung statt, während welcher die Schützenkapelle abwechselnd mit der Liedertafel vor dem Rathhause mehrere musikalische Piecen executirten.

— am 4. März fand in der ersten Sitzung der neuen Gemeindevertretung d i e E i n f ü h r u n g e i n e r G e s c h ä f t s o r d n u n g statt.

— Das Theater wurde für die nächsten drei Jahre dem Director *Haag* in Olmütz zugesprochen. Mitconcurrenten waren die Directoren *Jos. Lutz, Ziegler, Fröhlich, Mussik* und *Blum.*

— am freien Platze beim Sprudel wurden 14 A h o r n b ä u m e gepflanzt.

— am 12. März fand im böhmischen Saale eine Vorbesprechung der Karlsbader und Joachimsthaler Wähler wegen der Wahl eines Abgeordneten zum böhmischen Landtage statt. Als Candidaten wurden vorgeschlagen vom k. k. Bezirkshauptmann: der Polizeiminister Baron *von Mescery,* von Dr. *Forster: Josef Knoll jr.,* von den Joachimsthalern: der k. k. Bergrath *Walter,* und von Seite der Karlsbader: Dr. *Fernand Stamm.* Nach langer unerquicklicher Debatte einigte man sich, ein Wahlcomité, bestehend aus dem Bürgermeister *Knoll,* Dr. Hofrath *von Hochberger, Josef Hofmann, Hugo Göttl* und als Vorsitzenden dem k. k. Bezirkshauptmann *von Zeileisen,* zu bilden.

— am 10. März starb in Prag im Irrenhause der ehemalige hierortige Dechant P. *Joh. Nodin.* Hier wurde für ihn am 14. März ein Requiem abgehalten.

— am 17. März beging die Liedertafel auf ganz ähnliche Weise wie im vorigen Jahre den 2. Jahrestag ihrer Gründung.

— am 18. März fand die Wahl eines Landtagsabgeordneten für Böhmen aus den L a n d g e m e i n d e n der Bezirke Petschau, Elbogen, Schönfeld und Karlsbad statt und wurde der hierortige k. k. Bezirkshauptmann *von Zeileisen* gewählt.

— am 20. März wählten die Städte Karlsbad und Joachimsthal ihren L a n d t a g s a b g e o r d n e t e n für Böhmen in der Person des Dr. *Fernand*

Stamm. Da jedoch Dr. *Stamm* die Wahl ablehnte, so fand am 27. März eine Neuwahl statt, bei welcher Professor Dr. *Brinz* mit eminenter Stimmenmehrheit beider Wahlstädte zum L a n d t a g s - a b g e o r d n e t e n gewählt erschien.

1861 lässt *August von Lützow* nach einer von ihm selbst entworfenen Skizze an der Prager Chaussée in der Nähe des Panorama auf seine e i g e n e n K o s t e n ein Haus zur Aufnahme von wenigstens 10 armen Familien erbauen. Dasselbe kostete ohne Bauplatz 7798 f. 13 x. ö. W. Die Unterhaltung und das Fortbestehen dieses Wohlthätigkeitsactes übernahm die Gemeinde.

— am 12. Mai beschloss die Bräucommune, ihr Bräugeschäft zu v e r p a c h t e n, zu welchem Zwecke ein Comité gewählt und mit der Ausarbeitung der Pachtbedingnisse betraut wurde.

— am 23. Mai wurde dem schon einmal erwähnten langjährigen Besucher Karlsbads, Archivrath *Kestner* (Sohn der Lotte aus „Werther's Leiden"), das Ehrenbürgerrecht der Stadt Karlsbad verliehen. Er ist gegenwärtig 80 Jahre alt und zum 40. Male hier zur Kur anwesend.

— Das Theater wurde n e u r e n o v i r t am 15. Mai eröffnet.

— am 9. Juni veranstaltet die L i e d e r t a f e l für die A b g e b r a n n t e n i n T r a u t e n a u eine Wohlthätigkeits-Gesangsproduction, wobei 231 f. einkamen.

— am 17. Juni liessen die anwesenden Polen ein Requiem für *Lelewel* in der katholischen Kirche abhalten.

— am 18. Juni starb auf einer Reise nach Lubenz der hierortige Badearzt Dr. *Lutter* am Schlagflusse. Am 27. wurde für ihn hier das grosse Mozart'sche Requiem aufgeführt.

— wurde der hierortige Dechant P. *Laube* zum P r o p s t e v o n M a r i a - k u l m befördert. Zu seinem Nachfolger als Dechant wurde P. *Adler*, ein Egerer, gewählt und traf derselbe am 24. Juni hier ein.

— am 13. Juli veranstaltete Dr. *Mannl* zum Besten der hierortigen W o h l t h ä t i g k e i t s a n s t a l t e n im Theater eine m u s i k a l i s c h e U n t e r h a l t u n g, welche ein Erträgniss von 300 f. ergab.

— am 16. Juli wurde in der hierortigen e v a n g e l i s c h e n K i r c h e eine D a n k e s f e i e r wegen des am 14. Juli auf Se. Maj. den König von Preussen unternommenen und g l ü c k l i c h a b g e w e n d e t e n A t t e n t a t e s abgehalten, welcher alle hierortigen Behörden beiwohnten.

— Der Termin für die V e r p a c h t u n g d e s h i e r o r t i g e n B r ä u - h a n s e s verfloss, ohne dass sich ein Pächter meldete; es wurde daher beschlossen, einen n e u e n B r ä u e r anzustellen, sowie auch eine besondere Verwaltung zu wählen. Die eingeführte Feuerung mit

Steinkohlen wurde durch die k. k. Bezirksbehörde während der Kurzeit bei Androhung von 50 f. Strafe untersagt und durfte die Heizung zur Bierbrauerei nur mit Holz geschehen.

1861 am 21. Juli reisten als Vertreter der Karlsbader Liedertafel *Friedrich Knoll* und *Anton Grasmuk* zum grossen Sängerfeste nach Nürnberg.

— am 27. Juli hielt ein polnischer Bischof auf Wunsch der hier befindlichen Polen ein feierliches R e q u i e m für den Fürsten *Czartorisky* ab.

— am 11. August wurde Dechant P. *Adler* installirt. Der Elbogner Pfarrer hielt die Predigt; ein Diner von 30 Gedecken fand auf der Dechantei statt, wobei Dr. *Mannl* einen gelungenen Toast auf den ritterlichen Kreuzherrenorden ausbrachte, welcher dem Generalgrossmeister in Abschrift zugeschickt wurde.

— am 25. August starb hier die Mutter des Dichters Dr. *Alfred Meissner*, Frau *Caroline Meissner*, geborne *Mai* (geb. auf der schottischen Insel Bute).

— am 4. September feierte Dr. *Mannl* sein 25jähriges Doctor-Jubiläum. Am Abende zuvor brachte ihm die Liedertafel eine Serenade; am Festtage selbst machte ihm das Brunnenorchester ein Morgenständchen. Die Schützencompagnie überreichte ihm das Diplom als Ehrenoffizier; Mittags gaben ihm seine Freunde ein Diner im sächsischen Saale, dem unter mehreren fremden Aerzten auch Dr. *Hartmann* — ein geborner Karlsbader, der seit 30 Jahren in der Schweiz und in Rom lebte und nur über Einladung Dr. *Mannl's* hieher kam — beiwohnte; auch der rühmlichst bekannte österreichische Dichter Dr. *August Frankl* verlieh diesem kleinen Feste durch seine Gegenwart eine ganz besondere Bedeutung. Toaste wurden gebracht; eigends für dieses Fest verfasste und eingesendete Gedichte von dem berühmten Dichter *Alfred Meissner* und Dr. *Peters* kamen zur Vorlesung. — Dr. *Hedenus* aus Dresden, *Mannl's* innigster Freund und Gönner, überschickte in vielen Exemplaren ein lateinisches gedrucktes Gedicht zur Vertheilung unter die Festtheilnehmer; ebenso erhielt Dr. *Mannl* von demselben einen schön gearbeiteten Lorbeerkranz. Viele Telegramme von Dr. *Mannl's* fernen Freunden liefen mit Glückwünschen ein.

— am 5. September brannten im Orte A l t s a t t e l gegen 50 Häuser ab; es wurde hier sogleich eine Geldsammlung eingeleitet; das Kurorchester spielte zu diesem Zwecke mit seinem Orchester im Posthofe und die Liedertafel gab im Theater eine Gesangsproduction, wobei 207 f. einkamen.

— am 11. September starb der erste und letzte geprüfte, von der Regierung angestellte Bürgermeister Karlsbads, *Josef Johann Lehnhart.* Er war der Verfasser der „M e m o r a b i l i e n K a r l s b a d s," ferner des Werkes: „Ueber die Würde des Richteramtes" u. a. m. *Lehnhart* war ein sehr rechtlicher Beamte.

1861 am 17. September traf von der k. k. Statthalterei die telegraphische Nachricht hier ein, dass das Ministerium zur Versammlung der Naturforscher und Aerzte in Karlsbad im Jahre 1862 die Summe von 12,000 f. bewilligt habe. In Folge dessen wurde nachstehendes Telegramm an die in Speyer tagende Naturforscherversammlung abgeschickt:

An Dr. *Josef Heine*, ersten Geschäftsführer der Versammlung deutscher Aerzte und Naturforscher in Speyer.

Die Badestadt Karlsbad erlaubt sich mit Genehmigung der österreichischen Regierung die löbliche Versammlung der deutschen Aerzte und Naturforscher für das Jahr 1862 freundlichst einzuladen und bittet um geneigte Aufnahme ihres Gesuchs.

Im Namen der Stadt Karlsbad:
. Der Bürgermeister.

Die officielle Rückantwort lautete:

Speyer, am 19. September 1861.

Bürgermeisteramt Karlsbad!

Soeben hat die 36. Versammlung der deutschen Naturforscher und Aerzte beschlossen, zum Orte der nächstjährigen Versammlung Karlsbad, zum ersten Geschäftsführer Herrn Landesmedicinalrath Professor *Löschner*, zum zweiten Geschäftsführer Herrn Badearzt Dr. *Hochberger* zu erwählen.

Im Namen der Versammlung:
Heine,
erster Geschäftsführer zu Speyer.

— am 22. September hielt der Egerer volkswirthschaftliche Kreisverein hier am Rathhause unter dem Vorsitze des *August Hecht*, Gutsbesitzer auf Katzengrün bei Mariakulm, seine Versammlung. Die Anwesenheit des k. k. Hofrathes *Cajetan Meyer von Meyrau* aus Wien verlieh dieser Sitzung ein grosses Interesse, indem dieser auf dem Felde der Volkswirthschaft gründlich gebildete Redner alle Punkte des Programms erschöpfend und anziehend behandelte.

— erschien von M. Dr. *Leopold Fleckles* ein Schriftchen mit dem Titel: „Beitrag zur Balneotherapie mit besonderer Berücksichtigung der Karlsbader Thermen gegen Gicht, Meliturie und einige Krankheiten weiblicher Sexual-Organe."

— erscheint in der „Balneologischen Zeitung" von Dr. Ritter *von Brenner* in Ischl ein sehr interessanter Aufsatz: „Ueber den Gebrauch von Karlsbad im Winter."

— am 14., 15. und 16. September fand hier ein Doppelfest, nämlich die Fahnenweihe der Karlsbader Liedertafel und ein Schützenfest, statt.

Am 14. September wurden die Sängergäste beim „Hôtel de Russie" durch den Bequartierungs-Ausschuss empfangen, wobei ihnen das Sängerzeichen und das Festprogramm eingehändigt wurde. Abends Vereinigung am „Schloss Windsor." Der erste Festtag (15. September) wurde mit einer Tages-Reveille begonnen; um 10 Uhr versammeln sich die Sänger zur Probe im Theater, nach deren Beendigung sie sich mit ihren Fahnen nach dem sächsischen Saalplatze begeben und daselbst aufstellen. Nun fand die Weihe der von zwei Karlsbader jungen Damen gespendeten Sängerfahne statt. Während derselben sangen die Mitglieder des Karlsbader Männergesangvereins den Doppelchor: „Fahnenweihe," Gedicht von *J. Wagner*, Musik von *A. M. Storch*, eigens für dieses Fest componirt; diesem folgte die Festrede des Dr. *Mannl*, Ehrenpräsidenten des Festes; hierauf der Chor: „Die Ehre Gottes," von Beethoven, gesungen von sämmtlichen ca. 400 anwesenden Sängern. Zum Schlusse gaben die mitausgerückten Karlsbader Schützen eine Ehrensalve. Nun bewegte sich der Zug über die alte Wiese zum Marktplatze, wo von sämmtlichen Gesangvereinen „das deutsche Lied" von *Kalliwoda* gesungen wurde. Hierauf spielte die Schützen-Musikkapelle „zum Gebet," die Schützen treten ab und die Sänger ziehen durch die Mühlbad- und Sprudelgasse über die neue Wiese zum sächsischen Saale, wo ein Dejeuner dinatoire stattfindet. —

Schon um 8 Uhr früh am selben Tage marschirte das Karlsbader Schützencorps zum Schiesshause, wo es die bereits durch den dort errichteten Triumphbogen einmarschirten nachbarlichen Schützencorps empfing. Vereint zogen nun von hier die Corps von Karlsbad, Elbogen, Lichtenstadt, Buchau und Franzensbad, über 500 Mann, unter klingendem Spiele zur Kirche. Salve auf Salve ertönte während des Gottesdienstes. Nach Beendigung desselben ging es im vereinigten Zuge zum Platze vor dem sächsischen Saale, woselbst die Sänger aufgestellt waren.

Um 1/23 Uhr begann vom Marktplatze aus der Festzug der Schützen und der Sänger. Voraus die Zieler in buntem Costüme, die Scheiben vor sich tragend, ihnen folgte das Karlsbader Schützencorps, in dessen Mitte sich die Turner mit ihren Fahnen und die Scheibenschützen mit ihren Bestfahnen und Ehrengewinnsten einreihten. Zwischen den Abtheilungen der folgenden Schützen reihten sich die Sänger ein, und so bewegte sich der imposante Zug in die festlich decorirten Räume des Schiesshauses. Nach Beendigung der Begrüssungsrede des Karlsbader Schützenhauptmanns *Göttl* wurde durch ihn das Festschiessen, und zwar gleich mit einem glücklichen Schwarzschuss auf die Vereinsscheibe, eröffnet. Durch Schützendeputationen waren vertreten die Städte: Prag, Eger, Brüx, Bilin, Petschau, Friebus, Wien. Unter Abbrennung eines glänzenden Feuerwerkes zogen die fremden Schützen bei anbrechender Dämmerung wieder ihrer Heimath zu; die Sänger aber traten, von dem Schützencorps begleitet, ihren Rückmarsch in die Stadt an. Abends fand im sächsischen Saale ein Sängerfestball statt.

Am 16. September Vormittags fand im Theater eine Zusammenkunft sämmtlicher bei dem Feste anwesenden Gesangvereins-Directoren statt, hierauf wurde ebendaselbst die Probe zum Festconcert abgehalten. Mittags war Diner à suscription am sächsischen Saalplatze und um 4 Uhr Nachmittags begann das Festconcert im Theater. Gesungen wurde: „Sonntagslied" von *Uhland*, comp. von *Kreuzer*; „Grün" von *Vogl*, comp. von *Storch*; „freie Kunst" von *Uhland*, comp. von *Veit*; „an die deutsche Tricolore" von *Meyern*, comp. für das deutsche Sängerfest in Nürnberg von *Ernst* Herzog zu Sachsen-Coburg; „das treue Herz" von *Otto* jun., comp. von *Otto* sen.; „All Deutschland" von *Müller von der Werra*, comp. für das deutsche Sängerfest in Nürnberg von *Abt*; „Studentengruss," comp. von *Berner*, und „Festgesang der Künstler" von *F. von Schiller*, comp. von *Mendelsohn-Bartholdy*. Nach Beendigung des Concerts stellten sich die sämmtlichen Gesangvereine am Theaterplatze auf und nun begann der Zug über die neue Wiese, durch die Kirchen- und Schulgasse zur Jubiläumssäule. Dort angekommen wurden drei Chöre gesungen, währenddem sich der Fackelzug gestaltet; derselbe begiebt sich durch die Schul-, Sprudel- und Mühlbadgasse, über den Markt und die alte Wiese zum sächsischen Saale, wo ein heiterer Commers mit Preissingen den Beschluss des Sängerfestes macht.

Am 17. und 18. wurde ein Volksfest im Schützenpark abgehalten; das Festschiessen wurde bis zum 19. September fortgesetzt und um 4 Uhr Nachmittags die Gewinn-Vertheilung vorgenommen. Vormittags fand dort noch eine Generalversammlung der Scheibenschützen-Vereinsmitglieder und Mittags ein gemeinschaftliches Mahl à suscription statt. Den Schluss bildeten ein Commers und Feuerwerk im Schiesshause.

1861 erscheint von Gebr. *Franieck:* „Erinnerungen an Karlsbad, Album der interessantesten Ansichten mit Beigabe von 15 kleinen Gedichten."

— wurde dem k. k. Ober-Polizeicommissär *Adam Forster*, Kur-Inspector in Karlsbad, das ihm verliehene Ritterkreuz des grossherzoglich oldenburgischen Haus- und Verdienstordens annehmen und tragen zu dürfen erlaubt.

— den beiden k. k. Ministern *von Schmerling* und *von Plener*, sowie dem Karlsbader Landtagsabgeordneten Professor *Brinz* wird das Ehrenbürgerrecht der Stadt Karlsbad verliehen.

— am 23. October fand unter dem Vorsitze des k. k. Kreispräsidenten Baron *von Wucherer* aus Eger hier eine Berathung statt wegen der Einlösung der drei Häuser: „zum Burgthor," „zum Jupiter" und „zum Zuckerrohr." Die Besitzer verlangten je 12,000 f., somit im Ganzen 36,000 f. ö. W., und verpflichteten sich für diese Zusage, der Gemeinde gegenüber 5 Wochen im Worte

zu stehen. Die Gemeindevertretung stellte unter Einem das Ansuchen an die Staatsregierung um ein unverzinsliches Darlehen von
50,000 f., in zehnjährigen Raten rückzahlbar.

1861 am 10. November wählte die Bräucommune den Bürger *J. Wagner*
zum Bräuverwalter mit 400 f. und den k. k. Canzellisten *Mich. Fischer*
zum Rechnungsführer mit 700 f. jährlichen Gehalts auf die Dauer
von 3 Jahren.

— wurde das T r e p p e n h a u s am Sprudel gebaut.

— am 6. December wurde der k. k. Bezirksamts-Canzellist *Franz* zum
städtischen Cassirer mit dem Gehalte von 700 f. angestellt.

— am 16. November eröffnet der beeidete Landesadvocat Dr. *Franz
Hüber* seine Canzlei im Hause „zum preussischen Hofe" in
der Egerstrasse.

— Im Verlage von Gebr. *Franieck* erschien in diesem Monate: „*Schiller,
Beethoven* und *Goethe* in K a r l s b a d ," von *Lud. Aug. Frankl.*

— am 19. November starb hier *Antonie* Freiin *von Neuberg*, geb. *Hladck*,
Gattin des *W. E.* Freiherrn *von Neuberg*, k. k. Truchsess und Besitzer der Domainen: Giesshübl, Utritsch, Siechlau u. s. w.

— Beim Graben für die Grundmauer der z u k ü n f t i g e n Neubrunncolonnade kam ein sehr ergiebiger Wasserausfluss (42 Seidl pro
Minute) von 48° R. zum Vorschein.

— nimmt das Dilettanten-Theater im böhmischen Saale seinen Anfang.
August Labitzky veranstaltet im Hause „zum goldenen Löwen" Streich-
Quartetten-Soiréen, die grossen Beifall finden.

— am 17. December langt die telegraphische Antwort des Landesausschusses hier an; sie lautet wegen eines unverzinslichen Anlehens
von 50,000 f. abschlägig, dagegen wurden 36,000 f. zum Zwecke
der früher benannten Einlösung dreier Häuser in der Sprudelgasse
gegen 5 procentige Verzinsung augenblicklich zur Verfügung gestellt.

— wurde der S p a z i e r g a n g zur F r i e d r i c h - W i l h e l m s - H ö h e um-
gelegt, mit bequemen Serpentinen versehen und eine Terrasse aus
Quadern daselbst aufgeführt.

— Mit der Erbauung des Q u a i s längs der Neubrunncolonnade
wurde am 9. October begonnen; Baumeister *Grimm* übernahm die
Ausführung desselben um die Accordsumme von 10,477 f. ö. W.

— von Unterhaltungen war nur wenig in dieser Saison geboten; davon
erwähnenswerth ist: *Platow's* N a t u r a l i e n s a m m l u n g im böhmischen Saale; die Gesangsproductionen der Tyroler Nationalsänger
Peter Meister und G e s e l l s c h a f t; im Theater producirten sich
der Baritonist *von Bukovicz* mit Fräulein *A. Spohr* und endlich
veranstaltete *Bellachini* im sächsischen Saale einige physikalische
Soiréen.

1861. An Kurparteien weist die Badeliste 6615 Parteien aus. Die Kurtaxe belief sich auf 36,148 f., die Musiktaxe auf 11,274 f., die freiwilligen Beiträge auf 3411 f.; hierzu die Beiträge von Wohlthätigkeits-Concerten und Kunstleistungen mit 340 f.; Erträgniss des Kaiserballes mit 248 f. 33 x.; sonstige Geldgeschenke 50 f. 6 x. Das Sprudelsalz lieferte ein Erträgniss von 8674 f., die Sprudelseife von 754 f. Die Mineralwasserversendung hob sich auf 235,000 Flaschen, demnach gegen voriges Jahr ein Plus von 27,538 Flaschen.

1862 wurde im böhmischen Saale ein Ball gegeben, dessen Erträgniss zur Aufstellung eines Monumentes für *Franz Franiek* bestimmt ward.

— am 23. Januar wurde mit der Abtragung des Hauses „zum goldenen Herz" begonnen.

— ist im Gasthause „zur goldenen Sonne" ein afrikanischer lebender Jagd-Elephant, eine 20 Fuss lange Riesen- und eine Brillenschlange zu sehen.

— Das Gut Dallwitz ist um den Schätzungswerth von 279,406 f. 80 x. zur executiven Feilbietung zum 6. März, 10. April und 15. Mai beim Prager k. k. Landesgerichte ausgeschrieben.

— am 31. beschliesst die Gemeindevertretung, das Kurorchester mit der Summe von 11,600 f. zu pauschaliren.

— am 1. Februar war seit 1821 die grösste Ueberschwemmung; sie überfluthete die alte Wiese, den Markt und die Mühlbadgasse; das Wasser riss von dem neuen Quai 10 Klafter nieder, nahm den Anbau bei der Felsenquelle zur Gänze mit und ruinirte allenthalben die Ufermauern, besonders die Wege und Strassen nach dem Posthofe und Freundschaftssaale. Obwohl das Wasser über den Sprudelsteg und die Mühlbadbrücke lief, wurde doch glücklicherweise kein Steg fortgerissen. Die Ueberschwemmung hielt beinahe 30 Stunden an.

— am 26. Februar wurde hier der erste Jahrestag der österreichischen Verfassungs-Verleihung mit einem solennen Hochamte und Absingung dreier Chöre von der Liedertafel am Marktplatze gefeiert.

— fand abermals am Faschingsdienstage ein Maskenzug durch die Strassen statt.

— am 8. März wurde der Streit wegen der Quellenfassung im k. k. Militär-Badehause beendet und zahlte die Gemeinde an Dr. *Hochberger* zu Handen des benannten Badehauses die Ausgleichungsquote von 7000 f.

— am 29. März wurde beschlossen, das zur Versammlung der Naturforscher herzustellende Gebäude nach einem Plane des Stadtbauamtmanns *Renner* auf dem Vorplatze des böhmischen Saales herzustellen. Der Eigenthümer des Grundes, *Heinrich Pupp*, machte sich verbindlich, dieses Gebäude nach seiner Benutzung für 3500 f. von der Stadtgemeinde einzulösen.

1862 ordnete der hohe k. k. evangelische Oberkirchenrath mittelst Erlasses d. d. Wien am 24. Februar 1862 Z. 332 die Errichtung einer evangelischen Filial-Gemeinde zu Karlsbad mit ihrer Unterordnung unter die evangelische Pfarrgemeinde in Fleissen und die Wahl des Presbyteriums an. In Folge dessen wurden sämmtliche evangelische Glaubensgenossen aus den Amtsbezirken Karlsbad, Elbogen, Falkenau, Neudek, Buchau, Petschau und Joachimsthal eingeladen, sich an der am 30. März Vormittags um 10 Uhr in der evangelischen Kirche zu Karlsbad stattfindenden Wahl des Presbyteriums zu betheiligen. Nach vollzogener Wahl und nach einem vom Pastor *Johannes Unger* aus Fleissen abgehaltenen Gottesdienste leisteten die gewählten Presbyter das Handgelöbniss.

— wurde mit Allerhöchster Entschliessung allergnädigst gestattet, dass der Brunnenarzt in Karlsbad, Dr. *Gallus Ritter von Hochberger*, das Ritterkreuz des königl. portugiesischen Christus-Ordens annehmen und tragen dürfe.

— Beim Grundgraben zur Erbauung eines Kanals vom Schlossbrunnen bis zur Tepel hinab stiess man auf folgende Erdschichten: Vom Schlossbrunnen bis zur Dreifaltigkeitsstatue: Granit (grösstentheils verwittert); von der Statue bis zum Hause „zu den drei Lämmern" weiche Thonerde mit phosphorsaurem Eisenoxydul versetzt und in's Gräuliche gefärbt; von den „drei Lämmern" bis zu dem Magazin zwischen den Häusern „zum weissen Löwen" und „zu den drei Lerchen" reinen Lehm.

— den 12. und 13. producirte sich im Hause „zum Schloss Windsor" der bekannte Ventriologe und Eskamoteur *August von Bröeta*.

— sichert die Stadtgemeinde dem germanischen Museum in Nürnberg 10 Jahre hindurch einen Jahresbeitrag von 10 f., im Ganzen 100 Gulden zu.

— erhält der Versinterungspächter *Karl Behr* aus Prag für die Sr. Maj. dem Kaiser von Oesterreich unterbreiteten Reliefversinterungen des Karlsbader Sprudels die goldene Medaille für Kunst und Wissenschaft.

— bringt die „Allgemeine österreichische Schulzeitung" über die in Wien stattgefundene Ausstellung der für die Weltausstellung in London bestimmten Unterrichtsgegenstände folgenden Bericht: Unter den ausgestellten Plänen von Gebäuden sind besonders hervorzuheben die Haupt- und Gewerbeschulen zu Prag, Warnsdorf und Karlsbad; bei Beurtheilung der eingesendeten Schriften, sowie bei den Arbeiten aus den Gewerbeschulen ist der Haupt- und Gewerbeschule zu Karlsbad das grösste Lob gespendet.

— verkaufen die Erben nach dem verstorbenen Gärtner *Frisch* den an

9*

sie übergegangenen G a r t e n (worauf heute das Kurhaus steht), trotz
ihrer Zusage, denselben nur der Stadtgemeinde käuflich zu überlassen, um 42,000 f. an zwei hierortige Private, was unter der Bevölkerung grosse Entrüstung hervorbrachte.

1862. Sonntag den 18. Mai Vormittags um 11 Uhr ward in der n e u e n
e v a n g e l i s c h e n K i r c h e · der erste G o t t e s d i e n s t durch
Pastor *Jakobi* aus Hannover abgehalten.

— ist im böhmischen Saale ein R e l i e f in M a r m o r, bestimmt für
den Altar der hierortigen e v a n g e l i s c h e n K i r c h e von *Herrmann
Schubert,* der dasselbe in Rom gearbeitet hat, dem Publikum zur Ansicht ausgestellt.

— am 5. Juni wurde beschlossen, die A n a l y s e jenes in dem neuen
Sprudelstiegenhause befindlichen l a u e n S ä u e r l i n g s zu veranlassen.

— wurde ein Gesuch an die hohe k. k. Statthalterei abgesendet wegen
schleuniger Absendung einer F a c h c o m m i s s i o n, welche energische
Maassregeln gegen das weitere Umsichgreifen der schädlichen Insecten
in den nachbarlichen Wäldern der Umgegend von Karlsbad anzuordnen haben würde.

— der hierortige anglikanische Geistliche Revd. *A. Haevit* spricht der
Stadtgemeinde im Namen des englischen Kirchenbau-Comité's den
Dank aus für gespendete Baumaterialien, bestehend in Ziegeln und
Bauholz.

— am 17. Juni wurde das von *August von Lützow* gegründete Armen-
haus feierlich eingeweiht und erhielt die Bezeichnung „Munificentia."

— am 25. Juni brach sich der hier zur Kur weilende greise Fürst
Paul Esterhazy durch einen Fall das Wadenbein.

— am 21. Juni stürzte sich ein hessischer Offizier in einem Anfalle von
Irrsinn aus dem zweiten Stocke des Hauses „zum Sonnenaufgang"
und blieb sogleich todt.

— am 25. Juni legte Dr. *Mannl* sein Mandat als S t a d t v e r o r d n e t e r
n i e d e r, veranlasst durch den Hergang bei einer Sectionssitzung
betreffs des *Frisch*'schen Gartens (Kurhaus).

— am 27. Juni wurde der frühere Stadtverordnete Pianomacher *Kaspar
Wagner* in's Prager Irrenhaus gebracht, woselbst er am 20. Juli
starb.

— hat sich in Prag ein V e r e i n gebildet, welcher sich die A u f h e l l u n g
d e r G e s c h i c h t e d e r D e u t s c h e n i n B ö h m e n und Verbreitung
derselben, sowie die Sammlung und Erhaltung der bezüglichen
Quellen zur Aufgabe gesetzt hat. Dieser Verein macht sowohl die
politische als die Reichs- und Culturgeschichte (Sprach- und Literatur-
geschichte, Kunstgeschichte) und die Kirchengeschichte der D e u t-
s c h e n i n B ö h m e n zum Gegenstande seiner speciellen Forschungen.

Obwohl nun dieses löbliche Unternehmen mit der hier veröffentlichten Chronik nicht im directen Zusammenhange steht, so sehe
ich mich dennoch schon dadurch veranlasst, desselben Erwähnung
zu thun, da ich dieses so erspriesslichen und wichtigen „Vereines
für Geschichte der Deutschen in Böhmen" später nochmals zu erwähnen habe.

1862 macht das Presbyterium der evangelischen Kirche bekannt, dass
der während der Badesaison in Karlsbad fungirende Geistliche Pastor
Jakobi zur Führung der Kirchenbücher in Karlsbad und für die zu
dieser Filialgemeinde gehörigen Bezirke ermächtigt ist und daher
sich die evangelischen Glaubensgenossen betreffs der Verrichtung
kirchlicher Functionen an ihn zu wenden haben.

— am 10. Juli liess die zur Kur anwesende Grossfürstin *Helene* von
Russland in ihrer Wohnung von einem russischen Popen ein Te-Deum
wegen des am 3. Juni von dem Grossfürsten *Constantin* in Warschau
glücklich abgewendeten Attentates abhalten.

— gab das berühmte Doppel-Quartett der französischen Sänger-
gesellschaft im Costüm du Pays d'Henry IV. im Schweizerhof
ein Concert.

— am 27. Juli gaben Bestschiessen: *von Mahs* mit einem silbernen und der k. k. Bezirkshauptmann *von Zeileisen* mit einem feinen
Café-Service.

— wird der Aussichtsthurm am Aberg um die Summe von 1107 f.
96 x. erbaut.

— war die Karlsbader Schützengesellschaft bei dem grossen
Frankfurter Schützenfeste durch Apotheker und Schützenhauptmann *Hugo Göttl* und *Wilhelm Gebhart* ehrenhaft vertreten;
nicht nur hielten ihre in Karlsbad erzeugten Büchsen, sondern die
beiden Schützen selbst auch die Concurrenz der Schweizer Schützen
rühmlich aus.

— am 9. August war der bekannte Quellfinder Abbé *Richard* zum selben
Zwecke in Karlsbad, jedoch ohne Erfolg.

— betheiligten sich an der am 28. August stattgehabten 1100jährigen
Gründungsfeier der Badestadt Teplitz blos drei Gemeinde-
räthe, da erst drei Tage zuvor, am 25. August, nur eine telegraphische
Einladung an den hierortigen Bürgermeister erging.

— am 18. August übliche Feier des Geburtstages Sr. Maj. des Kaisers
durch feierliches Hochamt mit Te-Deum, Ausrücken der Schützen,
Festtheater und Wohlthätigkeitsball mit einem Erträgnisse von
291 f. 14 x.

— erhielt Dr. *Joh. Anger* die Allerhöchste Bewilligung, den königl.
schwedischen Nordstern-Orden annehmen und tragen zu dürfen.

1862 am 13. September kam Dr. *Strache*, böhmischer Landtagsabgeordneter, mit einem Oberingenieur der Nordbahn hier an und unter-
suchten diese das Terrain bei Hammer wegen eines Uebergangspunktes
für die zu errichtende E i s e n b a h n. Trotzdem sie ihre vollste Be-
friedigung über diese Terrainverhältnisse aussprachen, kam doch
keine Eisenbahn zu Stande.

— wurde nach bezirksämtlicher Untersuchung das neuerrichtete N a t u r -
f o r s c h e r g e b ä u d e anstandslos'in Benutzung genommen.

Ueber die in Karlsbad abgehaltene 37. V e r s a m m l u n g d e u t -
s c h e r N a t u r f o r s c h e r u n d A e r z t e liegt mir eine solche Menge
Materials zur Disposition vor, dass, wollte ich in eine ausführliche Beschreibung derselben eingehen, dieses eine eigene Brochure abgeben
würde.

Schon am 17. September trafen die meisten Naturforscher hier
ein und wurden sämmtlich gratis in Privathäusern bequartirt. Das
Aufnahmebureau befand sich im k. k. Militär-Badehause, woselbst
auch alle Sections-Sitzungen abgehalten wurden.

Alle Häuser waren mit grünen Kränzen und Fahnen aller Nationen — unter denen die schwarz-roth-goldene am meisten vertreten war — verziert.

Am 18. September fand die erste allgemeine Sitzung in dem
sinnreich mit allen Wappen Deutschlands ausgestatteten Versamm-
lungssaale des Naturforschergebäudes statt. Professor Dr. *Löschner*
als erster Geschäftsleiter hielt die Anrede; hierauf folgten mehrere
Vorträge. Mittags fanden sich gegen 200 Personen im sächsischen
Saale zum Diner ein. Hofrath *Nöggerath* brachte den ersten Toast
auf Se. Maj. den Kaiser von Oesterreich, Hofrath *Stiebel* auf Ihre
Maj. die Kaiserin *Elisabeth* und Professor *Seitz* auf den k. k. Minister
Schmerling.

Hierauf betrat Dr. *Mannl* die Rednerbühne und sprach eine Begrüssung der Gesellschaft Seitens der Bewohner Karlsbads in ge-
lungener Weise. Abends war Concert, wobei Sänger *Bachmann* und
Sängerin *Kainz-Prause* aus Prag, die Karlsbader Liedertafel und
das verstärkte Kurorchester mitwirkten.

Am 19. September waren S e c t i o n s s i t z u n g e n, wobei die
Vorträge in der psychiatrischen Section sehr viel Interesse
boten. Abends war F e s t t h e a t e r, die Plätze waren gegen Entrée
für die Naturforscher reservirt; der Netto-Ertrag war für ein K e p p l e r -
D e n k m a l bestimmt. Dr. *Lud. Aug. Frankl* hatte dazu einen Fest-
prolog gedichtet, welchen die Schauspielerin Fräulein *Mecklenburg*
als Austria vortrug. Nach dem Theater war Laternenzug von der
Kaiser-Karls-Säule herab durch die Stadt.

Am 20. September war F e s t b a l l mit freiem Buffet. Dasselbe
bestand aus 70 Schüsseln und 700 Flaschen Wein. Der Ball war
brillant, die meisten Damen trugen die deutsche Tricolore, es mochten
über 1200 Personen anwesend gewesen sein.

Am 21. September war Ferialtag. Nachmittags fuhren die meisten Naturforscher zur König-Otto's-Quelle, wohin sie der Besitzer Baron *Joh. von Neuberg* zu einem Gouter eingeladen hatte.

In der zweiten allgemeinen Sitzung am 22. September war die Wahl des nächsten Versammlungsortes. Frankfurt a. M. und Stettin hatten sich darum beworben und ward nach einer etwas lebhaften Debatte letztere Stadt gewählt. Abends war grosser Commers im sächsischen Saale, wobei die Liedertafel sang. Dr. *Mannl* hielt die Abschiedsrede und sprachen nach ihm noch Viele, auch der greise Professor *Purkenj*.

Am 23. September fanden sich noch 100 Personen an der Table d'hôte im sächsischen Saale zusammen. Abends waren sämmtliche Höhenpunkte zunächst der Stadt, sowie die Ufermauern, Brücken und Stege illuminirt. Am Friedrich-Wilhelms-Platze glänzte ein grosser Stern in Brillantfeuer, auf der Stephanshöhe leuchtete ein Tempel mit dem Sprudel in der Mitte.

In der Schlusssitzung am 24. September hielten Hofrath *Nöggerath* und Professor Dr. *Löschner* Abschiedsreden und Nachmittags reisten die meisten Naturforscher nach Marienbad ab, wo sie Tags darauf mit einem Diner und Abendunterhaltung regalirt wurden. Dr. *Mannl* repräsentirte dabei Karlsbad.

Den beiden Geschäftsführern, Landes-Medicinalrath Professor Dr. *Löschner* und Hofrath Dr. Ritter *von Hochberger*, wurde am 3. October das Ehrenbürgerrecht von Karlsbad verliehen.

1862. Vom 7. bis incl. 10. September fand in Schlaggenwald das zweite Festschiessen des „Erzgebirger Schützenvereins" statt, an welchem die priv. Karlsbader Schützencompagnie Theil nahm. Mehrere der schönsten Gewinne kamen nach Karlsbad.

— am 4. September leistet die Stadtgemeinde zur Errichtung eines Keppler-Denkmals den Betrag von 25 f.

— schenkt Landes-Medicinalrath Professor Dr. *Löschner* der Stadtgemeinde:

    1. zwei nettgebundene Exemplare des Werkes: „Karlsbad, Marienbad und Franzensbad,"

    2. zwei Exemplare (1 von Silber, 1 von Bronce) der Medaille, welche Professor Dr. *Löschner* der 37. Versammlung der deutschen Naturforscher und Aerzte zum Andenken gewidmet hat, und

    3. eine von ihm gekaufte und zwar die letzte von *Goethe* zusammengestellte Mineraliensammlung. (Zumeist Sprudelsteine.)

— am 19. October wurde durch Vermittlung des k. k. Bezirkshauptmanns *von Zeileisen* endlich der ganze *Frisch*'sche Garten zur Erbauung eines grossen Badehauses von der Gemeinde unter den folgenden Bedingungen erworben:

a) Der Kaufschilling beträgt 38,000 f. ö. W.

b) Die Besitzer des Gartens, *Bernhart* und *Seifert*, erhalten von der Stadtgemeinde die städtische Mühle unentgeldlich.

c) Sie müssen die Mühle cassiren und erhalten kein Wasserbezugsrecht.

d) Die Mühle geht mit Ende Januar in das Eigenthum des *Bernhart* und *Seifert* über.

1862 wird der Bau des Quais vom Spitalstege bis zum k. k. Militär-Badehause beschlossen.

— fand sich in der Registratur des hierortigen k. k. Postamtes ein vom mährisch-schlesischen k. k. Landespräsidium: Brünn am 10. September 1804 erlassenes interessantes Actenstück, in welchem Se. Maj. Kaiser *Franz* den jungen Postbeamten über die Lächerlichkeit ihres Nachäffens ausländischer Moden in ihren Kleidern und Haarputze sein Missfallen kundgeben lässt.

— wurde bei der Wahl der in's Leben tretenden Sparcassa der Bürgermeister *J. P. Knoll* zum Vorsitzenden des Directoriums und zum Vorsitzenden des Ausschusses M. Dr. *Forster* gewählt.

— hat die h. Statthalterei das hochw. f. e. Consistorium ermächtigt, der Karlsbader Lehranstalt die Anerkennung für die zur Londoner Weltausstellung eingesendeten Schülerarbeiten auszusprechen.

— wird die Einhebung der Grabstellen-Gebühren auf dem neuen Kirchhofe nach folgenden Classen bewilligt: 2 Classen für Kurgäste zu 20 und 10 f. ö. W., für Kinder von Kurgästen bis zum Alter von 12 Jahren die Hälfte dieses Betrags nach Maassgabe der Classe. Für Einheimische ebenfalls 2 Classen von 2 und 1 f. ö. W. und für Kinder bis zum Alter von 12 Jahren 50 x. ö. W.

Der Unterschied in der Bemessung der Grabstellen-Gebühren zwischen Kurgästen und Einheimischen beruht auf dem Grunde, dass Fremde zur Herstellung des neuen Friedhofs, welcher der Gemeinde (ohne Grundankauf) auf 10,000 f. zu stehen kam, keinen Beitrag leisteten.

— erscheint im October zu Frankfurt a. M. ein der „Deutschen Badezeitung" beigegebenes Blatt unter dem Namen: „Der Sprudel," worin hauptsächlich der von Dr. *Vogler* hier während der Naturforscherversammlung beim Sprudel selbst gehaltene Vortrag abgedruckt erscheint.

— am 20. November ist die Karlsbader Sparcassa bereits insofern eröffnet, als die Direction bekannt macht, dass deren Mitglieder Geldeinlagen in die Sparcassa gegen statutenmässige Verzinsung übernehmen. Am 4. December tritt dieselbe factisch in's Leben und eröffnet ihre Sparcassenlocale im ersten Stock des Amthauses in der Mühlbadgasse.

1862 erschien bei *II. Dominicus* in Karlsbad: „Karlsbads grosse Ueberschwemmung im Jahre 1582," nach einer gleichzeitigen, in der Literatur über Karlsbad unerwähnt gebliebenen Flugschrift.

— wurde über Anregung des Stadt-Dechants P. *Adler* in seinem Kirchsprengel eine Sammlung behufs Errichtung eines neuen Grabes Christi eingeleitet, welche in der Stadt ein Erträgniss von 380 f. 65 x. und auf dem Lande 23 f. 70 x. ergab.

— am 4. December spendet die Gemeinde Karlsbad als Beitrag zur Wiedererrichtung des Schlackenwerther Gymnasiums 200 f.; über Anregung des k. k. Bezirkshauptmanns *von Zeileisen* gab die hierortige Casinogesellschaft eine Abendunterhaltung zum gleichen Zwecke, wobei der Betrag von 152 f. erzielt wurde.

— am 25. December kommt die Karlsbader Stadtgemeinde in Anbetracht eines Deficits von 41,574 f. und wegen des bevorstehenden Baues eines neuen Badehauses bei dem Landesausschuss um ein Darlehn von 360,000 f., unter Verpfändung des Gemeindevermögens, ein.

— am 10. December beschliesst die Gemeindevertretung, dass in Zukunft in den Pachtbedingnissen des Theaters von einer von der Gemeinde zu leistenden Subvention abgesehen werden solle.

— finden sich die von der Gemeinde ausgeführten Bauten bereits weiter vorne schon speciell verzeichnet.

— beziffert sich das Präliminare für das Jahr 1863 folgendermaassen:

An Einnahmen mit . . . . . . 144,625 f. 48 x.
An Ausgaben mit . . . . . . 186,199 - 98 -
Es ergiebt sich somit ein Deficit von 41,574 f. 50 x.

— Die Kurliste weist 7324 Parteien nach. An Kurtaxe kamen ein: 40,112 f. 50 x., an Musiktaxe 19,292 f., an Wohlthätigkeitsbeiträgen 3768 f. 44 x.; Mineralwasser wurde versendet: 240,520 Krüge; Sprudelsalz wurde erzeugt: 34 Ctr. 29½ Pfd.; Sprudelseife: 10 Ctr. 64¾ Pfd.

Bis September 1862 reichen nach Angabe Dr. *Forster's* in den städtischen Karlsbader Denkwürdigkeiten die Aufzeichnungen Dr. *Mannl's*, jedoch sind dieselben einzig und allein von der Hand des Dr. *Forster* geschrieben. Von hier ab übernahm Dr. *Forster* die Führung der städtischen Chronik selbstständig. Derselbe schreibt: „So werthvoll Dr. *Mannl's* Aufzeichnungen sind, so muss dennoch bei Durchlesung derselben jeder Unbefangene erkennen, dass sie nicht ohne Parteilichkeit niedergeschrieben sind, und dass *Mannl* dabei vorzugsweise nur Sich im Auge hatte, sich bei jeder Gelegenheit in den Vordergrund stellend, mit Umgehung von so manchen Namen Anderer, die er ebenso hätte nennen sollen, wie sich selbst. Es war dies eine Schwäche von ihm, die ihm vielleicht in jeder anderen Stellung hätte verziehen werden können, nur nicht als Chronograph seiner Vaterstadt" u. s. w. — „Es ist Thatsache," führt *Forster* weiter fort, „dass die ganze Last des Arrangements des 500jährigen Jubiläums auf *Franz Franieck* und mir *(Forster)* lag, dass *Mannl* 14 Tage lang um dasselbe sich gar nicht bekümmerte," u. s. w.

1863. Das Ansuchen der Karlsbader Stadtgemeinde bei dem Landesausschusse um ein Darlehen von 36,000 f. wurde abgewiesen, worauf die Stadtvertretung am 8. Januar der k. k. Statthalterei ein Gesuch um Bewilligung zur Aufnahme eines Darlehns bis zum Betrage von 150,000 Thalern bei Privaten gegen Verpfändung der städtischen Realitäten unterbreitete.

— wurde die beabsichtigte Errichtung eines Abdampf-Apparates zur Salzerzeugung in dem Vorrathsschuppen am Getreidemarkt über Einsprache der nachbarlichen Hausbesitzer wie auch der Aerzte wieder aufgegeben.

— am 26. Februar, dem Jahrestage der V e r f a s s u n g s v e r l e i h u n g, fand ein festliches Hochamt mit Te-Deum statt. Hierauf wurde die S p a r c a s s e feierlich eröffnet. Am Vorabende gab der Männergesangverein mit der Casinogesellschaft eine Abendunterhaltung, wobei der Ertrag von 215 f. erzielt und zur Hälfte den hierortigen Armen und zur Hälfte den Nothleidenden im Erzgebirge zugewendet wurde.

— spendet *August von Lützow* wie im verflossenen Jahre der A r m e n - s u p p e n a n s t a l t 300 f. ö. W.; und der Dampfmühlenbesitzer *Franz Hyra* in Pilsen 1000 Pfund Mehl zur Vertheilung unter die hierortigen Armen.

— wird die Theaterdirection für das Jahr 1863 dem Director *Fröhlich* überlassen.

— am 5. März wurde der Beschluss gefasst, die städtische Mahl- und Brettmühle in Fischern zu verkaufen, da für dieselbe nur ein jährlicher Pachtzins von 593 f. 40 x. bezahlt wird, die Instandhaltung derselben aber nach einem 11jährigen Durchschnitte der Gemeinde jährlich 398 f. kostet, somit nur ein Ertrag von 194 f. 40 x. erzielt wird.

— am 13. März langt die Bewilligung von Seite des böhmischen Landtags zur Aufnahme eines Darlehns von 150,000 Thalern telegraphisch hier an.

— am 21. März reisten Dr. Juris *Dermoutz*, Gemeinderath *Jos. Hofmann* und Geldwechsler *Simon Benedickt* wegen der Contrahirung einer Anleihe von 150,000 Thalern nach Leipzig. Am 23. März schon wurde mit dem Handlungshause *Becker & Comp.* der A b s c h l u s s dieser Anleihe unterzeichnet und brachte Dr. *Dermouts* bereits 20,000 Thaler im Baaren mit.

1863 am 30. März wurde der städtische Maierhof in Donitz auf 12 Jahre an *Franz Kugler*, einen gebornen Karlsbader, um den jährlichen Pachtzins von 3701 f. ö. W. verpachtet, also um 1060 f. höher, als er früher verpachtet war.

— am 31. März wurde die Vertheilung der Rumforter Suppe eingestellt. Es wurden seit 16. December vorigen Jahres 18,800 Portionen an Arme vertheilt.

— am 2. April starb nach längeren Leiden im 51. Jahre seines thätigen Lebens M. Dr. *Rudolf Mannl*. Dieser glühende Patriot seiner Vaterstadt widmete dem Wohle derselben seine ganze Thatkraft; seine in mehreren Sprachen erschienenen literarischen Arbeiten liefern den Beweis, und haben hauptsächlich beigetragen, den Weltruf unseres Kurortes immer mehr zu verbreiten und zu heben. Durch seine wissenschaftlichen und Sprachkenntnisse wusste sich Dr. *Mannl* in allen Kreisen der Gesellschaft Achtung zu erwerben und durch sein Rednertalent beliebt zu machen. Tief betrauert von Allen, die ihn kannten, wird sein Andenken ewig fortleben. — In der officiellen Stadtchronik steht über diesen verdienstvollen Patrioten nicht ein Wort mehr oder weniger, als: „Am 2. April starb M. Dr. *Mannl*. Am 4. April traf Professor *Brinz*, unser Landtagsabgeordneter, hier ein und wohnte Nachmittags dem Leichenbegängnisse *Mannl's* bei!"

— am 7. April wurde Dr. *Mannl's* Testament publicirt. Er vermachte dem Musikverein in Karlsbad 4000 f. zur Anstellung eines Gesangslehrers.

— am 9. April wurde an Stelle Dr. *Mannl's* vom Comité des Musikvereins *Ernest Stark* zum Inspector des Vereins gewählt.

— am 13. April wurde die Einführung einer Steuer für jeden Hund (5 f. pro Jahr) beschlossen, allein vom Landtage nicht bewilligt.

— in derselben Sitzung wurde der Entwurf zur Erbauung eines Badehauses auf dem *Frisch*'schen Grunde ohne Abänderung angenommen.

— giebt der Kreuzherrenorden die Erklärung ab, dass er auf das Mitpatronat des neuen Friedhofs, wie auch über die St. Andreaskirche verzichtet, verlangt aber (nach den strengen Vorschriften des † Concordats), dass für Nichtkatholiken nicht nur ein eigener Begräbnissplatz bestimmt, sondern auch ein eigenes Thor für sie errichtet werden soll.

— am 14. April hielten die hierortigen Aerzte eine Berathung gegen das neue Badestatut.

— baut die Braucommune einen zweiten Felsenkeller hinter der evangelischen Kirche und bringt denselben mit dem schon bestehenden in Verbindung.

1863. Ende April wurde die alte Johannisbrücke durch eine neue ersetzt. Ebenso wurden die alten Stufen beim Hauptthore der Dekanatkirche durch neue ersetzt.

— wurde die erst im Jahre 1857 beräumte Strecke des Teplflusses von der Johannisbrücke bis zum Sprudel, der vielen darin befindlichen Kapselscherben halber, welche das Wasser von der Porzellanfabrik zu Hammer hereinschwemmt, abermals gebaggert.

— am 29. April kam die Grossherzogin von Mecklenburg-Strelitz, geborne Herzogin *von Cambridge,* zur Kur hier an. Sie wohnte im Hause „zum weissen Hasen."

— am 26. April wurde das vom böhmischen Landtage genehmigte Anlehen der Stadt Karlsbad zu 150,000 Thalern von Sr. Maj. dem Kaiser sanctionirt.

— am 13. April ordnet das Polizeiministerium an, dass die Gemeinde für den als Civil-Kurinspector für Karlsbad bestimmten k. k. Oberpolizeicommissär *Adam Forster* aus Prag die nöthige Wohnung unentgeldlich beizustellen habe; bisher zahlte die Regierung einen Miethzins von 360 f. Die Gemeindevertretung verwahrt sich gegen dieses Ansinnen.

— bildete sich aus der Gemeindevertretung eine Commission behufs der Ausarbeitung eines das Kurstatut involvirenden Gemeindestatuts.

— am 1. Mai fand wie gewöhnlich die Brunnenweihe statt, welcher auch die Grossherzogin von Mecklenburg-Strelitz beiwohnte.

— am 3. Mai fand die feierliche Eröffnung des neuen Turnplatzes nächst dem Schiesshause statt. Das Karlsbader Schützencorps und die Liedertafel verherrlichten das Fest durch ihre Mitwirkung.

— am 3. Mai wurde das Theater unter der Direction *Fröhlich* mit der Posse: „Ein politischer Schuster," von Berg, eröffnet.

— erschien im Karlsbader Wochenblatte ein Gedicht unter dem Titel: „Nachruf an Dr. *Rudolf Mannl,* Arzt und Historiograph von Karlsbad," von *Ludw. Aug. Frankl* in Wien.

— am 11. Mai beschliesst die Stadtvertretung, zur Tracirung der Eisenbahnstrecke von Prag über Rakonitz nach Karlsbad 2000 f. zu subscribiren. Das Consortium bestand aus dem Grafen *Czernin,* Grafen *Boos-Waldeck,* Fabrikbesitzer *Aug. Haas,* Freiherrn *von Neuberg,* Grafen *Hugo Nostitz, Anton* Edlen *von Stark, Friedr.* Graf *Wallis* und *Gust. Zupansky.*

— der erst im vorigen Jahre neu hergestellte neue Sprudelsteg wird wieder entfernt und abermals durch einen neuen ersetzt, wobei der hierortige Zimmermann *Simon Wehner* verunglückte; demselben wurde von der Gemeindevertretung durch mehrere Monate ein Unterstützungsbeitrag von täglich 50 x. gewährt.

— am 16. Mai fand unter den alten Körner-Eichen in Dallwitz ein von mehreren Liedertafeln, welchen auch jene von Karlsbad beiwohnte, veranstaltetes Gesangsfest statt.

1863 am 14. Mai (Fest der Himmelfahrt Christi) hielt Pastor *Kettembeil* aus Hannover den ersten diesjährigen Gottesdienst in der evangelischen Kirche ab; ferner übernahm er, wie sein Vorgänger, die Verrichtung aller kirchlichen Amtshandlungen und Führung der Kirchenbücher u. s. w.

— am 24. Mai war das Eisenbahn-Consortium Graf *Czernin* und Genossen hier am Rathhause. Die Vertreter der Nachbarstädte, viele Gutsbesitzer und Industrielle fanden sich zu dieser Besprechung ein. Die Tracirung von Prag bis Karlsbad ist mit 16,700 f. veranschlagt, die ganze zu diesem Zwecke gezeichnete Summe betrug aber nur 1850 f. Das Resultat war also kein glänzendes.

— am 29. Mai wurde für die Abgebrannten in Bensen im hierortigen Theater eine musikalisch-deklamatorische Akademie abgehalten und ein Ertrag von 632 f. erzielt.

— am 3. Juni wird das Naturforschergebäude nächst dem böhmischen Saale als Café-Salon eröffnet. Es spielte zum ersten Male Nachmittags von 4 bis 6 Uhr hier das Kurorchester.

— am 15. Juni eröffnen die rühmlichst bekannten Photographen Brüder *Winter* aus Prag auf dem vom Versinterungspächter *Behr* erkauften Grunde (heute Wintergarten) einen photographischen Salon.

— am 5. Juni findet zwischen der Karlsbader Stadtgemeinde und der Gemeinde Weheditz ein Huthweidetausch gegen Ueberweisung eines Mehrausmaasses von 1000 Klaftern an die Stadtgemeinde Karlsbad statt.

— am 9. Juni brannten in dem nahen Orte Funkenstein ein Haus und vier Scheuern ab.

— Anfangs Juni wurde der neue Café-Salon hinter dem Freundschaftssaale unter dem Namen „Kaiserpark" eröffnet.

— am 17. Juni kam der an Stelle des nach Triest übersetzten Statthalters Freiherrn *von Kellersperg* zum k. k. Statthalter von Böhmen ernannte Graf *Belcredi* hier an, um Se. Maj. den König *Wilhelm* von Preussen im Namen der österreichischen Regierung zu empfangen.

— am 19. Juni Abends 10 ¾ Uhr langte Se. Maj. König *Wilhelm* von Preussen sammt Gefolge hier an. Brücken und Ufermauern an der Tepel waren trotz des starken Regens festlich beleuchtet. — Am 20. Juni Nachmittags empfing Se. Maj. König *Wilhelm* den Statthalter von Böhmen, den k. k. Kreisvorsteher aus Eger und die sonstigen Behörden; um 4 Uhr spielte das Kur-Orchester vor dessen Wohnung und Abends war die Friedrich-Wilhelms-Höhe mit dem Namen „Wilhelm" und einer Königskrone beleuchtet.

1863 am 29. Juni und am 2. Juli gab der Escamoteur *Bellachini* Vorstellungen.

— producirten sich im Theater die Akrobaten *Stephan Arlotto* und *Gilian Hubert*.

— am 3. Juli gab der k. k. Hof- und Kammervirtuose *Willmers* ein sehr besuchtes Piano-Concert im sächsischen Saale.

— am 6. Juli concertirten ebendaselbst die beiden Künstler: Cellist *D. Popper* mit dem Claviervirtuosen *L. Knina*.

— am 13. Juli producirte sich hier der berühmte französische Komiker *Levassor* im sächsischen Saale.

— am 15. Juli gab Fräulein *Anna Regan*, Adoptivtochter des hierortigen sehr renommirten Badearztes M. Dr. *Anger*, nachdem sie durch vier Jahre bei der berühmten Sängerin *Ungher-Sabatier* im Gesange Unterricht nahm, hier im sächsischen Saale ihr e r s t e s   C o n c e r t mit grossem Beifall.

— am 17. Juli erhielten von Sr. Maj. dem Könige von Preussen dessen ordinirender Arzt, Sanitätsrath Dr. *Ludwig Preiss*, den Titel: k ö n i g-l i c h   p r e u s s i s c h e r   G e h e i m e r   S a n i t ä t s r a t h; der k. k. Militär-Badehaus-Commandant Oberstlieutenant *Heinr. Pfrenger* den Kronenorden III. Classe; der k. k. Bezirksvorsteher *Joh.* Edler *von Zeileisen*, der k. k. Kur-Inspector und Polizei-Obercommissär *Adam Forster*, der Bürgermeister *J. P. Knoll*, der k. k. Grenz-Inspector *Alfred Ellmaurer*, der k. k. Postverwalter *Carl Bauer* und der evangelische Pastor *Kettembeil* den Kronenorden IV. Classe. — Der hierortige Schneidermeister *Jakob Schmidt* wurde zum königl. preussischen H o f s c h n e i d e r ernannt. — Als Act besonderer Wohlthätigkeit Sr. Maj. verzeichnet unsere Stadt ein Geschenk von 500 f. für die hierortigen Armen.

— am 31. Juli reisten 18 Mitglieder des K a r l s b a d e r   T u r n v e r e i n s zu dem am 1. August stattfindenden grossen deutschen Turnfeste nach Leipzig.

— spendete vor seiner Abreise Se. Maj. König *Wilhelm* von Preussen zum B a u e   e i n e s   G l o c k e n t h u r m e s auf der hierortigen evangelischen Kirche 100 Dukaten.

— am 8. August gab der Escamoteur *Currosa* im Café-Salon eine sehr besuchte Vorstellung.

— am 10. August gab Fräulein *Regan* im Theater ihr Abschieds-Concert.

— am 11. August tanzte Fräulein *Albina di Rhrona*, erste Tänzerin aus London, im hierortigen Theater.

— am 18. August wurde die Geburtstagsfeier Sr. Maj. des Kaisers *Franz Josef I.* von Oesterreich in üblicher festlicher Weise mit Wohlthätigkeitsball hier begangen. Der Ertrag bestand in 348 f. 76 x. ö. W.

1863 am 19. August veranstaltete der hierortige Hauptschuldirector *J. Goldbach* ein Schulfest bei St. Leonhart, unterhalb des Aberges. Die zu diesem Zwecke eingegangenen Beiträge der Einwohnerschaft beliefen sich auf 271 f. 10 x.; es zogen die Schulkinder mit ihren Lehrern auf den genannten Platz, wo sie sich bis Abends mit heiteren Spielen unterhielten und mit Kaffee, Würsteln, Brod und Bier bewirthet wurden. Sehr viele Einheimische und Kurgäste wohnten dem fröhlichen Feste bei.

— am 26. August gab der Karlsbader Männergesangverein zur Feier des 50jährigen Todestages *Körner*'s ein Concert im Café-Salon, wobei nur *Körner*'sche Gedichte gesungen wurden. Am 30. August wurde ein Fest in Dallwitz bei den Körner-Eichen abgehalten, bei dem sich mehrere Gesangvereine der Umgegend betheiligten. Es wurde dabei der Grundstein zu einem Monument *Körner*'s gelegt. Abends war grosser Commers mit Gesangsvorträgen im Café-Salon.

— erschien im Verlage von Gebr. *Franieck* in Karlsbad eine Brochüre als Festgabe unter dem Titel: „Zur Gedächtnisfeier an **Theodor Körner**'s fünfzigjährigen Todestag" (am 26. August 1863), enthaltend des gefeierten Dichters „Erinnerungen an Karlsbad und dessen Umgebung."

— am 18. August bis 4. September lagen die Pläne für den neuen Badehausbau in der Gemeindecanzlei zu Jedermanns Einsicht auf.

— am 14. August löst die Gemeinde dem Besitzer *Nowack* seine auf städtischem Grund errichteten Caféhaus-Localitäten am Dreikreuzberge für den Betrag von 9600 f. ö. W. ab.

— trägt die Gemeinde zur Errichtung eines „Franieck-Denkmals" den noch fehlenden Betrag von 117 f. bei.

— am 5. September starb der hierortige Stadtwundarzt *Ant. Rudolf*, Besitzer des Hauses „zur Stadt Neapel."

— am 11. September wurde der Plan zum neuen Badehause, wie er vom Stadt-Bauamtmann *Renner* unter Zuziehung des k. k. Bau-Assistenten *Labitzky* und dem Baumeister *Hein* festgestellt wurde, definitiv zur Ausführung angenommen.

— am 15. September ging der Karlsbader Bürgermeister *J. P. Knoll* zur Naturforscher-Versammlung nach Stettin. Er wurde von der Gemeindevertretung ersucht, dieser 38. Versammlung die freundlichsten Grüsse, sowie die Versicherung der wärmsten Erinnerung an ihre vorjährige Anwesenheit in Karlsbad zu überbringen.

— am 1. October wurde der Freundschaftssaal für 45,130 f. ö. W. von *Moriz Teller* gekauft.

— am 1. October wurde das Gymnasium in Schlackenwerth, nachdem es durch eine Reihe von Jahren wegen Mangel an hinreichendem Fond geschlossen war, wieder feierlich eröffnet. Se. kaiserl. Hoheit der Grossherzog *Leopold von Toskana*, Bürgermeister der Stadt und Besitzer der Domaine Schlackenwerth, hat bedeutende Summen dazu gespendet.

1863 wurde die über Vorschlag des hierortigen Badearztes Dr. *Eduard Illawaczek* im Stiegenhause beim Sprudel befindliche Quelle gefasst, vom Apotheker *Göttl* chemisch untersucht und S p r u d e l s ä u e r l i n g benannt.

— wurde bei dem am 7. October abgehaltenen Jahrmarkt die Einrichtung getroffen, dass die Handelsleute auf mehreren Plätzen der Stadt ihre Buden aufschlagen mussten, während sie seither nach althergebrachter Weise alle auf der alten und neuen Wiese und auf dem Marktplatze concentrirt waren, wodurch alle Passage gehemmt war.

— am 11. October wurde das F r a n i e c k - D e n k m a l im Schützenpark feierlich enthüllt. Um ½2 Uhr Nachmittags versammelten sich am Marktplatze das Karlsbader und Elbogener Schützencorps, der Turnverein, der Männergesangverein, die Honoratioren und Bürger, dann die Deputationen der auswärtigen Schützencompagnien von Franzensbad, Schlackenwerth, Neudeck, Buchau und Lichtenstadt. Der Zug bewegte sich in folgender Ordnung: An der Spitze die uniformirte Schützencompagnie mit klingendem Spiele, die Turner von Karlsbad und Hammer, 13 weissgekleidete Mädchen, jede einen Buchstaben tragend, so dass das Ganze den Namen: „*Franz Franieck*" bildete; hierauf kamen die Honoratioren und Bürger, dann der Karlsbader Männergesangverein und zum Schlusse die Karlsbader Schützencompagnie und die Scheibenschützen. Im Schützenparke angekommen, stellten sich die Schützen gegenüber dem verhüllten Monumente auf; dicht an dem mit Fahnen und Kränzen decorirten Schiesshause stand die Musikkapelle. Rechts vor dem Monumente befand sich die Familie des *Franz Franieck*, links desselben waren die Honoratioren, die Bürger und der Gesangverein postirt, rechts die weissgekleideten Mädchen und die grösseren Schulknaben in festlichem Gewande. Nach einer Fanfare hielt der Bürgermeister *J. P. Knoll* die Festrede, an deren Schluss die Hülle von dem Monumente fiel. In diesem Augenblicke präsentirten die beiden Schützencorps das Gewehr, Fanfaren, Böllerschüsse und drei Salven der Schützen folgten. Nun trug der Männergesangverein einen Chor von *L. Storch* vor und Dr. *Forster* als Festcomitémitglied übergab das Dokument, mittelst welchem das Monument in das Eigenthum der Schützen überging, dem Schützencommandanten. Ein Adagio, gespielt von der Musikkapelle, und hierauf grosser Commers im Schiesshause bildeten den Schluss. Die Büste *Franieck's* ist ein Werk des Modelleurs *Saidan* aus Prag; der Guss wurde in der Giesserei von *Mohrenberg's* Wittwe in Wien ausgeführt. Das Monument kostete 1284 f. 56 x. ö. W.

1863 am 10. October eröffnete der Theaterdirector *G. J. Mussik* während zweier Monate einen Cyklus von Theatervorstellungen im hiesigen Theater.

— kauft *Miessl von Zeileisen*, k. k. Bezirksvorsteher in Karlsbad, von Baron *Ziegler* aus Würzburg das Gut A i c h um 116,000 f. ö. W. Die dortige Porzellanfabrik kaufte von demselben Baron *Ziegler* der hierortige Hôtelier *C. V. Anger* um 75,000 f. ö. W.

— reisten zu der am 18., 19. und 20. October in Leipzig abgehaltenen 50jährigen Feier der grossen Völkerschlacht von hier aus die Veteranen *Joh. Poetzl*, Besitzer des Hauses „zum Admiral," der Zimmermeister *Anton Seifert* und *Johann Voigt*. Das Reisegeld erhielten sie von der Karlsbader Gemeinde, die dortige Wohnung und Verpflegung von der Stadt Leipzig.

— am 15. October reisten die beiden Karlsbader Stadtverordneten J. U. Dr. *Dermoutz* und *Hugo Göttl* als Abgeordnete zu der grossdeutschen R e f o r m v e r s a m m l u n g nach Frankfurt a. M.

— wurde die Tracirung der Eisenbahnstrecke von Prag über Rakonitz nach Karlsbad beendigt. Sie führt dicht an der Porzellanfabrik in H a m m e r vorüber und wendet sich von hier ab gegen A i c h.

— am 27. October wurde, nachdem *Behr* aus Prag auf sein Ansuchen des Pachtes enthoben war, die S p r u d e l v e r s i n t e r u n g auf 3 Jahre an den hierortigen Bürger *Tschammerhöll* um jährliche 727 f. ö. W. verpachtet.

— am 30. October verlieh Se. kaiserl. Hoheit der Grossherzog *Leopold II.* von Toskana dem Karlsbader k. k. Bezirksvorsteher *Johann von Zeileisen* den Orden pro civile merito mittelst eines eigenhändigen Schreibens.

— wurde von *Kaspar Weishaupt* eine C a f é - R e s t a u r a t i o n am Hirschensprunge errichtet. Derselbe musste einen Revers ausstellen mit der Verpflichtung, das Eigenthumsrecht der Gemeinde auf dem zu überbauenden Grund anzuerkennen und das Gebäude auf Verlangen der Gemeinde ohne Widerrede zu beseitigen, ohne jemals eine Entschädigung dafür zu beanspruchen.

— am 30. October wird *Eduard Labitzky*, Sohn des hierortigen Kurorchester-Directors *Josef Labitzky*, zum Bauleiter des neuen Badehauses mit täglich 5 f. Honorar ernannt.

— am 2. November fand eine Commission statt behufs der E r b a u u n g e i n e r F a h r b r ü c k e über die Tepel oberhalb des Auge-Gottes-Steges (böhm. Saal). Die Besitzer des böhmischen Saales verweigerten ihre Einwilligung und so musste dieser Gegenstand auf sich beruhen bleiben.

— am 31. October starb hier *Josef Calasanz Ritter von Arneth*, k. k. Regierungsrath und Director des kaiserl. Münz- und Antiken-Kabinets in Wien, im 73. Lebensjahre. Seine Frau, *Antonie* geborene *Adam*-

berger, war als junges Mädchen die Braut des patriotischen Dichters der deutschen Freiheitslieder, *Theodor Körner's*.

1863 am 6. November tritt die mit der Hauptschule in Verbindung gebrachte, das ganze Jahr hindurch dauernde Turnschule hier in's Leben. Der Turnlehrer erhält eine Remuneration von 120 f. und wurde Lehrer *Harbauer* dazu ernannt.

— am 8. November trat in Karlsbad ein Lotterie-Verein, unter dem Namen „Fortuna-Verein" in's Leben. Jedes Mitglied zahlt monatlich 1 f. in die Vereinscasse, wofür verloosbare Papiere angekauft und allenfallsige Gewinne unter die Mitglieder vertheilt werden.

— am 9. November kam der von der Statthalterei bewilligte Plan des neuen Badehauses hier an und wurde der Bau sofort begonnen.

— am 12. November verkaufte *Karl Behr* aus Prag sein Versinterungsgebäude (die alte Papiermühle) um 21,000 f. an *Anton Hammerschmied*.

— am 25. November kauft die Besitzerin des Gasthauses zum goldenen Schild, *Anna Stark*, das Gut Aich von dem hierortigen k. k. Bezirksvorsteher *Miessl von Zeileisen* für 119,000 f. ö. W.

— am 13. December überschickt die Gemeindevertretung eine Anerkennungs-Adresse an unsern Reichstagsabgeordneten Professor Dr. *Brins* wegen seiner Befürwortung zur Unterstützung der Schleswig-Holsteiner.

— wurde die Kanalisirung der Stadt auf Grundlage der vom ärztlichen Collegium gestellten Verbesserungsvorschläge beschlossen.

— spendete *August von Lützow* zu der am 15. December begonnenen Ausspeisung der Rumforter Suppe abermals 300 f. Auch mehrere hierortige Kaufleute steuerten namhafte Quantitäten von Mehl, Graupen, Erbsen, Grütze u. s. w. bei.

— wurde in einer am 11. December abgehaltenen grossen Stadtverordneten-Sitzung das von der dazu gewählten Commission ausgearbeitete Gemeindestatut für die Kurstadt Karlsbad berathen. Es fiel jedoch, weil darin ein IV. Wahlkörper, welchen nur die heimath zuständigen Aerzte bilden sollten, von dem 4 Abgeordnete (Aerzte) in die Stadtvertretung gewählt werden sollten, aufgestellt war.

— Mitte December schlug eine Zigeunerbande, bestehend aus 100 Personen und 30 Pferden, ihr Lager bei Mayerhöfen auf. Sie waren mit Regierungspässen versehen und trieben das Kesselflickerhandwerk. Grösstentheils schöne Figuren mit ächtem Zigeunertypus, hatten sie sowohl an ihren Kleidern grosse silberne Knöpfe, wie auch an ihren langen Stöcken. Sie leisteten für die anvertrauten reparaturfähigen Kessel eine Caution in Silberthalern. Einige kleine Missverständnisse zwischen Mein und Dein brachten sie mit der

Polizei und dem k. k. Bezirksgerichte in Conflict, worauf sie dann bald abzogen.

1863 am 12. December giebt Apotheker *Göttl* die von ihm veranlasste Analyse „des Sprudelsäuerlings" bekannt. Wassermenge und Temperatur dieser Quelle variiren sehr.

— am 20. December fanden über Anregung des Apothekers *Göttl* Vorberathungen wegen Gründung eines „Anpflanzungs-Vereins" statt.

— wurden gebaut: das Haus „zur Marmorhalle" nächst der Franzens-Brücke; das Haus „zur Hygea" am Schlossberg; das Haus „zur Engelsburg" (früher „goldner Hase"); ein „zum goldenen Schild" gehöriges Haus; das Haus „zur Bavaria" nächst dem sächs. Saale; das Haus „zu den drei Schwalben" auf der alten Wiese; die beiden Häuser an Stelle der alten städtischen Mahlmühle: „Borussia" und „Britannia;" die Häuser „zur Burg Karlstein" und „zur Turnhalle" oberhalb der Volksschule. Ueberbaut wurden: das Haus „zur schönen Königin" auf der alten Wiese; ein grosses Hintergebäude beim „steinernen Hause;" „das englische Haus" am Schlossberg (eine 3. Etage); „die Stadt Karlsruhe" am Schlossberg; „Anger's Hôtel" auf der neuen Wiese (eine 3. Etage); ein Haus am Jakobsberg; das Haus „zum Feigenbaum" nächst der Sophienbrücke. Die Stadtgemeinde baute den Quai bis zum k. k. Militär-Badehause; ferner den Theil der Ufermauer vom Hause „zum König von Schweden" bis zum Hospitalsteg. Diese beiden Bauten kosteten (ohne Material) 10,499 f. 61 x. Noch wurde die rechte Ufermauer vom Auge-Gottes- bis zum Melonensteg neugebaut und dadurch die Krümmung der Fahrstrasse beim Hause „zum Freischütz" bedeutend erweitert.

An Privatbauten wurden noch in diesem Jahre die drei Häuser: „zur Union," „zur Concordia" und „zum König von Würtemberg" nächst dem Gartenthale, sowie die linke, dem Forstmeister *Koch* gehörige Ufermauer gegenüber dem Mineralwasser-Versendungsgebäude ausgeführt.

— Die Summe der Kurgäste belief sich in diesem Jahre auf 7363 Parteien mit 10,896 Personen; die Zahl der Passanten mit nur 8 Tage bemessenem Aufenthalte betrug 3115 Personen. Von Allerhöchsten Persönlichkeiten befanden sich zur Kur hier: Se. Maj. König *Wilhelm I.* von Preussen, die Grossherzogin von Mecklenburg und die Grossfürstin *Helene* von Russland.

— Concerte veranstalteten die Violinvirtuosin *Amalie Bido*, die Sängerin *Jeani Busk*, der k. k. Kammervirtuos, Pianist *Willmers*, der Cellist *Popper*, die Sängerin *Anna Regan* und der Pianist *Knina*.

— kamen ein: an Kurtaxe 40,679 f. 25 x., an Musiktaxe 19,717 f., an Wohlthätigkeitsbeiträgen 3879 f. 71 x. An Sprudelsalz wurde er-

10*

zeugt: 46 Ctr. 64 Pfd., an Sprudelseife: 828 Pfd. Die Mineralwasserversendung belief sich nach Angabe der Versendungspächter auf 260,000 Flaschen.

1864 am Neujahrstage überreichte das Schlackenwerther Schützencorps dem hierortigen k. k. Bezirksvorsteher Edlen *von Zeileisen* das Diplom eines „Ehrenhauptmanns," nachdem er bereits im vorigen Jahre das Diplom eines Ehrenbürgers erhalten hatte. Beide Diplome sind mit der Unterschrift des dortigen Bürgermeisters, des Grossherzogs von Toskana, versehen.

— wurde, um dem schädlichen Insectenfrass in unseren Waldungen Einhalt zu thun, die Waldstrecke „Mühlberg" abgetrieben und neu cultivirt.

— am 10. Januar kaufte der k. k. Landesmedicinalrath Professor Dr. *von Löschner* das Gut Welchau von *C. V. Anger* für 60,000 f. ö.W.

— am 20. Januar wurde, da sich beim Mühlbrunn ein fühlbarer Wassermangel bemerkbar machte, eine Commission abgehalten, wobei beschlossen wurde, den alten Ständer durch einen neuen, 7 Fuss 2 Zoll langen, fest eingebauten Ständer zu ersetzen.

— am 31. Januar fand am Rathhause die Generalversammlung der Mitglieder der Karlsbader Sparcasse statt. Es wurde der erste Rechnungsabschluss vorgelegt und beschlossen, von dem reinen Zinsengewinnst (pr. 627 f. 7½ x.) den Betrag von 400 f. zur Verloosung an die Mitglieder zu bringen, den Rest (pr. 227 f. 7½ x.) aber dem Reservefonde einzuverleiben.

— wurden bei der Grundaushebung des neuen Badehauses in der Tiefe von ca. 2 Klaftern einige Silbermünzen von sehr altem Gepräge und ein goldener Ring gefunden.

— am 1. Februar wurde der Vertrag wegen Einrichtung der Gasbeleuchtung in Karlsbad mit der Firma *J. T. B. Porter* und *J. R. H. Keiworth*, Fabriksbesitzer in Lincoln und London, abgeschlossen.

— ernannte der hierortige Turnverein den Bürgermeister *J. P. Knoll* und den Advocaten Dr. *Hueber* zu Ehrenmitgliedern.

— bereicherte der k. k. landesfürstliche Brunnenarzt Hofrath Dr. *Gallus* Ritter *von Hochberger* die hierortige Schule mit den prachtvollen, in Farbendruck ausgeführten, in Goldrahmen gefassten Bildnissen JJ. Maj. des Kaisers und der Kaiserin von Oesterreich.

— am 21. Februar veranstaltete der Männergesangverein im bürgerlichen Schiesshause zum Besten der in Schleswig-Holstein verwundeten österreichischen Krieger ein musikalisches Kränzchen, wobei 64 f. 90 x. einkamen.

— fordert ein Aufruf des Bürgermeisters zu einer Sammlung ebenfalls für die verwundeten österreichischen Soldaten in Schleswig-Holstein auf, welche ein Ergebniss von 598 f. B. Valuta, 3 f. in Silber, 2 preussische Thaler und 10 Francs in Gold liefert.

1864 am 25. Februar fand abermals eine Commission beim Mühlbrunn statt, wobei weitere Nachforschungen dieser Quelle angeordnet wurden; man stiess hierauf auf einen alten morschen Kasten und setzte die Nachgrabung noch eine Strecke unter der Grundmauer fort, bis man endlich an eine kleine Höhlung kam, aus welcher das warme Wasser ziemlich reichlich floss. Hierauf wurde erst die jetzige Fassung dieser Quelle vollendet.

— am 26. Februar wurde zur Feier für die verliehene Constitution ein festlicher Gottesdienst in der hierortigen Dekanatkirche abgehalten, wobei sämmtliche k. k. Behörden, k. k. Militärs und die Bürgerschaft zahlreich vertreten waren. Das Schützencorps gab die üblichen Salven.

— am 3. März wurde in der hierortigen Dekanatkirche ein T o d t e n -a m t für die in Schleswig-Holstein gefallenen Krieger abgehalten.

— am 5. März wurde *Karl Glaser* zum Stadtwundarzt ernannt.

— am 13. März feiert der Karlsbader M ä n n e r g e s a n g v e r e i n sein G r ü n d u n g s f e s t mit einer Vocalmesse.

— am 19. März beschloss die Gemeindevertretung, da die dreijährige Periode ihrer Wahl vorüber war, in Berücksichtigung der eigenthümlichen Localverhältnisse Karlsbads als Kurstadt vorläufig noch in ihrer Stellung zu verbleiben, und wurde am Rathhause ein Protokoll aufgelegt, in welches jene Wähler, welche die Einleitung einer neuen Wahl wünschen, ihre Namen einzeichnen konnten. (Es war dieses jedenfalls ein sonderbares Ansinnen.) Es erschien selbstverständlich Niemand.

— setzt die k. k. Statthalterei zehn Genossenschaften für den Genossenschaftsbezirk K a r l s b a d fest und ordnet an, dass Jedermann, welcher von nun an irgend eine Handels- oder Gewerbsunternehmung zu betreiben beginnt, Mitglied einer dieser betreffenden Genossenschaften wird.

— richtet der k. k. Feldmarschall-Lieutenant *Gablenz* für die an die verwundeten Krieger in Schleswig-Holstein aus K a r l s b a d eingesendeten L i e b e s g a b e n ein Dankschreiben an den Bürgermeister *Knoll* und ein zweites an den hierortigen Männergesangverein.

— am 17. März starb in Rischlikon bei Zürich in der Schweiz unser Landsmann M. Dr. *Joh. Bpt. Hartmann.* Er ging im Jahre 1830 mit der Prinzessin *Charlotte Friederike* von Dänemark als ihr Leibarzt nach Italien, lebte später durch mehrere Jahre als renommirter praktischer Arzt in Rom, heirathete dort eine Russin, Fräulein *von Szymanowska*, und lebte die letzte Zeit in der Schweiz.

— am 1. April Nachmittags brannten in dem an der Strasse nach Elbogen gelegenen J a n e s e n vier Bauernhöfe und fünf andere Gebände ab. Die Karlsbader Feuerwehr lieferte hiebei glänzende Beweise ihrer Umsicht und Energie.

1864 am 2. April, dem Sterbetage des Dr. *Rud. Mannl*, wurde in der hierortigen Dekanatkirche *Mozart's* grosses Requiem aufgeführt.

— gab eine veranstaltete Sammlung für die Abgebrannten in Janesen einen Ertrag von 300 f. ö. W.

— im April wurde der bis jetzt offene Mühlgraben in der Egerstrasse vom Hause „zum Morgenstern" bis unterhalb der städtischen Vorrathsschuppen gegenüber dem heil. Geist-Spital überwölbt.

— wird der sogenannte Auge-Gottes-Steg nach weiter aufwärts nächst dem böhmischen Saale verlegt und dieser wie der Steg bei der Melone neu hergestellt.

— musste der technische Bauleiter *Eduard Labitzky* beim Kurhausbau seine Stellung aufgeben, da er zum städtischen Ingenieur in Troppau ernannt wurde. Die Karlsbader Gemeindevertretung wendete sich wegen eines geeigneten Bauleiters zu diesem Kurhause an die k. k. Baudirection nach Prag.

— wurde im Theater eine neue Garderobe gebaut. Bei der Abgrabung des Felsens kam man auf einen nach vornezu verschütteten, 7 Klafter langen Felskeller.

— am 19. April starb der hierortige k. k. Poststallhalter *Gustav von Rühling* im 39. Lebensjahre.

— am 1. Mai fand wie alljährlich die Brunnenweihe statt.

— wird an der Pragerstrasse oberhalb des Panoramas eine Restauration in dem neuen Hause „zum Elysium" eröffnet.

— am 16. Mai wurde unter der Direction des *Peter Fröhlich* das Theater mit dem Charakterbilde: „Ein jüdischer Dienstbote," von *Elmar*, eröffnet.

— am 22. Mai, dem 100jährigen Geburtstage des durch seine historischen Schriften um seine Vaterstadt hochverdienten Commandeurs des ritterlichen Kreuzherrenordens mit dem rothen Stern, P. *Leopold August Stöhr*, wurde zu dessen Andenken ein feierliches Requiem abgehalten und an der Kirche neben dem rechten Seitenthore gegenüber der Dechantei eine Marmortafel mit folgender Inschrift angebracht:

„Zur hundertjährigen Geburtsfeier des hochwürdigen Commandeur des ritterlichen Kreuzherrenordens mit dem rothen Stern, des verdienstvollen Historiographen seiner Vaterstadt, *Leopold Stöhr*, geboren in Karlsbad am 22. Mai 1764, gewidmet von der Bürgerschaft."

— war abermals zum Civil-Kurinspector der k. k. Ober-Polizeicommissär *Adam Forster* aus Prag ernannt.

1864 im Mai wurde das von dem früheren Besitzer der Restauration am Dreikreuzberge neu erbaute Caféhaus „Waldschloss" oberhalb der „Munificentia" eröffnet.

— hat der Brunnenarzt und Sanitätsrath Dr. *Leopold Fleckles* neue Beiträge zur Balneotherapie veröffentlicht, welche die Brightischen Nierenkrankheiten betreffen.

— ist Dr. *Ferdinand Fleckles*, Sohn des Ersteren und ebenfalls Brunnenarzt in Karlsbad, von der Gesellschaft für Natur- und Heilkunde zum correspondirenden Mitgliede ernannt worden.

— am 10. Juni beschloss die Kurcommission, den Antrag der hierortigen Aerzte, dass kein Haus in Karlsbad fernerhin über drei Stock hoch erbaut werden soll, zu bevorworten. Leider wurde diesem Antrage zum Schaden des Kurortes von der Regierung die Bestätigung nicht ertheilt.

— am 12. Juni veranstaltete der Karlsbader Männergesangverein in dem von dem jetzigen Besitzer *Moritz Teller* neu erbauten Salon im Freundschaftsaale eine Gartenliedertafel.

— am 13. Juni richtete die Karlsbader Stadtvertretung an das hohe k. k. Staatsministerium folgende Bitte:

„In Erwägung, dass die zwangsweise Einführung der czechischen Sprache an den Oberrealschulen Böhmens, beziehungsweise Elbogens eine äusserst nachtheilige und drückende Rückwirkung auf die Karlsbader Gewerbschule und die unteren Realschulen überhaupt übt; in Erwägung, dass der studirenden Jugend der rein deutschen Stadt Karlsbad der Besuch der Mittelschulen in Böhmen durch die Aufnöthigung der czechischen Sprache nicht blos sehr erschwert, sondern in Fällen auch gänzlich unmöglich gemacht wird; in Erwägung endlich, dass die Deutschen Böhmens in einem Sprachenzwange keine Gleichberechtigung der Nationalitäten erkennen, vielmehr eine Beeinträchtigung der Deutschen in geistiger und materieller Richtung erblicken müssen, hat der Gemeindeausschuss der Kurstadt Karlsbad am 13. Juli l. J. einstimmig beschlossen, sich dem von der Gemeinde Elbogen beabsichtigten Ansuchen: „die czechische Sprache an der Elbogner Communal-Oberrealschule als einen unobligaten Unterrichtsgegenstand zu erklären," anzuschliessen, zugleich aber auch die Bitte zu stellen: Ein hohes k. k. Staatsministerium geruhe dahin zu wirken, dass dem vom hohen böhmischen Landtage in seiner 43. Sitzung am 25. Mai gefassten Beschlusse wegen zwangsweiser Einführung der anderen Landessprache an den Mittelschulen des Königreichs Böhmen die Allerhöchste Sanction nicht ertheilt werde."

— am 18. Juni Abends um 9 3/4 Uhr erfolgte hier die Ankunft Sr. Maj. des Königs *Wilhelm I.* von Preussen. Der Empfang war ganz ähnlich dem vorjährigen. Se. Majestät wohnte abermals „im Gartenhause."

— am 14. Juni schon traf Se. Maj. König *Otto* von Griechenland zur Kur hier ein und wohnte im Hause „zum goldenen Schlüssel."

— am 19. Juni kamen der neue Statthalter von Böhmen, Graf *Belcredi*, und der commandirende k. k. General von Böhmen, Graf *Clam Gallas*, hier an, um Sr. Maj. dem König von Preussen ihre Aufwartung zu machen und zugleich die Ankunft Sr. Maj. des Kaisers *Franz Josef I.* von Oesterreich zu erwarten.

1864 an demselben Tage Nachmittags langten auch der k. k. österreichische Minister des Aeusseren, Graf *Rechberg*, und der königl. preussische Minister Herr *von Bismarck* in ein und demselben Wagen von Schwarzenberg kommend hier an. Graf *Rechberg* wohnte in „Anger's Hôtel;" Herr *von Bismarck* im „blauen Schiff," überzog jedoch später in das Haus „zu den drei Lerchen" am Markte.

— am 22. Juni um 11¼ Uhr Vormittags erfolgte die Ankunft Sr. Maj. des Kaisers *Franz Josef I.* von Oesterreich.

Anfangs der Egerstrasse war ein grosser Triumphbogen errichtet und zwei Reihen grosser Fahnen zu beiden Seiten der Strasse aufgestellt. Hier wurde Se. Majestät von der Gemeindevertretung empfangen, wobei Bürgermeister *J. P. Knoll* eine kurze Ansprache hielt, welche der Kaiser sehr huldvoll beantwortete. Sämmtliche festlich gekleidete Schuljugend und die schwarz gekleideten Bürger machten in zwei Reihen aufgestellt in den Gassen, welche Se. Majestät durchfuhren, Spaliers. Beim Mühlbrunnen hatten die Bergleute des Karlsbader Bergreviers mit der Joachimsthaler Berg-Musikkapelle Aufstellung genommen. Unter jubelnden Vivat- und Hochrufen der zahlreichen Menschenmassen fuhren Se. Majestät durch die mit Fahnen und Kränzen geschmückten Gassen über den Marktplatz, die Johannisbrücke zu seinem Absteigequartier, dem „Hôtel zum goldenen Schild." Hier war das bürgerliche Schützencorps aufgestellt und hatten sich alle anwesenden hohen Militärs und Civilpersonen in Gala eingefunden. Se. Majestät begrüssten vor Allem seinen hier zur Kur anwesenden Vetter, Se. k. k. Hoheit den Erzherzog *Karl Ferdinand*, hierauf die anwesenden k. k. Generale Grafen *Mensdorf*, Fürsten *Windischgraetz* u. a. m., dann die beiden k. k. Minister Grafen *Rechberg* und Baron *Meczery*, welche ihn unter dem Hausthore erwarteten. Während die Musikkapelle die Volkshymne spielte, schritten Se. Majestät die Front des Schützencorps ab und zogen sich in Höchstderen Wohnung zurück. Auf der Treppe wurde Se. Majestät von dem Könige von Preussen begrüsst und kurz nachher machte König *Otto* von Griechenland seinen Besuch. Bald darauf stattete Se. Majestät dem Könige *Wilhelm* von Preussen und dem Könige *Otto* von Griechenland seinen Gegenbesuch ab, und fuhr dann bei den hier anwesenden Grossfürstinnen *Helene* und *Marie* von Russland vor. Das Diner nahm Se. Majestät bei dem König von Preussen ein, während welchem das Kurorchester im Garten vor der Wohnung spielte. Um 5 Uhr fuhren Se. Maj. zur Fürstin Schaumburg-Lippe, welche im Hause „zum weissen Löwen" wohnte und woselbst der Kaiser bis 6 Uhr Abends verweilte. Während dieser Zeit spielte am Markte die 40 Mann starke Berg-Musikkapelle.

Am 23. Juni früh um 7 Uhr fuhren Se. Majestät nach Schlackenwerth zum Besuche des Grossherzogs von Toskana, wo ihm eben
auch ein sehr festlicher Empfang bereitet wurde. Um 10 Uhr trafen
Se. Maj. wieder in Karlsbad ein. Um 2 Uhr fand die Vorstellung
der k. k. Beamten, des Gemeindevorstandes, der Geistlichkeit und
einiger Aerzte statt. Bei jeder Gelegenheit, wo sich der Kaiser
öffentlich zeigte, wollte der Jubel des Volkes nicht enden. Um
5½ Uhr Abends erschien Se. Majestät auf dem Platze vor dem
sächsischen Saale, wo das Kurorchester spielte. Hier waren beiläufig
50 Personen, den höchsten Ständen angehörig, versammelt, darunter
König *Otto* von Griechenland, Erzherzog *Karl Ferdinand*, Fürstin
Lippe, Graf und Gräfin *Mensdorf*, Fürst *Lichtenstein*, der französische
Gesandte am Wiener Hofe Herzog *von Gramont* u. v. a. Um 10 Uhr
Abends war grosse Stadtbeleuchtung und begann sich der Laternen-
und Fackelzug sammt der Schützencompagnie und den Bergleuten
in Bewegung zu setzen. Ein donnerndes Hoch schallte durch die
Lüfte, die Volkshymne ertönte dazwischen, dann trug der Männer-
gesangverein zwei Chöre vor. Um ¼ 11 Uhr ging der Kaiser durch
die Gassen der Stadt, um die Illumination zu besehen. An seiner
Seite befanden sich der k. k. Statthalter von Böhmen und der Karlsbader Bürgermeister. Am besten gefielen Sr. Majestät der grosse
Doppeladler auf der Friedrich-Wilhelms-Höhe, die Beleuchtung der
Villa Lützow und jene des Quais beim Neubrunn. Der Statthalter
von Böhmen Graf *Belcredi* verliess noch in derselben Nacht die
Stadt. Bei seiner Abreise theilte er der Gemeindevertretung mit,
dass er von Sr. Majestät beauftragt sei, der Stadt Sr. Majestät Dank
auszusprechen und zum Zeichen der Allerhöchsten Zufriedenheit
dem Bürgermeister *J. P. Knoll*, als Repräsentanten der gesammten Bürgerschaft, das goldene Verdienstkreuz zu überreichen. — Am 24. Juni um 8 Uhr früh besuchte Se. Majestät das
k. k. Militär-Badehaus, dann den Bau des neuen städtischen Badehauses und dinirte abermals bei Sr. Maj. dem Könige von Preussen.
Nach den üblichen Abschieds- und Gegenbesuchen bei den schon
früher erwähnten Allerhöchsten und Höchsten Herrschaften fuhr
der Kaiser um 7 Uhr 40 Minuten unter den Klängen der Volkshymne und unter donnernden Hochrufen der Volksmenge auf der
Marienbader Strasse gegen Pilsen ab. Wie bei der Ankunft waren
alle Corporationen und Vereine bei der Abreise wieder versammelt
und bildeten Spalier, das sich bis gegen den Posthof erstreckte.

1864. Während der Anwesenheit des Kaisers conferirten die beiden Mi-
nister Graf *Rechberg* und Herr *von Bismarck* sehr häufig miteinander.
Der Letztere erhielt von Sr. Maj. dem Kaiser das Grosskreuz des
Stephans-Ordens.

— am 1. Juli fand das Leichenbegängniss des hier verstorbenen k. k.
Generals Fürsten zu Lichtenstein statt, wobei viele österreichische und preussische Offiziere in Parade das Geleite gaben.

1864 am 29. Juni fand zur Feier und Erinnerung der Anwesenheit Sr. Maj. des Königs *Wilhelm* von Preussen ein Festschiessen statt, wobei Nachmittags die Musikkapelle des Schützencorps spielte.

— spendete aus Anlass der beglückenden Anwesenheit Sr. Maj. des Kaisers *August von Lützow* zur Vertheilung an wahrhaft dürftige Arme 100 f.

— erschien im Verlage von Gebr. *Franieck*: „Karlsbads Jubeltage."

— am 2. Juli erhielt der Bürgermeister *J. P. Knoll* den schwedischen Gustav-Wasa-Orden.

— am 20. Juli um 2 Uhr Nachmittags reiste Se. Maj. König *Wilhelm* von Preussen nach beendigter 5 wöchentlicher Kur von hier nach Gastein ab. Am Vorabende der Abreise waren die Friedrich-Wilhelms-Höhe, sowie alle Brücken, Stege und Ufermauern beleuchtet, währenddem das Kurorchester eine Serenade darbrachte. Bei der Abfahrt paradirte das Schützencorps und das versammelte Publikum brachte „Hurrahrufe" aus. Se. Maj. verlieh hier folgende Ordensauszeichnungen: Se. Excell. dem Statthalter von Böhmen Grafen *Belcredi* den Kronenorden I. Classe; dem hierortigen Sanitätsrath Dr. *Lud. Preiss*, dem Polizeiobercommissär *Adam Forster* und dem Telegraphen-Inspector *Horak* den Kronenorden III. Classe; dem k. k. Hauptmann Ritter *von Klyucaric* und dem k. k. Regimentsarzte Dr. *Winter* (Beide im Militär-Badehause), sowie dem k. k. Telegraphenamtsleiter *Enderle* den Kronenorden IV. Classe; der k. k. Postamtsverwalter erhielt einen werthvollen Brillantring.

— Herr *von Bismarck* und der kaiserl. russische Minister Fürst *Gortschakoff* reisten einige Tage später ab, als der König von Preussen.

— am 24. Juli gab der Männergesangverein im Freundschaftssaale zum Besten des Fremdenhospitals eine Liedertafel, wobei 137 f. einkamen.

— gab die Schützengesellschaft dem König *Otto* von Griechenland zu Ehren ein Festschiessen, welches derselbe mit seiner Gegenwart beehrte. Er spendete der Compagnie eine sehr werthvolle Brustnadel.

— am 27. Juli 8 Uhr Abends ist Se. Maj. der König *Otto* von Griechenland von hier abgereist.

— am 31. Juli verliess die Grossfürstin *Helene* von Russland unsere Stadt. Die hier anwesenden Russen liessen bei einem hierortigen Gärtner einen 21 Ellen langen Teppich aus lebenden Blumen, zumeist Rosen, anfertigen, welcher von der Hausflur im Kaiserhause bis zum Wagen reichte und auf welchem die hohe Frau unter den Klängen der vom Kurorchester gespielten russischen Volkshymne zum Wagen schritt. Der Teppich wurde sodann auf einen der mitfahrenden Wagen gepackt und mitgenommen. Dieser Teppich kostete 168 f. und bestand aus mehr als 80 Schock Rosen.

1864 am 31. Juli spielte die Joachimsthaler Berg - Musikkapelle hier im Freundschaftssaale.

— am 31. Juli gab der aus Baden hierher berufene Ingenieur *Hennoch* der Gemeindevertretung das Resultat seiner Untersuchungen wegen Gewinnung eines besseren und ausgiebigeren Trinkwassers ab, welches dahin ging, bei Espenthor und am Hammerberg Stollen anzulegen, was vor ihm die Stadtvertretung selbst bereits bestimmte. Für seine Bemühung erhielt *Hennoch* 240 f.

— am 16. August tritt der neugewählte Bauleiter beim Kurhause, der Privat-Ingenieur *Kotzlik*, sein Amt an.

— am 18. August Fest zu Ehren des Geburtstages Sr. Maj. des Kaisers, wie alljährlich. Der Wohlthätigkeitsball trug 110 f.

— fand am selben Tage die Ziehung der vom k. k. Bezirksvorsteher *von Zeileisen* veranstalteten Lotterie zum Besten des Schlackenwerther Gymnasiums statt, wodurch gegen 3000 f. erzielt wurden.

— am 18. August feierte die Schützencompagnie den allerhöchstkaiserlichen Geburtstag durch ein Festschiessen.

— ist im Hause „zur Stadt Gotha" eine Sammlung von Kupferstichen, Radirungen und Originalzeichnungen von *Albrecht Dürer*, *Waterloo*, italienischer, französischer, holländischer und deutscher Schule, von einem Herrn *Holly* aus Wien zum Verkauf für 3000 f. ausgestellt. Dem Eigenthümer kostete diese Sammlung vor 18 Jahren selbst 6000 f.

— erhält der hiesige Badearzt, ausserordentl. Professor der Balneologie an der Universität in Wien, Dr. *Seegen* den kaiserl. russischen Stanislaus-Orden II. Classe. Er behandelte hier die Grossfürstin *Helene*.

— am 21. August gab der Männergesangverein im Freundschaftssaale eine Liedertafel zur Errichtung eines Körner-Denkmals bei den „drei Eichen" in Dallwitz. Es kamen 80 f. ein.

— Ueber Aufforderung des k. k. General-Feldmarschall-Lieutenants Freiherrn *von Gablenz*, zur Errichtung eines Friedhofes der bei Schleswig ruhenden österreichischen Krieger eine Sammlung einzuleiten, wurden der hier befindlichen Frau *Mathilde Arnemann* zu diesem Zwecke von der Bürgerschaft 103 f. und von den Kurgästen 47 f. übergeben, welche am 31. August an den Grafen *Attems* übersendet wurden.

— am 1. September wurde in der Sitzung der Stadtverordneten das Gesuch des Israeliten *Simon Benedickt* um Aufnahme in den Gemeindeverband abermals vertagt und ihm dagegen ein schriftlicher Dank für die der Gemeinde geleisteten Dienste bei Aufnahme des *Becker*'schen Anlehens (pr. 150,000 Thlr.) zugestellt.

1864 liess *Carl Behr* aus Prag mit Bewilligung der Stadtvertretung in der Egerstrasse, gegenüber dem Hause „zur neuen Welt," eine Fahrbrücke über die Tepel zu seinem Gartengrunde herstellen.

— am 10. September legte der Bürgermeister *J. P. Knoll* in Gegenwart des gesammten Bürgerausschusses den Grundstein zum neuen Badehause. Es ist dieses ein ausgehöhlter Quaderstein, worin sich eine Flasche mit drei Documenten, und zwar mit den bezüglichen geschichtlichen Notizen, mit den Namen des gesammten Bürgerausschusses und schliesslich mit dem eigentlichen Gründungsdocumente befindet. Dieser Stein ist im grossen Hauptportale eingemauert.

— am 18. September gab die Schützengesellschaft ein Bestschiessen auf 400 W. Fuss Distanz.

— am 20., 22. und 23. September fanden die Wahlen der Stadtverordneten statt. Von den 876 Wahlberechtigten des ersten, zweiten und dritten Wahlkörpers betheiligten sich blos 301 an dem Wahlacte.

— am 1. October fand die Wahl des Stadtraths statt. Zum Bürgermeister wurde *J. P. Knoll*, zu Stadträthen: *Josef Hofmann, Josef Pittrof, Hugo Göttl* und *Ernst Stark* gewählt. Abends brachte der Männergesangverein dem wiedergewählten Bürgermeister ein Ständchen mit Laternenzug.

— am 1. October starb in Prag der hierortige Hôtelbesitzer *C. V. Anger* plötzlich am Schlagflusse. Er war Stadtverordneter, Mitbegründer und Director der Karlsbader Sparcasse. Seine Leiche wurde zur Beerdigung hierhergebracht.

— am 25. September kam Se. Eminenz, Cardinal und Fürst-Erzbischof von Prag, *Friedrich* Fürst von Schwarzenberg hier an, stieg im Hôtel „zum goldenen Schild" ab, celebrirte den andern Tag um 8 Uhr unter Assistenz seines Ceremoniers und der hierortigen Geistlichkeit eine Messe, fuhr sodann nach Schlackenwerth zum Besuche der grossherzoglich toskanischen Familie und kehrte Abends von hier aus nach Prag zurück.

— Mittelst einer Zuschrift des katholischen Vicariatsamtes wird der Stadtvertretung bekannt gegeben, dass laut Erlass des fürst-erzbischöflichen Consistoriums der neue Leichenhof nicht früher eingeweiht werden darf, insolange nicht der Platz für die Akatholiken von dem katholischen Theile durch eine mit einem separaten Eingangsthore versehene Mauer vollständig abgeschlossen ist.

— In Folge dessen beschliesst die Gemeindevertretung, den Akatholiken einen eigenen Friedhof zu errichten.

— am 5. October, dem hohen Namensfeste Sr. Maj. des Kaisers, sendete der Ritter *Demeter d'Joannidis*, der sich in Marienbad aufhielt, an den hierortigen Bürgermeister 50 f. zur Vertheilung an die Armen.

1864. Mitte October begann man mit dem Erweiterungsbaue der evangelischen Kirche. Beim Eingange wurde der Thurm erbaut, im Inneren Chöre angebracht und auch mit dem Baue des Pfarrhauses begonnen.

— am 17. October um 10 Uhr Vormittags fand die Einweihung des neuen katholischen Friedhofes statt. Vorher wurde in der Dekanatkirche ein Trauergottesdienst abgehalten, worauf sich die Procession, geführt vom Bezirksvicär P. *Franz Hafenrichter* aus Lichtenstadt, auf den neuen Friedhof begab, woselbst die Einweihung stattfand. Das Schützencorps paradirte dabei.

— erschienen zwei neue Brunnenschriften über Karlsbad. Die eine in englischer Sprache von Dr. *Porges*, die andere deutsch von Dr. *Ferd. Fleckles* jun.

— Beim Bestschiessen am 27. October erschoss der hierortige Tischlermeister *Pöpperl* den Zieler *Johann Lippert* in demselben Augenblicke, als *Lippert* in trunkenem Zustande, während *Pöpperl* im Anschlage lag, zur Scheibe ging. *Lippert* blieb sogleich todt, da ihm die Kugel durch die rechte Wange hinein und an der linken Halsseite herausfuhr.

— am 3. November beginnt nach mehrjähriger Unthätigkeit der Musikverein wieder seine Uebungen im Schlosse Windsor. Es betheiligten sich 93 Herren und Damen als mitwirkende Glieder.

— am 6. November war der Karlsbad-Joachimsthaler Reichstagsabgeordnete Professor Dr. *Brinz* zu einer Besprechung mit seinen Wählern hier anwesend.

— lehnt die evangelische Gemeinde das Anerbieten der Stadtvertretung, derselben einen eignen Friedhof auf Kosten der Stadtgemeinde zu erbauen, dankend ab, und kauft dieselbe aus eigenen Mitteln zu diesem Zwecke ein vor dem katholischen Friedhofe gelegenes Stück Feld um den Preis von 600 f. ö. W., welchen Betrag *August von Lützow* allein spendete.

— wurde mittelst Ministerial-Erlasses den hier domicilirenden, aber nach Lichtenstadt heimathzuständigen Israeliten die Errichtung einer selbstständigen Cultusgemeinde verweigert. Dagegen aber waltet kein Anstand ob, sich zu einer mit der Lichtenstädter israelitischen Cultusgemeinde in Verbindung bleibenden Filialgemeinde zu constituiren.

— am 18. December gab der Musikverein nach seinem Wiederaufleben das erste Concert im „goldenen Schild," wobei 81 f. 20 x. einkamen.

— am 20. December entstand im Rathhause ein Essenbrand, der

bereits das Schindeldach der naheliegenden Apotheke bedrohte. Der dort befindliche Schnee und die schnelle Hülfe löschten jedoch den Brand, ohne dass derselbe erheblichen Schaden verursacht hätte.

1864 am 23. December wurden zum ersten Male die von den Zinsen der Dr. David Becher-Stiftung angeschafften Kleidungsstücke an 34 arme Schulkinder vertheilt.

— wurden 16,377 Portionen Rumforter Suppe an Arme vertheilt. Die Kosten dafür betrugen 442 f. 20½ x.

— Von Privatbauten ist zu bemerken, dass das am Anfange der Marienbaderstrasse gelegene alte Haus niedergerissen und an dessen Stelle das hübsche Haus „zur Erzherzogin Sophie erbaut wurde."

— fanden folgende Kunstproductionen statt: Escamoteure *Bellachini* und *August von Broïta* gaben im Salle de Saxe und im neuen Café-Salon mehrere Vorstellungen. — Am 15. Juli gaben Fräulein *Schönchen* und ihre Schwester Frau *Hartmann* aus Augsburg unter Mitwirkung des Violinisten *Hartl* aus Hannover ein Concert im sächsischen Saale. *Hartl* war ein geborner Donawitzer, Sohn des ausgezeichneten hierortigen Kurorchestermitgliedes und Violaspielers *Hartl* und ein Schüler des berühmten Violinisten *Joachim*. — Am 1. und 2. August gastirte unsere Landsmännin Fräulein *Antonie Labitzky* vom Theater in Frankfurt a. M. als *Susette* in der Operette: „Der Ehemann vor der Thüre," und gefiel ausserordentlich. — Am 8. August producirte sich im Theater der Escamoteur Professor *Herrmann*. — Am 17. August gab der Pole *Szczepanowsky* im Café-Salon ein sehr besuchtes Concert für Cello und Guitarre.

— waren 7540 Kurparteien mit 13,900 Personen anwesend. An Kurtaxe wurden eingenommen 41,584 f. 50 x., an Musiktaxe 20,184 f. an Wohlthätigkeitsbeiträgen 3705 f. 7 x. An Sprudelsalz wurden verkauft 4781½ Pfund; an Sprudelseife 960½ Pfund; an Mineralwasser wurden versendet 280,000 Flaschen.

1865 am 1. Januar wurde die letzte Leiche (Frau *Estler*, Besitzerin des Hauses „zur Stadt Berlin" am Kirchenplatze) auf dem alten Friedhofe bei St. Andreas beerdigt.

— am 6. Januar wurde die erste Leiche (der 1½jährige Sohn eines Hausmeisters Namens *Woller*) auf dem neuen Friedhofe beerdigt.

— am 18. Januar reist eine von der Stadtvertretung gewählte Commission, bestehend aus dem Bürgermeister *Knoll*, Hofrath Dr. Ritter *von Hochberger*, k. k. Bezirksvorsteher *von Zeileisen* und Stadtverordneten *Mieg*, nach Wien, um bei Sr. Maj. dem Kaiser die Bitte zu unterbreiten, dass bei der projectirten Eisenbahn Karlsbad nicht übergangen werde.

— am 6. Februar wurden die Eisenbäder an *Franz Anger* für 592 f. verpachtet.

1865 wurde in der Sitzung des Stadtverordnetencollegiums das Gesuch des seit mehr als 30 Jahre hier domicilirenden I s r a e l i t e n *Simon Benedikt*, Mitdirector der hierortigen Sparcasse — welcher der Gemeinde bei vielen Geldverlegenheiten wesentliche Dienste leistete — um A u f n a h m e i n d e n h i e s i g e n G e m e i n d e v e r b a n d mit 14 gegen 12 Stimmen a b g e l e h n t.

— am 8. Februar reisten Bürgermeister *Knoll*, k. k. Bezirksvorsteher *von Zeileisen* und *Ludwig Mieg* zu einer Conferenz in Eisenbahnangelegenheiten nach Z w i c k a u. Man beschloss dort eine Petition an das königl. sächsische Ministerium, damit dieses seinen Einfluss auf die kaiserl. österreichische Regierung wegen des Baues der Eisenbahn von Prag über Rakonitz nach Karlsbad und nach Sachsen geltend mache.

— wurde bei der am 12. Februar abgehaltenen Generalversammlung der Karlsbader Sparcasse beschlossen, mit der Gründung eines C r e d i t - V e r e i n s in Karlsbad einen Versuch zu machen. Ferner wurden von dem in diesem Jahre erzielten Verdienst der Spaarkasse pr. 1000 f. an zehn Gründer (je 100 f.) zurückgezahlt.

— wurde über die im Jahre 1863 beim Grundgraben des Badehauses zum Vorscheine gekommene Quelle in der Grundmauer ein Gewölbbogen gesprengt, durch welchen man im Jahre 1864 einen 15 Fuss tief liegenden Stollen zu dem Ursprunge dieser Quelle trieb. Ohngefähr in der Mitte vor dem Fremdenhospitale kam das warme Wasser aus dem Felsengrunde von unten herauf. Man trieb nun an dieser Stelle einen kleinen Schacht hinein, um mehr in die Tiefe gehen zu könen.

— am 2. März fand am Rathhause die Wahl der Bezirksvertreter für Karlsbad als Stadt statt. Aus derselben gingen hervor: Bürgermeister *Knoll*, M. Dr. *Sorger*, Hofrath Dr. Ritter *von Hochberger*, J. U. Dr. *Hueber*, Dr. *Forster*, J. U. Dr. *Dermoutz* und Apotheker *Göttl*. Die Industriellen wählten am 6. März den Porzellanfabriksbesitzer *Ludwig Mieg* und den Grossgrundbesitzer Se. k. k. Hoheit den Grossherzog *Leopold von Toskana* als Besitzer der Domäine Schlackenwerth, Baron *von Kleist* aus Töppelsgrün und Baron *Neuberg* aus Giesshübel.

— am 7. März kam bei der Stadtvertretung die schon lange projectirte Hundesteuer wieder in Berathung, und wurde beschlossen beim h. Landesausschusse um die Bewilligung einzuschreiten, für einen Hund 3 f., für einen zweiten 4 f. und für einen dritten 5 f. als Jahressteuer abverlangen zu dürfen.

— am 13. März reisten der k. k. Bezirksvorsteher *von Zeilcisen* und der Bürgermeister *Knoll* zu Sr. k. k. Hoheit dem Grossherzog *von Toskana* nach Brandeis, um ihm eine Petition der Karlsbader und Schlackenwerther Gemeindevertretungen wegen des Baues der Prag-Rakonitz-Karlsbader Eisenbahn zu übergeben.

1865 wird vom Stadtrathe die Verfügung verlautbart, dass, um jede Beängstigung der Stadtbewohner ferne zu halten, beim Ausbrennen der Rauchfänge (Essen) an dem betreffenden Hause eine r o t h e F a h n e ausgesteckt wird.

— am 21. März beschloss das Stadtverordnetencollegium, zur Deckung des Deficit bei den Gemeindeausgaben in den Jahren 1865 und 1866 von ca. 100,000 f. die Häuser in der Mühlbadgasse, nämlich: „d a s A m t h a u s," das Haus „z u m S a m s o n" und die „a l t e n F l e i s c h- b ä n k e," sowie auch die „s t ä d t i s c h e M ü h l e" in Fischern zu verkaufen. Für den Verkauf der Häuser stimmte das g a n z e C o l- l e g i u m; für den Verkauf der Mühle stimmten von 28 anwesenden Mitgliedern 16 mit J a, 12 mit N e i n.

— am 25. März fand am Eise in der Tepel nahe dem Bräuhause ein E i s f e s t mit Kegelschub statt. Der Festplatz war mit Fahnen ge- schmückt, Musik spielte und eine improvisirte Restauration lieferte Bier und Würste.

— am 26. März fand in der Schule eine Versammlung von Gewerb- treibenden behufs G r ü n d u n g e i n e s G e w e r b v e r e i n s statt.

— am 28. März kaufte der Uhrmacher *Franz Mader* das Haus „z u r S t a d t B e r l i n" am Kirchenplatze (General *Laudon's* ehemalige Wohnung während seines Kurgebrauches) um 26,500 f.

— am 30. März blieben wegen des grossen Schneefalles die Posten von Prag und Pilsen aus.

— am 4. April wurde auf dem neuerbauten Thurme der evangelischen Kirche der vergoldete Knopf und das Kreuz in Gegenwart des Presbyteriums aufgesetzt. Der Mann, der das Kreuz aufsetzte, er- hielt 2 Dukaten.

— am 4. April wird von der Gemeindevertretung das Einschreiten des M. Dr. *Forster* um käufliche Ueberlassung einer Gemeinde-Grund- parzelle neben dem Hause „zur Bellaria" in der Marienbader Strasse a b g e w i e s e n, da die Stadtvertretung an dem gefassten Grundsatze festhält, d a s s d i e B a u t e n i n d e r R i c h t u n g d e r M a r i e n- b a d e r S t r a s s e m i t d e m b e n a n n t e n H a u s e u n d d e m e v a n g e l i s c h e n P f a r r h a u s e i h r e n A b s c h l u s s f i n d e n s o l l e n.

— am 13. April fiel der 10jährige Knabe *Adam Lang* unterhalb der Johannisbrücke in die stark angeschwollene Tepl. Der hiesige junge Bürger *Josef Hofmann* sprang vom Quai beim Neubrunn in die Fluthen, schwamm dem schon untersinkenden Knaben nach und rettete ihm noch das Leben.

— am 22. April wählte die Bezirksvertretung den Hofrath Dr. Ritter *von Hochberger* zu ihrem O b m a n n.

— am 7. April hielt der Musikverein eine Generalversammlung, wobei der Vereinsdirector *Josef Labitzky* seine Stelle als solcher niederlegte. Zu seinem Nachfolger wurde dessen Sohn *August Labitzky* gewählt. *Josef Labitzky* wurde zum Ehren-Director und Dr. *Forster* zum Ehrenmitgliede des Vereins ernannt.

1865 eröffnet *Carl Müller* in der Egerstrasse eine „Sodawasser-Fabrik.“

— am 1. Mai fand die Brunnenweihe wie gewöhnlich statt.

— Ein in Begleitung seines Arztes hier angekommener wahnsinniger Kurgast bezog im Hôtel de Russie ein Zimmer des zweiten Stockes. Kaum eingetreten öffnete er das Fenster und stürzte sich aus demselben hinab. Mit zerbrochenen Armen und Beinen wurde er in das städtische Spital gebracht, wo er bald seinen Geist aufgab.

— am 13. Mai wird das Theater unter dem Director *P. Fröhlich* eröffnet.

— am 15. Mai tritt hier das erste Dienstmanninstitut unter Leitung des *Gustav König* in's Leben; das Local befindet sich im Hause „zum goldenen Kegel.“

— am 17. Mai traf König *Otto* von Griechenland, aus Bamberg kommend, zur Kur hier ein und wohnte wieder im Hause „zum goldenen Schlüssel.“

— am 21. Mai spielte das Kurorchester zum ersten Male in dem vor dem Café-Salon befindlichen höchst unzweckmässigen gusseisernen Musikpavillon, wo von jetzt ab jeden Sonntag Nachmittag Musikproductionen stattfinden.

— am 3. Juni Nachmittags ertönten zum ersten Male die Klänge der neuen gussstählernen Glocken am Thurme der evangelischen Kirche.

— am 11. Juni wurde dem *Josef Hofmann* jun. in Anerkennung der von ihm mit eigner Lebensgefahr vollbrachten Rettung eines Menschenlebens das ihm von Sr. k. k. apostol. Majestät verliehene silberne Verdienstkreuz durch den k. k. Bezirksvorsteher *von Zeilcisen* feierlich übergeben.

— am 13. Juni Abends verliess König *Otto* von Griechenland nach vierwöchentlicher Kur wieder Karlsbad. Vor seiner Abreise waren der k. k. Bezirksvorsteher *von Zeilcisen*, die beiden Civil- und Militär-Inspectoren *Forster* und *Pfrenger*, der k. k. Hauptzollamts-Director *Fiedler*, Hofrath Ritter *von Hochberger*, Stadtdechant *Adler* und Bürgermeister *Knoll* zur königlichen Tafel geladen. Das bürgerliche Schützencorps erhielt einen silbernen Pokal und der k. k. Postverwalter eine Brillant-Busennadel.

— in der Buchhandlung des *H. Dominikus* ist ein zwei Fuss hoher, aus einem einzigen Stücke Buchsbaumholz äusserst kunstvoll geschnitzter Pokal ausgestellt, der den Zweck hat, dass er in Lotterieform ausgespielt und ein Theil des Reinertrags zum Prager Dombaufond gewidmet ist.

1865 am 21. Juni traf Se. Maj. König *Wilhelm* von Preussen zur Kur hier ein und wohnte wieder in seinem früheren Quartier (im Gartenhause), welches jetzt „zu den zwei deutschen Monarchen" heisst.

— im Monate Juli erschien im Verlage der Gebrüder *Franieck:* „Erinnerungen an Karlsbad," von *Arnold von Weyhe.*

— am 15. Juli reisten zum Schützenfeste nach Bremen der Karlsbader Schützenhauptmann *Hugo Göttl* und der Bürger *Wilhelm Gebhart.*

— nahm wegen der grossen Hitze das Wasser der Tepel so ab, dass unterhalb des Sprudels die Fische alle starben.

— am 16. Juli gab die Fürstin Lippe-Schaumburg zu Ehren Sr. Maj. des Königs von Preussen einen Thee dansant im Kaiserpark, wobei sich der Escamoteur *Bellachini* producirte.

— am 19. Juli traf auf ihrer Durchreise von Marienbad die Grossherzogin-Wittwe von Mecklenburg-Schwerin hier ein. Se. Maj. der König *Wilhelm* fuhr Ihrer Hoheit entgegen und wurde sie bei der Ankunft von dem Hofstaate des Königs und von den Autoritäten der Stadt empfangen.

— am 18. Juli war wegen der bevorstehenden Abreise des Königs *Wilhelm* von Preussen die Friedrich-Wilhelms-Höhe mit dem Namenszuge Sr. Majestät und der darüber schwebenden Königskrone beleuchtet.

— am 20. Juli erfolgte die Abreise des Königs *Wilhelm* und verlieh derselbe nachstehende Auszeichnungen: dem k. k. Oberstlieutenant *Heinr. Pfrenger* den Kronenorden II. Classe, dem k. k. Bezirksvorsteher *von Zeileisen* den Kronenorden III. Classe, dem ordinirenden Badearzte Geheimrath *Ludwig Preiss* den rothen Adlerorden III. Classe und dem Bürgermeister *J. P. Knoll* den rothen Adlerorden IV. Classe.

— am 21. Juli entsendet der Karlsbader Männergesangverein mehrere seiner Mitglieder zum deutschen Sängerfeste nach Dresden.

— am 18. August wurde der Allerhöchste Geburtstag Sr. Maj. des Kaisers wie alljährlich durch kirchliche Feier, Ausrückung der Schützen, Festtheater, Illumination und einen Wohlthätigkeitsball festlich begangen. Ritter *von Zdekauer* aus Prag spendete 50 f. für die Armen.

— am 23. August wurde im Theater für die durch Feuer Verunglückten in Königswart ein Concert veranstaltet, wobei Fräulein *Anna Regan* sang, Fräulein *Hassel* declamirte und der Karlsbader Männergesangverein 2 Chöre vortrug. Es wurde ein Reinertrag von 666 f. 11 x. erzielt.

1865 wurden die bei St. Leonhard gefundenen Trinkwasserquellen gefasst und mittelst Röhren zum neuen Kurhause geleitet.

— am 6. September war die erste Sitzung der in's Leben gerufenen Bezirksvertretung und wurde von derselben der Verkauf der früher erwähnten städtischen Gebäude in der Mühlbadgasse, wie auch der städtischen Mühle in Fischern bewilligt.

— wird dem Theaterdirector *Fröhlich* das Theater auf weitere 3 Jahre überlassen.

— wird J. U. Dr. *Huber* von der Stadtvertretung zum Intendanten des Karlsbader Theaters bestimmt.

— am 8. September giebt die Kur-Musikkapelle zur Gründung eines Pensionsfonds ihrer Mitglieder am Posthofe ein Concert.

— am 10. September trifft der k. k. österreichische Minister des Aeusseren Graf *Mensdorf* zur Kur hier ein und wohnt im Hause „zum weissen Hasen.“

— am 23. September erhält M. Dr. M. C. *Forster* wegen seiner Verdienste um die ärztliche Behandlung armer Sachsen im hierortigen Fremdenhospitale von Sr. Maj. dem König *Johann* von Sachsen das Ritterkreuz des Albrecht-Ordens.

— am 28. September fand die Wahl des ersten evangelischen Pfarrers (seit 1617) in Karlsbad statt. Von den beiden Candidaten *Gottfried Rodewald* aus Hannover und *Karl Borchers* aus Wunsdorf in Hannover wurde der Erstere mit überwiegender Stimmenmehrheit zum Pfarrer gewählt.

— wurde der Bau des evangelischen Pfarrhauses nächst der Kirche vollendet.

— am 12. October gaben hiesige Dilettanten zum Besten des Fonds zur Errichtung des Körner-Denkmals in Dallwitz eine Theatervorstellung, wobei 170 f. einkamen.

— am 6. November begann der Musikverein im Gasthause „zum Hopfenstock,“ nachdem derselbe eine zeitgemässe Umänderung seiner Statuten vorgenommen hatte, seine Winterübungen.

— am 7. November erwarb die Stadtgemeinde zur Erweiterung des dortigen Platzes (unterhalb des Gasthauses „zum Hopfenstock“) das Haus „zum goldenen Kegel.“ Zum Ankaufe dieses Objectes trug die Stadtgemeinde 3000 f., die dortigen Nachbarn 5000 f. und den Ueberrest der Musikfond bei. Das Haus wurde gleich nach erfolgtem Ankaufe demolirt.

— Laut Beschlusses des Ministeriums haben die polizeilichen Kurinspectionen in den böhmischen Kurorten künftighin aufzuhören.

— am 13. November fand der öffentliche Verkauf der städtischen 3 Häuser in der Mühlbadgasse statt. Das Amthaus (heute „zum

11*

Kaiser von Oesterreich") erstand der Kaufmann *Josef Stieff* für 34,610 f., das Haus „zum Samson" erstand der Goldarbeiter *Adalbert Barton* für 19,005 f. und die Fleischbänke (heute „König von Preussen") der hiesige Badearzt Geheimrath Dr. *Ludwig Preiss* für 20,010 f. ö. W.

1865 am 14. November wurde die städtische Mühle in Fischern öffentlich verkauft und erstand dieselbe der Porzellanfabriksbesitzer *Karl Knoll* um den Ankaufspreis von 32,000 f. 31 x. ö.W. Sämmtliche verkaufte Realitäten ergaben die Summe von 105,625 f. 31 x. ö. W.

— am 20. November erfolgt die Pensionirung des durch 16 Jahre hier angestellt gewesenen Militär-Kurinspectors k. k. Oberstlieutenants *Heinrich Pfrenger*. An seine Stelle ist der bisherige Platzmajor von Mantua, k. k. Major *Kopfinger von Triebenau*, als Militär-Badehaus-Commandant ernannt.

— am 30. September kauften russische Kurgäste das Haus „zur Stadt Washington" in der Marienbaderstrasse für 13,000 f. behufs Errichtung einer russisch orthodoxen Kirche.

— am 22. November gab das hierortige Kurorchester zur Gründung seines Pensionsfonds ein Concert mit Tanzkränzchen im oberen böhmischen Saale.

— veranstaltete der im Jahre 1864 hier gegründete israelitische Männergesangverein „Harmonia" ein Concert für die zum zweiten Male Abgebrannten in Königswart, wobei ein Netto-Ertrag von 63 f. 66 x. erzielt wurde.

— im Monate November ist der neue evangelische Friedhof gänzlich hergestellt.

— am 4. December wurde wie bisher mit der Vertheilung der Rumforter Suppe begonnen. *August von Lützow* spendete zu diesem Zwecke abermals 300 f., und macht sich der alte Bürger und Uhrmacher *Franz Zeidler* sowohl durch Sammlungen wie durch das Controliren bei diesem Wohlthätigkeitsgeschäfte um die Armen der Stadt sehr verdient.

— wurde mittelst Beschlusses der Kurcommission das Kurorchester für das nächste Jahr verstärkt.

— am 5. December beschloss die Stadtvertretung, die hölzerne Mühlbadbrücke durch eine neue aus Eisenconstruction zu ersetzen.

— wurden für Verbesserung der Trinkwasserleitungen von der Gemeinde 24,000 f. ausgegeben.

— betrugen die directen Steuern des Karlsbader Bezirks 93,913 f. 38 x.; die Stadt Karlsbad allein zahlt hierzu den Betrag von 39,000 f.; sie zahlt somit über den 3. Theil der Gesammtsumme.

— am 8. December giebt die Casinogesellschaft im böhmischen Saale eine Theatervorstellung zum Besten der Abgebrannten in Königswart, wobei 222 f. 30 x. erübrigt wurden.

1865 am 23. December wurden aus der Dr. Becher-Stiftung 80 arme Schulkinder mit Kleidungsstücken als Christgeschenk betheiligt.

— Die Gasbeleuchtungsgesellschaft *J. T. B. Porter & J. R. H. Keylworth* haben ihren im Jahre 1864 mit der Stadtgemeinde abgeschlossenen Vertrag nicht eingehalten und ihre Caution von 1000 f. in Staatspapieren im Stiche gelassen.

— fanden Concerte statt und zwar jenes des königl. hannöv. Kammermusikers *Rudolf Hartl* (Violine) unter Mitwirkung des Fräulein *Wilhelmine Czermak* aus Prag und Fräulein *Hassel* vom Wallnertheater aus Berlin; des *E. Bachmann*, ersten Tenor des Prager Landestheaters, und *Otto Klöckner*, Flötisten des hierortigen Brunnenorchesters; Vorstellung des königl. hannöv. Hofschauspielers *Devrient*; des berühmten ungarischen Violinvirtuosen *Remenyi*; die berühmte Sängerin *Baraldi dell' Ara*; das Leipziger Solo-Quartett *Mitteregger's*.

— wurde der Bau des neuen Kurhauses fortgesetzt, ferner die Ufermauern bei der evangelischen Kirche und bei der *Pupp*'schen Allee neu hergestellt, und, wie schon bemerkt, der Bau des evangelischen Pfarrhauses beendigt.

— kam an Kurtaxe ein: 44,369 f. 75 x., an Musiktaxe 21,567 f., an Wohlthätigkeitsbeiträgen 3258 f. 7 x.

— Die Zahl der Kurgäste betrug 7969 Parteien mit 11,061 Personen, die Zahl der Passanten 14,203 Personen.

— an Sprudelsalz wurden bereitet 54 Centner 13¾ Pfund, an Sprudelseife 12 Centner 6 Pfund, an Mineralwasser wurden versendet 281,200 Flaschen.

1866 am 2. Januar erfolgte die erste Verloosung der *Becker*'schen Stadtanleihe im hiesigen Rathhause und in Gegenwart des k. k. Notars, des Stadtraths und der Stadtverordneten. Es wurden 60 Loose, à 100 Thaler, gezogen, welche am 1. Juli zahlbar sind.

— am 3. Januar trifft der neuerwählte evangelische Pfarrer *Rodewald* in Karlsbad ein.

— war hier ein sehr interessantes „Polyorama Stereoscopen-Cabinet" eines *O. Pratte* zur Ansicht aufgestellt.

— am 7. Januar hielt Pastor *Rodewald* den ersten Gottesdienst in der evangelischen Kirche ab.

— übernimmt die Gemeinde ihre Badeanstalten (die Sprudel- und Mühlbadbäder) in eigene Regie.

— am 12. Januar spendete Fürst *Camill Rohan* zu Folge Erklärung d. d. Sichrow am 12. November 1865 dem Karlsbader Militär-Badehause 10,000 f., um mit den Zinsen (pr. 500 f.) alljährlich 10 k. k. Offiziere vom Hauptmanne abwärts, welche der Kur wegen das benannte Badehaus benutzen, zu betheiligen.

1866 am 28. Januar fand die Installation des evangelischen Pfarrers *Rodewald* statt.

— pachtet *Heinrich Mattoni* die Mineralwasserversendung ohne öffentliche Licitazion um den jährlichen Pachtschilling von 14,000 f. Er bot gegen früher beinahe das Doppelte.

— am 1. Februar fand man im Gloriet am Hirschensprung die Leiche eines jungen Menschen von 20 Jahren, aus Falkenau gebürtig, welcher sich durch einen Pistolenschuss entleibt hat.

— am 10. Februar fand eine Generalversammlung der Sparcassegründer statt, wobei 2000 fl. Reingewinn durch Verloosung an 20 Gründer zurückbezahlt wurden.

— wurde abermals am 12. Februar ein Maskenzug durch die Stadt in Scene gesetzt.

— am 19. Februar wurde die durch Behebung der Civil-Kurinspectorsstelle in Karlsbad verfügbar gewordene städtische Wohnung im Mühlbäderhause um einen jährlichen Zins von 583 fl. an den Badearzt Dr. *Schnee* vermiethet.

— am 20. und 21. Februar beriethen hier die Mineralwasserversender, welche Schritte gegen die Fälschung der natürlichen Mineralwässer mit künstlichen einzuleiten wären.

— am 25. Februar gab die Casinogesellschaft im böhmischen Saale eine Theatervorstellung zum Besten des Fremdenhospitals, wobei 155 f. 6 x. erzielt wurden.

— wählte die Egerer Handelskammer *J. P. Knoll* in Karlsbad zu ihrem Präsidenten. Derselbe lehnte jedoch die Wahl ab.

— bringt der hierortige Optiker *Bernhart* mit seinem vollständig und gut construirten Apparat einen Cyklus von Nebelbildern im Gasthause „zum Elysium" zur Anschauung.

— bespricht Dechant P. *Adler* während der Fastenpredigten folgende Themata: Die schlafenden Jünger. — Der krähende Hahn. — Ein Blick des Herrn. — Der weinende Petrus. — Der verzweifelnde Judas. — Der begnadigte Schächer.

— am 28. Februar gab der hierortige israelitische Gesangverein „Harmonia" in seinem Vereinslocale „zum König von Würtemberg" eine Theatervorstellung zum Besten der hierortigen Armen, wobei 32 f. abgeführt wurden.

— stellt Optiker *Bernhart* jeden Tag von 1 bis 2 Uhr in seinem Geschäftslocale (Sprudelgasse No. 141) ein Sonnenmikroskop zur Auffindung von Trichinen von 20-millionenmaliger Vergrösserung auf.

1866 am 4. März gab die Casinogesellschaft im Hause „zum Elysium" eine Vorstellung zum Besten der Dr. Hochberger- und Dr. Anger-Waisenstiftung, wobei 60 f. 50 x. einkamen.

— um 12. März kam der Architekt *Jul. Mayblum* aus St. Petersburg hier an, um den Bau der hierortigen russischen Kirche, zu welcher er den Plan verfasste, in's Werk zu setzen.

— bietet der Besitzer der Caférestauration „zum Waldschloss," *Nowak*, diese Realität sammt den dazugehörigen Grundstücken der Gemeinde zum Kaufe an; der Ankauf wird aber von der Gemeinde-vertretung „einstimmig" abgelehnt.

— am 27. März starb der durch mehr als 30 Jahre hier thätige Chor-rector und Lehrer *Carl Stark*.

— ordnet ein Ministerialerlass vom 19. Februar Z. 1289 an, dass der Vorsteher der landesfürstlichen Bezirksbehörde, der jeweilige Bür-germeister von Karlsbad und der hierortige landesfürstliche Brunnen-arzt die Kurcommission bilden. Die Staatsverwaltung übt das ihr zustehende Aufsichtsrecht in Kurangelegenheiten durch den Vor-steher der landesfürstlichen Bezirksbehörde in Karlsbad als dele-girtes Organ der k. k. Statthalterei aus. Die Kurcommission hat vor Beginn und mit Schluss jeder Saison zusammenzutreten und Alles, was im Interesse des Kurortes förderlich erscheint, zu berathen und der hohen Statthalterei vorzulegen.

— am 19. April in der Nacht wurden durch Einbruch dem Goldarbeiter *Kuster* im Hause „zum Triumphbogen" Pretiosen im Werthe von 3500 f. entwendet. Man konnte der Diebe nicht habhaft werden.

— am 5. April wurde das bei den Körner-Eichen in Dallwitz aufgestellte Körner-Monument nach Karlsbad überführt und im Parke un-weit des Theresienbrunnens aufgestellt.

— erhielt der hierortige Badearzt, Geheimrath Dr. *Ludwig Preiss*, vom König von Hannover das Ritterkreuz des Ernst-August-Ordens I. Classe.

— am 22. April wurde erst das eigentliche Installationsfest des evan-gelischen Pastors *Rodewald* abgehalten.

— am 1. Mai fand die übliche Brunnenweihe statt. Sie ist in die-sem Jahre von besonderem Interesse, da zugleich die Einweihung des nun vollendeten neuen Kurhauses vorgenommen wurde. Es war zu diesem Zwecke im Vestibule desselben ein Altar erbaut, vor welchem Stadtdechant P. J. *Adler* eine Rede hielt und ein darauf bezügliches Gebet verrichtete. Hierauf wurden processio-naliter von der Geistlichkeit, der gesammten Stadtvertretung, vielen Aerzten und Honoratioren die Räumlichkeiten des Kurhauses ab-gegangen und mit Weihwasser besprengt. Ebenso wurde die neue Quelle vor dem Kurhause, welche zu den Vollbädern benutzt wird, eingeweiht. Diese Quelle liefert in der Minute 78 Seidel Wasser, welches eine Temperatur von $+ 50^{\circ}$ R. hat.

1866 am 2. Mai schwoll die Tepel in Folge eines bei Petschau niedergegangenen Wolkenbruches sehr stark an, riss einen Theil der Breterverschalung unterhalb des Sprudels auf und bedrohte das Holzgerüst, welches behufs Aufstellung der neuen eisernen Mühlbadbrücke dort errichtet war. Viele entwurzelte Bäume und sonstige Holzgegenstände brachten die Fluthen mit sich.

— am 2. Mai Abends um 9½ Uhr traf Ihre kaiserl. Hoheit die Frau Erzherzogin *Sophie*, Mutter Sr. Maj. des Kaisers *Franz Josef I.* von Oesterreich, zur Kur hier ein und wohnte im Hause „zu zwei deutschen Monarchen." Ihre kaiserl. Hoheit mussten auf Ihrer Reise von Pilsen nach Karlsbad von Petschau aus einen Umweg über Schlaggenwald und Elbogen machen, da des niedergegangenen Wolkenbruches halber die Strasse zwischen Petschau und Karlsbad ganz zerrissen und unfahrbar war.

— am 2. Mai beschloss die Gemeindevertretung, zur Deckung des sich ergebenden Deficits für das Jahr 1866 eine Anleihe von 20,000 Thlr. zu machen.

— legen *Hilpert & Comp.* aus Nürnberg den Entwurf eines Contractes zur Errichtung der Gasbeleuchtung in Karlsbad vor.

— am 7. Mai trafen Se. kaiserl. Hoheit Erzherzog *Ludwig Victor*, jüngster Bruder Sr. Maj. des Kaisers, zum Besuche seiner Mutter, der Frau Erzherzogin *Sophie*, hier ein.

— am 9. Mai brannten in Schlackenwerth 64 Häuser ab. Von Karlsbad wurden sogleich 150 Laibe Brod dahin abgeschickt.

— wurde das Kurorchester um 7 Mitglieder verstärkt, sodass dasselbe gegenwärtig aus 36 Mann besteht.

— ist beim Sprudel in der Ecke des Badehauses und Sprudelbäderaufganges ein neuer Musikpavillon aus Gusseisen aufgestellt worden.

— am 12. Mai fand die Eröffnung des Theaters unter der Direction *Fröhlich* statt. Das Theater war inwendig neu und geschmackvoll vom hierortigen Decorateur *Oswald Richter* restaurirt, was eine Auslage von 1700 f. verursachte, wozu die Stadtvertretung 1000 f. und Director *Fröhlich* 700 f. beitrugen.

— am 14. Mai, als dem Vorabende des hohen Namensfestes Ihrer kaiserl. Hoheit der Frau Erzherzogin *Sophie*, war der Friedrich-Wilhelm-Platz durch den Namen S o p h i e, überragt von einer Krone, glänzend erleuchtet. An diesem Tage trafen auch Se. kaiserl. Hoheit der Erzherzog *Franz Carl*, Vater Sr. Maj. des Kaisers, zum Besuche seiner durchlauchtigsten Gemahlin hier ein.

— am 15. Mai, dem Namensfeste Ihrer kaiserl. Hoheit, spielte während des Déjenners das Kurorchester unter den Fenstern deren Wohnung. Um 10½ Uhr wurde die neue, aus Eisen construirte Mühlbadbrücke

eingeweiht und erhielt zu Ehren der Frau Erzherzogin den Namen
„Sophienbrücke." Das Schützencorps war entlang der Mühl-
brunncolonnade aufgestellt; die Brücke selbst war grün bekränzt
und an beiden Enden derselben waren kleine Altäre errichtet, bei
welchen sich die k. k. Offiziere, die k. k. Staatsbeamten und die
Stadtvertretung befanden. In langen Zügen bewegten sich Schulkinder mit ihren Fahnen über die Brücke und stellten sich in der
Sprudelgasse auf. Stadtdechant P. *Adler* hielt eine auf die Feier
bezügliche Rede nebst lateinischem Gebete und besprengte sodann
die Brücke mit Weihwasser. Nun erschien die Frau Erzherzogin in
Begleitung ihres Gemahls, des Erzherzogs *Franz Carl*, und gingen
Beide über die Brücke. Hierauf fand ein feierliches Hochamt statt.
Abends war Concert im Theater für die Abgebrannten in Schlackenwerth, wobei die zur Kur anwesende Gräfin *Szechenyi* mitwirkte. Der
Reinertrag betrug 830 f. Se. kaiserl. Hoheit Erzherzog *Franz Carl*
schenkte den Arbeitern bei der Sophienbrücke 100 f.

1866 am 17. Mai reisten Se. kaiserl. Hoheit Erzherzog *Franz Carl* und
dessen Sohn, Erzherzog *Ludwig Victor*, wieder von hier ab.

— wurde von Seite des Stadtraths die in Preussen verbreitete Nachricht, als würden die zur Kur hier anwesenden preussischen Kurgäste insultirt, in den Zeitungen berichtigt und unterzeichneten
mehrere hier zur Kur anwesende preussische Militärs diese Berich-
tigungen.

— am 25. Mai reiste Ihre kaiserl. Hoheit Erzherzogin *Sophie* von hier
ab und hinterliess nachstehende milde Spenden: für das Armeninstitut 50 f., für das Fremdenhospital 100 f., für das Dienstbotenspital 50 f., für die Kinderbewahranstalt 25 f., für das Israelitenspital
50 f. Ebenso spendete Se. k. k. Hoheit Erzherzog *Ludwig Victor*
für das Armeninstitut 50 f. An Kur- und Musiktaxe waren 150 f.
von der allerhöchsten Dame angewiesen.

— am 30. Mai bewilligte die Bezirksvertretung der Stadt Karlsbad die
Aufnahme eines Anlehens von 30,000 Thlr.

— am 30. Juni war hier grosse Aufregung unter den Bewohnern. Die
k. k. Beamten hatten den Auftrag, ihre Posten zu verlassen; die
Militär-Badehaus-Besatzung packte ihre Betten, Utensilien u. s. w.,
um gegen Pilsen abzureisen, da die Preussen im Anzuge seien.

— am 8. Juli um 11 Uhr Vormittags rückte hier ein Piquet preussischer
Landwehr-Uhlanen, bestehend aus einem Lieutenant mit 9 Mann, ein.
Mit gespannten Pistolen ritten sie bis auf den Marktplatz; vor dem
Rathhause hielten sie. Der Lieutenant, Namens *Livonius*, kündigte
an, dass am folgenden Tage (9. Juli) 1400 Mann preussische In-
fanterie und 600 Mann Cavallerie hier eintreffen würden.

Da alle k. k. Aemter geschlossen, die k. k. Adler überall abgenommen, und die meisten Regierungsbeamten abgereist waren,
so lag die Verwaltung der öffentlichen Angelegenheiten einzig und

allein der Stadtvertretung ob. In der Kirche wurde von 3 bis 6 Uhr bei ausgesetzten „Hochwürdigsten" um Frieden gebeten, als Abends um 7 Uhr schon wieder ein Detachement von 21 Mann Uhlanen hier einrückte. Die am Morgen Angekommenen wurden im Hôtel „zum goldenen Schild" und das des Abends eingerückte Detachement im „Hôtel de Russie" einquartirt. Der Commandant der letzteren Abtheilung hiess Lieutenant *Below*. Tags darauf (9. Juli), als Lieutenant *Livonius* eben im Café - Salon frühstückte, sprengte Lieutenant *Below* in gestrecktem Galop durch die Kreuzgasse, Mühlbadgasse, über den Markt und die alte Wiese zum Café-Salon. Beide kehrten ebenso schnell auf einem und demselben Pferde, *Livonius* im Steigbügel stehend, über die alte Wiese zum „goldenen Schild" zurück. Nach einigen Minuten sassen alle Preussen im Sattel und jagten zur Stadt hinaus über die Egerbrücke, woher sie gestern gekommen waren. Auf der Zettlitzer Höhe stellten sie Vorposten aus, und nachdem sie die Gegend recognoscirt hatten, ritten sie auf der Strasse gegen Lichtenstadt weiter. Dieser schnelle Rückzug wurde durch den Umstand veranlasst, dass man auf der Eger-Karlsbader Strasse die Schotterhaufen wegräumen liess, worauf sich das Gerücht verbreitete, es seien 8000 Bayern im Anzuge. Obwohl in Karlsbad zur Speisung der angesagten 2000 Mann vorgesorgt war, kamen diese doch nicht hier an. Man nennt seit jener Zeit den 9. Juli nur den Knödeltag.

1866 am 10. Juli erschien ein Manifest Sr. Maj. des Kaisers *Franz Josef I.* an seine Völker; am 11. und 12. Juli blieben alle Posten aus, und es herrschte grosse Bestürzung unter den Einwohnern.

— wird wegen Mangel an Kurgästen die Hälfte des Brunnenorchesters verabschiedet; der Theaterdirector *Fröhlich* zahlt seinen Mitgliedern keine Gage mehr aus; diese leiten eine Subscription ein und spielen unter sich auf Theilung.

— werden Bittprocessionen wegen Verleihung des Friedens abgehalten.

— am 24. Juli hielt der rühmlich bekannte Kanzelredner Oberrabbiner *Spitzer* aus Esseg in Ungarn im hierortigen israelitischen Tempel eine Predigt, welcher viele hohe geistliche Würdenträger verschiedener Confessionen beiwohnten.

— am 27. Juli verbreitete sich das Gerücht, dass von Prag her die Preussen im Anmarsch seien. Um 3 Uhr Nachmittags kamen richtig die Quartiermacher für 120 Mann Reiter und 400 Mann Infanterie hier an. Kurz darauf trafen die angesagten Truppen in Karlsbad ein. Die Verköstigung derselben war in nachfolgender Weise vorgeschrieben. Jeder Mann musste bekommen: Früh Kafé mit Semmel; Mittags Suppe, 1 Pfund Fleisch mit Gemüse, 1 Quart Bier, 1/4 Quart Branntwein, 2 Pfund Brod und 6 Cigarren; Nachmittags Kafé, und später ein genügendes Abendbrod. Diese Truppen waren zumeist aus Westphalen.

1866 am 29. Juli marschirte die Cavallerie und eine Compagnie Infanterie nach Eger, 140 Mann blieben als Besatzung hier. Der hier stationirte commandirende Major *von Winterfeld* inspicirte die k. k. Steuercasse, fand dieselbe aber vollkommen leer; ebenso begab er sich in das k. k. Telegraphenamt; hier waren ebenfalls die Apparate fortgeschafft, jedoch hatten die Beamten in der Eile vergessen, die Journalien mitzunehmen, welche der Major sofort in Beschlag nahm. Es wurden hierauf Wachen vor das Haus gestellt, um die Beamten, wenn sie kommen sollten, zu arretiren; allein diese hatten längst das Weite gesucht.

— am 30. Juli erliess der mit einer Compagnie hier zurückgebliebene Lieutenant *Koutzerow* einen energischen Erlass an die Stadtpolizei, da bei Gelegenheit, als die preussischen Soldaten am Markte ein Fass Bier austranken, ein Postpacker, dem sie auch zu trinken anboten, sich in Schmähungen gegen die Preussen ausliess, worauf dem Attentäter einige kräftige Ohrfeigen applicirt wurden. Der Vorfall war damit erledigt.

— am 31. Juli musste diese hier stehende Compagnie plötzlich nach Eger abmarschiren; blos 6 Mann Dragoner als Feldpost und 4 Kranke blieben zurück. Ausser dem Futter für die Pferde und den Vorspannswagen fanden keinerlei Requisitionen statt. Die Infanterie wurde alle per Wagen befördert.

— an der böhmisch-sächsischen Grenze wurden von Seite der österreichischen Zollämter viele preussische Familien, welche zur Kur nach Karlsbad kommen wollten, zurückgewiesen, was für Karlsbad fühlbaren Schaden mit sich führte.

— am 2. August kamen 9 Mann kranke preussische Soldaten hier an und wurden zur Heilung im Fremdenhospitale untergebracht.

— am 5. und 6. August kamen die gegen Falkenau und Eger hier durchpassirten preussischen Truppen wieder nach Karlsbad zurück, setzten jedoch ihren Weitermarsch gegen Prag schon am 7. August wieder fort.

— am 7. August schloss die Gemeindevertretung den Contract wegen Einführung der Gasbeleuchtung mit *Hilpert & Comp.* ab.

— am 8. August spendete *August von Lützow* 200 f. zur Vertheilung an die hierortigen Armen und 300 f. (wie alljährlich) zur Bereitung von Rumforter Suppe.

— am 15. August traf Grossfürstin *Helene* von Russland zum Kurgebrauche hier ein und wohnte im „englischen Hause" am Schlossplatz.

— Die Geburtstagsfeier Sr. Maj. des Kaisers *Franz Josef I.* fand am 18. August in gewöhnlicher festlicher Weise statt. Das Schützencorps war in Parade ausgerückt, gab die üblichen Salven und Mittags ertönte vom Stadtthurme die österreichische Volkshymne.

1866 am 19. August gaben sich hier viele preussische Offiziere, aus Komotau und aus Weiden in Bayern kommend, ein Rendez-vous, wobei es sehr lustig zuging. Diesem Beispiele folgten viele andere ihrer in der Umgebung von Karlsbad bequartirten Kameraden, so dass täglich eine grosse Zahl derselben hier zu sehen war.

— am 23. August wurden wieder 400 Mann preussische Soldaten mit 70 Pferden zur Bequartirung hier angemeldet.

— am 24. August gab das halbe Brunnenorchester wieder das erste Concert am Posthofe.

— am 26. August um 11 Uhr Vormittags rückte der Stab der 14. königl. preussischen Infanterie-Division unter General Graf *Münster* hier ein; derselbe nahm im „goldenen Schild" Quartier. Am selben Tage kamen noch 500 Mann vom königl. preussischen 7. Jägerbataillon sammt Musikkapelle hier an und blieben hier im Standquartiere.

— am 26. und 28. August gab die genannte Militär-Musikkapelle im Posthofe Concerte gegen ein Entrée von 30 x.

— am 29. August gab die Musikkapelle des königl. preussischen 16. westphälischen Infanterieregiments ein Concert im Café-Salon gegen ein Eintrittsgeld von 40 x. Alle diese Concerte waren sehr besucht.

— am 30. August Vormittags marschirte ein Füsilier-Bataillon vom königl. preussischen 16. westphälischen Infanterieregimente 1060 Mann stark ohne weiteren Aufenthalt gegen Lichtenstadt hier durch.

— wurden die hier garnisonirenden königl. preussischen Feldjäger blos an dem ersten Tage ihres Hierseins von der Einwohnerschaft verköstigt, da nach dem in Prag erfolgten und bereits unterzeichneten Friedensschlusse von jetzt ab die Soldaten sich selbst zu verpflegen hatten. Zu diesem Zwecke errichteten sie im Hause „zum Schloss Windsor" und am „Helenenhofe" Schlächtereien und fassten ihre Lebensmittel von ihrer Proviantverwaltung.

— am 31. August kam hier abermals für eine Nacht Aufenthalt eine Abtheilung königl. preussischer Husaren und einige Wagen mit Kranken an.

— Ende August trifft der königl. preussische General Prinz *August* von Würtemberg, der Bruder der Grossfürstin *Helene* von Russland, in Karlsbad ein und blieb durch 14 Tage hier.

— am 1. September marschirte das königl. preussische 8. westphälische Infanterieregiment No. 57 gegen Graslitz hier durch.

— am 1. September hielt der evangelische königl. preussische Feldprediger in der hierortigen evangelischen Kirche einen Gottesdienst für die in Karlsbad bequartirte Garnison ab.

— am 2. September wurde der Stab der hier liegenden Truppen nach

Hartenberg verlegt und am 3. September um 8 Uhr Morgens zog die ganze hierortige Garnison nach Lichtenstadt ab.

1866 am selben Tage traf schon wieder das schwere Feldlazareth No. 3 hier ein und verblieb daselbst durch 2 Tage.

— am 4. September passirte unsere Stadt das königl. preussische Regiment No. 33 vom ostpreussischen Corps (Pommern), von welchem blos ein Theil hier bequartirt wurde.

— am 5. September marschirten dieselben wieder ab. Im Garten beim „goldenen Schild" brachte die preussische Militärmusik einem daselbst wohnenden Kurgaste eine Serenade.

— am selben Tage passirte noch eine Abtheilung königl. preussischer Dragoner die Stadt.

— am 8. September war das letzte Posthofconcert in dieser Saison zum Besten des Pensionsfonds der Karlsbader Kurkapelle.

— am 9. September wurde ein preussischer Soldat vom Lazareth No. 3, der an der Cholera litt, nach Karlsbad in's Fremdenhospital gebracht. Er wurde wieder hergestellt, und war dieses der einzige Fall, welcher jemals in Karlsbad zur Behandlung kam.

— wurden von hier anwesenden Kurgästen 513 f. 20 x. zur Anschaffung von Männerhemden für die Verwundeten gesammelt; diese wurden mit Hilfe der Karlsbader Frauen angefertigt. 120 sind davon an den patriotischen Hilfsverein in Wien, 124 Männerhemden, 66 Schnupftücher, 6 Handtücher und 30 Ellen Leinwand an das k. k. Bezirksamt in Nachod gesendet worden.

— am 24. September bewilligt die Bezirksvertretung der Karlsbader Stadtgemeinde den Verkauf der bei der Prager Sparcasse verpfändeten Staatsobligationen.

— übernahm nach dem fallit gewordenen Theaterdirector *Fröhlich* die Leitung des Theaters Director *König* aus Olmütz; demselben wurde auch für das Jahr 1867 das Theater überlassen. Am 17. September fand die letzte Vorstellung statt. — Der Fundus instructus des Theaterdirectors *Fröhlich* wurde von den Schauspielern für rückständige Gage mit Beschlag belegt und später öffentlich an den Meistbietenden veräussert.

— am 23. September wurden die vier letzten preussischen kranken Soldaten aus dem hierortigen Fremdenhospitale in ihre Heimath entlassen.

— am 26. September starb der pensionirte Stadt-Bauamtmann *Josef Vogl.*

— wurde wegen der in verschiedenen Gegenden Böhmens herrschenden Cholera die Abhaltung des Herbstjahrmarktes verboten.

— d. d. Prag 24. Juli wird das Karlsbader Dienstbotenspital

mittelst Beschlusses des hohen Landesausschusses in die Zahl der öffentlichen Krankenanstalten eingereiht.

1866 am 30. September erschoss sich *Carl Franieck* sen., Buchdrucker, Bruder des oft erwähnten *Franz Franieck.* Er war ein sehr gefälliger, gemüthlicher Mann und wurde allgemein bedauert.

— am 1. October wurde in der Dekanatkirche für die im letzten Kriege gefallenen Oesterreicher ein feierliches Todtenamt abgehalten.

— legt Professor *Brinz* seine Stelle als Landtagsabgeordneter für Karlsbad und Joachimsthal nieder und übersiedelte als Professor der Rechte nach Tübingen.

— am 4. October wurde das a. h. Namensfest Sr. Maj. des Kaisers *Franz Josef I.* mit kirchlicher Feier unter Paradirung der Schützencompagnie begangen.

— am 4. October um 7 Uhr Abends traf hier Se. Maj. König *Johann* von Sachsen ein und nahm sein Absteigequartier im Hause „zu den zwei deutschen Monarchen." Gegen 9 Uhr kam auch Allerhöchstdessen Gemahlin, Ihre Maj. die Königin, von Regensburg hier an. Die k. k. Behörden, die Geistlichkeit und die Gemeindevertretung empfingen die königlichen Gäste. Die Sophienbrücke, die Johannisbrücke und die Ufermauern der neuen Wiese waren illuminirt. Das königliche Gefolge bestand aus 40 Personen; 34 Pferden sammt dem Stallpersonale.

— am 5. October fand zu Ehren des hohen Königspaares abermals eine Beleuchtung des Glorietts am Hirschensprunge mit farbigen Lampen statt. Der herrschende Sturmwind liess eine weitere Höhenbeleuchtung nicht zu.

— am 18. October Mittags kam Se. königl. Hoheit der Kronprinz *Albert* von Sachsen zum Besuche seiner königlichen Eltern hier an und kehrte am 20. October wieder zu der bei Wien campirenden königl. sächsischen Armee zurück.

— am 25. October um 8 Uhr früh verliess auch das sächsische Königspaar mit seinem Gefolge unsere Stadt, um zunächst auf 2 Tage nach Teplitz und von dort auf das königliche Schloss P i l l n i t z bei Dresden zurückzukehren.

— erhielt der k. k. Bezirksvorsteher *Miesl von Zeileisen* von Sr. Maj. dem König *Johann* von Sachsen bei dessen Abreise den A l b r e c h t s - o r d e n.

— reiste eine Deputation, bestehend aus dem k. k. Bezirksvorsteher *von Zeileisen*, dem Bürgermeister *Knoll, Lud. Mieg* und *Hugo Göttl,* zu Sr. Maj. dem Kaiser *Franz Josef I.* nach Prag, um eine Subvention für den Bau der Eisenbahn von Prag über Karlsbad nach Eger zu erbitten.

1866 am 15. November wurde der hierortige Advocat J. U. Dr. *Hueber* zum Landtagsabgeordneten für die Städte Karlsbad und Joachimsthal gewählt. Joachimsthal betheiligte sich gar nicht an der Wahl, weil dessen Wähler bisher stets in der Minorität blieben.

— am 19. November lehnt die Stadtvertretung die Anstellung eines Lehrers der czechischen Sprache an der Karlsbader Hauptschule einstimmig ab.

— am 22. November fand die Uebergabe des unweit des Theresienbrunnens aufgestellten Körner-Monuments statt. Vor dem Monumente versammelten sich die Stadtvertretung und die Mitglieder des Gesangvereins. *Gustav Hein* als Ordner der Liedertafel hielt eine diessbezügliche Anrede und übergab an den Bürgermeister die Gründungsurkunde. Hierauf sang der Männergesangverein einen Chor. Das Monument, ein Obelisk aus Granit, ist mit dem Brustbilde des Dichters in Medaillonform aus Bronze gegossen und enthält die Inschrift: „Zum Andenken an *Theodor Körner* von dem Karlsbader Männergesangvereine errichtet am 23. August 1863." Abends feierte der Männergesangverein im Gasthause „zum Hopfenstock" das Cäcilienfest, wobei eine Crayonzeichnung, ausgeführt von dem Maler *Cordik* und die Brustbilder der Musikvereins-Mitbegründer Dr. *Mannl*, *Josef Labitzky* und Dr. *Forster* enthaltend, enthüllt wurde.

— am 26. November gab das Kurorchester zum Besten seines Pensionsfonds im böhmischen Saale ein Concert mit Tanzkränzchen.

— am 3. December wurde mit der Ausspeisung der Rumforter Suppe begonnen.

— pachtet der hierortige Mineralwasser-Versendungspächter *Heinrich Mattoni* in Gesellschaft des *Gustav Knoll* die Versendung des Giesshübler Sauerbrunnens (König Otto-Quelle) um den jährlichen Pachtzins von 11,000 f.

— Se. Maj. der König *Johann* von Sachsen haben anlässlich des mehrwöchentlichen Aufenthaltes in Karlsbad dem k. k. Postverwalter *Karl Bauer* einen Brillantring und dem k. k. Telegraphenamtsleiter *Josef Enderle* eine Brillant-Vorstecknadel übersendet.

— fanden gar keine Kunstproductionen statt; dagegen ergab sich hier im Hochsommer ein anderes, vorher nie gesehenes und vielleicht auch nie wieder vorkommendes Ereigniss, welches sicher der Aufzeichnung werth ist, nämlich: ein Bärenführer liess seine Gesellschaft, bestehend in einem Kameel, einem Bären und einem Affen, ganz ungenirt auf der alten Wiese ihre Künste produciren.

— wurde gebaut: Die Ufermauer von der Sophienbrücke bis zur Stadt Hamburg, sowie jene in der Sprudelgasse. Der Besitzer der Porzellanfabrik, *Carl Knoll*, baut an Stelle der von der Karlsbader Stadtgemeinde gekauften Mühle in Fischern eine grosse Kunstmühle nach amerikanischem Muster; an der Stelle der alten Fleischbänke beginnt Geheimrath Dr. *Preiss* den Neubau eines grossen Hauses; ebenso wird das Haus „zum Matrosen" des *V. Weczerczik* neu aufgebaut.

1866 waren 3009 Kurparteien hier. An Kurtaxe gingen ein: 17,054 f. 75 x.; an Musiktaxe 7740 f.; an Hausir-' und Handelstaxe 738 f. 66 x.; au Wohlthätigkeitsbeiträgen 198 f. 31 x.; an Sprudelsalzerzeugung 4073½ Pfund im Betrage von 8147 f.; an Sprudelseife 542 Pfund im Betrage von 498 f. Mineralwasser wurden versendet 270,000 Flaschen.

1867 am 10. Januar hielten im hierortigen Bezirksamtsgebäude die Mitglieder des von dem Karlsbader k. k. Bezirksvorsteher *von Zeileisen* in's Leben gerufenen Brandschadenversicherungs-Vereins der Landgemeinden des Karlsbader Bezirks eine Versammlung behufs der statutenmässigen Prüfung ihrer Geschäftsführung und der Erledigung der Jahresrechnung des Vereins.

— am 24. Jauuar fand die Wahl eines Landtagsabgeordneten für die Landgemeinden Karlsbad, Petschau und Elbogen statt, wobei J. U. Dr. *Alfred Knoll*, Advocat in Petschau (ein geborner Karlsbader), von 109 anwesenden Wahlmännern mit 71 Stimmen gewählt wurde.

— am 29. Jauuar schwoll die Tepel so sehr an, dass sie aus ihren Ufern trat. Das Wasser riss die neu erbaute Ufermauer und den gegenüber des Hauses „zum weissen Stern" stehenden steinernen Röhrkasten in der Sprudelgasse mit fort, ohne dass später eine Spur von ihm in dem Flussbette zu finden gewesen wäre.

— am 30. Januar wurde J. U. Dr. *Hueber* wieder als Landtagsabgeordneter für die Städte Karlsbad und Joachimsthal gewählt.

— beträgt am 30. Januar zufolge des veröffentlichten Ausweises der Fond zur Anstellung eines Gesanglehrers in Karlsbad 5638 f. 24½ x.

— am 5. Februar beschloss die Stadtvertretung, das Theater mit Gas beleuchten zu lassen, und votirt zu diesem Zwecke 1300 f.

— am 9. Februar trat die Tepel abermals aus ihren Ufern. Die Wiese, der Markt, die Sprudelcolonnade, die neue Wiese mit dem Theaterplatz, Krenz- und Egerstrasse standen unter Wasser. Die Ufermauern beim Auge-Gottes-Steg, beim Hause „zum König von Schweden," am Quai bei der Felsenquelle und beim k. k. Militär-Badehause wurden mehr oder weniger zerstört. Sonst wurde glücklicherweise kein weiterer Schaden verursacht.

— am 10. Februar entleibte sich der Geschäftsführer der Buchhandlung *Dominicus*, *W. Klier*, in der Nähe des Parnassfelsens, indem er sich den Hals mittelst eines Barbiermessers durchschnitt. Er nahm sich den Umstand, dass die Ueberschwemmung in dem ihm anvertrauten

Geschäfte einigen Schaden angerichtet hatte, so sehr zu Herzen, dass er in einem Anfalle von Geistesabwesenheit den Selbstmord vollführte.

1867 am 19. Februar verlooste die Sparcasse abermals die im verflossenen Jahre erübrigte Summe von 3000 f.

— am 9. März schenkte *August von Lützow* der Stadtgemeinde Karlsbad 1000 f. zur Wiederherstellung des durch das letzte Hochwasser beschädigten Steges nächst der evangelischen Kirche. Bei der Dankeserstattung für dieses splendide Geschenk willfahrte *Aug. von Lützow* dem Ansuchen der Stadtgemeinde, dem neuen Steg, in dessen eiserner Geländer-Mitte der Buchstabe L angebracht ist, von jetzt ab den Namen L ü t z o w s - S t e g zu geben.

— am 10. März fand nach Beendigung des Gottesdienstes um 11 Uhr Vormittags in der evangelischen Kirche die N e u w a h l e i n e s P r e s - b y t e r i u m s statt. Die feierliche Einführung der neuerwählten Presbyter in ihr Amt erfolgte am 17. März nach dem Gottesdienste.

— erschienen von unserem strebsamen Lehrer *Wenzl Rank* im Verlage von *R. Forberg* in Leipzig vier anmuthige Clavierpiecen unter dem Titel: „Souvenirs de Carlsbad." Heft I.: „Dans la gondole," Heft II.: „Idylle;" Heft III.: „M a z u r k a c a r a c t e r i s t i q u e;" Heft IV.: G r a n d G a l o p."

— am 13. März erschoss sich im Hause „zur Badeliste" der 19jährige *Wilhelm Christ*, Sohn eines hiesigen Gürtlers, wegen unglücklicher Liebe.

— bei der schon wieder am 21. und 22. März stattgehabten Wahl von Abgeordneten wurden wie früher J. U. Dr. *Alfred Knoll* und J. U. Dr. *Franz Hueber* gewählt.

— am 25. März wurde nach einer Abwesenheit von 3 Wochen des hierortigen Bürgersohnes *Mack* dessen Leiche im Walde hinter dem Freundschaftssaale gefunden. Derselbe hatte sich mittelst eines Pistolenschusses entleibt.

— am selben Tage starb an Vergiftung das in der Porzellanfabrik zu Hammer bedienstete Stubenmädchen *Josefa Bonewill*, gebürtig aus Manetin. Sie befand sich im dritten Monate in gesegnetem Zustande und wollte mittelst Phosphor nicht sich selbst, sondern die Frucht tödten. Sie verschied unter unsäglichen Schmerzen nach 16 Stunden.

— am 18. März Abends um 7 Uhr traf Ihre kaiserl. Hoheit die Frau Erzherzogin *Sophie*, Mutter Sr. Maj. des Kaisers *Franz Josef I.*, zur Kur hier ein und nahm wie früher „zu zwei deutschen Monarchen" ihr Absteigequartier. Um 11 Uhr Nachts kam auch Ihre Maj. die verwittwete Königin *Marie* von Sachsen, Schwester der Frau Erzherzogin, hier an und wohnte in selbem Hause.

— am 31. März wurde die Vertheilung der Rumforter Suppe eingestellt.

Es wurden vom 3. December 1866 bis zum 31. März 1867 26,314 Portionen vertheilt. Dem bei dieser Suppenanstalt äusserst thätigen Bürger *Franz Zeidler* wurde von Seite der Stadtvertretung der besondere Dank ausgesprochen.

1867 am 9. April trat das Wasser abermals aus seinen Ufern, ohne jedoch einen Schaden zu verursachen.

— am 13. April um 9 Uhr Morgens erfolgte nach einem blos 15 tägigen Kurgebrauche die Abreise Ihrer kaiserl. Hoheit der Frau Erzherzogin *Sophie* und Ihrer Maj. der Königin *Marie* von Sachsen. An die kurze Anwesenheit der beiden höchsten Damen knüpft sich sonst nichts besonders Aufzeichnungswürdiges.

— am 1. Mai fand die alljährlich übliche Brunnenweihe in gewohnter Weise statt.

— am 8. Mai fand die Eröffnung der Bäder im neuen Kurhause statt.

— am 16. Mai brachte der Karlsbader Männergesangverein in der katholischen Kirche eine neue Messe seines Chormeisters *Friedrich Knoll* zur Aufführung.

— am 16. Mai veranstaltete der Musiklehrer *Anton Leibold* aus Lichtenstadt mit seinen 30 Musikzöglingen hier im Garten des bürgerlichen Schiesshauses eine musikalische Production. Der Ertrag war zur Verbesserung des Institutes bestimmt.

— am 17. Mai ereignete sich im Hause „zum schwarzen Adler" am Markte nachstehender Vorfall. Es wohnten daselbst seit kurzer Zeit zwei angebliche Studenten Namens *Müller* aus Wien. Der Aeltere reiste heimlich ab und hatte dem Jüngeren seine Baarschaft mitgenommen. Am Abende um 9 Uhr erbrach der zurückgebliebene *Müller* die Thüre der an sein Zimmer anstossenden Wohnung und nahm aus dem offenen Kasten des dortigen zweiten Zimmers mehrere Schmucksachen. Auf seinem Zimmer wieder angekommen, vermisste er sein Terzerol und begab sich abermals in die nebenan gelegene fremde Wohnung. Im selben Augenblicke, als er seine Schusswaffe zu sich nahm, kamen die Bewohner derselben, ein königl. preussischer Major mit seiner Tochter, nach Hause. Zum Entfliehen war es zu spät, weshalb sich Müller unter ein Kanapee versteckte. Beim Betreten des Zimmers bemerkte das Fräulein sogleich, dass nicht Alles in Ordnung und ihre Schmucksachen gestohlen seien. Während sie Umschau im Zimmer hielt, bemerkte sie den Dieb unter dem Kanapee. Dieser wollte entfliehen, doch als er die Zimmerthüre erreichte, trat ihm der eben nach Hause kommende Major entgegen und packte auf das Geschrei seiner Tochter den Dieb und warf ihn in das Zimmer zurück. Als sich der Dieb gefangen sah, schoss er sich durch die Brust und sank sogleich zusammen. Vor seinem in einigen Tagen erfolgten Tode gestand er noch, dass er auch im Walde in der Nähe des Freundschaftssaales ein Attentat auf eine Engländerin ausführte. Sein Name *Müller* war gefälscht, auch war er kein Student, sondern ein Handwerksgeselle.

1867 am 6. Juni wurde das neu erbaute russische Gotteshaus in der Marienbader Gasse eingeweiht.

— am 10. Juni fand im Theater zum Besten der hierortigen Wohlthätigkeitsanstalten eine Vorstellung statt, wobei auch ein Akt aus der Oper „Der Freischütz" gegeben wurde, in welchem Fräulein *Regan* das A e n n c h e n sang. Es wurde ein Reinertrag von 160 f. 39 1/2 x. abgeführt.

— am 20. Juni war die Herstellung einer Nothbrücke über die Eger, behufs des Baues einer neuen Egerbrücke aus Stein, vollendet und wurde sogleich mit der Abtragung der bis jetzt bestandenen hölzernen Egerbrücke begonnen.

— am 5. Juli gab die Theaterdirection zum Vortheile des hier domicilirenden alten Opernsängers *Friedrich Hassloch* eine Vorstellung, in welcher der bekannte Wiener Komiker *Matras* gastirte. *Hassloch* erhielt 166 f. ö. W., welche für ihn in der Sparcasse angelegt wurden.

— am 18. Juli traf die Grossfürstin *Helene* von Russland zur Kur hier ein und wohnte im „englischen Hause" am Schlossplatze.

— Da das Consortium Graf *Czernin* seit zwei Jahren von der ihr ertheilten Concession zum Baue einer Eisenbahn von Prag über Karlsbad nach Eger gar keine Anwendung machte, so richtet die Karlsbader Gemeindevertretung deshalb eine Petition an den Reichsrath.

— am 23. Juli wurde in der katholischen Kirche ein T r a u e r g o t t e s d i e n s t für den in Mexico ermordeten unglücklichen Kaiser *Max*, Bruder Sr. Maj. des Kaisers *Franz Josef I.*, abgehalten, wobei ein polnischer Erzpriester aus Posen celebrirte. Derselbe hielt zum Schlusse des Gottesdienstes vom Altare aus eine Trauerrede in p o l n i s c h e r S p r a c h e, was bei den nicht polnischen Anwesenden grosses Aergerniss erregte.

— am 1. August hielt der Theaterdirector *König* im Vereine mit dem dortigen Wirth *Josef Schuller* im Schiessbause ein V o l k s f e s t ab, wobei Tanz im Freien, Akrobaten, Natursänger, Taschenspieler, Sackläufer, Pantomimisten, Preisspiele, Illumination, Luftballons, Feuerwerk, Theater u. s. w. vorkamen.

— am 4. August erschoss sich ein 20 Jahre alter Tischlergeselle auf offener Strasse in der Kreuzgasse nächst dem Hause „zum Vulkan."

— am 8. August war die Stadt Karlsbad zum ersten Male mit G a s beleuchtet. Der Unternehmer *Hilpert* gab den Gemeindevertretern ein D i n e r im sächsischen Saale.

— am 10. August gastirte Fräulein *Gallmeyer* in der Rolle der *Therese Krones* im Theater zum Besten des Fremdenhospitals und wurde hiebei ein Betrag von 174 f. erzielt.

12*

1867 am 18. August fand die alljährliche Feier des Geburtsfestes Sr. Maj. des Kaisers *Franz Josef I.* in üblicher Weise statt, und zwar mit Theater parée, Beleuchtung des Friedrich-Wilhelms-Platzes und des Kurhauses (letzteres zeigte das Stadtwappen in Gasflammen), feierlichem Gottesdienst und Ausrückung der Schützen. Ritter *von Zdeckauer* aus Prag und Ehrenbürger von Karlsbad spendete aus diesem Anlasse 50 f. an die hierortigen Armen.

— im Monat August fanden im Theater mehrere Opernvorstellungen statt.

— am 25. August reisten 24 Mitglieder des Karlsbader Männergesangvereins zum Sängerfeste nach Komotau.

— am 26. August fand im Café-Salon für die Abgebrannten in Lichtenstadt ein Concert unter Mitwirkung des Kurorchesters, der *Therese Seehofer*, des *F. Derffel*, Kammervirtuosen der Grossfürstin *Helene* von Russland, und des Pianisten *Promberger* statt. Es wurden 350 f. an die Verunglückten abgeführt.

— am 2. September kaufte die Karlsbader Sparcasse das Haus „zu den drei Kronen" in der Sprudelgasse um 12,505 f.

— am 10. September wurde der hierortige k. k. Bezirkshauptmann *Miesl* Edler *von Zeileisen* zum k. k. Statthaltereirath ernannt, jedoch bleibt derselbe in seiner Eigenschaft als k. k. Bezirkshauptmann in Karlsbad.

— am 12. September kaufte der Geldwechsler *Lederer* das Haus „zum Ritter" am Marktplatze um 51,000 f.

— kauft der Kaufmann *Rosenfeld* das Haus „zur Stadt Wiesbaden" in der Sprudelgasse für 25,300 f.

— wurde über eine Angabe des Fremdenhospital-Directors Dr. *Forster* von dem hierortigen k. k. Bezirksamte dem Stadtrathe eröffnet, dass Se. Maj. der Kaiser unterm 28. August allergnädigst gestattete, dass das Karlsbader Fremdenhospital zur Vermehrung seines Stammvermögens und der Krankenplätze in Vormerkung bei Vertheilung der Erträgnisse der Staatswohlthätigkeits-Lotterie genommen wurde.

— wurde das Theater dem Director *König* für das Jahr 1868 verliehen.

— etablirt *Karl Franieck* jun. eine neue Leihbibliothek im Hause „zu den drei Lämmern" am Marktplatze.

— in der Sitzung des Stadtverordneten-Collegiums am 18. October wurde die mit 24 gegen 2 Stimmen von dem Collegiumsmitgliede J. U. Dr. *F. Hueber* beantragte und entworfene Adresse wegen Abschaffung des Concordats angenommen.

— wurde in derselben Sitzung der Gehalt des Karlsbader Bürgermeisters von 500 f. auf 1000 f. und jener der Räthe von 150 f. auf 250 f. erhöht.

— am 25. October starb in Hannover in seinem 95. Lebensjahre der

k. Archivrath und Ehrenbürger von Karlsbad, *Kestner* (Sohn der Lotte aus „Werther's Leiden" von *Göthe*); er war mehr als 50 Mal und im vorigen Jahre zum letzten Male zur Kur hier.

1867 am 6. November starb der schon erwähnte k. Kammervirtuose *Hartl* in seinem Geburtsorte, dem nahen Donnawitz.

— am 7., 9. und 11. November fand die Neuwahl des Stadtverordneten-Collegiums statt und wurden *J. P. Knoll* wieder zum Bürgermeister, *Josef Hofmann, Josef Pittroff, Hugo Göttl* und *Ernst Stark* zu Stadträthen gewählt.

— am 24. November wurde die Café-Restauration „Waldschloss" öffentlich um 13,000 f. von dem Glasermeister *Lorenz* gekauft.

— am 30. November wurde der Hauptschullehrer *Wenzl Proksch* zum Chorrector mit dem Jahresgehalt von 200 f. und der k. k. Steueramts-controleur *Georg Knoll* zum Organisten mit dem Jahresgehalte von 100 f. an der hierortigen Dekanatkirche angestellt.

— sendet die Gemeindevertretung an den Reichsrathsabgeordneten Professor Dr. *Herbst* in Wien ein Dankschreiben wegen der von ihm im Abgeordnetenhause gehaltenen eindringlichen Rede betreffs des Baues einer Eisenbahn nach Karlsbad.

— wird auf Kosten des ritterlichen Kreuzherrenordens mit dem rothen Stern das Innere der hierortigen katholischen Kirche von dem Maler *Baumann* aus Prag, der auch die äusseren Räume des Kurhauses (Vor- und Stiegenhäuser) malte, neu renovirt.

— am 13. December kauft der Handelsmann *Nathan Buxbaum* das Haus „zum Herzog von Brabant" für 31,500 f.

— am 24. December wurden 36 arme Schulkinder aus der Dr. Becher-Stiftung mit Kleidungsstücken betheilt.

— müssen wegen der Gasbeleuchtung im Theater die alten abgenutzten Decorationen durch neue ersetzt werden, welches eine Ausgabe von 1500 f. verursacht.

— wurden Concerte und sonstige Kunstproductionen gegeben: Am 15. Juli ein Concert von Fräulein *Regan*, wobei die Sängerinnen Fräulein *Gertrud* und *Emma Bussler*, wie auch die Pianistin Fräulein *Wilhelmine Czermak* aus Prag mitwirkten; Frau *Thome* aus Prag wirkte bei einem zweiten Concert des Fräulein *Regan* am 29. Juni mit; am 21. Juli gab der königl. preussische Hof-Escamoteur *Bellachini* eine Vorstellung im Café-Salon; am 10. August gastirte Fräulein *Gallmeyer* aus Wien im Theater; den Schluss der Kunstproductionen machte der Amerikaner *F. Belling* mit seinen gymnastischen und akrobatischen Vorstellungen, verbunden mit Geister- und Gespenster-Erscheinungen, im Café-Salon.

— wurden an Bauten ausgeführt: die Ufermauer vom Fleischersteg bis zur Sophienbrücke.

1867 weist die Kurliste eine Frequenz von 9115 Parteien mit 12,671 Personen aus. An Kurtaxe wurden eingenommen: 51,408 f. 50 x., an Musiktaxe 24,776 f., an Hausir- und Handelstaxe 1694 f. 26 x., an Wohlthätigkeitsbeiträgen 3774 f. 26 x., an Sprudelsalz (5260 Pfund) 11,046 f., an Sprudelseife (1324 3/4 Pfund) 1218 f. 77 x.

— trugen die Badeanstalten: 29,534 f. 68 x.

— wurde Mineralwasser versendet: 500,000 Flaschen und Krüge.

1868 am 2. Januar wurde wie alljährlich mit der Vertheilung der Rumforter Suppe begonnen und spendete hiezu *August von Lützow* abermals 300 f.

— am 7. Januar wurde dem um seine Vaterstadt sehr verdienstvollen Arzte Dr. *Eduard Hlawaczek* das Ehrenbürgerrecht der Stadt Karlsbad verliehen. Er gab den ersten Impuls, dass die Versendung der Karlsbader Mineralwässer in's Leben gerufen wurde.

— am 13. Januar kam der seltene Fall vor, dass das Ehepaar *Johann* und *Katharina Richter*, Besitzer des Gasthauses „zum Morgenstern," ihre goldene Hochzeit mit einem Gottesdienste in der katholischen Kirche feierten.

— ist das vom Geheimrathe Dr. *Preiss* an Stelle der alten Fleischbänke erbaute neue Haus fertig und erhält das Schild: „zum König von Preussen."

— Ebenso giebt nach vollendetem Baue der Kaufmann *Josef Stieff* seinem an Stelle des alten Amthauses aufgeführten neuen Hause den Namen: „zum Kaiser von Oesterreich."

— beträgt der Gesangslehrerfond des Musikvereins 5920 f. 89 1/2 x.

— am 18. Februar fand eine früher hier noch nie gesehene grosse israelitische Hochzeit, und zwar jene des Kaufmanns *Adolf Rosenfeld* mit Fräulein *Camilla Benedikt* statt. 18 Equipagen fuhren die Hochzeitsgäste in den israelitischen Tempel.

— am 27. Februar beschloss die diesjährige Generalversammlung der Karlsbader Sparcassenmitglieder, den Rest der noch schuldigen Vorschüsse pr. 3200 f. an die Gründer zurückzuzahlen. Die Sparcasse hat also nunmehr den erhaltenen Gründungsvorschuss pr. 10,000 f. zur Gänze abbezahlt und hat auch noch ihr eigenes Haus.

— am 28. Februar wurden von hier aus an das königl. preussische Ministerium des Innern 250 Thaler für die Nothleidenden in Preussen abgesendet. Die Stadtvertretung gab 50 Thaler und 200 Thaler wurden von dem hierortigen Bürger *Emanuel Platzer* bei den Karlsbader Einwohnern gesammelt.

— am 3. März sendete die Stadtvertretung eine Petition an das k. k. österreichische Ministerium des Innern wegen Aufhebung des vom Ministerium *Bach* eingeführten Badestatuts und der Kurcommission.

— am 5. März war die bei der Papiermühle in Hammer errichtete, aus

Eisen construirte Brücke vollendet, und bestand dieselbe die Belastungsprobe, indem 8 mit Braunkohlen beladene Wagen und endlich ein mit 80 Centnern beschwerter und mit 6 Pferden bespannter Lastwagen darüber fuhr, vollkommen.

1868 am 17. März wurde der Pacht der vollendeten Kurhaus-Restauration unter mehreren ausgezeichneten und bedeutend mehr bietenden Concurrenten einem gewissen *Schmutzer*, vormals Kellner im „goldenen Schild," auf 3 Jahre für jährliche 1600 f. überlassen.

— am 21. März reisten *L. Mieg* und J. U. Dr. *Dermoutz* als Deputirte der Stadtgemeinde Karlsbad nach Wien, um mit dem Minister des Innern *Giskra* wegen der Aufhebung der Kurcommission zu conferiren. Sie kamen am 28. März mit den besten Hoffnungen zurück, jedoch hatte sich Dr. *Dermoutz* auf der Reise verkältet und erlag nach kurzer Krankheit am 2. April (Entkräftung in Folge eines heftigen Darmkatarrhs) seinen Leiden.

— giebt Theaterdirector *König* die ihm von der Stadtvertretung verliehene Leitung des Karlsbader Theaters zurück, weil er das deutsche Theater in Lemberg übernommen hatte. In Folge dessen wurde am 9. April das Theater dem Theaterdirector *Haag* in Oedenburg übertragen.

— wurde die Allee am Quai längs der Neubrunncolonnade und des Kurhauses gepflanzt, sowie der Platz vor dem Fremdenhospital mit Blumenbosquets geziert.

— am 22. April wurde hier die Geburt Ihrer kaiserl. Hoheit der Erzherzogin *Marie Valerie* mit Te-Deum und Lösung von 21 Böllerschüssen gefeiert.

— am 23. April wurde das neue Zeitungslese-Cabinet im Kurhause eröffnet.

— erhält der Bürgermeister *J. P. Knoll* das Ritterkreuz des königl. sächsischen Albrechtsordens.

— am 1. Mai fand die Brunnenweihe und mit ihr die Eröffnung der Saison statt.

— am 9. Mai wurde das Theater unter der Direction *Haag* mit dem Schauspiele: „Der Statthalter von Bengalen," von Dr. *Heinrich Laube*. eröffnet.

— am 11. Mai wurden im neuen Kurhause die Bäder und am 16. Mai die dortige Restauration eröffnet. Bei dem zu dieser Gelegenheit in Scene gesetzten Diner, das Couvert à 1 f. 50 x., betheiligten sich nur wenig Karlsbader.

— am 15. Mai starb *Karl Knoll*, der strebsame und ausgezeichnete Gründer der Porzellanfabrik in Fischern.

— am 29. Mai erfolgte hier die Ankunft Ihrer Maj. der Königin-Wittwe von Baiern; ihr Gefolge bestand in 14 Personen und wohnte in „zwei deutschen Monarchen."

1868 am 6. Juni wurde im Kurhause die erste Reunion abgehalten. Sie war sehr spärlich besucht; es tanzten nur 8 Paare.

— am 12. Juni traf hier Se. kaiserl. Hoheit Erzherzog *Albrecht* zum zweitägigen Besuche Ihrer Maj. der Königin-Wittwe von Baiern ein.

— am 22. Juni früh um 7 Uhr reiste Ihre Maj. die Königin-Wittwe von Baiern von hier wieder ab.

— wurden bei der am 23. Juni vorgenommenen Wahl für die Bezirks-vertretung von den Landgemeinden Hofrath Ritter *von Hochberger*, aus der Gemeindevertretung Dr. *Forster*, Dr. *Sorger* und Apo-theker *Göttl*, Dr. *Anger*, Jos. *Hofmann* und *Ernst Stark*, von den Industriellen *Heinrich Mattoni*, von den Grossgrundbesitzern Se. kaiserl. Hoheit G r o s s h e r z o g v o n T o s k a n a und der Herzog von B e a u f o r t gewählt. Hofrath Ritter *von Hochberger* wurde wieder zum O b m a n n e gewählt.

— am 29. Juni fand im sächsischen Saale ein sehr besuchter und animirter, von Kurgästen arrangirter G e s e l l s c h a f t s b a l l statt, da die Reunionen im Kurhause bei dem Fremden-Publicum keinen Anklang finden.

— am 3. Juli spielte das Kurorchester zum ersten Male vor dem Kurhause am Quai Abends von 7½ bis 9 Uhr.

— wird im Theater die Operette: „D e r B l a u b a r t," von *Offenbach*, 18 Male hintereinander gegeben, was hier noch nie dagewesen ist.

— im Monate Juli wurde die Anordnung getroffen, dass die Hälfte des Kurorchesters jede Woche einmal vor dem sächsischen Saale und einmal vor dem Kurhause Abends von 8 bis 9 Uhr zu spielen hat.

— am 11. August fand im Café-Salon zu Gunsten der in diesem Sommer dreimal von Feuersbrunst heimgesuchten Joachimsthaler ein Concert statt, wobei der Violin-Virtuose *Ferd. Laub*, Fräulein *Regan* und der Pianist *Door* mitwirkten. Es gingen über 600 f. ein.

— am 14. August trat der für Karlsbad neu ernannte k. k. Bezirks-. richter *Wenzl Hauptmann* seine Amtirung an.

— resignirt der Advocat Dr. *Hueber* krankheitshalber auf seine Stelle als Landtagsabgeordneter. Die Neuwahl wurde auf den 20. August ausgeschrieben.

— am 18. August wurde die Geburtsfeier Sr. Maj. des Kaisers wie all-jährlich mit Illumination, Festtheater, Hochamt und Ausrückung der Schützen u. s. w. begangen.

— wird der durch 17 Jahre hier anwesende Stadtkaplan P. *Kasali* als Pfarrer nach Königsberg übersetzt und kommt an seine Stelle P. *Schmidt*, ein geborner Tachauer.

1868 wurde bei der am 20. August stattgehabten Wahl eines Landtags-abgeordneten der Städte Karlsbad und Joachimsthal J. U. Dr. *Graf*, Landes-Advocat in Eger, gewählt. Der Gegencandidat war J. U. Dr. *Kreith von Kräuterthal* aus Wien.

— richtet die Stadtvertretung eine Vertrauens-Adresse an das hohe Ministerium wegen Aufrechterhaltung der Verfassung.

— erscheint von M. Dr. *Eduard Illawaczek* die achte Auflage seines in jeder Beziehung ausgezeichneten Werkes über Karlsbad.

— am 26. August fand die Commission wegen Ermittelung des Platzes zum Bahnhofe statt. Die Commission erklärt sich für eine Stelle hinter Fischern, wogegen die Karlsbader Gemeindevertretung eine Vorstellung an das k. k. Handelsministerium einbringt.

— wurde bei der am 27. August hier abgehaltenen Lehrerversammlung (45 an der Zahl) beschlossen, einen Lehrerverein für den Karlsbader Bezirk zu gründen. Mit der Ausarbeitung der Statuten wurden betraut: Schuldirector *Goldbach*, Lehrer *Stängl* in Aich, Lehrer *Baier* in Espenthor und die Hauptschullehrer *W. Rank* und *Christl* in Karlsbad.

— reisen als Deputirte der Karlsbader Gemeindevertretung der Bürgermeister *Knoll*, Apotheker *Göttl* und *Heinrich Mattoni* nach Wien, um dem Handelsminister eine Petition wegen Erbauung des Eisenbahnhofs nach Donitz zu überreichen. Sie brachten wenig Hoffnung für die Gewährung dieser Bitte mit zurück.

— am 6. September reisten sowohl die Grossfürstin *Helene* von Russland, wie auch der zur Kur hier gewesene Herzog *Ernst* von Coburg wieder ab.

— am 7. September wird dem Theaterdirector *Haag* das Theater für das Jahr 1869 abermals verliehen.

— Frau *Mathilde Arnemann* geb. *Stammann* aus Altona hielt sich den ganzen Sommer über hier auf und machte es sich zur Aufgabe, einen Verein unter dem Namen „Elisabeth-Rosen" zur Unterstützung armer Kurgäste zu gründen. Zu diesem Behufe veranstaltete sie eine Soirée musicale, wozu nur adelige Familien (die Karte 2 f., ohne der Wohlthätigkeit Schranken zu setzen) geladen waren. Sie erhielt von der zur Kur hier anwesenden Frau *Nanette von Harder* geborene Baronin *von Stieglitz* zu diesem Zwecke 15,000 f. südd. W.

— am 25. September Nachmittags um 3 Uhr wurden die Schlusssteine in die Gewölbebogen der unter der ausgezeichneten Leitung des k. k. Ingenieurs *Clemens Fischer* und des Baupächters und Civilingenieurs *Josef Schaffer* neuerbauten Steinbrücke über die Eger eingesetzt. In Gegenwart sämmtlicher hierortiger Behörden und einer grossen Menge Menschen wurden die bekränzten Schlusssteine herbeigebracht und eingemauert. Die ersten 3 Hammerschläge gab der k. k. Bezirkshauptmann und Statthaltereirath *von Zeilcisen*, hierauf folgten die übrigen Beamten und Honoratioren, zuletzt der Bauleiter und der Baupächter. Der Akt war durch Bøllerschiessen gekennzeichnet.

1868 am 27. und 28. September hielt hier der E g e r t h a l e r S ä n g e r - b u n d ein Sängerfest ab. Tags zuvor wurden vom Festcomité die ankommenden Gesangvereine empfangen und zu einer geselligen Vereinigung in's Kurhaus begleitet. Am 27. September fand im Café-Salon die Wahl des Concert-Dirigenten statt und wurde hiezu der Leiter des Karlsbader Männergesangvereins, *Friedrich Knoll*, gewählt. Hierauf war die Generalprobe; um 1 Uhr gemeinschaftliches Dinor im Kurhause, wobei der Präses des Festcomité's, *Gustav Hein*, die Festrede hielt. Um 3 Uhr begab sich der Festzug der sämmtlichen Sänger vom Kurhause aus zum Café-Salon, wo das Concert um 4½ Uhr begann. Abends war grosser Laternenzug und Commers im Kurhause. Am 28. September wurde der Vorort für die nächsten 3 Jahre gewählt; die Wahl fiel auf Eger. Zum Schlusse Ball im Kurhause.

— Es waren bei diesem Sängerfest erschienen:

34 Mitglieder des	Egerer Männergesangvereins,
38 -	- Egerer Sängerbundes,
30 -	- Elbogener Gesangvereins,
32 -	- Falkenauer Gesangvereins,
30 -	- Franzensbader Liederkranzes,
41 -	- Karlsbader Männergesangvereins,
20 -	- Karlsbader Vereins „Harmonia,"
24 -	- Marienbader Männergesangvereins,
18 -	- Pirkenhammer Gesangvereins,
16 -	- Petschauer Gesangvereins.
283	

— am 4. October, dem Namensfeste Sr. Maj. des Kaisers *Franz Josef I.*, wurde ein feierlicher Gottesdienst unter Paradirung der Schützencompagnie und Nachmittags ein Turnerfest mit Schauturnen beim Café-Salon abgehalten, welchem letzteren die Turnvereine der Umgebung beiwohnten. Abends war grosses Turnen mit Feuerwerk beim „Elysium;" erst nach Mitternacht zogen die fremden Turner, mit ihren Musikbanden an der Spitze, der Heimath zu.

— J. U. Dr. *Ludwig Schmidt* eröffnet seine Advocaten-Canzlei im Hause „zum goldenen Löwen."

— erhält der Karlsbader Schuldirector *Goldbach* eine schriftliche Anerkennung des k. k. Unterrichtsministeriums für seine opferwillige und erfolgreiche Thätigkeit im Schulwesen.

— am 1. October eröffnet der Landes-Advocat J. U. Dr. *Alfred Knoll* seine Canzlei im Hause „zum Feigenbaum" nächst der Sophienbrücke.

1868 legt *Josef Labitzky* seine Stelle als Kurorchester-Director, welche er durch 35 Jahre begleitete, nieder. Er hat sich als Tanzmusik-Compositeur einen Namen gemacht, der ihn berechtigt, sich dreist *Lanner* und *Strauss* an die Seite zu stellen. Seine Compositionen waren vorzüglich in Norddeutschland sehr beliebt. Unter seiner Leitung gelangte das Karlsbader Kurorchester auf eine Kunststufe, welche es zum ersten unter allen übrigen Brunnenorchestern empor brachte. Ausser einem einfachen Dank erhielt *Labitzky* bei seinem Abtreten keinerlei Pension oder sonstige Anerkennung.

— am 7. October trafen die Zwillingsschwestern Ihre kaiserl. Hoheit Erzherzogin *Sophie* von Oesterreich und Ihro Maj. die Königin-Wittwe *Marie* von Sachsen zur Kur hier ein und blieben bis 28. October.

— geben diese höchsten Damen die Bewilligung, dass die neu angelegte Promenade von Klein-Versailles bis zum weissen Kreuz den Namen „Maria-Sophien-Promenade" führt.

— erklärt der Mineralwasser-Versendungspächter *H. Mattoni*, dass die einlaufenden Bestellungen auf Sprudelsalz, ohngeachtet 6000 Pfd. erzeugt wurden, nicht alle effectuirt werden konnten, weshalb die Gemeindevertretung beschliesst, eine provisorische Salzsudhütte mit Kohlenfeuerung in der Nähe des Schlachthofes an der Tepelmündung in die Eger zu errichten, weil beim Sprudel die Zahl der Pfannen wegen Platzmangel nicht vermehrt werden könne.

— gründet ein Comitée zur Hebung des geselligen Winterlebens ein Casino im Kurhause, welchem 161 Mitglieder beitraten. Die Israeliten miethen zu ihren geselligen Versammlungen den unteren böhmischen Saal.

— vom 7. auf den 8. December richtete ein Sturmwind in den Karlsbader Waldungen grossen Schaden an.

— Nach Schluss der Saison gab der Theaterdirector *G. J. Mussik* im hierortigen Theater noch einen Cyklus von Vorstellungen.

— im December wurde die Gesangschule des Musikvereins eröffnet.

— wird das neue Gesetz vom 27. October 1868 veröffentlicht, womit die grundsätzlichen Bestimmungen zur Regelung des Kurwesens in den Kurorten Karlsbad, Marienbad, Franzensbad und Teplitz-Schönau vorgezeichnet werden.

— spendete *August von Lützow* wieder, wie in früheren Jahren, zur Bereitung der Armensuppe 300 f.

— erst gegen Schluss des Jahres trifft eine dritte Theatergesellschaft unter der Direction *Suvar* hier ein und giebt im „Schloss Windsor" Vorstellungen.

— am 24. December fand die Vertheilung von Kleidungsstücken an arme Schulkinder aus der „Dr. Becher-Stiftung" statt.

1868 wird abermals eine Petition der Karlsbader Stadtvertretung an das k. k. Handelsministerium und an den hohen Landesausschuss abgesendet, worin um die Anlegung des Eisenbahnhofs auf der Zettlitzer Höhe gebeten wird.

— am 26. December veranstaltet die Casinogesellschaft eine Lotterie mit Tombola, wobei 90 f. eingenommen und am Sylvesterabend an 30 hierortige Arme vertheilt wurden.

— hebt das neue Gesetz für die Badeorte die Stellen der landesfürstlichen Brunnenärzte auf und erhält Hofrath Dr. Ritter *von Hochberger* für seine 25jährige eifrige und umsichtige Dienstesleistung den vollen Gehalt als Pension.

— war die Saison eine der besten für Karlsbad; die diesjährige Zahl der Kurparteien wurde zuvor nie erreicht. Das anhaltend schöne Wetter begünstigte das Reisen und den Kurgebrauch; die Zahl der Bäder stieg auf eine noch nie dagewesene Höhe und erreichte manchen Tag die Höhe von 500. Absichtlich verbreitete falsche Gerüchte in Zeitungen über die Gesundheitsverhältnisse in Karlsbad hatten auf den Besuch unseres Kurortes gar keinen Einfluss, da dieses böswillige und brodneidische Mittel schon zu verbraucht ist, als dass sich noch Jemand daran kehren sollte.

— An Bauten wurden in diesem Jahre begonnen oder vollendet: Ein neues Haus im Gartenthal („zum Gutenberg"). Die Erbauerin, *Caroline Heilingötter*, Stadtcassierswittwe, starb während des Baues und wurde dieses unvollendete Bauobject von dem Buchhändler *Emil Pohlenz* angekauft und vollendet. An der Promenade beim Posthofe kaufte die Stadtgemeinde von den Besitzern der dort angrenzenden Felder und Wiesen längs des ganzen Weges einen 6 Fuss breiten Streifen (die Klafter à 9 f.) und erbreitete damit diese Promenade.

— Concerte, anderweitige Productionen und Sehenswürdigkeiten gab es: Die Productionen des Musik- und Männergesangvereins; das Concert im Café-Salon der Signora *Angelica Baldi*, königl. italienische Hofsängerin, unter Mitwirkung des Violinisten *Emil Lehr*; das am 15. Juli im Café-Salon abgehaltene Concert des k. k. Hof-Pianovirtuosen *Wilmers*; das am 18. Juli ebenfalls dort stattgehabte Concert des berühmten Violinvirtuosen *Ferdinand Laub*; das am 29. August veranstaltete Concert des Fräulein *Charlotte von Tiefensee* unter Mitwirkung des Pianisten *Derffel*, und endlich das zum Besten des Fremdenhospitals von *Gerstberger* aus Prag auf dem Harmonium gegebene Concert. Die Vorstellungen des Escamoteurs *Bellachini* im Café-Salon und schliesslich die im Spätherbste hier am Obstmarkte anwesende Menagerie des *J. Passog*.

— Die Kurliste zeigte 9389 Parteien; an Kurtaxe gingen ein: 52,341 f. 5 x., an Musiktaxe 25,426 f., an Hausir- und Handelstaxe 1845 f. 35 x., an Wohlthätigkeitsbeiträgen 3850 f. 96 x.; an Sprudelsalz wurden erzeugt 7329 1/2 Pfund und verkauft für 15,391 f. 95 x.; an Sprudelseife wurden erzeugt 1200 Pfund und verkauft für 1104 f.; au Mineralwasser wurden versendet 437,382 Flaschen.

1869 am 5. Januar votirt die Stadtvertretung Sr. Excell. dem k. k. Minister des Innern Dr. *Giskra* und Sr. Excell. dem Minister der Justiz Dr. *Herbst*, sowie dem Reichstagsabgeordneten Dr. *Bahnhans* das Ehrenbürgerrecht der Stadt Karlsbad.

— am 5. Januar überträgt die Stadtvertretung die bis jetzt dem landes-fürstlichen Brunnenärzte zustehenden Geschäfte an den Stadtarzt Dr. *Sorger* und erhöht dessen Gehalt (vom 1. Januar 1869 angefangen) von 210 f. auf 420 f.

— erfolgt durch die k. k. Bezirkshauptmannschaft Karlsbad die Ueber-gabe der den Kur- und Musikfond betreffenden Acten an die Gemeinde-vertretung. Unter Einem wird eine Eingabe an die hohe k. k. Statt-halterei mit der Bitte gerichtet, der k. k. Bezirkshauptmannschaft Karlsbad die Weisung zu ertheilen, dass jede Function der k. k. Bezirksbehörde oder des k. k. Bezirkshauptmanns in Kurangelegen-heiten, insoweit sie nicht im Gesetze selbst begründet ist, zu ent-fallen habe.

— am 5. Januar beginnt die Vertheilung der Rumforter Suppe im Fremdenhospitale unter der Aufsicht des alten Bürgers *Franz Zeidler*.

— am 21. Januar wurden die vom städtischen Bauamtmann *Ludwig Renner* entworfenen Pläne zum Baue einer neuen Colonnade beim Neubrunnen im Rathhause zur Einsicht aufgelegt. Die Stadt-vertretung schickte später diese Pläne zur Begutachtung an den Architekten und Professor am Polytechnicum *Zitck* nach Prag. Nach genauer Prüfung erklärte derselbe die Pläne zwar als correct, jedoch sei er mit der Anlage nicht einverstanden, und theilt mit, dass er im Monat März selbst nach Karlsbad kommen, die Situation gehörig studiren und dann neue Pläne entwerfen werde.

— am 22. Januar wird an Stelle des pensionirten städtischen Rentamts-Controleurs *Josef Glaser* der k. k. Steueramtsassistent *Vinzenz Weiser* aus Plan gewählt.

— fand im Verlaufe des Monats Januar im Kurhause, ausser mehreren Tanzunterhaltungen, am 24. Januar ein „Bal masqué et paré" statt.

— hat sich die *Franieck'sche* „Buch- und Steindruckerei und Leihbibliothek" mit einer Gesellschaft hierortiger Geschäftsleute associirt und führt nunmehr die Firma: *C. H. Franieck & Comp.*

— im Januar veranlasste der Schuldirector *W. Schwab* aus Elbogen in der Buchdruckerei von *C. H. Franieck & Comp.* die Herausgabe einer Erziehungsschrift unter dem Titel: „Bote für Haus und Schule."

— am 3. Februar gab der Männergesangverein ein Concert, wobei *August Labitzky* auf der Violine unter grossem Beifall concertirte.

1869. An Stelle des pensionirten Lehrers der französischen Sprache an der hierortigen Hauptschule, *F. Seemann*, wurde der in Eger befindliche Lehrer *Joh. Bap. Dubois* angestellt.

— am 8. Februar wurde im El y s i u m ein grosser Maskenball abgehalten.

— erhalten die hierortigen Israeliten mittelst Erlass des hohen k. k. Ministeriums für Cultus und Unterricht dd. 21. December 1868 die Genehmigung zur Errichtung einer eigenen Cultusgemeinde.

— beschliesst die Stadtvertretung auf Grund des S i t z u n g s - P r o t o - k o l l e s der K a r l s b a d e r B r u n n e n ä r z t e vom 26. August 1868:

1. Die Thermometer in den Badeanstalten von Zeit zu Zeit einer genauen Revision zu unterziehen und bei Anschaffung neuer auf eine zweckentsprechende Construction Rücksicht zu nehmen.

2. Da das Füllen sämmtlicher Badebecken im Kurhause zur selben Zeit wegen Mangel an Wasser und Unzulänglichkeit der Bedienung kaum möglich ist, so ist die Einrichtung zu treffen, dass die Badewannen mit geraden Zahlen zur ganzen Stunde, die mit ungeraden Zahlen zur halben Stunde ($\frac{1}{2}$10, $\frac{1}{2}$11 u. s. w.) abgegeben werden.

3. Die Anschaffung von zwei Sänften.

4. Das Gefälle der Steinplatten bei den Pissoirs ist mit der Abdachung gegen die Rinne umzulegen, und die in Kübeln angesammelten Excremente allnächtlich exportiren zu lassen.

5. Die Beschränkung des Waschens der Leinensorten in Karlsbad ist undurchführbar, obgleich die Berechtigung des Wunsches, die Verwendung des zum Trinken und Kochen kaum ausreichenden Wassers zu diesem Zwecke nicht zu gestatten, anerkannt wird.

6. Für die Reinigung des Tepelflusses und Herstellung der Dielung am Sprudel, sowie für die Erhaltung der Seitengraben im Flussbette ist Vorsorge zu treffen.

7. Gegen die schädlichen Ausdünstungen aus den Kanälen ist die Tieferlegung der Kanalöffnungen und die Anbringung von Kanalklappen anzuordnen.

— beschliesst die Stadtvertretung über eine Zuschrift des Hofrathes Dr. Ritter *von Hochberger* wegen Verbau der Ausbrüche beim Sprudelberge und Vermehrung des Trinkwassers:

1. vorerst eine genaue Messung des Mineralwassers vornehmen zu lassen,

2. fortgesetzt das Augenmerk auf die Vermehrung des Trinkwassers zu richten.

— am 16. Februar entschied das Ministerium, dass der Eisenbahnhof nicht hinter Fischern, sondern auf der Zettlitzer Höhe erbaut werde.

1869 am 21. Februar kauft der frühere Pächter des Gasthauses „zum blauen Stern," *Josef Breitenfelder*, das Gasthaus „zum Hopfenstock."

— widmete der Karlsbader Bürgersohn *C. J. Hofmann*, Ritter des St. Olaf-Ordens, die Summe von 500 f. zum Besten armer, verwaister Kinder der hierortigen Schule.

— im Februar veröffentlichen die Brüder *Taschler*, dass sie die Concession zur Errichtung einer Buchdruckerei in Verbindung mit einer lithographischen Anstalt mit *Josef Schäfler* erhalten haben.

— wurde der Leiter des Baues der Egerbrücke, k. k. Bauadjunct *Clemens Fischer*, zum Ingenieur im Ministerium des Innern ernannt.

— erschien das Gesetz zur Regelung des Kurwesens in den Kurorten Karlsbad, Marienbad, Franzensbad und Teplitz-Schönau vom 27. October 1868 in der Taschenausgabe der Landesgesetze für das Königreich Böhmen.

— erhielt der hierortige Glashändler *Ludwig Moser* den Titel eines k. k. österreichischen Hoflieferanten.

— verkaufte *August von Lützow* seine Villa an den Grafen *Zedtwitz*, hat sich jedoch die erste Etage als lebenslängliche Wohnung vorbehalten.

— kaufte *Josef Hammerschmied* den von ihm gepachteten „Salle de Saxe."

— am 13. März kaufte die Stadtvertretung behufs Demolirung die Häuser in der Sprudelgasse: „zum Jupiter" um 13,500 f. und jenes „zum Zuckerrohr" um 12,500 f.

— im März veranstaltete der Verein „Harmonia" eine Theatervorstellung, deren Reinertrag von 180 f. zur Hälfte zur Errichtung des Mühlfeld-Grabmals und zur anderen Hälfte für hierortige Arme bestimmt war.

— am 15. März wurden die beiden *Franieck*'schen Häuser („Helvetia") an der Stephanspromenade an *Wilhelm Pfeiffer* für 12,400 f. verkauft.

— am 21. März erschien die Probenummer des allgemeinen deutschen Badejournals: „Der Sprudel." Herausgeber: Dr. *Ferdinand Fleckles* jun. Abonnement: 3 f. für die Saison, übernehmen loco Karlsbad die Herren *Mattoni & Knoll* („deutsches Haus").

— am 22. März kaufte die israelitische Cultusgemeinde ein Stück Feld, unterhalb angrenzend an den evangelischen Friedhof, zur Errichtung eines israelitischen Begräbnissplatzes. Bisher wurden die Leichen der hier verstorbenen Israeliten auf dem Lichtenstädter Gottesacker begraben.

1869 am 25. März spendet *August von Lützow* der Karlsbader Schützen-Musikkapelle 30 f. und dem Karlsbader Turnverein ebenfalls 30 f.

— am 1. April starb der Stadtverordnete *Wilhelm Gebhart;* er war einer der besten hierortigen Scheibenschützen.

— am 6. April wird der hierortige Bürgerssohn *Carl Poetzl* zum Cassier im neuen Badehause ernannt und hat die Verpflichtung, sich auch im Winter bei der Gemeinde zum Kanzeleidienst verwenden zu lassen.

— wird die Zahl der Polizeidiener um 4 Mann vermehrt.

— am 9. April wurde mit der Demolirung der von der Stadtgemeinde gekauften Häuser „zum Jupiter" und „Zuckerrohr" in der Sprudelgasse begonnen.

— am 6. April theilt der Bürgermeister dem Stadtverordneten-Collegium mit, dass Professor *Zitek* wegen des neuen Colonnadenbaues am 1. April hier war und den vom Bauamtmann *Renner* entworfenen Plan insofern abänderte, als der Oberbau nicht aus Eisenconstruction, sondern aus Stein hergestellt werden soll. Bis zum Herbste verspricht Professor *Zitek* die neuen Pläne vorzulegen.

— wird bei der Felsenquelle ein Schutzdach nach dem Plane des Bauamtmanns *Renner* um den Preis von 658 f. 88 x. hergestellt.

— wird von der Gemeindevertretung beschlossen, ein Lohndienerinstitut nach Art des Dienstmanninstituts zu gründen, damit die Belästigung der Kurgäste von Seiten der zudringlichen Quartierbesorger aufhöre.

— wird der Optiker *Franz Bernhart* von der Stadtvertretung dazu bestimmt, allmonatlich die Regulirung und Reinigung der Thermometer in den Badelocalitäten vorzunehmen.

— überträgt das germanische Museum in Nürnberg dem hierortigen Buchhändler *Hans Feller* seine Geschäftsführung für die Stadt Karlsbad und Umgebung und bevollmächtigt denselben, zur Zeichnung von Jahresbeiträgen für das germanische Museum einzuladen und letztere für Rechnung desselben einzucassiren.

— am 19. April traf Se. königl. Hoheit Prinz *Georg* von Sachsen zur Kur hier ein und wohnte im Hause „zum weissen Hasen" auf der alten Wiese.

— am 20. April kam Se. k. k. Hoheit Erzherzog *Carl Ferdinand* zur Kur hier an und wohnte im Hause „zum blauen Schiff" nächst dem Theater.

— am 26. April starb der Stadtverordnete und Baumeister *Gustav Hein;* er machte sich um den Männergesang- und Musikverein verdient.

1869 am 27. April traf Se. Eminenz der Kardinal-Fürst-Erzbischof *Schwarzenberg* aus Prag auf seiner Firmungs- und Visitationsreise in das nordwestliche Böhmen in Karlsbad ein. Derselbe wurde von der Geistlichkeit und Schuljugend erwartet. Gleich nach der Ankunft verrichtete er ein Gebet in der Dekanatkirche und verfügte sich sodann in die Dechantei, woselbst ihm der k. k. Statthaltereirath *von Zeileisen*, der als k. k. Bezirkscommissär hier zugetheilte Bezirksvorsteher Graf *Kolowrat*, Postamtsverwalter *Bauer* und der Militär-Badehaus-Commandant k. k. Major *von Kopfinger* die Aufwartung machten. Von der Gemeindevertretung war Niemand anwesend. Am nächsten Tage nahm der Kirchenfürst nach einer längeren Predigt die Firmung vor. In der Begleitung Sr. Eminenz befand sich der Domdechant P. *Sorger*, Bruder des hierortigen Badearztes Dr. *Sorger*.

— im Mai erschien im Verlage von *Franieck & Comp.*: „Karlsbad in medicinischer, topographischer und geselliger Beziehung, von Dr. *Rud. Mannl.*" (6. Auflage.) Ferner im selben Verlage: „Der Führer in Karlsbad und seinen Umgebungen."

— am 1. Mai fand die übliche Brunnenweihe und Saison-Eröffnung statt. Die Schützen rückten dazu nicht aus, da wegen des Salvengebens ein Missverständniss zwischen ihnen und dem Stadtrathe obwaltete.

— am 1. Mai Abends traf Se. königl. Hoheit der Kurfürst von Hessen unter dem Namen Graf *von Hanau* mit Gemahlin zur Kur hier ein.

— am 6. Mai wurde das Theater unter der Direction des *Carl Haag* eröffnet.

— am 21. Mai fand auf dem neuen israelitischen Friedhofe die erste Beerdigung statt.

— wurde dem hierortigen Damenschneider *Anton Bröckel* der Titel eines k. k. Hofdamenschneiders verliehen.

— die Karlsbader Sparcasse bestimmt für ihre neu errichtete Controllorstelle den derzeitigen k. k. Zollamtsoffizialen *Kraus* zum Controllor.

— am 27. Mai rückten die Karlsbader Schützen bei dem Frohnleichnamsfeste abermals nicht aus, weil ihnen vom Stadtrathe das Schiessen verboten war.

— kamen Se. Hoheit Prinz *Leopold* von Sachsen-Coburg-Gotha sammt Gemahlin und Se. Hoheit der regierende Fürst von Schaumburg-Lippe zur Kur hier an.

— am 6. Juni wurde in diesem Jahre das erste Unterhaltungsschiessen abgehalten.

— am 9. Juni fand die Begehungs-Commission wegen Sicherstellung des Bahnhofs auf der Zettlitzer Höhe statt. Die Gemeinde Karlsbad musste sich verpflichten, eine neue Strassenstrecke von der Elbogener Strasse aus bis zum Bahnhofe auf eigene Kosten herzustellen.

1869 am 10. Juni hielt der Karlsbader Lehrerverein seine erste constituirende Versammlung im hierortigen Hauptschulgebäude ab. Die dabei vorgenommene Wahl des Vorstandes gab folgendes Resultat: Director *Goldbach* als Vorstand; *Christl* als Schriftführer; *Proksch* als Cassier; in den Ausschuss: *Rudolf* von der Karlsbader Gewerbeschule, *Beyer* aus Espenthor, *Stengel* aus Aich und *Kauer* aus Solmus; als Ersatzmänner: *Rank* von der Karlsbader Hauptschule, *Ziegler* aus Schneidmühl und *Stingl* aus Engelhaus. Hierauf wird die Zeitschrift: „Der Bote für Haus und Schule" als Vereinsorgan erklärt und die nächste Zusammenkunft für den Monat August bestimmt.

— erhält der Dienstmanninstitut-Inhaber *Gustav König* die Bewilligung zur Errichtung eines Lohndiener-Instituts. Es werden 12 Lohudiener aufgenommen, die ihr eigenes Reglement bekommen.

— resignirten eingetretener Missverständnisse wegen des Verbotes des Schiessens bei Ausrückungen der Schützenhauptmann *Hugo Göttl* und die beiden Schützenoffiziere *Josef Hammerschmid* und *Klapka*.

— am 5. Juni hielt der zur Kur hier weilende Landesrabbiner Dr. *Adler* aus Cassel im hierortigen israelitischen Tempel eine Predigt, die wegen ihres geistvollen Inhaltes bei den Zuhörern die grösste Bewunderung erregte.

— wurden bei dem am 6. Juni abgehaltenen Bestschiessen von 20 Theilnehmern 450 Schuss abgefeuert, wovon 145 Schuss in's Schwarze mit Punkten und 305 Zirkel geschossen, somit kein Fehlschuss gemacht wurde. Die Besten erhielten folgende Herren: Der Kaufmann *G. Sudik* aus Bagdad, die Karlsbader Schützen *Josef Sebert*, *Julius Sebert*, *Friedrich Haas* und *Gottfried Unterer*.

— macht im Kurhause *Jules de Brunfaut* aus Paris physikalische Experimente im Glasspinnen und begleitet dieselben mit einem sehr anziehenden Vortrage. Derselbe verfertigt aus gesponnenem Glas, dem er die Biegsamkeit des Wachses, und die Elasticität, Zartheit und Weichheit der Seide und der Baumwolle mitzutheilen weiss, Coiffuren, Schleifen, Armbänder, Manchets, Uhrketten, Krägen, Damenhüte, Häubchen, Straussfedern, Diademe und eine Unzahl anderer Schmuckgegenstände und Nippsachen. Die Besorgniss, dass von den Colliers z. B. Splitterchen loslösen und am Halse empfindliche Spuren hinterlassen, entfällt hier gänzlich, denn die von *Brunfaut* erzeugte Glaswolle ist so fein wie Spinngewebe, giebt aber an Haltbarkeit und Schönheit der besten Baumwolle nichts nach. Die Schnelligkeit und Geschicklichkeit, mit der er den Faden spinnt und aufhaspelt, sowie die Kunstfertigkeit, mit der er aus einem kleinen Stücke Glas binnen wenigen Minuten einen Leuchter mit Kerze und ähnliche Gegenstände zu verfertigen weiss, sind staunenswerth.

1869 Ende Juni begann bei Weheditz die erste Eisenbahnarbeit (Erdarbeiten und Grundaushebung).

— ist ein Kunstwerk seltener Art, ein aus Horn verfertigtes Blumenbouquet, in welchem die mannigfaltigsten und farbenreichsten Gebilde der Flora naturgetreu nachgebildet sind, am Wege nächst dem Posthofe zur Ansicht aufgestellt. Der Erzeuger *Fiedler* arbeitete vier Jahre an diesem Exemplare.

— am 2. Juli fand am Rathhause eine commissionelle Sitzung unter dem Vorsitze des k. k. Bezirkshauptmanns *von Zeileisen* statt, wobei sichergestellt wurde, welche Einnahmen und Ausgaben dem Kurfond oder der Gemeinde zukommen.

— geruhte Se. Maj. der Kaiser mit Allerhöchster Entschliessung vom 7. Juni, der Stadtgemeinde Karlsbad die Einhebung einer Taxe für die Aufnahme fremder Personen in den Gemeindeverband nach drei Classen mit 150, 100 und 50 Gulden zu bewilligen.

— am 6. Juli erhält die Stadt Karlsbad von Baron *Rothschild* und einigen anderen Kurgästen eine Uhr zum Geschenke mit der Bestimmung, dieselbe beim Schlossbrunnen anzubringen.

— kam über Aufforderung der Stadtvertretung Forstrath *Liebich* hier an, um den kranken Zustand unserer städtischen Waldungen zu prüfen. Sein Gutachten ging dahin, dass er die vom Forstmeister *Koch* getroffenen Massnahmen gegen die wegen des vorjährigen heissen Sommers mit besonderer Heftigkeit auftretenden Krankheiten des Waldes als vollkommen zweckentsprechend halte.

— vermachte der in Wien verstorbene Israelit *Franz Fein* dem hierortigen israelitischen Hospitale zur Errichtung eines Bettes 1000 f. und dem hierortigen israelitischen Tempel 200 f.

— wählten die Schützen für die ausgetretenen Offiziere zwei neue Lieutenants, und zwar *Karl Müller* und *Franz Zimmermann*. Die Hauptmannsstelle bleibt bis auf Weiteres unbesetzt und Oberlieutenant *Fülla* führt unterdessen das Commando.

— am 11. Juli fand im Schiesshause ein Bestschiessen statt, wobei von 15 Theilnehmern 489 Schuss abgefeuert wurden.

— im Juli stellte *Schulhof* mit seinem neuerfundenen Röhrbrunnen hier am Platze vor dem Café-Salon und am Ufer der Eger Versuche an, indem er in der Zeit von 10 Minuten ein zum Wasserpumpen eingerichtetes Rohr 12 Fuss in die Erde trieb und sodann, als man dadurch das Niveau des Flusses erreicht hatte, die Pumpe sofort in Bewegung brachte und mittelst derselben Wasser zu Tage förderte.

— am 24. Juli predigte der zur Kur hier anwesende Rabbiner Dr.

13*

Loewenstein im hierortigen israelitischen Tempel und erntete die grösste Anerkennung der zahlreich versammelten Zuhörer.

1869 am 25. Juli fand abermals ein Bestschiessen statt und wurden von 27 Theilnehmern 1652 Schuss abgefeuert. Auf der Bestscheibe wurden 75, auf der Vereinsscheibe 671 Zirkel geschossen.

— erschienen abermals von unserem Landsmanne *W. Rank* im Verlage bei *C. Haslinger* in Wien: Romanze, Op. 3, und „Vergiss mein nicht!" Salonstück Op. 4 für das Pianoforte.

— am 17. August, als am Vorabende der Geburtsfeier Sr. Maj. des Kaisers *Franz Josef I.*, war Theater mit festlicher Beleuchtung.

— am 18. August feierlicher Gottesdienst, hierauf Einweihung der neuen Egerbrücke und Eröffnung derselben durch feierliche Auffahrt. Sie erhielt den Namen: „Kaiser Franz-Josefs-Brücke." Abends Beleuchtung der Höhen Karlsbads.

— am 19. fand ein Concert im Café-Salon in gleichen Theilen zum Besten für die Abgebrannten in Friebus und der Verunglückten in dem Kohlenbergwerke im Plauenschen Grunde in Sachsen statt. Es kamen 734 f. 90 x. ein.

— wurden in der am 27. August abgehaltenen Sitzung der Bezirks-vertretung zwei Beisitzer in den Bezirksschulrath und zwar J. U. Dr. *Alfred Knoll* und *Wenzl Lorenz von Zettlitz* gewählt.

— am 22. August fand zu Ehren des Allerhöchsten Geburtstages Sr. Maj. des Kaisers *Franz Josef I.* ein Festschiessen statt, wozu 12 Beste bestimmt sind.

— zur Errichtung des israelitischen Gottesackers gingen an Spenden ein: 1672 f. 96 x.

— am 18. August fand im hierortigen israelitischen Tempel ein solenner Gottesdienst aus Anlass des Geburtsfestes Sr. Maj. des Kaisers statt, wobei der Prediger *E. H. Kohn* aus Duna Földvar durch seine Kanzelrede einen tiefen Eindruck auf die Versammlung machte.

— übermittelt Frau *Czermak* geb. *von Lämmel*, Professors-Gemahlin aus Leipzig, 80 f. an die k. k. Bezirkshauptmannschaft mit der Be-stimmung, die Hälfte davon den Abbrändlern in Friebus, die andere Hälfte den Hinterbliebenen der im Plauenschen Grunde verunglück-ten Bergleute zuzuwenden.

— im August kamen Ihre Hoheit die Herzogin *Therese* von Sachsen-Altenburg und der Herzog von Nemour unter dem Namen Monsieur *de Lemblore* zur Kur hier an.

— fuhren sehr viele Leute von Karlsbad nach dem nahen Hartenberg bei Falkenau, um die im dortigen gräflich Auersperg'schen Warm-hause blühende Victoria regia mit Blättern von 15 Fuss im Um-fange zu bewundern.

1869 erscheint in französischer Sprache: „Vademecum für Kranke und Reisende in Karlsbad," von *N. P. Doubereyer.* Diese von Unrichtigkeiten strotzende Brochure wurde von der Kritik gebührendermaassen behandelt.

— erhält die Kaiser - Franz - Josefs - Brücke (Egerbrücke) Gasbeleuchtung.

— wird dem Theaterdirector *Karl Haag* die Leitung des Karlsbader Theaters auch für das Jahr 1870 übergeben, ihm jedoch die Bedingung gestellt, dem an der Theatercasse befindlichen Personale die grösste Artigkeit gegenüber dem Publicum zur Pflicht zu machen, und nur dann auf eine Bewilligung erhöhter Eintrittspreise rechnen zu können, wenn Künstler ersten Ranges mitwirken oder grosse Ausstattungsstücke bedeutende Kosten verursachen.

— im September beschliesst die Stadtvertretung folgende Strassenbenennungen:

1. Die Strasse vom Hause „zum Brandenburger Thor" bis „zum Altenburgischen Haus": „Kaiserstrasse."

2. Vom „Altenburgischen Hause" bis zur Franzensbrücke: „Egerstrasse."

3. Jenseits der Franzensbrücke bis zur Kaiser Franz-Josefs-Brücke: „Bahnhofstrasse."

4. Die Häuser im Röhrsteige: „Röhrgasse."

5. Vom Panorama bis zum Hause „Prager Thor": „Panoramastrasse."

6. Vom Hause „zum Rosenkranz" bis zum Stadtgarten: „Sonnengasse."

7. Für die Häuser oberhalb der Kinderbewahranstalt im Lippertschen Garten: „Petersberg."

8. Vom Hause „zur Weilburg" bis an den Fels nächst dem Hause „zur Indigopflanze": „Gartenzeile."

9. Vom Hause „zur goldenen Säule" bis „zur Marienkapelle:" „Mariengässchen."

— erscheint von Dr. *Porges* eine kleine Gegenschrift auf das Vademecum des *Doubereyer.*

— macht der Stadtarzt Dr. *Sorger* den Versuch, die früher unter dem Vorsitze des landesfürstlichen Brunnenarztes Dr. Ritter *von Hochberger* stattgehabten Versammlungen sämmtlicher Badeärzte wieder in's Leben zu rufen resp. fortzusetzen. Der Versuch misslang, da sich nur vier Aerzte dazu einfanden.

— am 20. September spendeten anlässlich der Bürgerrechtsverleihung Banquier *Bernard Schwalb* 100 f., der königl. preussische Hofglashändler *Thomas Wolf* 100 f. und Hôtelier *Abraham Herschel* 20 f. dem hierortigen Armeninstitute.

1869 Anfangs October kommt die Theatergesellschaft „*Mussik*" hier an, um, so lange es die Kälte zulässt, Vorstellungen zu geben.

— erhielten bei der in Linz abgehaltenen Ausstellung *Ludwig Moser* für Glaswaaren den ersten Preis (grosse silberne Medaille) und bei jener in Pilsen *Wilhelm Fasolt* für exponirte Eisenmöbel die silberne Medaille.

— eröffnet *Otto Thiemer*'s Wittwe aus Dresden hier im Hause „zum Schloss Windsor" Vorstellungen mit ihrem Theatrum mundi und findet vielen Anklang.

— am 5. October bringt die Stadtvertretung eine Eingabe an die k. k. Statthalterei wegen der Auflassung der Mauth über die Franzensbrücke, jedoch ohne Erfolg, ein.

— Zur Feier des Allerhöchsten Namensfestes Sr. Maj. des Kaisers *Franz Josef I.* fand ein Gottesdienst statt, während welchem die Schützen paradirten und einzelne Momente mit Salven bezeichneten.

— wollte man abermals während des Winters ein Casino in's Leben rufen, was aber wegen Mangel an Theilnahme unterblieb.

— am 20. October hat *August von Lützow* wie in früheren Jahren wieder den Betrag von 300 f. zur Bereitung der Armensuppe gespendet.

— wurden vom k. k. Ministerium des Cultus und Unterrichts der Director der Gewerbeschule in Karlsbad, *Johann Goldbach*, für den Bezirk Karlsbad, und der Lehrer an der Gewerbeschule in Karlsbad, *Max Rudolf*, für den Bezirk Luditz und für die deutschen Schulen im Bezirke Kralowitz zu Bezirksschulinspectoren ernannt.

— am 28. October wird der hierortige Tabakverleger *Knöpflmacher* zum Vorsteher der neuen Karlsbader israelitischen Cultusgemeinde gewählt.

— wird der Stadtgärtner *Hahmann* pensionirt und die Besetzung dieser Stelle mit einem Jahresgehalt von 600 f. ausgeschrieben.

— am 7. November fand im Kurhause eine vorberathende Versammlung zur Gründung eines politischen Vereins im nordwestlichen Böhmen statt. Die Anregung hiezu ging von mehreren Herren aus Elbogen und der Umgebung aus.

— am 15. November schwoll die Tepel nach einem starken Schneefall so sehr an, dass das Wasser auf der alten Wiese, dem Marktplatz, der Mühlbad- und Kreuzgasse und der Sprudelcolonnade aus den Ufern trat, an den Uferbauten in der Sprudel- und Kreuzgasse grossen Schaden anrichtete und die Dammwerke und Bretterverschalungen vom Sprudel abwärts mit fortriss.

— wird an Stelle des in Pension getretenen k. k. Haupt-Zolleinnehmers *F. Rummler* in Karlsbad *Johann Kranner* ernannt.

— am 21. November richtet das Stadtverordneten-Collegium — wie die meisten Städte Deutschböhmens — eine A d r e s s e au das k. k. Ministerium des Innern, worin es seine vollste Zustimmung zu der Adresse des böhmischen Landtags w e g e n A u f r e c h t e r h a l t u n g d e r V e r f a s s u n g kund giebt, und ersucht das hohe Ministerium, diesen Ausdruck der Gesinnung zur Kenntniss Sr. Maj. des Kaisers zu bringen.

1869 am 28. November wiederholte sich das H o c h w a s s e r ganz in der Art wie am 15. dieses Monats, ohne aber einen bedeutenden Schaden verursacht zu haben.

— übergiebt Professor *Zitek* die Baupläne zur neuen Colonnade beim Neubrunnen und werden dieselbe von der Stadtvertretung als gut befunden und zum Baue angenommen.

— wurde zur Ueberwachung der Sprudelsalzerzeugung der Bürger *J. Anger* als I n s p e c t o r mit einem jährlichen Gehalte von 300 f. angestellt.

— am 19. December war abermals grosses Wasser, und obwohl es nicht die Höhe der schon in diesem Monate erfolgten Hochwässer erreichte, richtete es doch an den Uferbauten und Dammwerken wesentlichen Schaden an.

— bringen die Karlsbader Hausbesitzer ein Gesuch bei der k. k. Bezirkshauptmannschaft ein, damit dieselbe darauf hinwirke, dass das Flussbett der Tepl nicht bei jedem Hochwasser durch Kapselscherben aus der Porzellanfabrik zu Pirkenhammer angefüllt werde.

— am 24. December fand die Vertheilung von Kleidungsstücken an 22 Karlsbader arme Schulkinder, angeschafft von den Zinsen der Dr. Becher-Stiftung, statt.

— am 28. December wurden gemäss des neuen Schulgesetzes aus der Stadtvertretung 5 Mitglieder und 2 Ersatzmänner, und zwar *Heinrich Mattoni*, M. Dr. *Hofmann*, *Franz Bernhart*, *Friedrich Knoll* und J. U. Dr. *Jos. Fiedler* als Mitglieder und *Eduard Knoll* und *Emil Teller* als Ersatzmänner gewählt.

— wird über Antrag der k. k. Bezirkshauptmannschaft über die „Franzensbrücke" (Steinbrücke) ein beiderseitiges Trottoir angelegt und dasselbe bis zur Franz-Josefs-Brücke (Egerbrücke) fortgesetzt.

— folgte seinen beiden bisher in Karlsbad angestellt gewesenen Amtsvorgängern, den Zollamtsdirectoren *A. Ellmaurer* und *J. Fiedler*, der Finanzrath *J. Gerstenberger* im Amte.

— An Concerten und sonstigen Sehenswürdigkeiten sind in diesem Jahre zu verzeichnen: Das Concert des Pianisten *L. E. Bach* mit der Concertsängerin *Elise Meyer* aus Wien; jenes des *Gerstenberger* am Harmonichord und des *Fischer* auf der Viola; das Concert des Pester Opernsängers *Karl Eibenschütz*; ferner des k. k. Hofopernsängers *Gustav Walter* aus Wien. Im Theater machten die *Offen-*

bach'schen Operetten: „Blaubart," „Grossherzogin von Gerolstein," „die Weiber von Georgien," bei erhöhten Preisen volle Häuser. Die Escamoteure Dr. *Hofzinser* aus Wien, *Bellachini* aus Berlin und *Figer* gaben Vorstellungen.

1869 wurden an Neu- und Umbauten hergestellt: Ein steinerner Leitdamm in der Tepel, eine hohe Landmauer hinter dem Schulgebäude, ein Turnplatz, ein Promenadenweg von der Egerbrücke längs der Zettlitzer Anhöhe bis zum Bahnhofe und ein Fussweg durch den Schützenpark.

— wurden in der Karlsbader S p a r c a s s e von 3909 Parteien 1,179,883 f. 83 x. eingelegt, und von 2190 Parteien 732,136 f. 28 x. zurückgenommen. Es ergab sich somit ein Geldumsatz von 4,050,282 f. 76 x. Auf Hypotheken wurden in diesem Jahre 359,000 f. vergeben.

— weist die Kurliste 10,030 Kurparteien nach.

— gingen an Kurtaxe ein: 55,110 f. 25 x.; an Musiktaxe 26,517 f.; an Hausir- und Handelstaxe 1951 f. 66 x.; an Wohlthätigkeitsbeiträgen 3611 f. 78 x.; an Sprudelsalz wurden erzeugt 11,101 Pfd., verkauft für 23,312 f. 62 x.; an Sprudelseife wurden erzeugt 1228 Pfd., verkauft für 1129 f. 76 x.; an Bädern ein Netto-Ertrag von 19,101 f. 60 x. An Mineralwasser wurden versendet 654,320 Flaschen.

1870 wird das in Karlsbad bestandene k. k. Grenzinspectorat aufgehoben und der k. k. Grenzinspector Finanzrath *Gerstenberger* nach Saaz übersetzt.

— wurden als Beiräthe für confessionelle Angelegenheiten *Emil Pohlenz* zur Vertretung der evangelischen, und *Bernard Schwalb* zur Vertretung der israelitischen Cultusinteressen in den Bezirksschulrath gewählt.

— wurden die Lehrer vom Schulrathe aufgefordert, mittelst der ihnen eingehändigten Blanquette den Eltern und Vormündern alle drei Monate Nachricht zu geben über das Verhalten, den Fleiss und die Fortschritte der Schulkinder.

— ernennt das k. k. Ackerbauministerium *Philipp Kirnbauer* zum k. k. Berghauptmann in Elbogen, welchem somit auch das Karlsbader Bergrevier untersteht.

— am 2. Januar fand im hierortigen Rathhause die 5. Ausloosung von 60 Stück Obligationen, à 100 Thlr., des Karlsbader *Becker*'schen Anlehens statt.

— am 3. Januar hielt der aus dem Bürgermeister, dem Hauptschuldirector, dem katholischen Dechant, dem Pastor, dem israelitischen Cultusvorsteher und 5 aus der Gemeinde gewählten Vertretern bestehende Karlsbader Ortsschulrath seine erste constituirende Sitzung, in welcher der Bürgermeister *J. P. Knoll* zum Vorsitzenden gewählt wurde.

— am 4. Januar vertheilte der Bäckermeister *Robert Epstein* aus Anlass der Eröffnung seines Geschäftes in dem von ihm angekauften Wohnhause, 40 Laibe Brod an die hierortigen Armen.

1870 am 5. Januar beschliesst die Stadtvertretung, den zur Umlegung der Karlsbad-Schlackenwerther Strasse nöthigen Grund durch Einleitung des Expropriationsverfahrens durch die k. k. Bezirkshauptmannschaft zu bewerkstelligen.

— wurden bis 5. Januar für die erledigte Stadtgärtnerstelle 50 Gesuche eingebracht, aus welchen *Josef Hahmann*, der Sohn des pensionirten Stadtgärtners, aus der Wahl hervorging.

— überreicht die Karlsbader Bezirksvertretung an den hohen Landesausschuss ein Gesuch, derselbe wolle durch seine Verwendung beim k. k. Finanzministerium eine Gesetzvorlage für die gleichmässige Bemautung der Strassen, ohne Rücksicht auf Brücken, andere Kunstbauten u. s. w., einwirken.

— am 8. Januar gaben mehrere hier domicilirende Advocaten und Beamte einen Ball, mit der Benennung: „Juristenball."

— erhielt der hier practicirende Badearzt Dr. *Porges* den Titel eines königl. preussischen Sanitätsrathes.

— am 12. Januar wurde *Ludwig Preiss*, Sohn des hierortigen Geheimraths und Badearztes gleichen Namens, in Prag zum Doctor der Medicin promovirt.

— am 22. Januar hielt Dr. *J. H. Oppenheim* im hierortigen israelitischen Tempel seine Probepredigt und wurde nachher zum Rabbiner der Karlsbader Cultusgemeinde gewählt.

— bringt die Eröffnung des Circus Stiassni einige Abwechselung in das einförmige Winterleben Karlsbads.

— am 22. Januar hielt der Karlsbader „Turnverein" in seinem Sommervereinslocale „zum Elysium" die ordentliche Hauptversammlung ab, wobei man den Beschluss zur Errichtung einer Turnhalle fasste. Hierauf wurde Dr. *Hofmann* per acclamationem einstimmig zum Vorstande gewählt.

— spendete Graf *Zedtwitz* der Karlsbader freiwilligen Feuerwehr 25 f. und die Versicherungsgesellschaft Reunione adriatica sicurta in Triest durch ihren hierortigen Agenten *Arnold Renner* 42 f. 43 x.

— am 29. Januar wählte der Ortsschulrath, mit Ausnahme des Pastors, welcher wegen nicht geleisteten Angelöbnisses den Sitzungen ferne bleibt, einstimmig den Dr. *Hofmann* zum Ortsschulinspector. Diese Wahl wurde am 9. Februar von dem k. k. Bezirksschulrathe bestätigt.

— wurde der Bau der auf Kosten der Karlsbader Stadtgemeinde umzulegenden Schlackenwerther Aerarialstrasse in der Länge von 300 Currentklaftern dem Bauunternehmer *Schmidt* aus Petschau um den Pauschalbetrag von 12,690 f. zur Ausführung überlassen.

1870 erhielt der k. k. Postamtsverwalter *Carl Bauer* vom Kaiser von Russland den Stanislausorden IV. Classe.

— schritten Graf *Ferdinand Gatterburg*, *Josef Schier*, Dr. *C. Schierl* und *Georg Sölch* beim k. k. Handelsministerium um die Bewilligung zur Vornahme technischer Arbeiten für den Bau einer Locomotiv-Eisenbahn von Pilsen über Karlsbad nach Johann-Georgenstadt (sächsische Grenze) ein.

— am 3. Februar beschliesst die Karlsbader Stadtvertretung auf das Ansuchen des Vorstands zur Begründung eines Kranken-Pensionats in Marienbad, einen Platz zur Aufstellung einer Goethe-Büste mit der Benennung Goethe-Platz in Karlsbad unentgeldlich zu überlassen.

— wird dem Geldwechsler *Gottlieb Lederer* über sein Ansuchen das Bürgerrecht erster Classe gegen Erlag von 150 f. ertheilt.

— betraut die Stadtvertretung den Professor *Lerch* in Prag mit der Analysirung des Karlsbader Sprudelsalzes.

— starb am 12. Februar der k. k. Statthaltereirath und frühere Bezirkshauptmann in Karlsbad, *Carl Grünes*. Er war der eigentliche Gründer der hierortigen Kleinkinderbewahranstalt; für die Karlsbader Armen vermachte er ein Legat von 50 f.

— betrug nach der am 31. December 1869 erfolgten Volkszählung die Zahl der Karlsbader Bevölkerung: 1643 Wohnparteien mit 7276 Seelen. Hiervon sind mehr als die Hälfte nicht heimathszuständig, und zwar sind einheimisch 3497, fremd 3779. Dem Geschlechte nach besteht die Gesammtbevölkerung aus 3333 männlichen und 3943 weiblichen Individuen. Mit Rücksicht auf die Religion zählt Karlsbad 6633 Katholiken, 501 Israeliten und 92 Evangelische. Dem Familienstande nach sind von 3333 männlichen 2010 ledig, 1205 verheirathet, 109 verwittwet und 9 leben in getrennter Ehe; von den 3943 weiblichen sind 2430 ledig, 1195 verheirathet, 307 verwittwet und 11 leben in getrennter Ehe. Im Vergleiche zur Bevölkerungszahl vom Jahre 1857, deren Effectivstand sich mit 4384 beziffert, hat Karlsbad innerhalb eines Zeitraums von 12 Jahren einen Bevölkerungszuwachs von $^{60}/_{24}$ Procent.

— erhält der hinter der alten Wiese gelegene Stadttheil den Namen „Wiesenberg.“

— am 17. Februar giebt der Gesangverein Harmonia eine Wohlthätigkeitsvorstellung, wobei ein Reinertrag von 60 f. an die Armen abgeliefert wird.

— Bei Ablauf des Jahres 1869 betrug das Reinerträgniss der Karlsbader Sparcasse 13,000 f., welcher Betrag dem Reservefonde zugewiesen wurde, wodurch derselbe die Höhe von 34,000 f. erreichte.

— am 9. Februar beschloss der k. k. Bezirksschulrath, jene Gemeinden,

Karlsbad mit inbegriffen, in welchen den Bürgermeistern und Ortsvorstehern vermöge des unrichtig aufgefassten Schulaufsichtsgesetzes Virilstimmen als Patronats-Stellvertreter eingeräumt wurden, auf das nicht Gesetzmässige dieses Vorganges aufmerksam zu machen und denselben in Ausführung der hohen k. k. Ministerial-Entscheidung die Neuwahl der Ortsschulräthe anzuordnen. Auch wurde vom k. k. Landesschulrathe die Anstellung eines Unterlehrers genehmigt, behufs Supplirung der in ihrer Eigenschaft als Schulinspectoren öfters verhinderten Schuldirector *Goldbach* und Gewerbsschullehrer *Rudolf*.

1870. Bei der durch das Expropriationsverfahren vorgenommenen Schätzung des zur Umlegung der Schlackenwerther Acrarialstrasse dem *Josef Koretz* gehörigen nöthigen Grundes hinter dem Einkehrhause „zum Egerthal" (Ziege) hat die Commission fast den doppelten Werth der von der Gemeinde Karlsbad angebotenen Entschädigung erhoben. Es kommt somit jede Klafter dieser 300 Currentklaftern langen Strassenstrecke auf mehr als 70 f. zu stehen.

— spendete *August von Lützow* nachstehende Beträge:

Für die Karlsbader Armen	. . . .	150 f.
„ den Karlsbader Männergesangverein	. .	30 f.
„ die Karlsbader freiwillige Feuerwehr	. .	30 f.
„ den Karlsbader Turnverein	. . . . .	30 f.
„ die Karlsbader Schützen-Musikkapelle	.	30 f.
	Zusammen:	270 f.

— am 20. März feierte der Karlsbader Männergesangverein sein eilftes Gründungsfest mit einem Hochamte, wobei eine von dessen Chormeister *Friedrich Knoll* componirte Messe zur Aufführung kam; Abends fand im Kurhause eine Gesangsproduction statt.

— stellt der Ortsschulrath dem israelitischen Religionslehrer ein Unterrichtslocal in der städtischen Schule zur Verfügung.

— erhielt von der k. k. Statthalterei *Wilhelm Knoll* die Concession zur Errichtung eines Auskunfts- und Dienstvermittelungs-Bureau's in Karlsbad. Dasselbe ertheilt mündliche und briefliche Auskunft über Localverhältnisse und hat den Zweck der Vermittelung zwischen Dienstgebenden und Dienstsuchenden.

— wird gemäss einer Entscheidung des k. k. Unterrichtsministeriums wegen des Austritts der Bürgermeister und Gemeindevorsteher als Patronatsvertreter aus dem Schulrathe eine Neuwahl angeordnet, wobei in den Ortsschulrath gewählt wurden: Dr. *Hofmann*, Dr. *Anger*, Bürgermeister *Knoll*, *Eduard Knoll* und *Heinr. Mattoni*.

— macht der Sectionsingenieur *Hauer* von der Buschtiehrader Eisenbahngesellschaft dem Karlsbader Stadtrath die Mittheilung, dass die Vollendung der Bahnstrecke Eger-Karlsbad bis zum Juli l. J. mit Sicherheit zu gewärtigen sei.

1870 verband sich die Gesellschaft „Brummeisen" mit dem Karlsbader Männergesangverein und lässt in Folge dessen seine Benennung auf.

— gab am 3. April der Turnverein im Kurhause eine musikalisch-deklamatorisch-gesanglich-physikalisch-gymnastische Abendunterhaltung, wobei 215 f. erzielt wurden.

— zeigte sich am 5. April zwischen 8 und 9 Uhr Abends hier bei klarem sternenhellen Firmamente ein grosses Nordlicht; dasselbe erschien im Nordost und zog sich, immer intensiver werdend und die bekannten Strahlenbündel aussendend, gegen Norden. Sowohl hier als in den Nachbarstädten vermuthete man wegen der starken Röthung des Firmamentes ein grosses Schadenfeuer.

— am 12. April traf der gewählte israelitische Prediger Dr. *Oppenheim* hier ein und hielt gleich nach seiner Ankunft um 1 Uhr Nachmittags im Tempel seine Begrüssungsrede, verbunden mit einem kurzen Gottesdienste.

— übergab die hierortige Scheibenschützengesellschaft den während des Winters im Gasthause „zum rothen Ochsen" durch dort veranstaltete Bolzschiessen erzielten Reinertrag von 81 f. dem Ortsschulinspector mit der Bestimmung, dafür Schulrequisiten u. s. w. für arme Schulkinder anzuschaffen.

— am 7. April kauft die Stadtvertretung das *Funk*'sche Haus No. C. 59 „zur Juno" in der Sprudelgasse um den Preis von 14,000 f. und lässt dasselbe noch vor Beginn der Saison demoliren.

— übermittelt *A. Edler von Stark* der Stadtgemeinde Karlsbad für die geleisteten Tracirungskosten (2000 f.) der Bahnstrecke Prag-Karlsbad und Eger von der Buschtiehrader Eisenbahn 10 Stück Actien à 200 f. für die Kommotau-Egerer Eisenbahn.

— am 7. April wird von der aus der Stadtvertretung gewählten Eisenbahncommission dem Bürgermeisteramte die Bildung eines Comité's für die bei Gelegenheit der Eröffnung der Eisenbahn zu veranstaltenden Festlichkeiten überlassen.

— beschliesst die Stadtvertretung, dass für jedes von dem Kurorchester gegebene Concert der betreffende Wirth 2 f. zu bezahlen habe, von welchem Betrage die Hälfte dem städtischen Armenfonde und die andere dem Pensionsfonde des Kurorchesters zugewendet wird. Die Nachmittags-Concerte finden an Sonntagen beim *Pupp*'schen Café-Salon, Dienstags und Donnerstags beim sächsischen Saale statt. Die Abend-Concerte werden, so lange die Abende kühl sind, im Saale des Kurhauses und bei warmer Witterung vor dem sächsischen Saale abgehalten.

— wird beim Sprudelbergl ein Nivellement vorgenommen und an dem gegenüberliegenden Gebäude ein Fixpunkt bezeichnet, um stets und schnell eine Uebersicht zu haben, wann und um wieviel sich das Sprudelbergl gehoben hat.

1870 wird dem an der hierortigen Schule angestellten Lehrer der französischen Sprache *Dubois* die Aufnahme in den hierstädtischen Gemeindeverband zugesichert.

— errichtet *Ferdinand Beuer*, ein Schüler der bekannten *Prok*'schen Schule in Prag, hier ein Musikbildungs-Institut (Fortepiano-Schule).

— hat die Statthalterei dem p o l i t i s c h e n V e r e i n e i m n o r d w e s t - l i c h e n B ö h m e n ihre Bestätigung ertheilt; in Folge dessen fand am 24. April in Elbogen eine constituirende Versammlung desselben statt. Zum Obmanne wurde J. U. Dr. *Alfred Knoll* aus Karlsbad gewählt.

— am 20. April erscheint die erste Nummer des II. Jahrgangs des Journals: „D e r S p r u d e l." Abonnements und Inserate werden übernommen für K a r l s b a d u n d U m g e b u n g im Comptoir des *Heinrich Mattoni*, Egerstrasse.

— am 19. April traf Se. königl. Hoheit *Friedrich Wilhelm*, Kronprinz von Preussen, unter dem Namen Graf *von Lingen* zur Kur hier ein und nahm sein Quartier in „Anger's Hôtel" auf der neuen Wiese.

— am 21. April kam Se. Durchlaucht der regierende Fürst *Johann* von und zu Lichtenstein zum Kurgebrauche hier an und wohnte im Hause „zum König von England."

— am 18. April wählte die Karlsbader Schützencompagnie ihren Oberlieutenant *Georg Fülla* zum Hauptmann und an dessen Stelle den Lieutenant *Franz Zimmermann* zum Oberlieutenant.

— wurden in die vom k. k. Finanzministerium angeordnete Bezirks-Schätzungs-Commission zur Regelung der Grundsteuer *Franz Kugler*, Maierhofspächter in Donitz, und *Wenzl Lorenz*, Oekonom in Zettlitz, als Mitglieder gewählt.

— wird der hier als k. k. Bezirkscommissär amtirende Bezirksvorsteher Graf *Kolowrat* als k. k. Bezirkshauptmann nach Policzka übersetzt und an seine Stelle in Karlsbad der k. k. Bezirkscommissär *Johann Helmreichen von Braunfeld* ernannt.

— am 26. April trifft Se. k. k. Hoheit Erzherzog *Carl Ferdinand* von Oesterreich zur Kur hier ein und wohnte im Hause „zu den zwei deutschen Monarchen."

— erscheint von unserm Landsmanne *Wenzl Rank* im Verlage bei *Haslinger* in Wien: „E i n F e s t d e r K i n d e r," für Pianoforte.

— erhalten die Statuten der K a r l s b a d e r f r e i w i l l i g e n F e u e r - w e h r von der k. k. Statthalterei die Bestätigung.

— am 1. Mai traf Se. königl. Hoheit *Friedrich Wilhelm*, Kurfürst von Hessen-Cassel, unter dem Namen Graf *von Hanau* sammt Gemahlin und Gefolge (26 Personen) zur Kur hier ein und wohnte im Hause „zum goldenen Schlüssel."

1870. Hofrath Dr. *Gallus* Ritter *von Hochberger* legt seine Stelle als Obmann der Karlsbader Bezirksvertretung nieder.

— am 4. März genehmigt das Karlsbader Stadtverordneten-Collegium den Kostenvoranschlag des Colonnadenbaues beim Neubrunn mit Inbegriff des Bauhonorars und der Bauleitung pr. 237,000 f. ö. W.

— wird dem gewesenen Lehrer an der hierortigen Hauptschule, *Alois Janetscheck,* die Organistenstelle an der Dekanatkirche verliehen.

— am 3. Mai kam Ihre Durchlaucht Prinzessin *Amalie* von Schleswig-Holstein-Augustenburg zur Kur hier an und wohnte im Hause „zum Feigenbaum."

— haben am 15. Mai anlässlich der E r ö f f n u n g ihres neu erbauten „H ô t e l N a t i o n a l" die Besitzer desselben, *Herschel & Koretz,* den Betrag von 40 f. an hierortige Arme und einen weiteren Betrag von 20 f. für die israelitische Armencasse gespendet.

— am 23. Mai starb in Prag J. U. Dr. *Hueber* an Gehirnerweichung. Derselbe war durch 9 Jahre als Advocat hier thätig, war Directionsmitglied der Sparcasse, T h e a t e r - I n t e n d a n t vom Karlsbader Theater und in den Jahren 1866 bis 1868 Landtagsabgeordneter der Städte Karlsbad und Joachimsthal.

— trat mit Beginn der Saison ein Comité behufs Sammlungen für das hierortige Fremdenhospital zusammen, und war Se. königl. Hoheit der Kronprinz von Preussen einer der Ersten, welcher diesem Comité einen Betrag von 200 f. zur Verfügung stellte. Vom Jahre 1850 bis inclusive 1869 wurden in diesem Fremdenhospitale 3121 arme Kurgäste verpflegt.

— bei der am 23. Mai stattgehabten Sitzung der Karlsbader Bezirksvertretung wurde an Stelle des ausgetretenen Hofrathes Dr. Ritter *von Hochberger* der hierortige Hausbesitzer *Ernst Stark* zum Obmanne gewählt.

— ist seit Sonntag den 24. Mai am schwarzen Brette der k. k. Bezirkshauptmannschaft das erste C i v i l e h e a u f g e b o t in unserem Bezirke affichirt. Der Bräutigam, ein Eisenbahnpartieführer, hiess *Franz Zelenka,* geboren in Sedlischt, Bezirk Jicin, und die Braut Namens *Auguste Emilie Clauss,* war aus Berg bei Eilenburg in Preussen gebürtig.

— in der Nacht vom 28. zum 29. Mai brannte im nahen Dorfe Haid bei Schlackenwerth ein Bauernhof ab.

— umfasst der politische Bezirk Karlsbad die Gerichtsbezirke K a r l s - bad und Petschau und enthält 56 Ortsgemeinden, wobei oft eine Ortsgemeinde aus vier und noch mehr Dörfern vereint constituirt ist; ferner aus den sieben Städten Karlsbad, Engelhaus, Lichtenstadt, Petschau, Schlackenwerth, Schönthal und Theusing; aus dem Markt- flecken Uittwa und 91 Ortschaften. Es giebt im Bezirk 6047 bewohnte und 174 unbewohnte Häuser. Die Hauptsumme der anwesenden Bevölkerung beträgt 49,356 Seelen, und zwar 23,424 männliche und 25,932 weibliche. Der Religion nach vertheilen sie sich in 48,125 Katholiken, 1005 Israeliten, 216 sind der Augsburger und 11 der helvetischen Confession angehörig. Der älteste Mann, über 100 Jahre alt, lebt in Schlackenwerth, die älteste Frau, 91 Jahre alt, in Goschowitz.

Die Specialisirung der Bevölkerung nach Berufs- und Erwerbs- classen weist folgende Rubriken nach: Active Beamte 181, Geistliche 41, active Militärs 37, Lehrer 111, Studirende 66, Schriftsteller 1 *(Schlackenwerth)*, Künstler 270, Rechtsanwälte und Notare, ein- schliesslich des Concepts- und Manipulationspersonals 20, Aerzte, Wundärzte, Apotheker, Thierärzte und Hebammen 123. Mit Ur- production beschäftigen sich 10,750; Solche, welche ausschliesslich nur der Jagd und Fischerei obliegen 8; aus dem Berg- und Hütten- wesen beziehen ihren Erwerb 234; die mit der technisch-commer- ziellen Industrie Beschäftigten zerfallen in folgende Classen:

Bau- und Kunstgewerbe 2256, bei der Erzeugung von Chemi- kalien, Nahrungsmitteln u. s. w. 931, bei Leder- und Papier-Industrie 1162, bei nicht productiven Gewerben 892, bei dem Handel 1171, bei Transportunternehmungen 344 und bei Geld- und Creditinstituten 4. Renten- und Hausbesitzer giebt es 1879, Diener für persönliche Leistungen 1953, und endlich jener Theil der Bevölkerung ohne ausgewiesene Beschäftigung, das sind Kinder u. s. w., 14,929.

Der Viehstand besteht aus 18 Hengsten, 449 Stuten, 30 Wallachen, 46 Füllen, 30 Eseln, 109 Stieren, 9316 Kühen, 2048 Ochsen, 3943 Kälbern, 3163 Schafen, 2240 Ziegen, 492 Schweinen und aus 954 Bienenstöcken.

1870 am 8., 16. und 24. Juni hielt Dr. *F. W. Meinert* aus Dresden drei Vorträge im Saale des Kurhauses über die Wichtigkeit des Badens, über die Diät bei der Karlsbader Kur und über die Vor- und Nach- kur bei dem Gebrauche der Karlsbader Mineralquellen. Der Ertrag ist zum Besten des Fremdenhospitals bestimmt.

— am 8. Juni kam Se. Hoheit Prinz *Leopold* von Sachsen-Coburg-Gotha mit Gemahlin Baronin *von Ruttenstein* zur Kur hier an und wohnten im Hause „zum Kaiser von Russland."

— am 10. Juni kam hierher zum Kurgebrauche: M. Dr. *Goldmark* aus Wien. Derselbe war im Jahre 1848 vom Fürsten *Windischgraetz* wegen angeblicher Mitschuld an der Ermordung des Kriegsministers Grafen *Latour* zum Tode verurtheilt. Derselbe wurde erst vor 2 Jahren rehabilitirt.

— am 13. Juni traf *Anna* Gräfin *von Meran*, Wittwe Sr. k. k. Hoheit des Erzherzogs *Johann* von Oesterreich, zur Kur hier ein und wohnte in der „goldenen Krone."

1870 am Frohnleichnamstage, den **16. Juni**, feierte der hierortige Turnverein den Tag seines 10jährigen Bestehens durch Veranstaltung einer Turnerfahrt und eines Commerses.

— fand im hierortigen Schiesshause eine Versammlung der Vertreter des Erzgebirger Scheibenschützenvereins statt, bei welcher Eger seinen Austritt aus dem Vereine anzeigt und Elbogen als Vorort gewählt wird.

— am 17. Juni kam Se. Durchlaucht der regierende Fürst zu Schaumburg-Lippe sammt Gemahlin und Gefolge (8 Personen) zur Kur hier an und wohnten in „zwei deutschen Monarchen."

— im Juni wurde ein Erhängter auf der König-Ottos-Höhe aufgefunden; er war ein irrsinniger Porzellandreher aus der Fabrik in Fischern.

— in der Nacht vom 9. auf den 10. Juni verbrannten in Drahowitz zwei Bauerngehöfte.

— Im vorigen Jahre wurde dem bürgerlichen Schützencorps vom Bürgermeisteramte das Schiessen während der Frohnleichnamsfeierlichkeit verboten. Die Schützen fühlten sich dadurch in ihren Rechten verletzt und wendeten sich an die ihnen unmittelbar vorgesetzte k. k. Behörde, welche ihnen wieder die Bewilligung hiezu ertheilte, weshalb sie auch am diesjährigen Frohnleichnamstage ihre üblichen Salven gaben. Nun war die Reihe des Verletztseins auf der Seite des Stadtrathes und derselbe verurtheilte den Schützenhauptmann *Georg Fülla* zu 5 f. Strafe mit dem Bedeuten, dass im Wiederholungsfalle die Strafe auf 50 f. erhöht werden würde. Gegen dieses Erkenntniss recurrirte der Schützenhauptmann und gewann den Prozess gegen das Bürgermeisteramt.

— stellt der Bilderhändler *Kunewalder* eine Collection von 80 Oelgemälden zum Verkaufe aus. Darunter fanden sich die Namen: *Induno, Bürkl, Eybl, Remi van Haanen, Pecrus, Lintelo, Merz, Benta, Malvoisin* u. A. vertreten.

— am Sonntag, den 19. Juni, Morgens gegen 6 Uhr brach unter dem Dache des Gast- und Einkehrhauses „zum goldenen Rössl" Feuer aus, welches den Dachstuhl und einen grossen Theil der inneren Localitäten verbrannte. Dem Feuer wurde durch die freiwillige Feuerwehr baldigst Einhalt gethan. Besonders zeichnete sich die Fischerner Feuerwehr durch ihr schnelles Eintreffen am Brandorte rühmlich aus.

— Karlsbad gehört nach der verlautbarten Landwehr-Bataillons-Eintheilung zu dem Landwehr-Bataillon No. 47 in Saaz. Hier ist ein Bezirks-Landwehrfeldwebel Namens *Bauernfeind* stationirt und hat derselbe die Evidenzhaltungsgeschäfte zu leiten.

1870 erhält der interimistische Kur-Musikkapellen-Director *August Labitzky* einen ehrenvollen Ruf als Concertmeister nach Petersburg, ohne diesem jedoch zu folgen.

— am 26. Juni feierte in der katholischen Kirche der hier zur Kur anwesende Baron *Ferdinand von Haasen*, königl. sächs. Major a. D., mit seiner Gemahlin *Ludowika* im Beisein sämmtlicher Familienglieder und Freunde die g o l d e n e H o c h z e i t.

— wurde mit Allerhöchster Entschliessung die Wahl des *Ernst Stark* zum O b m a n n e der Karlsbader Bezirksvertretung bestätigt.

— resignirt der hierortige k. k. Notar J. U. Dr. *Fiedler* auf diese seine Stelle und widmet sich nur der Advocatie.

— ist im Freundschaftssaale ein äusserst interessantes Theatrum mundi, welches die Welt im Kleinen beweglich zur Anschauung bringt, aufgestellt.

— am 28. Juni traf Se. kaiserl. Hoheit P r i n z v o n L e u c h t e n b e r g aus St. Petersburg zur Kur hier ein.

— erhielt der hierortige Badearzt Dr. *Isidor Gans* von Sr. Maj. dem Könige von Preussen den Titel eines k ö n i g l. p r e u s s i s c h e n g e h e i m e n S a n i t ä t s r a t h s.

— wurde dem Graveur *Anton Pittrof* in Karlsbad die Erlaubniss ertheilt, den Titel eines f ü r s t l i c h S c h a u m b u r g - L i p p e'schen H o f g r a v e u r s führen zu dürfen.

— verlich Se. Maj. der Kaiser von Russland dem hier stationirten k. k. Gerichtsadjuncten Ritter *von Scharfen* den k a i s e r l. r u s s i s c h e n S t a n i s l a u s o r d e n.

— wurde unserm Landsmann, dem Secretär im k. k. Handelsministerium *Wilhelm Dewez*, in Anerkennung seiner vorzüglichen Dienstleistungen der Titel und Charakter eines k. k. S e c t i o n s r a t h s mit Nachsicht der Taxen verliehen.

— Wie alljährlich feierten hier auch diese Saison am 4. Juli die durch farbige Schleifen in den Knopflöchern und bei den Damen am Busen leicht erkennbaren Nordamerikaner den Jahrestag ihrer Unabhängigkeits-Erklärung durch ein grosses Diner in „Sanssouci" und am selben Tage die hier anwesenden Schweden den Geburtstag ihres unvergesslichen Königs *Oskar I.* durch Geldbetheiligung von 75 f. an zwei ihrer zur Kur hier befindlichen unbemittelten Landsleute aus der im Jahre 1853 von den Schweden hier gegründeten Stiftung: „Oskars Andenken."

— wurde hier eine Sammlung für den am 30. Juni abgebrannten, zwei Meilen von Karlsbad entfernten Marktflecken U i t t w a eingeleitet, welche die namhafte Summe von 2925 f. 9 x. und 2 Thaler preuss. Courant ergab.

1870 am 16. Juli Morgens während der Trinkzeit bei den Brunnen erregte ein eingelangtes Telegramm mit der Nachricht von der Kriegserklärung Frankreichs an Preussen eine ungeheure Aufregung. Auf die rascheste Weise und dem kürzesten Wege suchte man in die Heimath zu gelangen, wodurch sich bald ein Mangel an Vehikeln fühlbar machte; die Post war sofort auf mehrere Tage hinaus belegt, und die Privatfuhrwerke, welche überdies durch die in Sachsen eingeleitete zwangsweise Abstellung der Pferde eine empfindliche Minderung erlitten, vermochten nicht, selbst bei enorm hoch angebotenen Fahrlöhnen, Aller Begehr zu befriedigen. In anerkennenswerther Weise hatte der hierortige k. k. Statthaltereirath und Bezirkshauptmann *von Zeileisen* die Vorsorge getroffen, dass das Publicum auf telographischem Wege von Allem officiell in Kenntniss gesetzt wurde, um nicht durch Sensationsnachrichten unangenehm berührt werden zu können.

— machten einige Kurgäste unter sich die Wette, an jedem beliebigen Orte und zu jeder Tageszeit ein ebenso grosses Publicum zu versammeln, als es das Kurorchester mit seinen Concerten vermag. Zu diesem Behufe verkündeten grosse Placate einem verehrlichen Publicum, dass ein Professor mit einer von ihm erfundenen Flugmaschine Nachmittags um 5 Uhr vom Findlaters-Tempel nach dem Kaiserpark und wieder zurückfliegen werde — das Zusehen koste nichts. Und wirklich war der Besuch des Kaiserparkes und aller umliegenden Promenaden ein enormer; alle Blicke richteten sich gespannt nach dem Findlaters-Tempel, als die bezeichnete Stunde nahte. Endlich entfaltete sich langsam ein weisses Tuch, das dreimal in die Lüfte flatterte. Es war dieses das Zeichen, dass die Wette gewonnen sei.

— im Juli wurden die Maurer- und Bergarbeiten beim Baue der Neubrunncolonnade dem Baumeister *Karl Schmidt* aus Petschau im Accordwege von der Stadtgemeinde überlassen.

— hat das k. k. Ministerium des Innern dem Baron *Kleist* in Tüppelsgrün, *Heinrich Mattoni*, Dr. *Sorger*, J. U. Dr. *Alfred Knoll*, Gebrüder *Benedikt*, *B. Schwalb*, *Franz Bernhart* und *Eduard Knoll* in Karlsbad die Gründung einer Actiengesellschaft unter dem Namen: „Karlsbader Baugesellschaft" mit dem Sitze in Karlsbad bewilligt. Das Gründungscapital der Gesellschaft ist auf 500,000 f. bemessen und sollen zur Aufbringung desselben 500 Actien à 100 f. ausgegeben werden.

— ist im Wochenblatt von Karlsbad und Umgebung ein Aufsatz unter dem Titel: „Ein interessanter Todter" veröffentlicht, aus welchem hervorgeht, dass, wie *Scherr* in seinen in der Gartenlaube gebrachten Mittheilungen „Studien" in einem Aufsatze unter dem Titel: „Das Räthsel des Temples" die Frage behandelt, ob der Sohn Ludwig XVI. wirklich im Temple gestorben ist, oder nicht vielleicht doch gerettet und für ihn ein halbblödsinniger Knabe untergeschoben wurde, der allerdings am 8. Juni 1795 im Temple starb. *Scherr* bejaht dies Letztere und fügt hinzu: „Seitdem dieser Aufsatz (zuerst in der Gartenlaube) erschien, ist mir aus einer grossen norddeutschen Stadt in geheimnissvoll thuender Weise unterm 23. Juni 1865 die Nachricht zugefertigt worden, der echte Dauphin sei allerdings aus dem Temple gerettet worden, aber keiner der unter seinem Namen aufgetretenen Prätendenten sei der echte gewesen. Der Gerettete sei nach Bestehung vieler Abenteuer als Mitglied einer Schauspielertruppe nach St. Petersburg verschlagen worden, wo er dann eine bleibende Stätte gefunden. Im Sommer 1844 sei sein Tod erfolgt, und zwar in Karlsbad, wohin er zur Kur gegangen. — Auf die weiteren Nachforschungen *Scherr's* erhielt er statt der erbetenen Aufklärungen und Nachweise nur ängstliche Winke mit dem Bedeuten, man dürfe die Hinterlassenen dieses unzweifelhaften siebzehnten Ludwig nicht gefährden und zur Zeit noch nichts Näheres über das Geheimniss verlauten lassen.

Ich, der Verfasser dieser Chronik Karlsbads, führe den obigen Umstand lediglich deshalb hier an, weil ich mit diesem angeblichen hier verstorbenen Dauphin bis zu seinem letzten Athemzuge zu thun hatte.

Am 9. August 1844 miethete sich ein grosser, starker Herr, der nur französisch sprach, in meinem Hause „zum goldenen Löwen" das Zimmer No. 9 im ersten Stocke. Auf den ihm vorgelegten Meldungszettel schrieb derselbe: *August Poiraux,* maitre de ballet de S. M. l'empereur de Russie à St. Petersbourg. Sein behandelnder Arzt war hier Dr. *Poeschmann*, und scheint dieser wohl gesehen zu haben, dass sein Patient sehr übel daran sei, da er *Poiraux* beredete, Jemanden von seinen Angehörigen nach Karlsbad kommen zu lassen. In Folge eines von *Poiraux* nach Paris abgesandten Briefes traf auch richtig nach Verlauf einiger Tage eine Dame im Alter von ungefähr 30 Jahren hier ein. Auf mein Ersuchen, sich am Meldezettel einzuschreiben, erklärte mir dieselbe (auch sie verstand kein Wort Deutsch), dass sie die Tochter des Monsieur *Poiraux* und die Gattin des Malers (der Name entfiel mir) aus Paris sei, sich hier gar nicht aufhalten und mit ihrem Vater abreisen würde. Sie traf des anderen Tages alle Anstalten zur Abreise und ging noch aus, um einige Einkäufe zu besorgen. Es mochte zwischen 3 und 4 Uhr Nachmittags sein, als ich gerufen wurde, schnell bei dem kranken Herrn in No. 9 nachzusehen, er röchle wie ein Sterbender. Als ich in das Zimmer und zu seinem Bette trat, lebte er höchstens noch 2 Minuten. — Nach Verlauf einer halben Stunde kam die Dame nach Hause; ich erwartete sie in der Hausflur, um sie auf die schonendste Weise von dem inzwischen eingetretenen Tode ihres Vaters zu benachrichtigen. Wie erstaunte ich aber, bei ihr nicht die geringste Spur von Schrecken,

14*

Trauer oder Mitleid wahrzunehmen; im Gegentheil war ihr Benehmen derart theilnamlos, dass ich und Andere uns dahin aussprachen, dass diese Person unmöglich die Tochter des Verstorbenen sein könne. Diese Dame, welche, nebenbei gesagt, ihrem Benehmen nach keineswegs auf einer hohen Stufe von Bildung stand, bereitete mir als ihrem Dolmetsch bei der Besorgung des Leichenbegängnisses viele Unruhe und Aerger, denn Alles fand sie zu theuer, und der erste Lärm begann mit dem Tischlermeister *Schindler*, der für den nach ihrer Angabe angefertigten, mit schwarzem Sammet überzogenen Sarg 200 f. verlangte, und endigte mit dem Pater *Nodin*, dem sie alle möglichen unschönen Titulaturen beilegte. Obwohl die Grabstelle ausgemauert wurde, weil nach ihrer Angabe der Leichnam abgeholt werden würde, geschah dies doch bis heute nicht. Gleich nach dem Leichenbegängnisse reiste sie nach Paris zurück.

1870 wurde der von Sr. Maj. dem Könige von Preussen für Norddeutschland ausgeschriebene Buss- und Bettag auch hier in der evangelischen Kirche in officieller Weise abgehalten, um den Sieg für die preussischen Waffen zu erflehen.

— am 10. August ging hier bei Beginn des Tages der Ausläufer eines sich bei Tepl, Theusing und Petschau ergiessenden Wolkenbruches nieder, in dessen Folge sich die Tepl zu einem reissenden Strome umwandelte, alle an den Ufern gelegenen Stadttheile überschwemmte und fortwährend noch mit solcher Rapidität wuchs, dass nur jene Geschäftsleute ihre Waaren einigermaassen bergen konnten, die in nächster Nähe derselben wohnten; dagegen mussten weiter Entfernte, welche erst durch den bei Wassergefahr hier üblichen Trommelschlag geweckt wurden, nur mehr aus der Ferne zusehen, wie ihre Waaren dem wüthenden Elemente zum Opfer fielen. Der Wasserstand war gegen die Ueberschwemmung im Jahre 1862 nur um 4 Zoll niedriger. Ausser den Geschäftsleuten in der *Pupp*'schen Allee erlitten die grössten Verluste: der orientalische Handelsmann *Sadik* aus Bagdad im Hause „zum Auge Gottes," dessen werthvolle Seidenwaaren, orientalische Tücher u. s. w. durch den vielen in dem Wasser befindlichen Schlamm einen nicht wieder gut zu machenden Schaden erlitten; dem Optiker *Teiner* im Hause „zur goldenen Harfe" wurden seine Waaren durch Umstürzen der Kästen fast alle in Trümmer zerschlagen; ebenso erlitt der Buchhändler *Dominicus* im Hause „zur weissen Taube" u. A. m. bedeutenden Schaden, welcher mit Inbegriff der bei der Gemeinde angerichteten Verwüstungen mit 100,000 f. sicher nicht zu hoch angeschlagen ist. Der Steg zum Sauerbrunn wurde ganz fortgerissen und alle übrigen Brücken mehr oder weniger beschädigt. Die Restaurateure *Pupp* und *Hammerschmiedt* mussten ihre davongeschwemmten Tische und Stühle in den unteren Stadttheilen zusammensuchen. Das Wasser verlief übrigens ebenso rasch, als es gestiegen war, denn um 10 Uhr Vormittags war die Tepl schon wieder in ihre Ufer zurückgetreten.

1870 Donnerstag den 11. August fuhr die erste Locomotive in den Karlsbader Bahnhof ein und wenige Tage darauf brachte dieselbe auch bereits einige Lastwaggons mit.

— am 18. August, gelegentlich der üblichen Geburtsfeier Sr. Maj. des Kaisers *Franz Josef I.*, rückten die Karlsbader Veteranen zum ersten Male aus. Sie sendeten an Se. Majestät ein Glückwunschtelegramm mit dreimaligem Hoch, worauf folgende Allerhöchste Antwort zurückkam: „Der General-Adjutant Sr. Maj. des Kaisers an den Veteranen-Verein in Karlsbad. Se. Majestät haben dankend den Ausdruck der loyalen Gesinnung des Karlsbader Veteranen-Vereins zur Kenntniss genommen."

— am 11. August veranstaltete der Eigenthümer des Journals „Der Sprudel," M. Dr. *Ferdinand Fleckles* jun., eine musikalische Akademie zur Linderung der durch das Hochwasser geschädigten armen Geschäftsleute in der *Pupp*'schen Allee, welche durch freundliche und anspruchslose Mitwirkung des Fräulein *Regan*, des k. k. Hof-Opernsängers *Walther*, des k. k. Sectionsrathes Dr. *Bezecny*, des Musikdirectors *August Labitzky* und des Theaterdirectors *Haag* den bedeutenden Betrag von 500 f. ö. W. erzielte.

— hat am Allerhöchsten Namensfeste Sr. Maj. des Kaisers *Franz Josef I.* *Friedrich* Ritter *von Zdekauer* auch dieses Jahr 50 f. ö. W. zur Vertheilung an hierortige Arme gespendet.

— wurde die Zündrequisiten-Fabrik unterhalb des Bahnhofes aufgelassen und in ein Hôtel mit dem Namen „Bellevue" umgewandelt.

— am 23. August fand die Wahl eines Landtagsabgeordneten für den Landbezirk Karlsbad, Petschau, Elbogen statt und ging Dr. *Ludwig Schlesinger*, Director der Oberrealschule in Leitmeritz, als gewählt hervor.

— am 24. August wurde für die Städte Karlsbad und Joachimsthal der vom deutschen Wahlcomité in Prag vorgeschlagene Dr. *Alfred Knoll* zum Landtagsabgeordneten gewählt.

— Anfangs September fand die behördliche Prüfung der Eisenbahnstrecke Karlsbad-Eger statt und wurde zugleich der Fahrplan für diese Strecke veröffentlicht. Demnach werden von Eger nach Karlsbad und umgekehrt täglich je ein Personen- und ein gemischter Zug verkehren; die Fahrzeit beträgt bei dem ersteren 2 Stunden 30 Minuten, bei dem letzteren 2 Stunden 43 Minuten.

— Die Verzögerung der Eröffnung der Eisenbahnstrecke Karlsbad-Eger liegt in dem Umstande, dass der Bahndamm zwischen Karlsbad und Zettlitz auf einem gefährlichen Rutschterrain gebaut wird, und musste derselbe bereits zum vierten Male in Angriff genommen werden.

— am 19. September wurde die Eisenbahnstrecke Karlsbad-Eger dem öffentlichen Verkehr übergeben. Die Eröffnung und die Ankunft des ersten Zuges wurde hier ohne die geringste Kundgebung von irgend einer Seite vollzogen. Von diesem Tage an sind sämmtliche Malle- und Personenposten zwischen Karlsbad und Eger eingestellt.

1870 errichtet der gediegene Organist an der hierortigen katholischen Kirche, *Alois Janetschek*, eine Musikschule, in welcher Gesang, Pianoforte und alle Streichinstrumente gelehrt werden.

— am 7. September bewilligt das Stadtverordneten-Collegium die Aufnahme eines Darlehns pr. 250,000 f. ö. W. von der Karlsbader Sparcasse gegen Verpfändung des Realbesitzes der Stadtgemeinde und Tilgung dieser Anleihe aus dem Kur- und Musikfonde, und fordert den Stadtrath auf, dass derselbe die weiteren Schritte zur Realisirung dieses Anleihegeschäfts unverzüglich einleiten möge.

— tritt die Stadtgemeinde der Lesehalle der deutschen Studenten in Prag auf 5 Jahre als beitragendes Mitglied bei und zahlt den auf diese Zeit entfallenden Betrag von 25 f. sogleich ein.

— werden die Zeitungs- und Lesesäle im Kurhause nicht wieder verpachtet, sondern von der Stadtgemeinde in eigene Verwaltung übernommen.

— bestimmt die Stadtvertretung zum Baue einer Turnhalle und zur Vorrichtung des Turnplatzes jenen Theil des Stadtgartens, welcher der Kleinkinderbewahranstalt gegenüberliegt; ebenso soll dieser Bau durch die Stadtgemeinde ausgeführt werden.

— am 10. September wurde der Verfasser des Buches: „Der Elbogner Kreis," Dr. *August Maria Glückselig* in Elbogen, zu Grabe getragen. Er war ein Mann von umfassendem Wissen, namentlich auf naturwissenschaftlichem Gebiete.

— am 19. September beschliesst die Stadtvertretung, wegen der Dringlichkeit eines Neubaues des unzureichenden Theaters, dasselbe nur mehr für ein Jahr an eine Theaterdirection zu vergeben.

— wird dem k. k. Postmeister *Josef Fousek* von der k. k. Bezirkshauptmannschaft die Concession für Droschkenfuhrwerk ertheilt und ihm von der Stadtvertretung die Aufstellungsplätze für Droschken zugewiesen.

— nach Abgang der Direction *Haag* beginnt die Franzensbader Theater-Gesellschaft *Mussik* eine Reihe von Vorstellungen im hierortigen Theater.

— am 2. October veranstaltete der hierortige Turnverein am Platze beim „Elysium" ein grosses Schauturnen.

— weiset die Stadtvertretung das städtische Polizeiamt an, die Verstellung des Marktplatzes durch ärarische Postwagen nicht mehr zu gestatten.

1870 am 5. October wird dem k. k. Districts-Tabakverleger *Salomon Knöpflmacher* das Bürgerrecht I. Classe und dem Apotheker *Hugo Göttl* das Bürgerrecht II. Classe verliehen.

— giebt der Professor der Magie und Physik *Ernst Böning* aus Dresden im hierortigen Theater Vorstellungen.

— erhielt der hierortige Glashändler und k. k. Hoflieferant *Ludwig Moser* bei der Grazer Industrieausstellung für dort ausgestellte Waaren die grosse silberne Medaille.

— beschliesst die Stadtvertretung, die Anlage der Wasserleitung zu den Aborten der neuen Neubrunncolonnade und die Einrichtung der Aborte selbst unter Anwendung des Syphon-Systems mit constanter Bespülung der Abortschalen herzustellen.

— wird die Gasbeleuchtung für die Promenade vom Bahnhofe bis zur Egerbrücke hergestellt.

— am 30. October hielt der p o l i t i s c h e V e r e i n im nordwestlichen Böhmen hier eine Volksversammlung ab.

— am 3. November wird *August Labitzky* definitiv zum Director des Karlsbader Kurorchesters ernannt.

— Die Stadtvertretung beschliesst, das Haus „z u r s c h w e d i s c h e n K r o n e" in der Sprudelgasse sammt Bräugerechtigkeit von dem Besitzer *Johann Vogl* in Chemnitz für 7000 f. auf Rechnung des Kurfonds zu kaufen.

— werden über das Sitzungsprotokoll der Karlsbader Aerzte von Seite der Stadtvertretung folgende Beschlüsse gefasst:

    a) Soll zur Vermeidung des übergrossen Andranges beim Mühlbrunnen die Quelle im Rathhause dem Publicum zugänglich gemacht, zunächst aber die Ergiebigkeit, die Temperatur, der Salz- und Kohlensäure-Gehalt derselben bestimmt werden;

    b) sind die Sprudelausbrüche am sogenannten Sprudelbergel mit möglichster Beschleunigung zu verbauen;

    c) sind in Zukunft die Ruhebänke an den Promenaden zeitiger im Frühjahre aufzustellen und die Zahl der Ruhebänke an der Promenade bei der Marienkapelle bis auf 10 zu vermehren; endlich

    d) ist die Verfügung zu treffen, dass die Brunnenmädchen früher und zwar bei allen Brunnen angestellt werden.

— beschliesst die Stadtvertretung auf ein Schreiben des Hilfs-Comité's des deutschen Vereins in Wien für Verwundete des deutschen Heeres wegen Uebernahme von Reconvalescenten zur unentgeldlichen Benutzung der Badeanstalten mit Gewährung freier Wohnung und Verpflegung:

    1. Die für die allenfalls nach Karlsbad dirigirten Verwundeten und Reconvalescenten des d e u t s c h e n H e e r e s nothwendigen Bäder unentgeldlich zu verabfolgen;

2. ein Comité zu ernennen, welches die nöthigen Anträge über Aufnahme und Verpflegung der obengenannten Hilfsbedürftigen zu stellen haben wird.

1870 am 4. November war hier die Wahl der Reichsrathsabgeordneten und wurden hierzu J. U. Dr. *Alfred Knoll* und *G. Huscher*, Fabrikant aus Asch, gewählt.

— am 7., 9. und 11. November fanden die Gemeindevertretungswahlen für Karlsbad statt, wobei die Wähler ein schon seit vielen Jahren nicht dagewesenes Interesse an den Tag legten.

— am 19. November wurden vom Stadtverordneten-Collegium gewählt: M. Dr. *Franz Sorger* zum Bürgermeister; *Jos. Stieff*, *Wilhelm Schindler*, *Hugo Göttl* und *Georg Fülla* zu Gemeinderäthen.

— am 19. November wird dem neugewählten Bürgermeister Dr. *Sorger* ein Fackelzug sammt Serenade dargebracht, wobei sich die Schützen, die Liedertafel, die freiwillige Feuerwehr, der Veteranen- und Turnverein und eine grosse Menge der Bewohner Karlsbads (man schätzte sie auf 4000 Personen) betheiligten. Zum Schlusse ertönten vielfache Hochs! Von hier ab begab sich der Zug vor das Haus „zum Kaffeebaum," der Wohnung des gewesenen Bürgermeisters *Knoll*, um 'auch ihm den Dank für seine 30jährige Wirksamkeit darzubringen.

— legt der k. k. Postmeister *Fousek* seine erhaltene Concession zur Aufstellung von Droschken wieder zurück, weshalb das Bürgermeisteramt alle Droschkenunternehmer auffordert, ihre Gesuche um die Concession bei der k. k. Bezirksbehörde einzubringen.

— am 20. November gab der Männergesangverein zu Ehren des Cäcilientages eine Liedertafel im Kurhause, wobei auch das Kurorchester mitwirkte.

— Dem hierortigen Mineralwasserversendungspächter *Heinrich Mattoni* wurde der Titel eines k. k. Mineralwasser-Hoflieferanten verliehen.

— ist Bürgermeister *Sorger* dem Militär-Veteranen-Verein als Stifter mit dem Betrage von 20 f. beigetreten und hat derselbe ausserdem der Karlsbader freiwilligen Feuerwehr 40 f. und dem Karlsbader Turnverein 30 f. gespendet. Desgleichen liess der Stadtrath *Jos. Stieff* dem Turnverein 10 f., den armen Schulkindern 25 f., der Schützencompagnie 20 f. und der freiwilligen Feuerwehr 10 f. zukommen.

— ladet der hierortige Pastor *Rodewald* im Namen der evangelischen Gemeinde die Eltern der evangelischen Schulkinder zu einer Beschlussfassung über die Schulfrage für den 30. November in das Pfarrhaus ein. Das Resultat dieser Beschlussfassung war, dass man die Errichtung einer evangelischen Schule in Karlsbad nicht benöthige.

1870 bildete sich in Karlsbad ein Eisclub und hat derselbe in der Tepel nächst dem Bräuhause einen Schleifplatz errichtet.

— erstickte in dem von *August von Lützow* gestifteten Armenhause „zur Munificentia" ein 80jähriges Weib in Folge eines entstandenen Zimmerbrandes.

— in der zweiten Hälfte des Monats December beginnt die Vertheilung der Rumforter Suppe.

— am 23. November wird von dem Stadtverordneten-Collegium dem abgetretenen Bürgermeister *J. P. Knoll* das Ehrenbürgerrecht der Stadt Karlsbad verliehen.

— wird das Stadtbauamt beauftragt, unter Mitwirkung der kurörtlichen Section eine geographische Darstellung und Beschreibung der im Verlaufe des Colonnadenbaues zu Tage tretenden Quellen und Terrainverhältnisse zu verfassen und dieselbe beim Schlusse des Baues dem Stadtarchiv einzuverleiben. Motive: historisches, naturhistorisches und kurörtliches Interesse.

— am 12. December verschied nach längeren Leiden im 62. Lebensjahre der hochgeachtete Badearzt M. Dr. *Franz Damm*. Gleich seinem im Jahre 1844 im Alter von 74 Jahren verstorbenen Vater ist er der ehrenvollsten Erinnerung würdig. Wie tief Dr. *Damm's* Verlust in Karlsbad gefühlt wurde, bewies die grosse Zahl der Leidtragenden, welche sich bei dem Leichenbegängnisse betheiligten. In ihm verlor die Stadt einen ausgezeichneten praktischen Arzt und die Armen einen Wohlthäter.

— erhielt das Theater für das Jahr 1871 die Direction *Mussik.*

— hat unser Landsmann, der Goldarbeitergehilfe *Johann Neumeyer* in dem Atelier des Hofjuweliers *Grohmann* in Prag eine Monstranz verfertigt, welche wegen ihrer künstlerischen Ausführung allgemeines Aufsehen erregte. JJ. MM. Kaiser *Ferdinand* und Kaiserin *Maria Anna*, sowie Se. Eminenz der Kardinal-Erzbischof Fürst *Schwarzenberg* und mehrere andere hohe Herrschaften und Kunstkenner bewunderten dieses Werk.

— wurden Neu- und Umbauten hergestellt: Das Trottoir auf der Kaiser-Franzens-Brücke (Steinbrücke); Beginn des Colonnadenbaues beim Neubrunnen; an Privatbauten fanden 15 Neu-, 7 Um-, 5 Zu- und 9 Aufbauten statt.

— wurden Concerte gegeben: Am 26. und 31. Mai geistliche Orgel-Concerte in der evangelischen Kirche von *Heinrich Stiehl* aus St. Petersburg, unter Mitwirkung der hierortigen Kurorchester-Mitglieder *Alban Förster* (Violine), *Ant. Lang* (Cello), Frau *L. von Homutoff* (Gesang), und *J. Diem* aus München (Cello); das Concert am 11. Juni im Café-Salon des Fräulein *Marie Wieck*, fürstlich hohenzollern'sche Kammer-Virtuosin, unter Mitwirkung der Concertsängerin Fräulein

Theodore Schmid; das Concert am 18. Juni im Café-Salon der Opernsängerin Fräulein *Ferenczy,* unter Mitwirkung des Violoncell-
virtuosen *J. Diem,* des Opernsängers *Günzburger* aus Düsseldorf, des
Violinvirtuosen *Lehar* vom Leipziger Conservatorium und des Kur-
gastes *Schöffl* aus Saaz; das Concert am 23. Juni im Café-Salon zum
Besten des Fremdenhospitals von *J. Diem,* der Pianistin *Czermak* aus Prag und des Sängers *Günzburger;* zum Besten des
Fremdenhospitals gab Dr. *F. W. Meinert* aus Dresden im Monat
Juni im Kurhause drei Vorlesungen über die Karlsbader Kur und
deren Wirkungen; die Magier *Bellachini* und Professor *Herrmann*
gaben mehrere Vorstellungen. Im Freundschaftssaale war das beweg-
liche Welttheater (Theatrum mundi) von *Otto Thiemer's* Wittwe und
im böhmischen Saale *Platow's* Museum zur Schau aufgestellt.

1870. Frau Professor *Odenthal* aus Dresden sammelte auch dieses Jahr,
wie schon früher, während ihres Kurgebrauches hier unter den Kurgästen milde Beiträge für das Fremdenhospital.

— weist die Kurliste 9722 Parteien mit 13,549 Personen aus; darunter
sind aus Oesterreich 3635 Personen, aus den anderen europäischen
Staaten 9531 Personen; aus Afrika 14, aus Amerika 318, aus Asien
42 und aus Australien 9 Personen. Von hervorragenden Kurgästen
befanden sich dieses Jahr zur Kur hier: Graf *von Lingen* (Kronprinz
von Preussen); *Ernst Litfass* aus Berlin; der regierende Fürst von
Lichtenstein; Se. kaiserl. Hoheit Erzherzog *Carl Ferdinand* von
Oesterreich; *Otto Wigand* aus Leipzig; Graf *von Hanau* (Churfürst
von Hessen); *Ewald Grobecker,* königl. Hofschauspieler aus Wiesbaden; Fürst *Rohan* aus Sichrow; Dr. *Robert Prutz,* Professor aus
Stettin; Baron *Anselm Rothschild* aus Wien; Baron *Gustav von Prandau* aus Slavonien; die ehemalige Tänzerin *Fanni Elsler* aus Wien;
der k. k. österreichische Feldzeugmeister Graf *Degenfeld-Schönberg*
aus Gmunden; *Jenny von Dingelstedt* geb. *Lutzer* aus Wien; *Carl
von Piloty* aus München; Grosshändler *Jonas Königswarter* aus Wien;
Prinz *Leopold* von Sachsen-Coburg-Gotha; M. Dr. *Goldmark* aus
Wien; Gräfin *von Meran* aus Graz; Graf *Baudissin* aus Kurland;
k. k. Hofrath *von Mayrau;* der regierende Fürst zu Schaumburg-
Lippe; Dr. *B. H. Strousberg* aus Berlin; Se. kaiserl. Hoheit Prinz
von Leuchtenberg aus St. Petersburg; Frau *Sabathier-Ungher* aus
Florenz; Statthalter Freiherr *von Weber* aus Wien; der königl. preus-
sische General *Ed. von Franscecky* aus Magdeburg; Professor Dr.
Czermak aus Leipzig; Fürst *Constant. Suwarow* aus St. Petersburg;
der kaiserl. russische Finanzminister *Mich. von Reutern; Franz
Wallner* aus Berlin; der königl. ungarische Minister Baron *Josef
Eötvös;* der königl. ungarische Minister *Balth. von Horwath;* Graf
Muskin-Puschkin aus St. Petersburg; Profesor Dr. *Josef Skoda* aus
Wien; k. k. Landesmedicinalrath Dr. *Fz.* Ritter *von Skoda* aus Prag
und der k. k. Feldzeugmeister Graf *Nobili* aus Wien.

— gingen an Kurtaxe ein: 53,148 f. 75 x.; an Musiktaxe 25,782 f.; an

Hausir- und Handelstaxe 1721 f. 51 x.; an Wohlthätigkeitsbeiträgen 3681 f. 73 x.; an Sprudelsalz wurden erzeugt 11,103¼ Pfd. = 23,316 f. 82 x.; an Sprudelseife 1225 Pfd. = 1127 f.; an Sprudelpastillen 800 Dosen.

1870. Die Mineralwasserversendung betrug 635,000 Flaschen.

— lagen im Lesecabinet 75 verschiedene Journale und Zeitschriften auf.

1871 am 2. Januar fand wie bisher die 6. Verloosung der Karlsbader Stadtobligationen statt.

— am 4. Januar beschliesst die Stadtvertretung, im Principe alle städtischen Bauten, Professionistenarbeiten und Lieferungen nur im Accordwege zu vergeben, behält sich jedoch die Beschlussfassung von Fall zu Fall vor.

— trägt *Carl Voigt*, Besitzer des Hauses „zum Auge Gottes," den beim Umbau seines Hauses zur Strassenerweiterung liegen bleibenden Grund von 16⅔ Quadratklafter der Stadtgemeinde um den Preis von 16,000 f. zum Kaufe an. Das Angebot wird zurückgewiesen.

— ist unser Landsmann, der k. k. Hauptmann des Genie-Stabes in Ofen, *Julius Knoll* als stiftendes Mitglied dem Karlsbader Militär-Veteranen-Vereine beigetreten und hat den Betrag von 20 f. gespendet.

— übergab der Wander-Club, eine Gesellschaft junger Männer, welche ihre freie Zeit mit Gesang und Turnen verbringen, dem Bürgermeisteramte einen Betrag von 23 f. zur Vertheilung an die Armen.

— theilt die Stadtvertretung der Frau *Mathilde Arnemann*, Stifterin der „Elisabeth-Rosen," auf ihr Einschreiten mit: dass mittellose Kurgäste, wenn sie sich persönlich beim Bürgermeister darum bewerben, nicht nur von der Kurtaxe befreit werden, sondern dass sie auch die Anweisung auf unentgeldliche Bäder erhalten, ohne dass es hiezu einer besonderen Empfehlung bedarf.

— wird beim Sprudelsalz über Ansuchen bei der competenten Behörde die gesetzliche Schutzmarke eingeführt; ebenso wird das Sprudelsalz einer genauen chemischen Analyse unterzogen.

— verkauft die Stadtgemeinde Karlsbad ihre bei Rossnitz gelegenen drei Kohlengrubenmassen im öffentlichen Licitationswege an den Porzellanfabrikanten *Nowotny* in Altrohlau um 3000 f.

— am 8. Januar gab der Männergesangverein im Kurhause seine diesjährige Liedertafel.

— haben die Restauranten *Hammerschmid* (Salle de Saxe) und *Pupp* (Café-Salon) für jedes Nachmittagsconcert 4 f. und für jedes Abendconcert 2 f., ferner die Besitzer von auswärtigen Restaurationen für jede Musikproduction 2 f. zu bezahlen. Von dem Ertrage in dieser Weise sind 300 f. dem Pensionsfond des Kurorchesters und der Ueberschuss den Wohlthätigkeitsanstalten zuzuweisen.

1871 veröffentlicht die Karlsbader freiwillige Feuerwehr in Folge abgehaltener ordentlicher Generalversammlung den Jahresbericht über die Geschäftsgebahrung, den Aufschwung und die Thätigkeit derselben am Schlusse des Jahres 1870.

— am 15. Januar fand in der evangelischen Kirche die Einführung dreier Vorstände der Gemeinde, *Ludwig Mieg*, *Emil Polenz* und *Carl Lehr*, statt. Nach vorhergegangener Ansprache des Pastors legten sie das Handgelöbniss ab.

— wurden der hierortigen israelitischen Armencasse durch freiwillige Beiträge der Cultusgemeindemitglieder und aus anderen verschiedenen Sammlungen 511 f. 70½ x. zugewendet.

— spendete *August von Lützow* zur Bereitung von Rumforter Suppe den Betrag von 100 f.

— am 22. Januar starb *C. H. Franieck*, Buchdruckereibesitzer und Redacteur des „Karlsbader Wochenblattes," in seinem 48. Lebensjahre.

— am 22. Januar hielt der politische Verein des nordwestlichen Böhmens hier im Kurhause eine Versammlung ab, wobei nach Verhandlung über den Jahresbericht und der Neuwahl des Ausschusses der hierortige israelitische Prediger Dr. *Oppenheim* einen Vortrag: „An der Schwelle des achten Jahrzehnts" (die leitenden Principien des Staatenlebens und der Weltlage), hielt.

— veröffentlicht die Sparcasse den Ausweis ihres Geschäftsverkehrs im Jahre 1870, woraus hervorgeht, dass der Empfang 2,661,394 f. 14½ x. und die Ausgabe 2,609,091 f. 2 x., somit der Gesammtgeldverkehr dieses Instituts die Summe von 5,270,485 f. 16½ x. betrug.

— erklärt ein Erlass des k. k. Finanzministeriums, dass die Statuten der israelitischen Karlsbader Cultusgemeinde nicht als ein Gesellschaftsvertrag angesehen werden können und daher nicht stempelpflichtig sind.

— am 24. Januar wurde die Stadtbibliothek in einem eigends dazu bestimmten Zimmer im Kurhause aufgestellt und als Bibliothekar und Custos der Bürgerschullehrer *Schlosser* gewählt, weil mit dieser Bibliothek die Anlegung eines Museums verbunden ist.

— am 29. Januar hielten die Brauberechtigten eine Generalversammlung am Rathhause ab, wobei *Josef Wagner* zum Brauverwalter gewählt wurde.

— am 30. Januar hielt der Karlsbader Turnverein eine Generalversammlung ab, wobei der Jahresbericht vom Jahre 1870 und die Neuwahl der Turnrathsmitglieder vorgenommen wurden.

1871 am 1. Februar fand im Kurhause ein sogenannter Industriellen-Ball statt.

— am 2. Februar überreichte eine Deputation der Stadtvertretung, an deren Spitze der Bürgermeister Dr. *Sorger* stand, dem gewesenen Bürgermeister *J. P. Knoll* das Ehrenbürger-Diplom.

— beschloss das Stadtverordneten-Collegium:

    a) Eine neue Numerirung der Häuser nach Stadtvierteln oder Bezirken;

    b) zur Vornahme dieser Arbeiten eine Commission zu wählen, und

    c) dass alle Vergütungen für Militäreinquartierungen vom Quartiermeister bei der städtischen Steuersammlungscasse zu erlegen sind, wo sie von den einzelnen Quartierträgern gegen Abgabe der Einquartierungskarten erhoben werden können.

— wird die Eingabe des *Gustav Wolf* aus Elbogen wegen Anlegung eines Wasserabzugskanals aus der Tepl bei Pirkenhammer in die Eger bei Aich, wegen der enormen Summe, welche dieser Bau beanspruchen würde, zurückgewiesen.

— fand im Kurhause zum Besten des Karlsbader Turnvereins eine Abendunterhaltung statt, wobei Gesangs- und Musikstücke, akrobatische Vorstellungen, Nebelbilder u. s. w. zur Aufführung kamen.

— wurde bei der am 6. Februar in Eger stattgehabten Wahl *Heinrich Mattoni* aus Karlsbad zum Vicepräsidenten der Egerer Handelskammer und zugleich zum Delegirten nach Wien zur Enquête der österreichischen Handelskammer gewählt.

— ertheilte der k. k. Landesschulrath für Böhmen jedem einzelnen Lehrer der Volks- und Gewerbeschule in Karlsbad, in Anerkennung ihres unermüdlichen Eifers und der tüchtigen Leistungen im Schulfache, ein Belobungsdecret.

— verehrte der seit vielen Jahren im Sommer hier domicilirende *Georg Koppa* aus Wien Sr. k. k. Hoheit dem deutschen Kronprinzen eine künstlich gearbeitete Meerschaumpfeife mit der wohlgetroffenen Büste Sr. Maj. des Kaisers *Wilhelm I.* und den Daten der bedeutendsten Schlachten im deutsch-französischen Feldzuge in den Jahren 1870 und 1871, wofür *Koppa* den Titel eines kaiserl. und königl. Hoflieferanten des deutschen Kronprinzen erhielt.

— gingen zur Anschaffung einer Fahne für den hierortigen Militär-Veteranen-Verein durch Sammlung und Abhaltung von Bestschiessen, Tanzkränzchen u. s. w. 248 f. 35 x. ein.

— am 1. März bestimmt die Stadtvertretung ausser den schon bestehenden drei Classen des Bürgerrechts noch eine IV. Classe mit 20 f. für die Stadtrenten und 10 f. für das Canzleipersonal und endlich eine V. Classe mit 10 f. für die Stadtrenten und 5 f. für das Canzleipersonal.

1871 genehmigt die Stadtvertretung für die Anpflanzung beim Bahnhofe dem Stadtgärtner *Hohmann* die Summe von 763 f. und für die Bepflanzung der Felsenabhänge zwischen den Häusern „zum goldenen Baume" und „zum Altenburgischen Hause" mit 36 f.

— wurde zum Custos in den Zeitungslesesälen *Wilhelm Pittroff* gewählt.

— begeben sich der Bürgermeister Dr. *Sorger*, *Mieg* und Dr. *Hofmann* sowie *H. Mattoni* als Delegirter der Egerer Handelskammer nach Wien, um dem h. Reichsrathe und dem Handelsminister persönlich die Petition betreffs des Baues der Pilsen-Karlsbad- und Johann-Georgenstädter Eisenbahn zu überreichen.

— haben die Justizbeamten des Kreisgerichtssprengels Eger, wozu auch Karlsbad gehört, Sr. Excell. dem Ober-Landesgerichts-Präsidenten Baron *von Streit* zu seinem 40jährigen Dienst-Jubiläum ein prachtvolles photographisches Album mit 112 Bildern überreicht.

— am 4. März starb Dr. *Ludwig Preiss* jun., einziger Sohn des hierortigen königl. preussischen Geheimrathes und Badearztes Dr. *Ludwig Preiss*.

— am 4. März fand durch unvorsichtiges Gebahren mit dem Sprengpräparate „Dynamit" in dem unweit von hier an der Strasse nach Schlackenwerth gelegenen sogenannten „Neuwirthshaus" eine furchtbare Explosion statt. Ein beim Eisenbahnbau beschäftigter Partieführer *Bartholomäus Zuber* hing seine mit 4 Pfund Dynamit versehene Umhängetasche in die Nähe des Ofens, wodurch das Dynamit entzündet wurde und explodirte. Ein grosser Theil des Mauerwerkes und Einrichtungsstücke wurden zerstört, die vier im Zimmer befindlichen Personen zu Boden geworfen, ein Weib in der Weiche und ein Kind am Kopfe verwundet; letzteres starb bald nachher.

— erklärt sich der hierortige israelitische Geschäftsmann *Leopold Benedikt* als confessionslos. Es ist dieses der erste Fall in Karlsbad.

— am 19. März feiert der Karlsbader Männergesangverein den 12. Jahrestag seines Bestehens durch eine Fest-Liedertafel unter Mitwirkung des Kurorchesters.

— Aus Anlass der Vermählung der königl. englischen Prinzessin *Louise* mit dem Marquis *of Lorne*, dem Sohne des Herzogs *von Argyle*, erhielt unsere Landsmännin Fräulein *Anna Regan* die Einladung, um in einem Hofconcert in Windsor-Castle mitzuwirken. Wegen früher abgeschlossenem Engagement konnte sie jedoch diesem ehrenvollen Rufe nicht Folge leisten.

— wurde durch Vermittelung des Kurorchesterdirectors *August Labitzky* die Harfenvirtuosin Fräulein *Anna Dubes* in Schwerin (eine geborene Wienerin) für das Karlsbader Kurorchester engagirt und zugleich eine Pedalharfe um den Preis von 900 f. angekauft, welche Eigenthum der Stadtgemeinde bleibt.

1871 hielt eine Gesellschaft im Gasthause „zum rothen Ochsen" ein Bolzschiessen zum Besten armer Schulkinder ab und wurde dabei ein Reinertrag von 65 f. erzielt.

— am 25. März hielt der Karlsbader Eisclub eine Versammlung seiner Mitglieder im „Hôtel Bellevue" ab.

— am 30. März hat *August von Lützow* folgende Spenden gemacht: Der freiwilligen Karlsbader Feuerwehr 30 f., dem Karlsbader Männergesangverein 30 f., der Schützenmusikkapelle 30 f. und dem Karlsbader Turnverein 30 f.

— wird die warme Quelle im Rathhause gefasst, mit einem eisernen Ueberbau versehen und erhält den Namen: „Kaiser Karls-Quelle."

— lassen die Besitzer des „Café-Salon," Gebrüder *Pupp,* auf dem ihnen gehörigen Platze einen sehr zweckmässigen, akustisch construirten Musikpavillon erbauen.

— am 6. April wurde bei dem Baue der neuen Colonnade beim Neubrunn durch den Zusammensturz eines Ziegelstosses ein Tagelöhner erschlagen.

— erhielt der hierortige israelitische Prediger Dr. *Oppenheim* wegen erlittener Angriffe von Seiten eines ausgetretenen Cultusgemeindemitglieds von mehr als 80 Mitgliedern der hiesigen Cultusgemeinde eine Vertrauensadresse.

— tritt, vom 25. April angefangen, ein directer Personen-, Gepäcks- und Eilgutverkehr, anschliessend an die Züge der Buschtiehrader Eisenbahn, zwischen Karlsbad und Saaz durch Omnibusse in's Leben.

— wurden 11,259 Portionen = 22,518 niederösterreichische Seidel Rumforter Suppe vertheilt. Die Einkünfte des Armensuppenvereins vom 1. April 1870 bis zum diesjährigen Frühjahre betrugen 1264 f. 90 x. Die Kosten der Bereitung obigen Quantums Suppe beziffern sich mit 509 f. 48 x., so dass mit Schluss der Vertheilung noch eine Baarschaft von 755 f. 42 x. erübrigt. Auch dieses Jahr machte sich bei Bereitung und Vertheilung der Rumforter Suppe der Bürger *Franz Zeidler* sehr verdienstlich.

— im April eröffnete J. U. Dr. *Heinrich Zloch,* k. k. Notar, seine Canzlei im Hause „zum Samson" in der Mühlbadgasse.

— hat der Karlsbader Bürger *Emanuel Platzer* für die Witwe des bei dem Colonnadenbau verunglückten Tagelöhners *Jos. Proeckl* aus Langlomitz 34 f. 41 x., 2 Silber-Gulden und 1 preuss. 4-Groschenstück gesammelt und dem Bürgermeisteramt übergeben.

— am 25. April erscheint die erste Nummer des III. Jahrganges des „Sprudel," allgemeines deutsches Badejournal. Herausgeber:

Dr. *Ferdinand Fleckles* jun., Badearzt in Karlsbad. Abonnements für Karlsbad: im Bureau der Herren *Mattoni & Knoll* im Hause „zur Börse."

1871 im April spendete *August von Lützow* abermals für die hierortigen Armen 200 f. mit dem Wunsche, dass dieser Betrag mit den früher geschenkten 200 f. unter Einem fruchtbringend angelegt, und von den Zinsen alljährlich am 1. December zu immerwährenden Zeiten hier heimathszuständige Arme damit betheilt werden.

— macht das Presbyterium bekannt, dass mit 23. April d. J. der sonntägige Gottesdienst in der evangelischen Kirche um 11 Uhr Vormittags seinen Anfang nimmt.

— wird das zu einem Gasthause umgewandelte Haus „zum Grafen Chotek" in der Egerstrasse unter dem nunmehrigen Schild „Hôtel zum baierischen Hof" eröffnet.

— erschien die erste Auflage von „Fellers Karlsbader Omnibus, Verkehrs-, Local-, Personal- und Kur-Anzeiger. Unentbehrlich für jeden Besucher Karlsbads."

— amtiren in Karlsbad folgende Behörden: Die k. k. Bezirkshauptmannschaft, das k. k. Bezirksgericht, das k. k. Militär-Badehaus-Commando, das k. k. Hauptzollamt, das k. k. Postamt, das k. k. Telegraphenamt und der Stadtrath.

— am 30. April fand die Eröffnung des Theaters unter der Direction *Mussik* mit dem Stücke: „Der Pfarrer von Kirchfeld" statt.

— wie alljährlich wurde am 1. Mai die feierliche Brunnenweihe vollzogen, bei welcher Gelegenheit die neugefasste „Kaiser Karls-Quelle" beim Rathhause zum ersten Male eingeweiht wurde.

— regelt die hohe k. k. Statthalterei den Umständen gemäss die Kurtaxe in Karlsbad in der Art, dass:

a) adelige Personen, höhere Geistliche und Beamte, höhere Militärs und sonstige Standespersonen, Gutsbesitzer, Rentiers, Grosshändler, Banquiers, Fabrikanten, Realitätenbesitzer und überhaupt reiche Personen nach der I. Classe 10 f.,

b) bemittelte Personen nach der II. Classe 6 f.,

c) diejenigen Personen, welche minder bemittelt sind und nicht den oben genannten Classen angehören, nach der III. Classe 4 f., und

d) Kinder unter 14 Jahren und Dienstboten eine Taxe von 1 f. zu bezahlen haben.

— Die Musiktaxe ist nach der Anzahl der Personen für Parteien der I. Kurtaxclasse mit 5 bis 17 f., für Personen II. Kurtaxclasse mit 3 bis 8 f., endlich für Parteien der III. Kurtaxclasse mit 2 bis 6 f. zu bemessen.

1871 wurde während der Kurzeit folgender Gottesdienst abgehalten:

I. Für Katholiken: Täglich um 7, 9 und 11 Uhr hl. Messen. An Sonn- und Feiertagen Frühmessen um 7 Uhr, um 9 Uhr Hochamt, hierauf die Predigt, um 11 Uhr hl. Messe. Nachmittags 3 Uhr Segen.

II. Für die evangelische Gemeinde: An jedem Sonn- und Feiertage um 11 Uhr Vormittags.

III. Für Anglikaner: Alle Sonntage Vormittags 11 Uhr.

IV. Für Glaubensgenossen der orthodox orientalischen Kirche: An Sonn- und Feiertagen um 11 Uhr, und an den Vorabenden dieser Tage um 6 Uhr Abends.

V. Für Israeliten: Am Freitag Abends 8 Uhr Marib-Gebet mit Chor, am Sabbath und an Festtagen um 10 Uhr Vormittags Musaph-Gebet. Jeden zweiten Sabbath und an Festtagen Predigt, an Wochentagen Frühgottesdienst.

— liegen im Zeitungslese-Salon im Kurhause 76 Zeitungen und Zeitschriften auf.

— am 9. Mai starb im 58. Lebensjahre der k. k. Rittmeister und Inspectionsoffizier im k. k. Militär-Badehaus zu Karlsbad, *Eduard Bürgermeister*. Derselbe war der Schwiegersohn des sehr geachteten Hofrathes Dr. Ritter *von Hochberger*.

— am 16. Mai fand im Schiesshause eine öffentliche Versammlung des politischen Vereins im nordwestlichen Böhmen statt, wobei sich unter den Programmspunkten auch die Fassung und Absendung einer Zustimmungsadresse an den bekannten Stiftspropst *Döllinger* befand.

— ist im böhmischen Saale wieder *Platow's* naturhistorisches und ethnographisches Museum, enthaltend die interessantesten Gegenstände aller Welttheile, aufgestellt.

— genehmigt die hohe k. k. Statthalterei die Statuten des hierortigen Militär-Veteranen-Vereins. Dieser Verein hat den Zweck, seine Mitglieder in Krankheitsfällen zu unterstützen, das sostrum medicum, die Arzenei, sowie auch die Begräbnisskosten verstorbener Vereinsmitglieder aus Vereinsmitteln zu bestreiten. Jene Wohlthäter, welche dem Vereine mindestens 20 f. widmen, werden als Stifter, jene, welche einen Betrag von 5 f. dem Vereine zukommen lassen, als Förderer des Vereins in das Gedenkbuch eingetragen. Vorstand dieses Vereins ist der städtische Polizeicommissär *Anton Grasmuck*.

— übergab der hierortige Mineralwasserversendungspächter und k. k. Hoflieferant *Heinrich Mattoni* an die Oppolzer-Stiftung in Wien 200 f. österreichische Staatsschuldverschreibung.

— erscheint in der am 12. November 1869 concessionirten und seitdem in Betrieb gesetzten zweiten Buchdruckerei der Gebrüder *Taschler* in Karlsbad ein Wochenblatt unter dem Titel: „Karlsbader Anzeiger. Wochenblatt für Gemeindewesen, Kurleben, Industrie und Gewerbe." Es erscheint jeden Mittwoch.

1871 am 24. Mai wurde in der Pfarrkirche zu Zettlitz eine Volksmission durch die Jesuiten abgehalten; sie predigten durch 8 Tage vor einem wenig zahlreichen Publicum, welches zumeist dem weiblichen Geschlechte angehörte.

— legt der Stadtgärtner *J. Hahmann* der Stadtvertretung den Plan für eine auf Grundlage eines Hallenbaues aus Gusseisen construirte Colonnade beim Neubrunnen vor. Diese Colonnade mit zierlichen Säulen würde im Winter durch doppelte Glaswände geschlossen, das heisse Wasser durch Röhren hineingeleitet und so dieselbe erwärmt, wodurch zugleich ein Wintergarten geschaffen werden könnte. Das Project wurde nicht angenommen.

— bringt das „Berliner Fremden- und Anzeigeblatt" No. 121 in einem Feuilleton unter Anderm Folgendes: „Die Presse Karlsbads selbst ist sich in ihren verschiedenen Organen heftig in die Haare gefahren. Der „Sprudel" greift sonder Scheu mit grosser Energie und auch nicht ohne eine gewisse Bitterkeit Karlsbad als Bad und seine Leitung an; die Gegner dieses Journals werfen dem Redacteur allerhand tadelnswerthe Motive vor, indem sie seine Anschuldigungen zu entkräften suchen und dabei aber keineswegs unterlassen, ihn in gereizten Entgegnungen zu verdächtigen" u. s. w. In Folge solcher sonderbaren Presszustände fand am Dienstag den 27. Mai bei dem k. k. Kreisgerichte in Eger als Pressgericht eine öffentliche Schwurgerichtsverhandlung des hierortigen Presbyteriums contra *Theodor Ritz* in Karlsbad wegen grundloser Verdächtigungen gegen das Presbyterium statt. *Ritz* gab vor Gericht dem Presbyterium eine Ehrenerklärung ab, womit der Process sein Ende fand.

— fand in dem nahen Pirkenhammer die Fahnenweihe des dortigen Männergesangvereins statt, welcher viele Kurgäste und Bewohner Karlsbads beiwohnten.

— im Mai feierte die Lichtenstädter Schützencompagnie ihr 50jähriges Jubiläum, wobei auch zugleich 5 Schützen jubilirt wurden. Der Karlsbader k. k. Statthaltereirath *von Zeileisen*, eine Schützenoffiziers-Deputation aus Karlsbad, die Schützencompagnieen von Elbogen und Schlackenwerth, sowie der Lichtenstädter Veteranen- und Turnverein wohnten dem Feste bei.

— am 23. Mai brachte der Karlsbader Männergesangverein dem hier zur Kur weilenden Vorstande des Wiener Männergesangvereins, Herrn *Dumba*, eine Serenade. *Dumba* erschien in der Sänger Mitte, dankte für die ihm gebrachte Ovation und forderte die Sänger auf, stets einig zu sein und stets treu zu ihrer Fahne zu halten. Eine zahlreiche Menschenmenge war bei dieser Gelegenheit versammelt.

1871 am 31. Mai richtet der Bürgermeister Dr. *Sorger* ein freundliches Gesuchsschreiben an das Commando der bürgerlichen Schützencompagnie, im Interesse des Kurortes und mit Rücksicht auf die vielen anwesenden kranken Kurgäste am Frohnleichnamstage das Schiessen gefälligst zu unterlassen. Diesem Ansuchen entsprach die Schützencompagnie bereitwilligst.

— am 2. Juni eröffnete die böhmische Es compte b a n k in Karlsbad eine F i l i a l e im Hause „zum Pomeranzenbaum.“ Dieselbe emittirt Cassenscheine mit 8 tägiger Kündigung und 4 % Verzinsung, bei 20 tägiger Kündigung mit 5 % und bei 90 tägiger Kündigung mit 5 1/2 % Verzinsung und versieht alle in das Bank- und Wechselwesen einschlägigen Geschäfte.

— wird die neuerbaute Restauration „zur Friedrichs-Höhe“ nächst der Eisenquelle eröffnet.

— Freitag den 16. Juni wurde aus Anlass des Einzuges der deutschen Truppen in Berlin von vielen hier anwesenden Kurgästen im Posthofe eine Siegesfeier, bestehend in einem Festconcert, arrangirt, dessen Reinertrag dem deutschen Invalidenfonde bestimmt war. Alle Tische waren mit riesigen Blumenbouquets geschmückt, wobei besonders das von Blumen umrahmte Bildniss des deutschen Kaisers, geziert mit der deutschen Tricolore, die Aufmerksamkeit erregte. Hier sassen Frau *Arnemann,* die Gründerin der schon früher besprochenen Stiftung Elisabeth-Rosen, Professor *Liebke* aus Stuttgart, Professor *Czermak* aus Leipzig (ein geborner Prager), der Dichter Dr. *Max Ring* aus Berlin, Professor Dr. *Oettinger* aus Dorpat, Dr. *Heinrich Laube,* Theaterdirector aus Wien, und Sanitätsrath Dr. *Heymann* aus Berlin. Nach Beendigung des Kaisermarsches von *Richard Wagner* begrüsste *Emil Brebeck* aus Berlin alle anwesenden Deutschen und brachte ein Hoch auf Se. Maj. Kaiser *Wilhelm* aus, in welches die Versammlung einstimmte. Die zweite Musikpiece bestand in der Fest-Ouverture über die österreichische Volkshymne von *Hummel.* Hierauf sprach Dr. *Kleiber,* Gymnasialdirector aus Berlin, über die freundschaftlichen Beziehungen zwischen Oesterreich und Preussen und schloss mit einem dreimaligen Hoch auf Se. Maj. den Kaiser *Franz Josef I.* von Oesterreich, welches von allen Anwesenden wiederholt wurde. Nun brachten Dr. *Löwy* aus Hamburg dem ruhmgekrönten deutschen Heere und seinen Führern, und Freiherr *von Chonitz* den deutschen Frauen für ihre liebevolle Behandlung der verwundeten Krieger Hochs aus. Pastor *Engels* hielt nun folgende Rede: „Die nächste Nummer des Programms ist das Lied: „D i e W a c h t a m R h e i n,“ welches unsere tapfere Armee, die heute ihren Einzug in Berlin hält, zu dem blutigen Kampfe geführt hat. Wir wollen dies Lied nun in Karlsbads herrlichen Gefilden singen. Viele Thränen werden heute in Berlin fliessen, Thränen der Freude und Thränen des Schmerzes. Während in manch' stillem Kämmerlein die Gattin um den geliebten Mann, die

Kinder um den Vater, die greisen Aeltern um den Sohn klagen, die als Helden gefallen sind auf dem Felde der Ehre, braust in den Strassen der endlose Jubel des Volkes und begrüsst den Kaiser und die rubmgekrönte Armee, die den Feind geschlagen, der es gewagt, sie zum blutigen Kampfe herauszufordern, zu einem Kampfe, wie ihn die Welt noch nie gesehen. Des Franzmanns Uebermuth wurde gewaltig gezüchtigt. Lasset uns nun festhalten an dem deutschen Reiche, und wer es einst wagen sollte, feindlich in dasselbe zu dringen, soll uns gerüstet finden zum Kampfe auf Tod und Leben; wie ein Mann wollen wir zusammenhalten, um unseren heimathlichen Heerd zu vertheidigen. Diesem deutschen Reiche, über welches Gott seine schirmende Hand ausbreiten wolle, bringe ich ein dreifaches Hoch!" — Ein Sturm brausenden endlosen Jubels folgte dieser Rede und manche Thräne floss dem Andenken der Gefallenen. Die Musik wurde unter der Leitung des Directors *August Labitzky* vom Kurorchester ausgeführt. Der Reinertrag dieser Siegesfeier betrug 815 f. ö. W.

1871 am 18. Juni hielt der Karlsbader Veteranen-Verein im Schiesshause seine 3. Generalversammlung, wobei Arzt *Mayer* zum Vereinsarzt gewählt wurde; ferner beschloss man, ein Gesuch an Se. k. k. Hoheit den Kronprinzen *Rudolf* von Oesterreich mit der Bitte zu richten, Höchstderselbe möge das Protectorat gnädigst übernehmen und gestatten, dass der Verein den Namen: „Kronprinz Rudolf-Veteranen-Verein" führen dürfe. Für die Anschaffung der Uniformen (dunkelblaue Blousen, schwarze Hosen und Hüte mit Federbusch) zu je 9 f. 60 x. wurden von den anwesenden 80 Mitgliedern sofort 380 f. eingezahlt.

— In Folge eines am 25. Juni in Tachau niedergegangenen Wolkenbruches stieg der Misaffuss in Tachan 3 Klafter über das Normale, riss viele Häuser gänzlich und andere theilweise fort, einige 20 Menschenleben gingen zu Grunde, fast alles Vieh ist ertrunken, Gärten und Grundstücke überhaupt verwüstet und die festesten Steinbrücken sind spurlos verschwunden. Angesichts dieses Elendes erliess der Bürgermeister Dr. *Sorger* einen Aufruf an die Bevölkerung Karlsbads um milde Beiträge für die Tachauer Verunglückten. In Folge dessen gab Director *August Labitzky* mit dem Kurorchester ein Concert im Posthofe; die Theaterdirection *Mussik* veranstaltete eine Extravorstellung, wobei der Schauspieler *Rott* aus Wien mitspielte; die Freimaurer sammelten im Salle de Saxe, der Karlsbader Männergesangverein gab eine Liedertafel im Kurhause und die beiden biederen Bürger *Emanuel Platzer* und *Franz Zeidler* eilten mit ihren Sammellisten von Haus zu Haus. Durch alle diese genannten edlen Bestrebungen gelang es in kurzer Zeit, die ansehnliche Summe von mehr als 2500 f. an die Tachauer abzusenden.

— spendete Dr. *H. B. Levy*, Advocat aus Hamburg, zum Baue eines israelitischen Tempels in Karlsbad 100 f. ö. W.

1871 betrug der Ertrag des Sammelbuches für die Spenden der von Frau *Mathilde Arnemann* gegründeten „Elisabeth-Rosen-Stiftung" im Jahre 1870 2151 f. 9 x. Durch diese Gaben erhielten 35 gebildete unbemittelte Kurgäste freie Wohnung und einen Beitrag zur Verbesserung der Kost, 7 Kranke erhielten ganz freie Station und 25 Kranke erhielten blos freie Kost. Die Betheiligten waren Beamte, Geistliche, Lehrer, Lehrerinnen, Förster, Wittwen von Aerzten und Beamten, ohne Rücksicht auf Nation oder Confession. Von diesen 67 unterstützten Personen waren 13 aus Oesterreich, 29 aus Preussen, 3 aus Bayern, 13 aus Sachsen, 1 aus Würtemberg, 1 aus Baden, 2 aus Hamburg, 1 aus Hannover, 1 aus England, 1 aus Russland, 1 aus Livland und 1 aus Kairo. Dem Capitale wurden die Zinsen des Jahres 1870, sowie der Rest der in diesem Jahre eingegangenen und nicht verausgabten Spenden beigefügt, so dass dasselbe am 1. Januar 1871 18,287 f. 95 x. betrug, vor welchem sich befinden:

1. In der Karlsbader Sparcasse . . . . . . 10,287 f. 95 x.
2. als hypothekarische Anlage auf dem Grundstücke der evangelischen Kirche sammt Pfarrhaus . . . . 8,000 - — -

Zusammen 18,287 f. 95 x.

— Der Künstler *Wilhelm Riedl* aus Prag übergab der Frau *Mathilde Arnemann* ein Bild aus weissem Marmor, dessen Verwerthung dem Fonde der „Elisabeth-Rosen" beigefügt werden soll. Dasselbe wird in der nächsten Zeit nach Absatz von 200 Loosen à 1 f. verloost werden.

— ladet *von Sprengler* und *W. F. von den Bergh* die Brüder Freimaurer, welche gegenwärtig hier sind, zu einer Besprechung (Unterstützung der überschwemmten Tachauer) im Salle de Saxe auf den 3. Juli ein. Diese Einladung wurde in englischer, französischer und deutscher Sprache veröffentlicht.

— am 8. Juli veröffentlicht *Heinr. Mattoni* folgende Erklärung: „In der ausserordentlichen Sitzung des Stadtverordneten-Collegiums am 7. Juli, welche zu meinem Bedauern zu einer geheimen erklärt wurde, habe ich mit aller Entschiedenheit mich verwahrt, dass ich auf die Haltung, Leitung und Administration des Journals „Der Sprudel" je den geringsten Einfluss genommen habe, und glaube dadurch die gegen mich direct und indirect gerichteten Angriffe von Seite Böswilliger vollständig entkräftet und mich in den Augen meiner Collegen im Stadtverordneten-Collegium und der Bürgerschaft von Karlsbad gerechtfertigt zu haben. Auf eventuell weitere Angriffe von derselben Seite einzugehen, halte ich mit meiner Würde nicht vereinbarlich. *H. Mattoni*."

— erschien in *Baumgärtner's* Buchhandlung in Leipzig: „Der Diabetes Mellitus, sein Wesen und seine Behandlung, von Dr. *K. Zimmer*, praktischer Arzt in Karlsbad."

1871 veröffentlichen die Brüder *Winter* im Wochenblatt folgende Erklärung: „Nachdem trotz jedesmaligem Ersuchen und trotz den an allen Eingängen dieses Ersuchen aussprechenden Tafeln die einheimischen Bewohner Karlsbads sich das Vergnügen nicht versagen können, mit freilaufenden Hunden unsere Anlagen zu passiren, sehen wir uns zum Schutze dieser Anlagen veranlasst, das Thor bei unserer Brücke abzusperren und die öffentliche Passage zu unterbrechen. Unser Eingang zu den Anlagen nächst dem Militär-Badehause bleibt jedoch für den Besuch der Kurgäste von 8 Uhr Morgens bis 8 Uhr Abends geöffnet. Brüder *Winter.*" — Diese Störung machte bei den Karlsbadern böses Blut.

— errichtet *Carl Lang & Comp.* in Karlsbad vis-à-vis dem Mühlbrunnen ein Wohnungs-Nachweise-Bureau, welches den Interessen der Kurgäste sowohl, als auch den Wohnungsvermiethern Rechnung tragen soll.

— fand vom 9. bis 23. Juli in Eger eine Ausstellung von Gewerbe-, Industrie-, land- und forstwirthschaftlichen Erzeugnissen statt, mit welcher zugleich eine Regionalausstellung für das nordwestliche Böhmen verbunden war. Bei dieser Ausstellung erhielten folgende Industrielle aus Karlsbad die silberne Medaille: *Baumann & Simon* für schweizer Holzschnitzfabrikate, *Johann Becher* für feine Liqueure, *J. F. Berry* für Bandagen, *Wilhelm Fasoll* für Eisenmöbel, *Jos. Frank* für Schuharbeiten, Stadtgärtner *Jos. Hahmann* für Gewächse, *Jos. Hofmann* für Pferdegeschirre, *Theodor Liedtke* für Silberarbeiten; die broncene Medaille: *Ludwig Alexowsky* für Hutmacherarbeiten, Optiker *Franz Bernhart* für einen Zimmertelegraphen, *Oswald Richter* für Decorationsarbeiten und *Heinr. Tschammerhöll* für Sprudelsteinarbeiten.

— ist wegen der Unsitte des Tisch- und Sitzbelegens bei öffentlichen unentgeldlichen Concerten beim Café-Salon eine Tafel mit der Bemerkung angebracht, dass Niemand befugt ist, sich Tische oder Sitze zu reserviren.

— am 10. Juli resignirt *Jos. Stieff* sen. aus Gesundheitsrücksichten auf den Posten eines Stadtraths.

— regt der Bürgermeister Dr. *Sorger* die Errichtung von Fleischhallen an, wodurch es den Fleischbauern der Umgegend möglich gemacht würde, das Fleisch öffentlich auszuschrotten und nicht wie bisher durch Hausiren an den Mann zu bringen.

— kauft *Wilhelm Fasoll* von den *Gottl'*schen Erben die hinter dem Fremdenhospitale gelegene sogenannte *Decrouix'*sche Lohe um 29,000 f. und erbaut dort die mit dem Namen „Königsvilla" beschildete Restauration.

— richtet die Stadtvertretung eine Eingabe an den h. Landesausschuss, ein Landesgesetz wegen Incorporation der Karlsbader Grundstücke in Fischern, wozu auch der Bahnhof gehört, zur Catastralgemeinde Karlsbad zu erwirken.

1871 überlässt die Stadtgemeinde dem *Emil Teller* beim Neubaue seines Hauses „zum Capitän Cook" den zur Regulirung der Stirnseite dieses Hauses nöthigen Grund gegen Tausch auf einem dem *Emil Teller* gehörigen Grunde von 100 Klafter hinter dem Kurhause.

— eröffnet J. U. Dr. *Alfons Wunschheim* Ritter *von Lilienthal* seine Advocaten-Canzlei im Hause „zu den zwei Ketten" in der Sprudelgasse.

— am 30. Juli wurde die dem *Jos. Stadtler* gehörige, an der Donitzer Strasse errichtete Restauration „zum Feldschlösschen" eröffnet.

— Anfangs August hielten das Musikinstitut des *Alois Janetschek* in Piano, Gesang und Streichinstrumenten, wie auch das Pianoinstitut des *Ferdinand Beuer* die ersten Prüfungen mit ihren Zöglingen ab.

— am 6. August hielt Rabbiner *B. Löwenstein*, Prediger aus Lemberg, zum Besten des Tempelbau-Fonds und des israelitischen Hospitals in Karlsbad im „Hôtel National" einen Vortrag über die Stellung der Frauen vom Standpunkte der Bibel und des Talmuds.

— am 9. August wurde an Stelle des abgetretenen *Jos. Stieff* von 32 abgegebenen Stimmzetteln J. U. Dr. *Fiedler* mit 20 Stimmen zum Stadtrathe gewählt.

— kauft die Stadtgemeinde von *Joh. Schmidt* das Wohnhaus N. C. 195 (Pühlenhof) sammt Wirthschaftsgebäuden und allen dazu gehörigen Grundstücken zur Arrondirung der städtischen Waldungen um den Preis von 14,000 f.

— versuchten es die Badeärzte Dr. *Schnee* und Dr. *Riehl*, einen ärztlichen Verein hier zu gründen, dessen Zweck darin bestünde, die kurörtlichen Interessen zu fördern, naturwissenschaftliche und medicinische Vorträge zu halten und den collegialen Verkehr zu heben. Es wurde ein Comité aus den Badeärzten Dr. *Anger*, Dr. Ritter *von Hochberger*, Dr. *Mayer* und Dr. *Zimmer* gewählt und mit der Ausarbeitung der Statuten betraut.

— am 17. August, dem Vorabende des Geburtstages Sr. Maj. des Kaisers *Franz Josef I.* von Oesterreich, wurde bei glänzender Beleuchtung im Theater eine Festvorstellung gegeben. Auf der reich mit Blumen decorirten Bühne waren im Hintergrunde die Büste des Kaisers, rechts und links die sämmtlichen Bühnenmitglieder im festlichen Gewande aufgestellt und wurde von ihnen die Volkshymne vorgetragen. Gegeben wurde die Operette: „Die Hochzeit bei Laternenschein," von Offenbach. In der Stadt fand der vielen anwesenden Kurgäste halber nur eine theilweise Beleuchtung der Häuser statt, worunter besonders das Rathhaus, Hôtel Schild, Panorama, Waldschloss u. a. m. hervorragten. Am Friedrich-Wilhelms-Platz erglänzte im schönsten Strahlenglanze der österreichische Doppel-

aar, auch die Geländer der Quais und Brücken waren mit zahlreichen Lampen beleuchtet. Am Marktplatze spielte auf einem vor
dem Rathhause errichteten Podium das Kurorchester. Am 18. August, dem Festtage selbst, war feierliches Hochamt mit Te-Deum in
der Dekanatkirche, welchem die Staats- und städtischen Behörden,
sowie eine grosse Anzahl k. k. Offiziere und Kurgäste beiwohnten.
Die ausgerückte Schützencompagnie bezeichnete die Hauptmomente
des Gottesdienstes mit Gewehrsalven. Auch der Karlsbader Veteranen-Verein paradirte in der neuen Uniformirung zum ersten Male
bei dieser Festfeier. In der evangelischen Kirche wurde die Feier
nicht celebrirt.

1871 im August hielt Dr. *L. Adler* aus Cassel im „Hôtel National" vor
einem zahlreichen Publicum einen Vortrag über „d i e s o c i a l e
F r a g e i m L i c h t e d e r B i b e l" zu wohlthätigen Zwecken.

— auch dieses Jahr spendete, anlässlich des a. h. Geburtsfestes Sr. Maj.
des Kaisers, *Friedrich Zdekauer* Ritter *von Treukron* 50 f. zur Vertheilung an hierortige arme Familien.

— beschliesst die Stadtvertretung, wegen der schon beim Grundbaue
der neuen Colonnade stattgehabten bedeutenden Ueberschreitung
des Kostenvoranschlags, den ursprünglichen Plan des Professor
Zytek zu verwerfen und einen von diesem Architekten neu angefertigten Plan für eine Parterre-Colonnade mit Terrasse statt des
Daches anzunehmen. Ebenso wurde beschlossen, dass bei diesem
Baue die Summe von 230,900 f. in keinem Falle überschritten
werden dürfe.

— den 21. August starb nach langer, schmerzvoller Krankheit der
Badearzt M. Dr. *Matthias C. Forster*, Ritter des königl. sächsischen
Albrechtsordens, Director des Fremdenhospitals und Ehrenbürger
von Karlsbad, im 65. Lebensjahre. Dr. *Forster* war ein vollkommener
Ehrenmann und Menschenfreund, ein Wohlthäter der Armen, und
wer ihn näher kannte, musste ihn hochachten. Im literarischen
Fache machte er sich durch die Brochuren: „D a s F r e m d e n -
h o s p i t a l f ü r a r m e K r a n k e a l l e r N a t i o n e n i n K a r l s b a d"
und durch „d i e B e s c h r e i b u n g d e r f ü n f h u n d e r t j ä h r i g e n
J u b i l ä u m s f e i e r K a r l s b a d s" bemerkbar. Ein Zeichen der
Beliebtheit *Forster*'s unter seinen Mitbürgern war das solenne
Leichenbegängniss. Die gesammte Gemeindevertretung, sämmtliche
hiesige Aerzte, eine grosse Anzahl Honoratioren, der Karlsbader
Männergesangverein und eine grosse Menge Leidtragender beglei-
teten die Leiche zu ihrer letzten Stätte. Der Männergesangverein
trug beim Grabe einen Trauerchor von *Kalliwoda* vor.

— bei der am 19. September stattgehabten Wahl in die Karlsbader
Bezirksvertretung wurden gewählt: *Ernst Stark* zum Obmanne der
Bezirksvertretung, ferner Dr. *Anger*, J. U. Dr. *Fiedler*, Bürgermeister
Dr. *Sorger*, Dr. *Hofmann*, *Wilh. Schindler*, *Ludwig Mieg* und *Hugo
Göttl*.

1871 am 1. September trafen hier zur Kur ein und wohnten in „zwei deutschen Monarchen": Se. Maj. *Dom Pedro II.*, Kaiser von Brasilien, und dessen Gemahlin Ihre Maj. Donna *Thereza Christina*, Kaiserin von Brasilien. Das Gefolge bestand aus Ihrer kaiserl. und königl. Hoheit der Gräfin *von Aguila*, Sr. Hoheit Prinz *August* v o n C o b u r g, kaiserl. brasilianischem Gros - Admiral, Gräfin *de Barral*, Fräulein *J. da Costa*, Sr. Excell. *Valle da Gama*, kaiserl. brasilianischem Hofmarschall und Staatsrath, Baron *Bonne Retiro*, Baron *de Ituna*, Fräulein *de Ituna*. Im Ganzen bestand die höchste Kurpartei aus 22 Personen.

— händigte dem Dr. *Riehl*, als substituirtem Director des Fremdenhospitals, die Frau Professor *Odenthal* aus Prag einen von dieser Dame unter den Kurgästen gesammelten Betrag von 87 f. 10 x. zum B e s t e n d e s F r e m d e n h o s p i t a l s ein.

— am 3. September gab die Karlsbader privil. Schützencompagnie zu Ehren J J. M M. d e s K a i s e r s u n d d e r K a i s e r i n v o n B r a s i l i e n ein F e s t s c h i e s s e n im bürgerlichen Schiesshause unter zahlreicher Betheiligung fremder und einheimischer Schützen. Die Schützenoffiziere begaben sich zum Kaiser, um Se. Majestät zur Theilnahme an dem Festschiessen einzuladen, und ersuchten ihn, seinen Namen in das Schützen - Gedenkbuch einzutragen, welcher Bitte der Kaiser *Dom Pedro II.* huldvollst willfahrte. Am zweiten Schiesstage, den 4. September, um 1 Uhr Mittags erschien der Kaiser im Schiesshause und wurde dort von den Schützenoffizieren und den Arrangeuren des Festschiessens empfangen. Unser Mitbürger *Gottfried Unterer* (ein geborner Tyroler) richtete an den Kaiser im Namen der Schützengesellschaft die Bitte, an dem Schiessen theilzunehmen, welchem Ansuchen derselbe willfahrte, indem er sich in den Schiessstand begab und unter den ihm vorgelegten Gewehren eines nach *Werndl'*schem System auswählte. Se. Majestät ersuchten *Unterer*, für ihn den ersten Schuss zu machen, und dieser schoss sofort einen Schwarzschuss. Der Kaiser gab hierauf selbst 12 Schuss ab, verweilte sodann noch längere Zeit im Schiesshause, besah sich die daselbst aufbewahrten Scheiben und Gewinne und erkundigte sich angelegentlichst nach den Scheiben *Peter des Grossen* von Russland. Das erste Beste auf der Bestscheibe (12 Dukaten) erhielt *Emanuel Janusch* aus Elbogen, das zweite Beste (5 Dukaten) *Johann Schenk* aus Marienbad, das dritte Beste (3 Dukaten) *Carl Kunzmann* aus Neudeck. Auf der Vereinsscheibe gewann den ersten Preis (3 Dukaten) *Julius Sebert* aus Karlsbad, den zweiten Preis *Gottfried Unterer* aus Karlsbad und endlich auf der Probescheibe erhielt den ersten Preis (1 Dukaten) *J. Rauscher* aus Marienbad.

— am 11. September traf hier Se. königl. Hoheit Prinz *Luitpold* v o n B a y e r n unter dem Namen Graf *von Schroffen* zum Besuche des brasilianischen Kaiserpaares ein.

1871 setzt der k. k. Statthaltereirath und Bezirkshauptmann *von Zeileisen* in zwei verschiedenen Erlässen sowohl das Commando des k. k. privil. Schützencorps, wie auch den Vorstand des Militär-Veteranen-Vereins in Karlsbad in Kenntniss von der a. h. huldvollsten Dankeskundgebung Sr. Maj. des Kaisers *Franz Josef I.* für die ihm an allerhöchstdessem Geburtsfeste dargebrachten Glückwünsche.

— unterm 29. August hat Frau Professor *Odenthal* abermals die Summe von 75 f. 90 x. als Ergebniss ihrer Sammlung dem hierortigen Fremdenhospitale zugewendet.

— wurde in der Sitzung des Stadtverordneten-Collegiums vom Bürgermeister Dr. *Sorger* dem verstorbenen Dr. *Forster* ein Nachruf mit Hervorhebung dessen Verdienste um die Stadt sowohl als um das allgemeine Wohl gewidmet und drückt die Versammlung ihr Bedauern über das Hinscheiden dieses Ehrenmannes durch Erheben von den Sitzen aus. — An Stelle des Verstorbenen wurde als Mitglied in die juridisch - politische Commission der Gemeindevertretung *Ernst Stark* und zur Weiterführung der Chronik *A. C. Loew* gewählt.

— kauft die Karlsbader Stadtgemeinde einen grossen Moorgrund in Franzensbad und wurde bereits der Moor für das nächste Jahr gehoben und der Verwitterung ausgesetzt; ebenso wurde eine neue Moorschupfe gebaut und eine Moorstichmaschine angeschafft.

— sind für die Verleihung des Theaters 3 Gesuche: von der Direction *Mussik*, einem Schauspieler *Emil Siebert* und dem Director des Klagenfurter Theaters *von Bertalan*, eingelaufen. Dasselbe wurde wieder der Direction *Mussik* überlassen.

— wird der alte F e u e r w e g hinter den Häusern der Kirchengasse in seiner ehemaligen Richtung und Breite von 9 Fuss mit Einlösung einer den Geschwistern *Danzer* gehörigen Grundparzelle wieder hergestellt.

— Ihre Majestäten der Kaiser und die Kaiserin von Brasilien besuchten mit ihrem Hofstaate am 13. September das Atelier des herzogl. Coburg - Gothaischen Hof-Photographen *S. Kohn* und liessen sich aufnehmen. Dem Photographen *Kohn* wurde nicht nur der Beifall für seine Leistungen ausgesprochen, sondern auch der Titel eines kaiserl. brasilianischen Hof-Photographen verliehen.

— liessen sich die kaiserl. brasilianischen Majestäten auch im Atelier *Martin Hirsch*, früher Brüder *Winter*, photographiren.

— am 17. September fand im Schiesshause die 4. Generalversammlung des Karlsbader Veteranen-Vereins statt. Das Vereinsvermögen besteht aus 530 f. 22 x., der Fahnenfond aus 641 f. 44 x. Der Verein zählt gegenwärtig 9 stiftende, 11 fördernde und 156 wirkliche Mitglieder.

1871 fand zu Ehren der Anwesenheit des kaiserl. brasilianischen Kaiserpaares am 21. September im Kurhause ein Hofball statt.

— wird der hierortige Sparcassen - Controlor *Kraus* zum Rechnungsführer des Karlsbader Bräuhauses gewählt.

— machte der Kaiser *Dom Pedro II.* von Brasilien während seines hiesigen Aufenthaltes öftere weitere Ausflüge; so reiste derselbe unter dem Namen eines Monsieur *d'Alcantara* nach Prag und besah dort alle Merkwürdigkeiten. Seine Reisechatouille gab er nie aus den Händen und trug sie stets eigenhändig vom Bahnhofe bis in sein Quartier. In Prag liess sich ein k. k. Statthaltereirath durch einen brasilianischen Hofcavalier zur Audienz anmelden, bekam aber die Antwort, dass blos der Monsieur *d'Alcantara* hier sei. — Am 25. September verliessen das kaiserliche Paar sammt Hofstaat unsere Stadt und reisten nach München.

— erhielten der Optiker *A. Teiner* und der Schuhmacher *Fz. Weidner* vom Kaiser von Brasilien die Erlaubniss, den Titel „kaiserlich brasilianische Hoflieferanten" führen zu dürfen.

— erhielt der Kurorchester - Director *August Labitzky* für seine dem Kaiser von Brasilien gewidmete Composition „Dom Pedro II. Marsch," welche derselbe dem Kaiser persönlich überreichte, einen prachtvollen Brillantring. Das Kurorchester erhielt ein Geschenk von 600 f.

— erhielt der Badearzt Dr. *Oestreicher* vom Kaiser von Brasilien eine sehr werthvolle Brillant-Vorstecknadel als Andenken.

— bekam der hierortige Badearzt Dr. *Schnee* und Consorten von der k. k. Regierung die Bewilligung zur Gründung einer Waschanstalt in Karlsbad. Das nöthige Capital von 60,000 f. soll durch 300 Actien aufgebracht werden.

— kauft der Bezirksschulrath das Haus „zum Schloss Windsor" für 75,000 f. behufs Errichtung einer Bürgerschule und wurde der Gewerbsschullehrer *Max Rudolf* zum Director dieser neu errichteten Bürgerschule ernannt.

— hat das k. k. Ministerium dem Dr. *Emil Schnee* und Genossen die nachgesuchte Bewilligung zur Gründung und Errichtung einer Pfandleihanstalt ertheilt. Das Gründungscapital ist auf 100,000 f. veranschlagt.

— am 5. October schickt die Stadtvertretung Karlsbads nachstehende Adresse an die aus dem Landtage ausgetretenen deutschen Landtagsabgeordneten:

„Die Gemeindevertretung von Karlsbad erklärt in voller Uebereinstimmung mit der Gesinnung der hiesigen Bevölkerung ihr Festhalten an der zu Recht bestehenden Verfassung und billigt durchaus das Verhalten der deutschen Landtagsabgeordneten, sowie die Motivirung des Austrittes derselben aus dem böhmischen Landtage."

1871. Der von dem verstorbenen Dr. *Forster* der Karlsbader Stadtgemeinde vermachte B ü c h e r n a c h l a s s wird im Kurhause in dem dortigen Bibliothekzimmer aufbewahrt.

— geben auf die Anfrage der Karlsbader Stadtvertretung die Brüder *Winter* wegen Verkauf ihres Gartens die Antwort, dass sie nicht mehr in der Lage seien, über das ganze Grundstück zu verfügen, jedoch der Stadtgemeinde den Garten mit Ausschluss des an der Berglehne zum Bau bestimmten Grundes um den Preis von 180,000 f. überlassen wollen.

— wurde das Kurorchester um 6 Mitglieder vermehrt und zählt dasselbe gegenwärtig inclusive des Directors und der Harfenvirtuosin 40 Köpfe.

— wurde die von einem Theile der Stadtvertretung beantragte V e r - l ä n g e r u n g d e r S p r u d e l c o l o n n a d e von der Mehrzahl der Stadtverordneten n i c h t a n g e n o m m e n.

— werden die zu dem von der Stadtgemeinde gekauften „P ü h l e n h o f e" gehörigen Grundstücke durch Anpflanzung in Wald umgestaltet.

— erwirbt die Stadtgemeinde zur Vergrösserung und Arrondirung der städtischen Waldungen abermals von *Anton Minarzik* 3985 Quadrat-Klafter gegen Tausch und Aufzahlung von 500 f., von *Gustav Anger* 4320 Quadrat-Klafter um die Summe von 1500 f., von *Wzl. Steinl* in Drahowitz 2180 Quadrat-Klafter gegen Tausch und von Frau *Anna Schindler* in Drahowitz eine Acra von 6720 Quadrat-Klafter Grund gegen Tausch.

— wird beschlossen, den Wochenmarkt vom 1. Mai 1872 an auf den nächst dem Schiesshause situirten Platz zu verlegen.

— miethet die Bezirksvertretung zur Unterbringung ihrer Kanzleien das Haus No. 255 in der Helenenstrasse um den Jahreszins von 140 f. einschliesslich der Beheizung.

— hat der Banquier *S. C. Kohn-Speyer* aus Frankfurt a. M., Schwiegersohn unsers Altmeisters *Josef Labitzky*, dem Fremdenhospital 100 f., dem israelitischen Hospitale 100 f. und dem Pensionsfonde des Kurorchesters 100 f. gespendet.

— hat das k. k. Ministerium des Innern im Einvernehmen mit den anderen betheiligten Ministerien dem *Sigismund Schlesinger* und Genossen die Bewilligung zur Errichtung einer Actiengesellschaft unter der Firma „K a r l s b a d e r B a n k" mit dem Sitze in Karlsbad ertheilt. Das Gesellschaftscapital ist auf 3 Millionen Gulden festgesetzt und kann auf 6 Millionen erhöht werden. Dasselbe wird durch Actien zu 200 f. gebildet.

— am 22. October fand im Kurhause eine V e r s a m m l u n g d e s p o l i t i s c h e n V e r e i n s für das n o r d w e s t l i c h e B ö h m e n statt. Unter den Anwesenden befanden sich die Grafen *Oswald Thun* und Graf *Gatterburg.* Der Landtagsabgeordnete Dr. *Alfred Knoll* legte die Gründe dar, weshalb die deutschböhmischen Landtagsabgeordneten dem böhmischen Landtage ferne blieben. Schliesslich wurde eine Resolution angenommen, welche die Uebereinstimmung mit der Manifestation der deutschen Landtagsabgeordneten vom 16. September d. J. und mit der Nichtbetheiligung derselben an der illegalen Landtagsversammlung in Prag betont.

1871 wurde nach Aufhebung der Kreisphysikate Dr. *Alfred Grünberger* hier zum k. k. Bezirksarzte für den Karlsbader Sanitätsbezirk (umfassend die Bezirkshauptmannschaften Karlsbad, Falkenau, Graslitz und Luditz) ernannt. Dr. *Grünberger* legte am 24. October den Diensteid ab.

— am 25. October kam Prinz *Moritz* von Sachsen-Altenburg hier an und ist im „Hôtel zum goldenen Schild" abgestiegen.

— am 23. October eröffnete das T h e a t e r v a r i é t é unter der Leitung *Quasthof's* einen Cyklus von mimisch-plastisch-akrobatischen Vorstellungen im Theater.

— wird der k. k. Postamtsverwalter *Karl Bauer* in gleicher Eigenschaft nach Wien übersetzt und wurde *A. Zimmer* von Teplitz aus zum k. k. Postamtsverwalter für Karlsbad ernannt.

— im October begann man mit den Arbeiten am Sprudelbergl. Schon längere Zeit hob sich das Sprudelbergl immer mehr und mehr, und trotzdem die schweren Quadersteine durch Cement mit der eigentlichen Sprudelschale verbunden waren, so wurden sie doch 6 bis 8 Zoll durch die Gewalt des Dampfes emporgehoben und von ihrem Fundamente losgerissen, so dass eine Höhlung entstand, in welcher das Sprudelwasser die seltsamsten Stalaktiten bildete. Der Cement, welcher die Steine mit der Sprudelschale verband, ist mit 2 Zoll dickem Sprudelstein incrustirt. Die Badeärzte Dr. *Anger* und *Preiss* sind von Seite der Stadtvertretung ersucht, vom historischen und naturwissenschaftlichen Standpunkte aus wissenschaftliche Erhebungen zu pflegen.

— wurde dem hierortigen Badearzt Dr. *J. Kraus* mit Allerhöchster Entschliessung gestattet, das königl. sächsische Erinnerungskreuz von 1870—71 annehmen und tragen zu dürfen.

— verzichtet der als Bauleiter beim neuen Colonnadenbau angestellte *August Wischek* auf diesen Posten und kommt an seine Stelle der Bauleiter *Wascha.*

— wurde ein Theil der beim Verbaue des Sprudelbergls gewonnenen Sprudelsteine um 322 f. 47 x. verkauft, die schönsten Exemplare jedoch für das städtische Museum bestimmt.

— bringt das Protokoll der Aerzte nachstehende Punkte dem Stadtverordneten-Collegium zur Kenntniss:

1. Die Moorbadewannen im Kurhause auf 12 Stück zu vermehren und demgemäss noch 6 Badelogen vorzurichten; endlich einen geübten Moorbadewärter anzustellen.

2. Eine fünfgliederige Commission zu wählen, welche die nöthigen Vorarbeiten für den Bau eines eigenen Moorbadehauses einzuleiten hat.

3. Eine Analyse des Moores vornehmen zu lassen.

4. Alle beim Baue der Colonnade zum Vorschein kommenden Quellen, wenn möglich, nutzbar zu machen.

5. Die Exportkübel der Sprudelretiraden mit gutem Verschlusse herstellen und die Aufschriften der Pissoirs in der alten Weise anbringen zu lassen.

6. Eine fünfgliederige Commission zu wählen, welche mit dem von den Bräuberechtigten gewählten Comité wegen Verlegung des Bräuhauses in Verhandlung zu treten hat.

1871 werden die sämmtlichen Steinmetzarbeiten zum Baue der neuen Neubrunncolonnade dem Steinmetzmeister *F. M. Hübner* aus Dresden um 110,534 f. 81 x. ö. W. mit dem ausdrücklichen Beisatze zugesprochen, dass sämmtliche Lieferungen loco Bahnhof Karlsbad zu geschehen haben. Das Versetzen der Steine, wie auch alle bei dieser Colonnade vorkommenden Maurer- und Bergarbeiten überlässt die Stadtvertretung wieder dem Baumeister *Karl Schmidt* aus Petschau mit einer Aufbesserung von 50% bei den Maurerarbeiten, 40% bei den Erd- und Felsarbeiten und 60% bei den Versetzarbeiten. Die Lieferung der Eisenträger wird der Firma *Lebrecht & Comp.* in Nürnberg um den Betrag von 11,815 f. 86 x. ö. W. loco Bahnhof Karlsbad überlassen.

— bringt die Stadtvertretung zur Arrondirung der städtischen Waldungen durch Tauschvertrag mit Dr. *Anton Bermann* ein Grundstück im Ausmaasse von 6675 Quadrat-Klafter an sich.

— am 3. November wird dem *Wenzl Tschammerhöll* das Bürgerrecht der II. Classe verliehen.

— wurden behufs Vorberathung wegen des Baues eines eigenen Moorbadehauses in die diesbezügliche Commission gewählt: M. Dr. *Anger*, M. Dr. *Hofmann*, M. Dr. Geh. Rath *Preiss*, *Ernst Stark* und *Hugo Göttl*. In die Commission behufs der Lösung wegen Entfernung des Bräuhauses von seiner jetzigen Stelle wurden gewählt: Bürgermeister Dr. *Sorger*, Stadtrath J. U. Dr. *Fiedler*, die Stadtverordneten *A. C. Loew*, *Wilhelm Pfeiffer* und *Vincenz Weczerzick*.

— wurde mittelst Beschlusses der Stadtvertretung angeordnet, dass vor den Boutiquen auf der alten Wiese ein Raum von 9 Fuss Breite für die Passage frei bleiben und Tische und Bänke der dortigen Hausbesitzer nur derart aufgestellt werden dürfen, dass ein Zugang zu jeder einzelnen Boutique von der Strasse aus frei bleibt. Diese

Abgrenzung ist durch das Stadtbauamt unter Zuziehung der Haus-
und Boutiquenbesitzer durch Rainsteine in Form von Würfeln und
dem Niveau der Strasse angepasst ersichtlich zu machen. Für die
Benutzung des Raumes zur Aufstellung von Tischen oder Sesseln
ist ein eigener Zins vorzuschreiben.

1871 wurde mit allerhöchster Entschliessung dem Karlsbader Veteranen-
Verein die Führung des Reichsadlers in der Vereinsfahne, dann der
Gebrauch der Trommel und des Signalhornes bei feierlichen An-
lässen bewilligt.

— gingen über einen Aufruf des Karlsbader Ortsschulrathes zur Anschaffung von Kleidungsstücken, Schulbüchern u. s. w. für arme
Schulkinder durch Beiträge 324 f. und von *Leopold Benedikt* ein
grosser Theil gespendeter Kleiderstoffe ein.

— bildete sich über Anregung des hierortigen Buchhändlers *Hans Feller*
ein Eisclub. Zu diesem Behufe wurde auf dem Teiche bei
„Klein-Versailles" eine Eisbahn, eine geheizte Herren- und Damen-
garderobe, eine Tribune für die Musikkapelle und eine Restauration
hergerichtet.

— wurde das eifrige Mitglied der hiesigen Liedertafel, der k. k. Bezirks-
gerichtsadjunct J. U. Dr. *Strnad* nach Mähren übersetzt.

— am 21. October Nachmittags 1 Uhr wurde bei einer Temperatur von
10° R. und einem Barometerstande von 333,77''' W. M. die Messung
der Karlsbader Mineralquellen vorgenommen und nachstehendes
Ergebniss constatirt:

In einer Minute gab der Sprudel aus den Oeffnungen 1, 2, 3
und 4 fünfzehn Eimer dreissig Seidl, das obere Zapfenloch vierzehn Eimer, die Hygieensquelle (alt) sechs
Eimer, Hygieensquelle (neu) 128 Seidl. Die Temperatur im ganzen Sprudelgebiete war nahe 60° R.

In 1 Min.	gab der	Sprudelsäuerling . .	2¾ Seidl;	Temp.	23,0° R.
- 1	-	der Marktbrunn. . .	18 -	-	41,5° -
- 1	-	die Kaiser-Carls-Quelle	7¾ -	-	38,5° -
- 1	-	der Schlossbrunnen .	52 -	-	46,7° -
- 1	-	die neue Quelle . .	28 -	-	50,0° -
- 1	-	der Theresienbrunn .	9 -	-	43,6° -
- 1	-	der Mühlbrunn . . .	21 -	-	45,0° -
- 1	-	der Neubrunn . . .	23½ -	-	51,0° -
- 1	-	der Bernardsbrunn .	40 -	-	56,4° -
- 1	-	die Felsenquelle . .	11 -	-	49,6° -
- 1	-	die Spitalsquelle . .	26½ -	-	32,0° -
- 1	-	die Kurhausquelle . .	64 -	-	53,0° -
- 1	-	die Hochbergerquelle .	8 -	-	31,4° -
- 1	-	die Kaiserquelle . .	25½ -	-	40,0° -
- 1	-	die Quelle zur russ. Krone	— -	-	29,4° -
- 1	-	die Eisenquelle . . .	50 -	-	8,6° -

1871 wurde bei dem Verbaue des Sprudelausbruchs beim Sprudelbergl statt der früheren Bauart mit Steinen die Betonnirung in Anwendung gebracht.

— erklären die Bräuberechtigten, der Stadtgemeinde jedes einzelne Braurecht mit 1200 f. zu verkaufen. Auf die Anfrage der diesbezüglichen Commission erklärte der Besitzer jener hinter dem Bräuhause situirten Wiese, *Lud. Mieg*, dass er dieselbe nicht verkaufen werde. Dieser Umstand bestimmte die Stadtvertretung, den Ankauf des Bräuhauses vorläufig auf sich beruhen zu lassen.

— erheben sich Stimmen gegen das Lehren und Lernen der czechischen Sprache in der Karlsbader Bürgerschule.

— *Alfred Schwalb*, bisher Dirigent des Bankhauses *Bernard Schwalb*, übernahm die Direction der Karlsbader Bank.

— bewilligt die Stadtvertretung für die Abgebrannten in Chicago einen Betrag von 100 f. und erlässt der Bürgermeister einen Aufruf an die Karlsbader Bewohner um Beiträge zu gleichem Zwecke.

— wird der ehemalige Zeitungslesesaal im Mühlbadgebäude als Sitzungssaal für das Stadtverordneten-Collegium in Verwendung gebracht und für die Adaptirungsarbeiten und Anschaffungen demgemäss 500 f. bewilligt.

— wird die Angelfischerei im Tepelflusse vom 1. Mai bis letzten September nur gegen Lösung von Saisonkarten von 5 f. gestattet; vom 1. October bis letzten April ist jede Art von Fischerei im Tepelflusse verboten.

— wird die in Stillstand versetzte städtische Ziegelhütte in Aich wieder mit gutem Erfolg in Betrieb gesetzt.

— werden zur Verpackung des Sprudelsalzes, statt des unbedruckten ordinären Papiers, elegante Enveloppen angeschafft und der Antheil der Bürgerschaft an dem Sprudelsalzertrage bis zu dessen weiterer Verwendung in der Karlsbader Sparcasse angelegt.

— werden im Kurhause vier Badelogen I. Classe eingerichtet und der Preis eines solchen Bades mit 1 f. 50 x. bestimmt, und der Wäschepreis doppelt berechnet.

— beschliesst die Stadtvertretung, einen der französischen Sprache kundigen Inspicienten zur Ueberwachung sämmtlicher Badeanstalten und des Badepersonals mit dem Jahresgehalt von 600 f. und freier Wohnung anzustellen.

— wird die Karlsbader Sicherheitspolizei reorganisirt, und zwar:

    1. Der innere und äussere Polizeidienst ist von nun an streng zu scheiden.

    2. Der äussere Dienst ist ein selbstständiger und wird durch einen eigens angestellten Beamten überwacht.

3. Zur Unterstützung des inneren Dienstes sind für die Dauer der Saison zwei Diurnisten zum Schreibgeschäfte anzustellen.

4. Der Leiter des äusseren Dienstes erhält den Titel „Polizei-Inspector" und ist mit dem Polizeiwachtmeister dafür verantwortlich, dass die Polizeiwachmannschaft und die Promenadenaufseher ihren Pflichten nachkommen.

5. Die Polizeiwachmannschaft ist auf 21 Mann zu erhöhen und die Nachtwächter haben aufzuhören.

6. Die Promenadenaufseher sind beizubehalten.

7. Der Stadtrath ist ermächtigt, die nöthigen Vorarbeiten für die Casernirung der Polizeiwachmannschaft einzuleiten.

Die Bezüge des Polizeiwachtmeister werden mit 450 f. und jene der Mannschaft mit je 350 f. bemessen. Zur Uniformirung bestimmt die Stadtvertretung 2000 f.

1871 wird für die freiwillige Feuerwehr für das Jahr 1872 ein Betrag von 500 f. von der Stadtvertretung bewilligt.

— wird auf dem Platze des Wochenmarktes nächst dem Schiesshause ein Getreidemagazin erbaut.

— am 15. November wird die Gesangschule des Karlsbader Musikvereins eröffnet und werden unentgeldlich Zöglinge beiderlei Geschlechts aufgenommen.

— am 18. November findet im Kurhause ein Ball des Eisclubs, und im Schiesshause der Ball des Veteranen-Vereins statt.

— Dem *Heinrich Tschammerhöll* wurde bei der in Znaim veranstalteten Ausstellung des landwirthschaftlichen Vereins für ausgestellte Sprudelsteinwaaren die silberne Medaille verliehen.

— wird ein Promenadenweg und ein Plateau auf dem Hammerberge, und die Fortsetzung dieses Weges zur Graf-Choteks-Promenade errichtet.

— hat das hier bestehende Comité zum Baue eines israelitischen Tempels zwei seiner Mitglieder nach Wien entsendet, um die Munificenz der Wiener Israeliten für dieses Unternehmen zu gewinnen.

— übernimmt die hierortige Filiale der böhmischen Escomptebank die commerzielle Seite der Dampfwaschanstalt in Karlsbad.

— erhalten die beiden Brunnenaufseher von jetzt ab jedes Jahr einen Rock von mohrengrauem Tuche, mit Metallknöpfen mit dem Stadtwappen, und eine Dienstmütze.

— liefern nach vorgenommener Trinkwassermessung die gesammten Wasserleitungen der Stadt Karlsbad pr. Tag 3625 Eimer.

— am 17. December fand im Kurhause ein Concert des hiesigen Männergesangvereins statt.

1871 stellte der Karlsbader Stadtrath an die Generaldirection der k. k. privil. Buschtiehrader Eisenbahn die Anfrage nach dem Zeitpunkte der Eröffnung der Strecke Prag-Karlsbad, um die nöthigen Feierlichkeiten zu veranlassen. In Folge dessen erschien hier der Oberingenieur *Knörlein* im Auftrage der Generaldirection mit der Mittheilung, dass am 1. December die Uebernahmscommission unter der Leitung des k. k. Statthalbereirathes *Kurzbeck* und des Generaldirectors *Kress* stattfand, und lud den Stadtrath zu einem Souper im „góldenen Schild" ein, welchem derselbe auch anwohnte.

— wurde das Flussbett der Tepel sehr zweckmässig vom Ende des Sprudelbergels bis zum sogenannten Fleischersteg mit Betonpflaster versehen.

— die Gehalte der Beamten und sonstigen Bediensteten bei der Stadtgemeinde Karlsbad erhalten eine 25 procentige Gehaltserhöhung. Auch der Gehalt des Kurorchesterdirectors *August Labitzky* wird von 1200 auf 1500 f. jährlich, und sämmtliche Gehalte der Musiker um 5 Procent erhöht.

— zählt die hiesige f r e i w i l l i g e F e u e r w e h r 173 wirkende, 5 Ehren- und 147 beitragende Mitglieder. Die Zunahme der wirkenden Mitglieder beträgt in diesem Jahre 60 Mann. Die Einnahmen dieses Vereins beliefen sich auf 416 f. 17 x., die Ausgaben auf 408 f. 71½ x. Es wurde bei der Generalversammlung der Beschluss gefasst, im Jahre 1872 in Karlsbad einen Feuerwehrtag, verbunden mit einer Ausstellung von Feuerwehrgegenständen, abzuhalten. Das Steigerhaus wird auf dem Wochenmarktplatze nächst dem Schiesshause aufgestellt. Bei der stattgehabten Wahl der Vorstände wurde *Heinr. Mattoni* zum Hauptmann, *Loib* zum Hauptmannstellvertreter, *C. Lang* zum Zugführer und *Theodor Ritz* zum Schriftführer gewählt.

— erhält der neue Stadttheil nächst dem bürgerlichen Schiesshause den Namen „M o r g e n z e i l e."

— hat der hierortige Apotheker *Hugo Göttl* die A n a l y s e d e r K a i s e r - K a r l s - Q u e l l e und der S p r u d e l l a u g e beendet und dem Bürgermeister übergeben.

— am 17. December hielt der Eisclub seinen ersten Productionsabend bei festlicher Beleuchtung, Musik und Feuerwerk ab. Die Saisonkarte kostete 2 f. 50 x.

— am 9. December erfolgte in feierlicher Weise die sehnlichst erwartete Eröffnung der Eisenbahnstrecke P r a g - K a r l s b a d für den Personen- und Frachtverkehr. Am besagten Tage um 3 Uhr 33 Minuten langte der erste Zug von Prag aus hier an und wurde von dem versammelten Publicum mit Hochs begrüsst. Die Vorstände der hierortigen Regierungs- und Gemeinde-Behörden hatten sich am Bahnhofe eingefunden, um die Repräsentanz der Buschtiehrader Eisenbahngesellschaft, den Generaldirector *Kress*, die beiden

Verwaltungsräthe *Bachofen von Echt*, Dr. *Tragy*, den Directions-
secretär Dr. *Böhm* und den Oberingenieur *Knörlein* zu empfangen
und sie zu dem im Kurhause veranstalteten Bankett zu geleiten.
Die Prager Gäste machten diese Fahrt nach Karlsbad lediglich nur,
um der an sie ergangenen Einladung von Seite unserer Stadtvertretung zu entsprechen. — Der grosse Kursaal war mit dem blumen-
umrahmten Bildnisse Sr. Maj. des Kaisers *Franz Josef I.* geziert; ein
Theil unseres Kurorchesters unter der Leitung des ersten Violinisten
desselben, *Jakob*, executirte die Tafelmusik. Um 5 Uhr begann das
Souper, welches aus nachstehendem Menu bestand: Ostende Austern
— Russische Fischbouillon — Gateau von Gansleber — Filets
von Rheinsalm — Rehrücken sauce Cumberland — Crustade von
Rebhuhn und Trüffel — Ponche royal à la glace — Indian und
Maronen Purée — Fasan am Spiess — Salats — Feines Compot
— Gateau à la Napolitaine — Eis — Französische, Rheinweine
und Champagner. — Das Couvert kostete — mit Ausnahme der
geladenen Gäste, für welche die Stadtgemeinde bezahlte — Zwanzig Gulden inclusive des Weins. Der Bürgermeister Dr. *Sorger*
eröffnete den Reigen der Toaste mit einer Rede auf den Einfluss
der Eisenbahnen auf die Hebung des Verkehrs, des Handels, und
schloss mit einem „Hoch" auf Se. Maj. den Kaiser *Franz Josef I.*
von Oesterreich, worauf der k. k. Statthaltereirath *von Zeileisen* als
Regierungsvertreter ein „Hoch" auf die Stadt Karlsbad ausbrachte. Nun folgten noch viele ernste und heitere Toaste. Um
10 Uhr empfahlen sich die Prager Gäste, da sie mit dem um 10 Uhr
15 Minuten abgehenden Zuge wieder nach Prag zurückkehrten.
Ein grosser Theil der hierortigen Festtheilnehmer unterhielten sich
noch lange bis nach Mitternacht und so endete ein für Karlsbad
hochwichtiges Fest auf die schönste und einmüthigste Weise.

1871 wurde bei der am 17. December vorgenommenen Wahl eines
Bräuverwalters der hiesige Bürger *Heinrich Schütz* und zum Rechnungsführer *Fassmann* gewählt.

— wurde der Amtsleiter des Karlsbader Telegraphenamtes, *Jos. Enderle*,
nach Prag und an seine Stelle *Clemens* Freiherr *von Landenberg* aus
Pardubitz nach Karlsbad übersetzt.

— bringen die Stammgäste des Gasthauses „zum rothen Ochsen" dem
dortigen ältesten Stammgaste, dem 79jährigen Bürger und Nadlermeister *Carl Heyer*, zu seinem Geburtstage eine Ovation. Bei seinem
Erscheinen um 7 Uhr Abends empfing ihn im Gastlocale die Schützenkapelle mit einem Marsch, auf seinem Stammtisch lag ein grüner
Kranz mit weisser Bandschleife und in demselben stand ein schön
geschliffenes Glas, versehen mit den Emblemen des Glücks, der
Freude, der Gesundheit, und einer Widmung. *Heyer* wurde von
allen Anwesenden beglückwünscht und war so gerührt, dass er
Thränen vergoss. — Wohl ein seltenes bürgerliches Fest!

1871 kauft die Stadtgemeinde Karlsbad abermals einen Moorgrund in Franzensbad mit einem Ausmaasse von 3 Joch 45 Klafter oder 4845 □Klaftern, die Klafter 2 f. 25 x.

— im December kaufte die Stadtgemeinde wieder nachstehende Grundparzellen zur Arrondirung ihrer Wälder, und zwar: Von *Anna Neubauer* 3235 □Klaftern um 1099 f. 90 x., von *Eduard Schöttner* 2485 □Klaftern um 844 f. 90 x., von *Julie Gebhart* 555 □Klaftern um 188 f. 70 x., von *Wenzl Eberl* 1630 □Klaftern um 554 f. 20 x.

— spendet *August von Lützow* zur Bereitung von Rumforter Suppe 100 f. und Graf *Theodor Zedtwitz* 20 f. für Bereitung der Rumforter Suppe und weitere 20 f. für die freiwillige Feuerwehr.

— am 19. December spendet *S. Neubauer* zur Vertheilung an 10 Hausarme 20 f. und zur Bereitung von Rumforter Suppe 200 Pfund Graupen.

— bestimmte der am 23. December in Wien verstorbene und langjährige Besucher Karlsbads, Baron *Jonas Königswarter*, für die Karlsbader israelitischen Wohlthätigkeitsanstalten 1000 f.

— am 23. December fand die Vertheilung der aus dem Ertrage der *Loesch*'schen, Dr. *Becher*'schen und *Carl Hofmann*'schen Stiftung, sowie von einem Geschenke der Frau *Anna Guttmann* in Wien pr. 100 f. angeschafften Weihnachtsgaben an arme Schulkinder statt und wurden vertheilt: 22 Mädchenkleider, 5 Joppen, 17 Röcke, 16 Hosen und eine grosse Anzahl von Hemden und Schuhen.

— am 30. December feierte der hierortige pensionirte k. k. Post-Inspector *Johann Dewez*, Vater des k. k. Sectionsrathes *Wilhelm Dewez*, seinen 90. Geburtstag. Die sämmtlichen hierortigen k. k. Postbeamten brachten ihm ihre Glückwünsche dar.

— wurden zur Gründung eines **K i n d e r g a r t e n s** in Karlsbad im Gasthause „zur Stadt Schneeberg" die ersten 15 f. gesammelt.

— sind 27 Neubauten, 7 Umbauten, 3 Zubauten, 21 Aufbauten und 13 Adaptirungen, zusammen 71 vorgekommen. Vom Sprudel bis zur Johannisbrücke wurde ein Trottoir gelegt; das Haus „z u r K a i s e r i n v o n O e s t e r r e i c h" wurde ganz umgebaut; beim Colonnadenbau wurde durch Abtragung von Fels behufs Anbringung der Aborte eine bedeutende Verlängerung erzielt; die Compagnie *Benedikt* und *Rosenfeld* erbaute auf ihrem Grundstücke nächst dem Schiesshause z e h n neue Häuser (Morgenzeile).

— Kunstgenüsse boten: Die Concerte des Kurorchesters, des Männergesangvereins; das Theater; *Platow*'s Museum im böhmischen Saale; im Kurhause die Darstellungen aus dem Bereiche der modernen Magie, Experimental-Physik, Mechanik, des Magnetismus, der Escamotage und der Geistererscheinungen, ausgeführt von Deutschlands grösstem (?) Physiker *Lud. Sommer* und dessen Gattin Mrs. *Elis.*

Sommer; das Concert der Pianistin *Anna Rilke* aus Teplitz, unter Mitwirkung des grossherzogl. hessischen Hof- und Kammersängers *José Lederer* im Café-Salon; die Soiréen aus der neuen Salon-Magie des *Bellachini*, Hofkünstler Sr. Maj. des deutschen Kaisers *Wilhelm I.*, im Café-Salon; die dramatische Vorlesung über *Friedr. von Schiller's* Fragment: „Der Menschenfeind," von Dr. *Rud. Bieleck* aus Wien; die beiden Concerte des *Gustav Hölzl*, k. k. Hofopernsängers und Liedercomponisten aus Wien, unter der Mitwirkung des Fräulein *Anna Dubez* auf der Zither; die Soirée mysterieuse et fantastique in der höheren Magie des Mr. *Henri Herrmann* aus London (im Kurhause); das Clavier-Concert des 12jährigen Pianisten *Josef Saphier* aus Pest, unter Mitwirkung des Fräulein *Amalie Wülfinghoff* und des Director *Alois Janetschek*; im Café-Salon das grosse Concert des Fräulein *Anna Regan*, Kammersängerin Ihrer kaiserl. Hoheit der Grossfürstin *Helene* von Russland, der *Jeanne Becker*, Pianistin, des *Jean Becker*, Director des Florentiner-Vereins, des *Friedrich Hilpert*, Cellist des Florentiner-Quartetts, unter Mitwirkung des Musik-Instituts-Directors *Alois Janetschek*; die Instrumental- und declamatorische Soirée der grossherzogl. mecklenburgischen Hof-Opern- und Kammersängerin Frau *Haagen* und der Schauspielerin *Pauline Broché*; das Concert des ausgezeichneten Tenoristen und Professors des Gesanges im Lemberger Musik-Vereine *J. Müller*, unter Mitwirkung des Cellisten *Lang* und des Musik-Instituts-Directors *Ferdinand Beuer*; das Concert, auf Verlangen und in der Wohnung des brasilianischen Kaiserpaares gegeben von dem berühmten Cellisten *Ferri Kletzer* sammt Frau *Valerie Kletzer*, unter Mitwirkung des Pianisten *Gottlieb* aus Eger. *Kletzer* erhielt vom Kaiser *Dom Pedro II.* eine prachtvolle mit Diamanten besetzte Uhr und seine Gattin ein herrliches Collier zum Andenken; den Schluss der musikalischen Genüsse (?) bildeten die Menge Gesellschaften der Tyroler Natursänger.

1871 übten 26 Doctoren der Medicin als praktische Badeärzte und 8 Wundärzte die Praxis hier aus.

— weist die Badeliste 12,671 Parteien mit 17,645 Personen aus. Vertreten waren: Oesterreich-Ungarn mit 4457, die anderen europäischen Staaten mit 12,678, Afrika mit 11, Amerika mit 416, Asien mit 57 und Australien mit 26 Personen. Von interessanten Kurgästen befanden sich darunter: Se. Durchlaucht Fürst *Adolf Auersperg*, k. k. wirklicher Geheimrath, Landespräsident in Salzburg und Mitglied des Herrenhauses u. s. w.; Se. königl. Hoheit Prinz in Bayern (Bruder Ihrer Maj. der Kaiserin von Oesterreich) unter dem Namen Baron *von Wallersee* mit Gemahlin; Se. Exc. *Alex. von Münchhausen*, königl. hannover'scher Staatsminister; Se. Durchlaucht Fürst *Rohan*; Se. Durchlaucht Prinz *Josef zu Windischgraez*, k. k. österreichischer Oberst; Se. Exc. *Heinr.* Graf *Itzenblitz*, königl. preussischer Staatsminister und Mitglied des Herrenhauses; *Friedrich Zdekauer von*

Treukron aus Prag; Baron *von Prandau* aus Slavonien; Graf *Blome*
aus Wien; *Nicolaus Dumba*, Reichstagsabgeordneter aus Wien; Se.
Exc. Graf *Leo Thun*, Geheimrath aus Prag; Dr. *Robert Prutz*, Pro-
fessor aus Stettin; *Ewald Grobecker*, königl. Hofschauspieler aus
Wiesbaden; Dr. *Joh. Czermak*, Professor aus Leipzig; Se. königl.
Hoheit Prinz *Adalbert* von Preussen unter dem Namen eines
Grafen *von Ravensberg* mit Gemahlin; Frau *Jenny von Dingelstedt*
geb. *Lutzer*, Hofrathsgemahlin aus Wien; Se. Durchlaucht Prinz
Heinrich IX. von Reuss mit Sohn Prinzen *Heinrich XXVI.* aus Neu-
hof; *Gust. Walter*, k. k. Hof-Opern- und Kammersänger aus Wien;
Graf *Adalb. Baudissin* aus Stettin; Se. Hoheit Prinz *Leopold*, Herzog
von Sachsen-Coburg-Gotha; Baron *Anselm von Rothschild* aus Wien;
Ihre Exc. Gräfin *Kisseleff* aus Petersburg; *Jonas* Freiherr *von Königswarter*, Grosshändler aus Wien; Se. Durchlaucht der regierende Fürst
zu Schaumburg-Lippe; Se. königl. Hoheit Grossherzog von
Mecklenburg unter dem Namen Graf *von Schwerin*; Ihre Durchlaucht die regierende Fürstin Schönburg-Waldenburg; Frau
Carol. Ungher-Sabathier aus Florenz; Se. Durchlaucht *Otto Friedrich*,
regierender Fürst von Schönburg-Waldenburg; Dr. *Ferd. Hochstetter*, k. k. Professor aus Wien; Dr. *Th. Billroth*, k. k. Hofrath aus
Wien; Dr. *A. W. Volkmann*, Geheimer Medicinalrath und Professor
aus Halle a. S.; Se. Exc. *von Fransecky*, königl. preussischer General
aus Strassburg; Se. Eminenz *Niphon*, Metropolitan und Primas von
Rumänien; J J. M M. *Dom Pedro II.*, Kaiser von Brasilien, sammt
Gemahlin und Gefolge u. A. m.

1871 gingen an Kurtaxe ein: 87,080 f. 25 x., an Musiktaxe 39,245 f.,
an Hausir- und Handelstaxe 1721 f. 51 x., an Wohlthätigkeitsbeiträgen 3681 f. 73 x.; an Sprudelsalz wurden erzeugt 13,979
Pfund im Betrage von 30,717 f. 50 x., an Sprudelseife 1767 Pfund
im Betrage von 1625 f. 64 x.; an Sprudelpastillen wurden 1000
Dosen verkauft. An Karlsbader Mineralwasser wurden versendet
nach Angabe des Mineralwasserpächters: 808,000 Flaschen und
Krüge.

1872 am 3. Januar sendete die Karlsbader Gemeindevertretung an das
k. k. Ministerium des Innern, an das hohe Herrenhaus und an den
Reichsrath eine Petition in drei Exemplaren um endliche Con-
cessionirung der Eisenbahn von Pilsen über Karlsbad
bis an die böhmisch-sächsische Grenze (Johanngeorgen-
stadt).

— hat *Emil Teller*, Besitzer des Hauses „zum Capitän Cook," 500 f.
als Entschädigung für den beim Baue seines Hauses eigenmächtig
benutzten Gemeindegrund zur Anbringung zweier Risalits bezahlt.

— wurde die Einhebung der städtischen Biertaxe von eingeführtem
fremden Biere gegen einen Zins von jährlich 2500 f. auf 3 Jahre
d. i. bis Ende 1874 verpachtet.

— verlangt *Heinrich Poetzl* für sein in der Laurenzigasse situirtes Kellerhäuschen N. C. 598 (für den Oberbau mit Ausnahme des Kellers) von der Stadtgemeinde den Kaufpreis von 4000 f.

1872 werden dem Pensionsfonde des Kurorchesters von der Stadtvertretung 192 f. aus den Concertbeiträgen der Restauranten zugemittelt.

— wird das von dem Maschinenfabrikanten *Oeser* aus Penig in Sachsen vorgelegte Project, einen **Wasserkühlapparat beim Sprudel und die Erwärmung der Badezellen und Corridore im Kurhause mittelst Dampfheizung** vorzurichten, von der Stadtvertretung abgelehnt.

— wird bei dem Baue der Neubrunncolonnade die Klempnerarbeit dem *Franz Wagner,* die Anstreicherarbeit dem *Kryza & Wydra,* die Glaserarbeit dem *Josef Fischer* und die Schmiedearbeiten dem *Franz Täuschl* übertragen.

— suchen um Verleihung der erledigten Directorsstelle im hierortigen Fremdenhospitale an die Aerzte: M. Dr. *Julius Hofmann,* M. Dr. *Alois Riehl* und M. Dr. *Eduard Stark.*

— am 6. Januar fand im „Hôtel Schild" die constituirende Generalversammlung der Interessenten der **Karlsbader Bank** statt. Die Wechselstuben der Bankiers *Bernard Schwalb* in Karlsbad und *Leopold Herz* in Eger wurden von der Bank angekauft. In den Verwaltungsrath wurden gewählt: Porzellanfabriksbesitzer *Ludwig Mieg* als Präsident, *Heinrich Mattoni* als Vicepräsident; ferner der Generalinspector der Versicherungsanstalt „der Anker" *Sigmund Schlesinger* aus Prag, Dr. *Alfred Knoll,* Bankier *Bernard Schwalb* in Karlsbad und *Leopold Herz* in Eger. Bei dieser Generalversammlung waren 26 Actionäre anwesend, welche 4950 Actien (von 5000) vertraten.

— ist im gewesenen Zeitungslesesaal gegenüber dem Mühlbrunn ein **Stereoscopen-Salon** von *Joh. Scherbaum* aus Eger aufgestellt, in welchem die Ansichten von Paris vor und nach der Beschiessung ein besonderes Interesse gewährten.

— kaufte die Karlsbader **Industrie- und Credit-Gesellschaft** (*Knoll & Comp.*) in Franzensbad ein Moorlager zur Erzeugung von Moorerde, Moorlauge und Moorsalz.

— erhält der Schuhmacher *Franz Weidner* die Erlaubniss, den Titel eines **kaiserlich brasilianischen Hoflieferanten** annehmen und führen zu dürfen.

— am 3. Januar wurde das Caféhaus „zum goldenen Elefanten" auf der alten Wiese von den Eheleuten *Müller* an den hierortigen Bäckermeister *Friedrich Meissner* um den Preis von 60,000 f. verkauft.

— erscheint abermals von dem strebsamen hierortigen Compositeur *Wenzl Rank* eine Partie Salonpiecen für das Pianoforte, und zwar: „Dans la gondole," „Idylle," „Mazurka caracteristique" und „Grand Galop."

1872 wurde der sogenannte Tappen (Helenenhof) an der Prager Strasse von dem Besitzer *Friedrich Gottl* an seinen Schwiegersohn *Karl Zörkendörfer* um den Preis von 60,000 f. verkauft.

— übergiebt der Karlsbader Nadlermeister *Rudolf Hein* die bis jetzt älteste geschriebene Badeliste vom Jahre 1759 zu dem Zwecke an die Stadtvertretung, dass der dafür ausfallende Betrag dem Fonde zur Gründung eines Kindergartens zugewendet werde.

— übersiedeln die früheren Besitzer des Caféhauses „zum Elefanten," *Wenzl* und *Ida Müller*, nach Wien. *Wenzl Müller* war über 57 Jahre Mitglied des Karlsbader k. k. privilegirten Schützencorps, mehrere Male Schützenkönig und ein sehr ehrenwerther Schützenbruder. Den Tag vor seiner Abreise brachte ihm die Schützencompagnie eine Ovation, indem sie in voller Parade mit klingendem Spiele vor seine Wohnung marschirte. Nach genommener Aufstellung begaben sich sämmtliche Offiziere und Unteroffiziere in dessen Zimmer und richteten an ihn im Namen der Compagnie herzliche Worte des Abschiedes. Währenddem executirte die Musikkapelle einige ältere Compositionen von dem Schützenveteranen-Kapellmeister *Josef Labitzky*. *Müller* spendete der Schützencompagnie 50 f.

— hat sich die seit vielen Jahren hier bestehende Buchhandlung unter der ursprünglichen Firma *Kronberger & Weber*, später *Kronberger & Reinonatz* und zuletzt *Dominikus & Feller* aufgelöst und ging in den alleinigen Besitz des *Hans Feller* über.

— wird von jetzt ab die Feuerung im Karlsbader Bräuhause mit Lignitkohle betrieben, wodurch weder Rauch noch Russ entwickelt wird.

— am 10. und 11. Januar producirte sich im Theater die aus 10 Personen bestehende maroccaner Künstlergesellschaft unter der Leitung des Directors *Sidi Omar Ben Brahim*. Sie leisteten Staunenswerthes, was Kraft und Gewandtheit anbelangt; ihre Sprünge, der Pyramidenbau, sowie das Spiel mit 130 Pfund schweren Gewichten erwarben ihnen grossen Beifall.

— spendet *Wenzl Müller* bei seiner Abreise nach Wien, als ältestes Ehrenmitglied der Schützencompagnie, derselben ein werthvolles Oelgemälde.

— spenden die beiden Bürger *Josef Loib* und *Rudolf Mannl*, behufs Gründung einer Stiftung für unbemittelte Mitglieder der Schützencompagnie, derselben 100 f.

— richtet die Bade-Direction von Wiesbaden ein Schreiben an den Karlsbader Stadtrath mit dem Ersuchen, derselben genaue Auskünfte über die Verhältnisse und Einrichtungen des Karlsbader Kurorchesters mitzutheilen, angeblich, weil die hierortige Kurkapelle unter allen deutschen Bademusiken den ersten Platz einnimmt.

1872 macht die Karlsbader Bank bekannt, dass sie auch Cheques, effectiv auf Silber lautend, ausstellen wird. Sie wird solche in Silber oder Thalern erfolgte Einlagen nach Maassgabe des ausländischen Zinsfusses verzinsen und bietet dadurch den Capitalisten und Kaufleuten die Annehmlichkeit, auch solche Gelder bei einem entsprechenden Zinsfusse rasch verfügbar zu haben, für welche im Inlande bisher die rasche Verwendung und Rückerlangung fehlte.

— kaufte der Geheimrath Dr. *Preiss* den halben Antheil des ehemaligen Nentwich-Gartens von dem jetzigen Besitzer *A. F. Seifert* für den Preis von 32,000 f., um darauf ein Wohnhaus zu erbauen.

— wurden beim Eisenbahnbau in der Nähe des Dorfes Grasengrün in der Tiefe von 1½ Klafter im eisenschüssigen Sande Reste eines Rhinocorosses aufgefunden und dem k. k. Reichsgeologen Professor Dr. *von Hochstetter* aus Wien übergeben.

— errichtete die Karlsbader Bank in Marienbad eine Filiale und bestimmte zu deren Repräsentanten den dortigen Kaufmann *Ignaz Fischl.*

— haben die Functionäre der hierortigen Escomptebank-Filiale, und zwar: *Heinrich Mattoni, J. Neubauer, Joh. Becher, Phil. Benedikt, Friedrich Knoll, S. Neubauer, Ad. Rosenfeld, J. U. Dr. Schmidt, A. Knoll, A. F. Seifert, F. D. Bernhart, W. Fasolt, H. Holzner, M. Meyer, L. Neubauer* und *Emil Pohlenz,* den ihnen aus dem Reinertrágnisse von 1871 für Anwesenheitsmarken gebührenden Betrag von 500 f. der in's Leben zu rufenden Waisenstiftung in Karlsbad gewidmet.

— ersucht die Stadt Wiesbaden um Uebersendung der Statuten der hier zu errichtenden Waschanstalt, da man dort beabsichtigt, nach denselben Principien eine solche Anstalt zu errichten.

— am 23. Januar geht das photographische Geschäft der Brüder *Winter* definitiv in das Eigenthum des *Martin Hirsch* über.

— kamen bei der am 2. Februar einberufenen Gemeindeversammlung der evangelischen Gemeinde folgende Punkte zur Berathung und Beschlussfassung:

1. Antrag des Seniorats-Ausschusses auf Förderung des Reiseprediger-Instituts (Mission) für den westlichen Seniorats-Bezirk.

2. Gesuch der Filialgemeinde Pilsen um Unterstützung und Bericht über die kirchlichen Verhältnisse der Gemeinde aus dem verflossenen Jahre.

— am 2. Februar hielt die Karlsbader freiwillige Feuerwehr im Schiesshause eine Generalversammlung. Als Vorlage diente der Jahresbericht von 1871, woraus hervorgeht, dass in diesem verflossenen Jahre der Verein aus 5 Ehren-, 147 beitragenden und 173 wirkenden Mitgliedern bestand. Bei der stattgehabten Wahl wurden *Heinrich Mattoni* zum Hauptmann, *J. Loll* zum Hauptmanns-stellvertreter und *Karl Lang* zum Zugführer gewählt. Die Einnahmen und Ausgaben im Jahre 1871 bezifferten sich gleichmässig auf 416 f. 17 x.

1872 vom Februar angefangen, schicken der k. k. Postmeister *Fousek*, wie auch der Restaurateur *Wiesinger* im „Hôtel zu den drei Fasanen" alltäglich zu jedem ankommenden und abgehenden Eisenbahnzuge Omnibusse zur Beförderung der Reisenden bis zum Bahnhofe und zurück.

— weist der Rechnungsbericht der Armencasse der Karlsbader israelitischen Cultusgemeinde für das Jahr 1871 folgendes Ergebniss aus:

1. Erträgniss durch Subscription	. . . . . .	324 f. —	x.
2. - der Matrikel	. . . .	53 - 52	-
3. - von Tempelspenden und Büchsensammlungen	. . . .	240 - 67½	-

Zusammen: 618 f. 19½ x.

Hiezu Cassenbestand vom Jahre 1870 . . . 145 - 33 -

Summa: 763 f. 52½ x.

Ausgaben wurden gemacht:

1. Vertheilung an israelitische Arme . 208 f. 8 x.
2. - - - Fremde 343 - 87 -

Summa: 551 - 95 -

Verbleibt ein Cassenbestand von . . . . . 211 f. 57½ x.

— wird die schon einmal erwähnte Spende pr. 1000 f. von Baron *Königswarter* in Wien folgenden Bestimmungen zugewiesen: Dem Karlsbader Fremdenhospitale 400 f., dem Siechenhause 200 f., dem heiligen Geistspitale 200 f. und dem Armeninstitute 200 f.

— hat *Franziska Gube* ein zu ihren Händen versichertes Capital von 100 f. dem Fonde der hierortigen Kleinkinderbewahranstalt abgetreten.

— spendete der Mitbesitzer des „Hôtel National," *Jos. Kores*, für hierortige Arme den Betrag von 15 f.

— am 4. Februar 8 Uhr Abends brannte am Ende der Andreasgasse die mit Heu und Stroh angefüllte Scheune des *Gebhart* nieder. Die Flamme erreichte eine ungeheure Mächtigkeit, so dass im ersten Augenblick die Vermuthung entstand, als brenne der ganze obere Theil der Andreasgasse. Bei der hohen Lage der Brandstätte und bei dem herrschenden Wassermangel konnte sich die herbeigeeilte Feuerwehr nur mehr mit der Beschränkung auf das eigentliche Brandobject beschäftigen, was ihr auch glücklich gelang. Nur dem günstigen Umstande, dass Westwind herrschte, war es zu verdanken, sonst wäre die Stadt in die grösste Gefahr gekommen. Von auswärtig kam Hilfe von Drahowitz, Zettlitz, Fischern und Altrohlau. Die Ursache der Entstehung des Feuers konnte nicht ermittelt werden.

1872 spendete *Heinr. Mannl* der freiwilligen Karlsbader Feuerwehr 20 f.

— veranstaltete der Eisclub auf dem Egerflusse in der Mitte zwischen der Kaiser-Franz-Josefs-Brücke (Egerbrücke) und Donitz zwei Eisfeste mit Musik, Beleuchtung und Feuerwerk. Diese Feste waren sehr zahlreich besucht.

— lehnt der ritterliche Kreuzherrenorden den Antrag der Stadtverordneten ab, welcher dahin ging, das Holz- und Getreidequantum, welches die Stadtgemeinde Karlsbad an den jeweiligen hierortigen Dechant vertragsmässig zu liefern hat, durch Erlag von baarem Gelde abzulösen.

— Beim Sauerbrunn in der Dorotheens-Aue wird eine gläserne Pumpe für 200 f. angeschafft und bei der im Baue begriffenen Neubrunncolonnade ein Platz zu einem zweiten Aufgang zum Theresienbrunn in den Felsen eingemeiselt.

— wird die Kurhausquelle am Platze vor dem Fremdenhospitale, welche bisher nur zur Speisung für die Vollbäder im Kurhause verwendet wurde, in eine Trinkquelle umgewandelt.

— beschliesst die Stadtvertretung, eine aus drei Mitgliedern bestehende Commission zu wählen, welche die Erwerbung der Häuser „zu den zwei Ketten" und „drei Uhlanen" nach Möglichkeit zu betreiben und bis zur Präliminarsitzung dieses Jahres das erzielte Resultat vorzulegen hat.

— wird von der Stadtvertretung das Haus „zum Dampfschiff" von *J. P. Knoll* zur Demolirung, behufs Erbreiterung der Sprudelgasse, für 28,000 f. angekauft. Die Sparcasse leistet hiezu einen Beitrag von 6000 f.

— *Ignaz Lustig*, Sicherheitswache-Inspector in Prag, wird über Vorschlag des Bürgermeisters Dr. *Sorger* als Polizei-Inspector in Karlsbad angestellt.

— am 8. Februar wurde in den oberen Localitäten des Kurhauses ein Narrenabend abgehalten, dessen Reinertrag wohlthätigen Zwecken zugewendet wurde. Das Entrée für Herren (nur maskirt) betrug 99 x., numerirte Sitze auf der Galerie für Herren und Damen I. Reihe 3 f., II. Reihe 2 f. Schon zwei Wochen zuvor wurde eine „Karlsbader Narrenzeitung," Unterhaltungs- und Anzeigeblatt für den Zettlitzer Jahrmarkt, im Kurhause herausgegeben; verantwortlicher Redacteur ist „der höhere Blödsinn." In der Vorhalle des Kurhauses stand ein Mauthschranken, an welchem jeder Eintretende ein rothes Herz aus Lebkuchen mit einem blauen Band erhielt und dieses gleich einem Orden am Halse tragen musste. Der Saal selbst war in einen Jahrmarkt umgewandelt; hier bot ein Schuster seine wasserdichten Stiefel aus Papier um Spottpreise feil; dort pries ein polnischer Jude seine echten Gold- und Silberwaaren,

und versicherte in einem Athem, dass er selbe nur deshalb unterm
Werthe verkaufen könne, weil sie aus einem grossartigen Diebstahl
herrührten; eine Menge Gründer, Actienverkäufer, Krämer, Bretzel-
und Würstlbuben u. s. w. belebten den Schauplatz. Bei Beginn des
Festes kam eine Procession mit einer Fahne, auf welcher ein Hasen-
kopf und links und rechts Hasenschwänze angebracht waren. In
einem mesopo-damischen Riesenmuseum war zu sehen: ein Paar
Strümpfe der Madame Pompadour; die Klaue jenes Schweines,
welches Karlsbad nicht entdeckte; ferner (in Gestalt eines Schinken-
beines) die Reliquien eines vorsündfluthlichen Handwerksburschen.
Ein Bosniak liess seine Bären und Affen tanzen; auf einer Tribune
producirte sich eine Akrobatengesellschaft (die Karlsbader Turner)
mit sehr gelungenen Kunststücken. Das photographische Atelier von
Humbug & Comp. befriedigte seine Kunden auf eine ganz neu erfundene schnelle Weise, indem es dieselben blos in einen Spiegel sehen
liess. Eine Schnapshalle mit einem bildhübschen Ladenmädchen
(ein junger Mann) war sehr umschwärmt, und hatte die züchtige
bartbedrängte Schnapsmamsell viel mit ihren Kunden zu kämpfen,
indem sie diesen sogenannte Vexirgläser verabreichte, welche
zwar gefüllt waren, aber nicht geleert werden konnten. Wieder
erscheint eine Procession, und zwar der Verein „die Juxianer,"
mit Fahne und einem heillosen Gesang. Der Führer derselben
stellte den durch die Zeitungen bekannten Pater *Gabriel* aus Linz
vor, rechts und links gingen Juxianer, als weissgekleidete Mädchen
maskirt. Unter kläglichem Geschrei erschien nun eine ganze Schaar
riesiger Wickelkinder mit einer Amme, welche dieselben durch Füttern
beruhigte; Janitscharenmusik ertönt und eine Kunstreitergesellschaft
in prachtvollem Costüme erscheint auf Steckenpferden und macht
ihre Reitkünste; ein Schulpferd aus der Muckerschule, anscheinend
fromm, hinterrücks aber sehr böse, ferner ein tanzender Strauss
ernteten vielen Beifall. Ein Zug Bergknappen, die auf ihren Rutsch-
ledern humoristische Inschriften trugen, erregten grosse Heiterkeit.
Ein Wachsfigurencabinet mit gar sonderbaren Gestalten, ein Bänkel-
sänger, die neueste Mordgeschichte: „Das Wurstfest und sein
trauriges Ende" vortragend, u. s. w., wirkten drastisch auf die Zuhörer. Schlag 12 Uhr Mitternacht hielt der Kaiser von China sammt
Gemahlin und grossem Gefolge seinen feierlichen Einzug. Auf einem
riesigen Elefanten, in dessen jedem einzelnen Beine ein Dienstmann
marschirte, sass Se. Majestät unter einem Palankin; die Kaiserin
wurde ihm in einem Tragsessel vorgetragen. Das zahlreiche Gefolge,
prächtig costümirt, bildete in Mitte des Saales einen Halbkreis um
das Herrscherpaar und stimmte den eigends zu diesem Zwecke recht
nett componirten Chinesenmarsch mit Kinderinstrumenten und Gesang an. Den Schluss dieses fröhlichen Festes bildete die Gründung
eines Actienvereins von einer Menge polnischer Juden, bei deren
Generalversammlung es so lebhaft zuging, dass die fungirende
Narrenpolizei die ganze Actiengesellschaft in den Narrenkotter ab-

führte. Am Faschingsmontag, den 12. Februar, wurde der Maskenzug durch die Stadt inscenirt. Eröffnet wurde derselbe durch eine
Menge Harlekins, welchen eine ganze Escadron Jockeys, auf Steckenpferden reitend, folgte. Hierauf kamen zu Wagen, zu Pferde, zu
Esel und sogar auf Ochsengespannen alle Sorten Charaktermasken
und alle beim Narrenabende betheiligten Masken. Alle Strassen,
Plätze und Anhöhen waren mit Zuschauern besetzt.

1872 richten Graf *Zedtwitz*, Besitzer der Domäne Duppau, und Consorten
an die Karlsbader Stadtvertretung das Ersuchen um moralische
Unterstützung ihres Unternehmens, eine Eisenbahn von Karlsbad über Duppau nach Prag bauen zu dürfen.

— wurde in der am 19. Februar abgehaltenen ordentlichen Hauptversammlung des Karlsbader Turnvereins Dr. *Julius Hofmann*
zum Vorstande und *Hans Feller* zum Schriftwart gewählt.

— belief sich der Reinertrag des Narrenabends auf 405 f. 27 x. und
wurde dieser Betrag wie folgt vertheilt: An Arme 105 f. 27 x., an den
Fremdenhospitalsfond 100 f., an die Waisenstiftung 100 f. und an
den Feuerwehr-Unterstützungsfond 100 f.

— resignirte *Heinrich Mattoni* am 20. Februar auf seine Stelle als
Hauptmann der freiwilligen Feuerwehr. Am 22. Februar Nach-
mittags 3 Uhr zog die Feuerwehr vor die Wohnung des abgetretenen
Hauptmanns und brachte ihm hier eine Ovation mit der Versicherung
dankbarer Anerkennung seiner diesem Vereine seit 1862 geleisteten
Dienste.

— betrug das Ertrniss der am Narrenabende erschienenen Narrenzeitung 39 f. 79 1/2 x., wovon 30 f. zu Schulzwecken und der Ueberrest an Arme vertheilt wurde.

— am 20. Februar veröffentlicht der Fortuna-Verein seinen Rechnungsabschluss für das Jahr 1871 und weist einen Vermögensstand von
13,560 f. 89 x. aus.

— widmet *Joh. Leger* anlässlich seiner Angelobung der Bürgerpflichten
dem Armeninstitute 25 f.

— wurde bei der am 24. Februar abgehaltenen Generalversammlung
der freiwilligen Feuerwehr an Stelle des abgetretenen *Mattoni J. Loib*
zum Hauptmanne und *Ernst Stadler* zum Hauptmanns-Stellvertreter
gewählt.

— concertirt unsere Harfenvirtuosin *Anna Dukes* in Lübeck mit grossem
Erfolg.

— wird der k. k. Bezirkscommissar *Joh. Helmreichen von Braunfeld*
nach Tachau und an seine Stelle *Franz Matzner* aus Dauba nach
Karlsbad übersetzt.

— wird *Ludwig Mieg* zum Mitglied in die Weltausstellungs-Landes-
commission für den Bezirk der Egerer Handelskammer ernannt.

1872 übergiebt *F. R. Christ* zu Schulzwecken der Direction der hierortigen Bürgerschule eine Spende von 30 f.

— werden bei Versendung des Sprudelsalzes nach überseeischen Ländern oder bei Quantitäten bis 20 Pfund auch nach den europäischen Ländern verlöthete Blechbüchsen verwendet.

— am 6. März wird dem Steinmetzmeister *Moritz Hübner* aus Dresden die Abstreifung der Steinmetzarbeiten vom Bahnhofe zum Werkplatze und von dort zum Bauplatze der Neubrunncolonnade für die Pauschalsumme von 5000 f. übergeben.

— am 6. März wird dem israelitischen Prediger Dr. *Oppenheim* die Aufnahme in den Gemeindeverband Karlsbad zugesichert.

— hat die Karlsbader Bank eine Filiale in Franzensbad errichtet.

— am 6. März Nachmittags 4 Uhr wurde hier in Karlsbad ein ziemlich starker Erdstoss verspürt.

— am 9. März starb zu Wien der langjährige Leiter des Karlsbader Theaters, Director *Josef Lutz.*

— geht das alte Handlungshaus *Becher*, rühmlich bekannt wegen der Erzeugung des beliebten Karlsbader Becher'schen Englischbitter, an die Firma *Höller & Weichert* über, wogegen jedoch die Liqueurfabrik von *Becher* selbst fortgeführt wird.

— am 11. März fand im Beisein des landesfürstlichen Commissars Statthaltereirath Edlen *von Zeileisen* im Locale der böhmischen Escomptebank-Filiale die constituirende Generalversammlung der zu errichtenden D a m p f w a s c h a n s t a l t in Karlsbad statt, wobei von den 55 Stimmen repräsentirenden 21 Actionären in den Verwaltungsrath folgende Herren gewählt wurden: Hofrath Dr. *Gallus* Ritter *von Hochberger*, *Karl Anger*, Hôtelbesitzer, *E. J. Malburg*, Maschinenfabrikant aus Wien, *Josef Hammerschmied*, Hôtelbesitzer, *Lud. Schmutzer*, Kurhauswirth, *Jos. Koretz*, Hôtelbesitzer, *W. J. Mader*, Hausbesitzer, und *Bern. Bloch*, Procurist. Hofrath Dr. Ritter *von Hochberger* wurde zum Obmanne und *Josef Hammerschmied* zu dessen Stellvertreter erwählt.

— den 12. März hielt die K a r l s b a d e r S p a r c a s s e ihre Generalversammlung ab. Aus dem Jahresberichte vom Jahre 1871 geht hervor, dass 2,327,416 f. 45½ x. eingelegt und 1,552,029 f. 98½ x. zurückerhoben wurden. Der Hypothekenstand betrug am 31. December 1871: 2,091,920 f. 53 x.; im Wechselportefeuille befanden sich mit Schluss des Jahres 1871: 201,840 f. Der Gesammtumsatz bezifferte sich 1871 auf 8,056,856 f. 88 x. Das eigene Vermögen der Sparcasse besteht aus **78,479 f. 8 x.**

— hat der Verwaltungsrath der D a m p f w a s c h a n s t a l t die Erb'sche Wiese nächst dem Wiesenthale am sogenannten Gmelisch um den Preis von 5000 f. angekauft.

1872. Vom 20. März an wurden bei der k. k. privil. Buschtiehrader Eisenbahn Tour- und Retour-Karten zu ermässigten Preisen ausgegeben, und zwar nach Eger und den Mittelstationen für 1 Tag, nach Sanz und den Mittelstationen auf 2 Tage und nach Prag für 3 Tage Gültigkeit.

— vom 21. bis 24. März fand im Gasthause „zum blauen Stern" ein Bolzschiessen statt, dessen Reinertrag zum Besten des im September d. J. hier abzuhaltenden Feuerwehrtages bestimmt ist.

— macht *August von Lützow* nachstehende Geschenke:

der freiwilligen Turnerfeuerwehr	30 f.,
dem Karlsbader Kurorchester	50 -
dem Pensionsfonde dieses Orchesters	10 -
dem Karlsbader Männergesangverein	30 -
der Karlsbader Schützenmusikkapelle . . .	30 -
den Karlsbader Armen	150 -
Zusammen:	300 f.

— feierte der Männergesangverein am 17. März sein 13jähriges Bestehen durch eine Fest-Liedertafel, wobei die Kurorchestermitglieder *Otto Klöckner* (Flöte), *Ernst Troll* (Clarinette) und *J. Troll* (Violine) concertanto mitwirkten.

— wird laut k. k. Statthaltereibewilligung vom 17. April der vielen Bauten wegen dieses Jahr kein Frühlingsjahrmarkt abgehalten.

— wurde unsere Landsmännin *Anna Regan* von Baron *Sina* eigens von London nach Wien berufen, um daselbst in einer Soirée, welcher auch der allerhöchste Hof beiwohnte, neben *Lauterbach, Labatt* und *Dustmann-Meier* mitzuwirken. Sie erhielt nebst Vergütung der Reisespesen freie Station und für jedes vorgetragene Lied 500 f.

— bei der am 20. März abgehaltenen Jahresversammlung des Karlsbader Männergesangvereins bestand derselbe aus 9 Ehren-, 187 beitragenden und 53 wirkenden Mitgliedern. Eingenommen wurde im Jahre 1871 die Summe von 644 f. 95 x., die Ausgaben betrugen 553 f. 71 x., sodass ein Cassenbestand von 91 f. 24 x. zur Verfügung erübrigte. Das Inventarium des Vereins repräsentirt ein Vermögen von 1648 f. 50 x. Bei der vorgenommenen Neuwahl wurde zum Obmanne *Emil Polenz*, zum Secretär *Rudolf Stadler*, zum Cassirer *R. Heyer*, zum Archivar *Ferd. Beuer* und zu berathenden Mitgliedern *Theobald Hofmann* und *Ludwig Schaefler* gewählt.

— spendete *Joh. Klapka* jun. 77 f. zur Anschaffung von 4 Trommeln für das bürgerliche k. k. privil. Karlsbader Schützencorps.

— fand am 26. März im Kurhause eine Plenarversammlung der stimmberechtigten Theilnehmer der hierortigen Filiale der böhmischen Escomptebank statt. Der erstattete Bericht ergiebt von Juni bis Ende December 1871 folgendes Resultat:

In dieser Zeit wurden Credite angesucht . . . 889,900 f.,
hievon zurückgewiesen . . . . 142,100 -
demnach bewilligt . . . . 747,800 f.,
hievon rückgelegt . . . . 56,500 -
sodass mit 31. December 1871 an benutzbarem Credit
für 149 Theilnehmer verbleiben . . . . . . 691,300 f.

Der Sicherstellungsfond beträgt 32,165 f.; eingereicht wurden
788 Wechsel im Betrage von 576,716 f. 41 x., davon zurückgewiesen
23 Wechsel im Betrage von 16,350 f. 88 x.

Bei der hierauf erfolgten Wahl wurden *Ad. Teiner* und *A. Bröckl*
zu Revisoren und Scrutatoren, ferner *Jos. Hammerschmied*, *S. Holzner*,
S. Hirsch und *M. Mosauer* zu Comitémitgliedern gewählt.

1872 erbietet sich der Karlsbader Militär-Veteranen-Verein in
Folge einer Zuschrift der freiwilligen Feuerwehr, bei Schadenfeuer
den Sicherheitsdienst bei der Brandstelle zu übernehmen.

— erscheint bei *Franieck & Comp.* in 15. Auflage: „Der Führer von
Karlsbad und Umgebung."

— hat das Ministerium des Innern im Einvernehmen mit den anderen
Ministerien die Statuten der Karlsbader Bank genehmigt und
hat dieselbe ihre Thätigkeit sowohl im Bank-Bureau: „Weisser
Schwan" (der ehemaligen Wohnung *Friedrich von Schiller's*), wie
auch in ihrer Wechselstube (vormals *Bernard Schwalb*) begonnen.

— stellt Frau *Mathilde Arnemann* geb. *Stammann* an den Karlsbader
Stadtrath das Ansuchen, das Capital der „Elisabeth-Rosen,"
Stiftung für unbemittelte gebildete Kurgäste, in Verwaltung der
Stadtgemeinde zu übernehmen. Nach dem vorgelegten Stiftsbriefe
besteht das Vermögen dieser Stiftung bis Ende März 1872 in
19,679 f. 24 x. Zum Zwecke der Verwendung der Zinsen resp.
deren Vertheilung an gebildete unbemittelte Kurgäste soll ein Comité
aus dem jeweiligen Bürgermeister der Stadt und aus vier in Karlsbad
practicirenden Aerzten gebildet werden, welches beim Austritt oder
Ableben eines derselben durch Wahl der übrigen Mitglieder zu ergänzen ist. Als erste Mitglieder dieses Comité's wurden der Bürgermeister Dr. *Sorger*, Dr. *Ritter von Hochberger*, Dr. *Anger*, Dr. *Seegen*
und Dr. *Zimmer* bestimmt; die Verwaltung des Stiftsvermögens selbst
übernahm die Stadtvertretung.

— betheiligt sich die Stadt Karlsbad bei der Bildung eines Fonds für
den Egerer Bezirk bei der Wiener Weltausstellung mit dem Betrage
von 200 f.

— werden die Drahowitzer Huthweiden zur Bepflanzung und Einbezieh-
ung in die städtischen Waldungen bestimmt. Ferner wurden von der
Stadtvertretung zur weiteren Vermehrung und Arrondirung der
Karlsbader Stadtwaldungen folgende Parzellen angekauft:

1. Von *Johann Rück* eine Parzelle im Ausmaße von . . . . 1,305 ☐ Klaftern.
2. Von *Ignaz Blechschmidt* eine Parzelle im
Ausmaße von . . . . 2,120 -
3. Von *Anna Lippert* eine Parzelle im Aus-
maße von . . . . 1,395 -
4. Von *Eva Palzer* eine Parzelle im Aus-
maße von . . . . 5,350 -
5. Von *Josef Wehner* eine Parzelle im Aus-
maße von . . . . 1,875 -
6. Von *Karl Gatti* eine Parzelle im Aus-
maße von . . . . 9,199 -
7. Von *Franz Schua* eine Parzelle im Aus-
maße von . . . . 3,535 -
8. Von *Josef Enisch* eine Parzelle im Ausmaße von . . . . 3,565 -
9. Von *Heinr. Mannl* und den *Deiml'*schen
Erben eine Parzelle im Ausmaße von . . 3,280 -

Zusammen: 31,624 ☐ Klaftern.

Für jede Klafter dieser bedeutenden Grund-Aera bezahlte die
Stadtgemeinde 34 x., somit im Ganzen 10,752 f. 16 x. ö. W.

1872 wird ein Badeplatz in der Eger zwischen der Kaiser-Franz-
Josefs-Brücke und Donitz errichtet.

— wurde der Mühlgraben vom Hause „zur Borussia" abwärts ein-
gewölbt und dadurch die Strasse wesentlich erweitert.

— erhält der Buchhändler *Hans Feller* aus Seelow in Preussen, nach
Erlangung der österreichischen Staatsbürgerrechte, von der Stadtvertretung das Bürgerrecht I. Classe in Karlsbad.

— am 30. März wurde in Folge des nächtlichen Schiessens wegen des
Auferstehungsfestes ein junger Mensch mit dem Ladestock aus einem
Schiessgewehre in den Unterleib geschossen.

— hat die Karlsbader Bank einen bedeutenden Grundcomplex zur Errichtung neuer Häuser in Marienbad gekauft.

— miethet das k. k. Aerar das zweite Stockwerk des städtischen Badehauses in der Mühlbadgasse zur Unterbringung des k. k. Telegraphenamtes.

— wird durch die Bemühungen des Karlsbader Mineralwasser-Versendungspächters *Heinr. Mattoni*, in Folge einer bei Baron *Schwarz* in
Wien gehabten Audienz, bei der Wiener Weltausstellung die Einrichtung getroffen, dass die österreichischen Mineralquellen und
Quellenproducte ihren eigenen Salon haben, in welchem die „Sauer-
wässer" zum Ausschank gelangen und die übrigen Mineralwässer

und Producte ausgestellt werden sollen. Die Herstellung dieser Halle geschieht auf Kosten der Aussteller.

1872 am 12. April wurde die Karlsbader Bevölkerung in grossen Schrecken versetzt durch einen Essenbrand (Rauchfang) im Hause „zum Scheiben-Toni" in der Prager Gasse. Der Brand wurde, ohne weiteren Schaden zu verursachen, bald gedämpft.

— haben die Gründer des ehemaligen Dilettanten-Theater-Casino's ihr Theater sammt Bibliothek verkauft und den dafür eingenommenen Erlös von 445 f. 42 x. einer zu errichtenden Waisenstiftung unter dem Namen „Providentia" gewidmet.

— beschliesst die Karlsbader „Vorschusscasse" in ihrer Generalversammlung, das Reinerträgniss dieses Fondes (pr. 1153 f. 72 x.) an seine einzelnen Mitglieder zu vertheilen, wobei auf Karlsbad der Betrag von 298 f. 30 x. entfällt.

— am 15. April kamen Se. k. k. Hoheit Erzherzog *Carl Ferdinand* von Oesterreich, wie auch Se. königl. Hoheit Prinz *Wilhelm* in Baiern, Letzterer unter dem Namen eines Baron *von Wallersee*, zur Kur hier an.

— haben Se. kaiserl. und königl. Maj. Kaiser *Franz Josef* von Oesterreich allergnädigst zu gestatten geruht, dass Se. k. k. Hoheit Kronprinz *Rudolf* das Protectorat über den hierortigen Militär-Veteranen-Verein übernehme, und dass derselbe den Namen „Kronprinz-Rudolf-Militär-Veteranen-Verein" führen dürfe, ferner dass Ihre k. k. Hoheit Erzherzogin *Gisela* die Pathenstelle bei der Fahnenweihe annehme. In Vertretung der hohen Dame fungirte die Gemahlin des Statthaltereirathes *von Zeileisen*.

— wurde bei der am 20. April im Kurhause stattgehabten Wahl eines Landtagsabgeordneten für die Städte Karlsbad und Joachimsthal abermals J. U. Dr. *Alfred Knoll* gewählt.

— am 24. April trafen Se. Durchlaucht *Heinrich IV.* Prinz Reuss-Köstritz und Se. Erlaucht Graf *Edgar zu Ehrbach* zur Kur hier ein.

— wurde über Anregung der Wiener Weltausstellungs-Commission in Eger hier ein Local-Comité gebildet, bestehend aus den Herren: *Hugo Göttl*, Dr. *Hofmann*, *Julius Sebert*, *Oswald Richter*, *Heinrich Mattoni*, *Ludwig Mieg*, *Max Rudolf* und *J. Goldbach*. Dieses Comité ist berufen, einerseits die Ausstellung der hiesigen Quellenproducte für die Stadtgemeinde zu veranlassen, anderntheils die Beschickung der Ausstellung der Gewerbetreibenden Karlsbads und Umgebung zu erleichtern, und den Ausstellern die gewünschten Auskünfte zu geben.

— am 1. Mai kamen zum Kurgebrauche nach Karlsbad Se. Hoheit Prinz *Moritz* von Sachsen-Altenburg und Ihre Durchlaucht Prinzessin zu Waldek und Pyrmont.

— haben Se. Apostolische Majestät mittelst eines an den Ministerpräsi-

denten Fürsten *Auersperg* erlassenen a. h. Schreibens anzuordnen
geruht, dass für die Beglückwünschungen zu der Verlobung Ihrer
k. k. Hoheit der durchlauchtigsten Erzherzogin *Gisela*, dem bürgerlichen Karlsbader Schützencorps der allerhöchste Dank bekannt gegeben werde.

1872 am 1. Mai fand die feierliche Brunnenweihe statt, bei welcher
sich ausser den Behörden die Scharfschützen und der Militär-Veteranen-Verein betheiligten.

— wurde das Ansuchen der Stadtgemeinde Karlsbad um Verminderung
der Mauthentrichtung auf der Strassenstrecke von Karlsbad bis zum
Bahnhofe vom k. k. Finanzministerium abweislich beschieden.

— blieb die Salzerzeugung wegen des Verbaues des Sprudelausbruches
beim Sprudelbergl bedeutend zurück und konnte dem grossen Begehr
nach Sprudelsalz nur theilweise genügt werden, auch wurde deshalb
die Sprudelsalzerzeugung den ganzen Sommer hindurch im Salzsud-
hause fortgesetzt.

— wird die Einlösung der beiden Häuser „zu zwei Ketten" und „drei
Uhlanen" in der Sprudelgasse bis zum Herbste 1872 vertagt, weil
noch nicht erwiesen ist, ob der Gemeinde Karlsbad durch die Einlösung derselben ein solcher Vortheil geboten wird, welcher mit der
bedeutenden Auslage von 131,000 f. im richtigen Verhältniss stehe.

— bewilligt die Stadtvertretung zu den vorbereitenden Arbeiten behufs
Ausstellung der Karlsbader Quellenproducte bei der Wiener Weltausstellung 2500 f.

— übergiebt Apotheker *Hugo Göttl* der Stadtvertretung die Resultate
seiner chemischen Untersuchung der Kaltwässer in und um
Karlsbad.

— wird der Eigenthümer der hierortigen Gasanstalt wegen Lieferung
unreinen Gases zu 20 f. Strafe verurtheilt.

— tauscht die Stadtgemeinde von *Josef Stieff* eine nächst der Franzensbrücke gelegene Grundparzelle (pr. 78 □Klaftern) gegen eine unterhalb des Wiesenthales situirte Grundparzelle ein.

— am 1. Mai wurde unter der Direction *Mussik* das Karlsbader Theater
mit dem Schwank: „Das Stiftungsfest" eröffnet.

— übergiebt der unermüdliche menschenfreundliche Sammler bei Unglücksfällen, *Emanuel Platzer*, den von ihm gesammelten Betrag von
400 f. für die abgebrannten Königswarter.

— am 20. Mai trafen hier zur Kur ein: Se. königl. Hoheit Prinz *Adalbert*
von Preussen unter dem Namen eines Grafen *von Ravensberg*.

— am 19. Mai fand das diesjährige Eröffnungsschiessen auf der hierortigen bürgerlichen Schiessstätte statt, wozu der Schützenkönig
Fried. Haas die Gewinne spendete.

17*

1872 erhält Kurorchesterdirector *August Labitzky* von unserer Landsmännin der k. k. Generalswittwe *von Golo* einen prachtvoll gearbeiteten silbernen und theilweise vergoldeten Taktirstab.

— hat im oberen Saale des Posthofes *Karl Merkl* aus München das berühmte *Kaulbach*'sche Gemälde: „Peter Arbues verurtheilt eine Ketzerfamilie zum Feuertode" und einen zweiten Carton von demselben Meister: „König Johann von Schottland eröffnet den Reichstag zu Edinburg" ausgestellt.

— macht der verdienstvolle Badearzt Dr. *Ed. Hlawacek* im Karlsbader Wochenblatte die sehr zeitgemässe Aufforderung, den deutschen Dichterfürsten *Goethe*, der in der Zeit von 1785—1823 14 Male in Karlsbad zum Kurgebrauche anwesend war, durch Aufstellung einer Büste auf dem Platze vor dem sächsischen Saale und Bezeichnung dieses Platzes als Goetheplatz auf eine bemerkbare Weise zu ehren.

— wurden zur Gründung eines Kindergartens in Karlsbad von der Theaterdirection *Mussik* 100 f. und vom Kurorchesterdirector *Aug. Labitzky* der für die Musik entfallende Betrag bei der Theatervorstellung am 19. Mai zum selben Zwecke gewidmet.

— sind von der Karlsbader israelitischen Cultusgemeinde 197 f. an die Abgebrannten in Königswart übermittelt worden.

— am 25. Mai Nachmittags um 3 Uhr kam ein starkes Gewitter, wobei der Regen in Strömen sich anhaltend bis 11 Uhr Abends ergoss. Erst um 10 Uhr Abends fing die Tepel an zu steigen, um 11 Uhr wurde bereits von der Polizeiwachmannschaft Allarm geschlagen und sämmtliche an der Tepel wohnende Boutiquenbesitzer verständigt, auszuräumen, da das Wasser rapid zu steigen begann. Vom Schlafe aufgeweckt, rannte Alles durcheinander, Jeder war bemüht, seine Habe zu schützen. Um 12 Uhr trat das Wasser bereits aus seinen Ufern, um 2 Uhr standen schon die *Pupp*'sche Allee, die alte und neue Wiese, der Markt, der Sprudel, die Mühlbad- und Kreuzgasse, wie auch theilweise die Egerstrasse unter Wasser. Ueber den Markt durch die Mühlbadgasse wälzte sich ein förmlicher Strom. Die schon errichteten kleinen Nothstege wurden überall mit fortgerissen, so dass, um die Communication halbwegs wieder herzustellen, bei Tagesanbruch von Neuem damit begonnen werden musste. Um 3 Uhr Morgens erreichte das Wasser seinen Höhepunkt. Die Badeanstalt nächst der Café-Restauration „Schönbrunn," Brücken, Stege, riesige Baumstämme, Stühle, Bänke, kurz Alles, was dem Wasser im Wege stand, kam in den Fluthen geschwommen. Der höchste Stand des Wassers währte von 3 bis 5 Uhr Morgens, und war derselbe um 4 Zoll höher als jener im Jahre 1870. Auf der alten Wiese stand das Wasser 3 Fuss 9 Zoll hoch. Die hölzerne Brücke oberhalb Pirkenhammer wurde von dem Wasser fortgerissen und nahm die eiserne Fahrbrücke bei der dortigen Papiermühle mit. Ein Glück für Karlsbad war es, dass dieser hölzerne Koloss zwischen dem „Kaiserpark" und dem „Freundschaftssaale" am rechten Tepelufer liegen blieb. Die Stege beim „Sauerbrunn" und beim „Café Wiesenthal" wurden ebenfalls eine Beute der Fluthen. Sämmtliche an der Tepel gelegenen Wiesen und Felder waren mit Schlamm bedeckt, die hübschen Gärtchen in der Marienbader Gasse gänzlich verwüstet und die Promenaden ungangbar gemacht. Vom Atelier des Photographen *Ernst Anton* wurde die Rückwand entführt, beim „Café-Salon," „sächsischen Saale" und den beiden Café-Häusern „zum Elefanten" und „zur goldenen Krone" nahm das Wasser einige Hundert Stühle und Tische mit fort. In den Boutiquen der alten Wiese gingen viele Waaren, welche wegen des raschen Andranges des Hochwassers nicht schnell gerettet werden konnten, zu Grunde; auf der neuen Wiese wurden fast alle Sommerlauben demolirt. Der Schaden, den durch diese Ueberschwemmung die Stadtgemeinde sowohl, wie auch einzelne Geschäftsleute erlitten, ist ein sehr bedeutender. Die Ueberschwemmung nahm, wie sich bald darauf herausstellte, in einem grossen Theile von Böhmen eine riesige Ausdehnung, wobei sich der erlittene Schaden auf viele Millionen Gulden belief.

1872 übergiebt Photograph *M. Hirsch* dem Stadtrathe drei verschiedene Photographien, abgenommen von den im Stadtarchive aufbewahrten Ansichten Karlsbads aus den Jahren 1652, 1726 und eine ohne Jahreszahl, jedenfalls aber aus der zweiten Hälfte des achtzehnten Jahrhunderts.

— spendet der zur Kur hier anwesende Fürst *Camil Rohan*, Herzog *von Montbazon* und *Bouillon*, dem Restaurateur *Anton Leipold* in Pirkenhammer 200 f. aus Anlass des durch die letzte Ueberschwemmung demselben erwachsenen empfindlichen Schadens.

— am 1. und 2. Juni fanden im „Freundschaftssaale" Productionen der bekannten ungarischen kostümirten National-Musik-Kapelle *Horwath Marczi* statt. Das Orchester bestand aus 5 Violinen, 2 Bässen, 2 Clarinetten und einem Cymbal.

— am 3. Juni trat im Bahnhofe zu Karlsbad eine Commission zusammen, welche die technisch-militärische Revision der neu anzulegenden Bahnlinie von Karlsbad über Fischern, Taschwitz, Aich, Pirkenhammer, Donawitz, Trossan, Gabhorn, Theusing, Kummerau, Lukowa, Manetin und Mlatz vornahm.

— wurde der Bau einer Nothbrücke an Stelle der durch Ueberfluthung abgerissenen Eisenbrücke bei der Papiermühle in Hammer beendigt.

— am 4. Juli erlässt der Bürgermeister Dr. *Sorger* einen öffentlichen Aufruf zu Beitragsleistungen für die in einem grossen Theile Böhmens Verunglückten durch Ueberschwemmung.

1872 am 3. Juni kam Se. Hoheit Prinz *Leopold* Herzog von Sachsen-Coburg-Gotha sammt Gemahlin Baronin *von Ruttenstein* zum Kurgebrauche hier an.

— wird das Café und die Pension „Königsvilla" im Westend-Garten in Karlsbad des *Wilh. Fasolt* eröffnet.

— am 5. Juni producirten sich im „Café-Salon" die Musikkünstler *J. N. Vanoni* (ohne Arme), *J. Lukas* (blind) und *J. Gruber*.

— am 6. Juni langte an den Karlsbader Bürgermeister ein Telegramm aus Tepel an, aufgegeben von dem dortigen Bürgermeister *Herrmann Egerer*, welches lautete: „Der gegenwärtige Wasserstand gebietet die grösste Vorsicht; bisher 1½ Fuss niedriger als am 26. Mai." Sofort wurde die Lärmtrommel gerührt und Alles eilte in ängstlicher Hast zur Rettung der Waaren. Dieses Mal blieben wir jedoch glücklicher Weise verschont, denn der Wasserstand der Tepel erreichte blos eine Höhe von 4 Fuss über das Normale.

— ernennt die israelitische Cultusgemeinde ihren Prediger Dr. *Oppenheim* aus Anlass des Rücktrittes von seinem Amte, in Würdigung seiner Verdienste um die Begründung und gedeihliche Entwickelung der Gemeinde-Institute, zu ihrem Ehrenmitgliede.

— am 9. Juni fand im Garten des Posthofes ein vom Karlsbader Männergesangverein in Verbindung mit dem Kurorchester arrangirtes Concert zum Besten der durch Wasser Verunglückten in Böhmen statt, wobei ein Reinertrag von 306 f. 70 x. und 2 Thlr. 10 Gr. erzielt wurde.

— übergab *Emil Leitner*, Secretär des Baron *Rothschild*, dem hier durch Ueberschwemmung verunglückten *Ibrahim*, Besitzer des Bazar Oriental im Hause „zum Auge Gottes," eine Spende von 120 f.

— wird von der k. k. Bezirkshauptmannschaft Karlsbad der Stadtrath mit seinem Gesuche um Uebertragung der Polizeiausübung am Bahnhofe und des Meldungswesens der umliegenden Gemeinden an die Gemeinde Karlsbad auf den § 93 der Gemeindeordnung, somit abweislich beschieden.

— erhält *Joh. Schmidt* die Bewilligung zur Errichtung einer Schiffmühle in dem rechtsseitigen Arm des Egerflusses unterhalb der Fähre bei Drahowitz.

— wird durch k. k. Stadthaltereierlass M. Dr. *Riehl* zum Director des Karlsbader Fremdenhospitals ernannt.

-- votirt das Stadtverordneten-Collegium für die durch Ueberschwemmung Verunglückten in Böhmen einen Unterstützungsbeitrag von 500 f.

— am 11. Juni war zur Feier des 200jährigen Geburtsfestes des russischen Czars *Peter I.* der Hirschensprung und die Friedrich-Wil-

helms-Höhe festlich erleuchtet. Auf der letzteren war die russische
Kaiserkrone und darunter *Peter's I.* Namenszug in russischen Lettern
dargestellt. Den Schluss bildete ein Fackelzug und Feuerwerk.

1872. Die Karlsbader Sparcasse spendete 200 f. und die Karlsbader
Bank 200 f. für die Abgebrannten in Königswart.

— am 23. Juni hielt der hierortige Kronprinz-Rudolf-Militär-
Veteranen-Verein im Schiesshause eine Generalversammlung, bei welcher das von Ihrer kaiserl. Hoheit der Erzherzogin
Gisela dem Vereine gespendete, in einer prachtvollen Cassette befindliche Fahnenband zur Ansicht vorgelegt wurde. Dasselbe besteht
aus zwei breiten mit Gold verzierten Bandschleifen, wovon auf der
Averseite des einen Theiles auf weisem Seidenmoiré in Goldstickerei
die Worte: „Erzherzogin Gisela" und am Ende der Schleife
das erzherzogliche Wappen aus Gold, Seide und Sammt angebracht
sind. Der andere Theil der Schleife enthält auf kirschrothem Seiden-
moiregrund die Schrift: „Dem Kronprinz-Rudolf-Militär-
Veteranen-Verein in Karlsbad." Die Reverseite besteht zur
Gänze aus kirschrothem Seidenmoiré und befinden sich auf einem
Theile derselben die Worte: „Treu und einig" und auf dem anderen
Theile die Jahreszahl 1872. Dem Vereinsmitgliede *Wenzl Schlosser,*
Seifenhändler in Karlsbad, wurde für das dem Vereine gespendete
Flügelhorn der Dank ausgesprochen, ferner beschloss man eine Ver-
stärkung der Vereinsmusikkapelle und schliesslich wurde eine Samm-
lung für die Ueberschwemmten in Böhmen eingeleitet, welche die
Summe von 35 f. 40 x. ergab.

— am 25. Juni gab im Kurhause der grossherzoglich hessische Hofschauspieler *Herrmann Linde* eine dramatische Vorlesung aus Shake-
speare's Werken mit erläuternden Eingängen. Derselbe trug aus
„Julius Caesar" die Reden des Brutus Antonius mit Volksstimmen,
aus dem „Kaufmann von Venedig" die Gerichtsscene, aus „Heinrich IV." die Rekrutenscene und zum Schlusse „den Erlkönig" von
Goethe vor. Sämmtliche Charaktere (über 40) trug *Linde* mit ver-
änderter Stimmen und entsprechender Mimik vor.

— wurde in *Gatti's* Bierhalle zum Besten der Ueberschwemmten in
Böhmen ein Bestschieben am Billard anglaise veranstaltet,
welches einen Reinertrag von 96 f. 40 x., 2 Dukaten und 1 Silber-
thaler ergab.

— fand im Hause „zum Leoparden" auf der alten Wiese der Ausverkauf
von alten Oelgemälden aus der bekannten Gemäldegalerie der
Baronin *von Steiger* statt. Vertreten waren die Meister: *Rubens, von
Dyk, Jakob Russel, Clod Gilet, Jean Steen, Backhuysen, Canaleter,
Hondokeder, Berkem, Dussart, Carlo Dolze, Gress* u. A. m., (2 Stück
um 20,000 f.), auch ein *Tizian* befand sich darunter. Von modernen
Meistern waren von *Marco* 4, von *St. Petinghofer* 1, von *Troyon* 1
und von *Bensa* 1 Stück vertreten.

1872 erscheint eine Brochure von *Hugo Göttl* unter dem Titel: „Untersuchung der Kalt-Wässer in und um Karlsbad."

— am 29. und 30. Juni fand ein Bestschiessen statt, wozu Se. Excell. Graf *Orloff-Davidoff* (ein Verwandter des schon im Jahre 1780 erwähnten Schützenfreundes Grafen *Orloff-Chesmensky)* als ersten Preis an der Bestscheibe einen grossen silbernen Pokal mit der Bestimmung spendete, dass der Bestgewinner denselben der bürgerlichen Schützencompagnie als bleibendes Andenken zu übergeben habe. Das Schützencorps gab für den Pokal eine Ablösung von 100 f. in der Art, dass der erste Bestschuss mit 12 Dukaten (gewonnen von *Emil Janusch* aus Elbogen), der zweite mit 5 Dukaten (gewonnen von *Curl Lang* jun. aus Karlsbad) und der dritte mit 3 Dukaten (gewonnen von *Gottfried Unterer* aus Karlsbad) und jedesmaliger Decoration honorirt wurde; ferner gab das Schützencorps weitere 12 Dukaten als Preise zur Vereins- und Probescheibe, und zwar für die Vereinsscheibe 8 und für die Probescheibe 4 Dukaten. Auf die Vereinsscheibe (400 W. F.) gewannen den ersten Preis von 3 Dukaten *G. Sadik* aus Bagdad, den zweiten von 2 Dukaten *Johann Richter* aus Karlsbad, den dritten von 1 Dukaten *Emil Janusch* aus Elbogen, und den vierten von 1 Dukaten *Peter Baumann* aus der Schweiz; auf die Probescheibe , 300 W. F. Distanz, den ersten Preis von 2 Dukaten *Gustav Ravene* aus Italien, den zweiten von 1 Dukaten *Pistorius* aus Eger und den dritten *Carl Lang* aus Karlsbad. Graf *Orloff-Davidoff* wohnte mit einer zahlreichen Gesellschaft russischer Cavaliere dem Bestschiessen bei, bewunderten die Schnssfertigkeit unseres Schützencorps und schrieben sich insgesammt im Schützengedenkbuche ein.

— widmete die Sparcassendirection in Karlsbad zur Unterstützung für die durch Ueberschwemmung in Böhmen Verunglückten 500 f.

— ernannte die Karlsbader Bank bei ihrer Filiale in Eger *Opitz* sen., *G. Budiner,* Dr. *Mlady* und *Ed. Bloch* zu Repräsentanten.

— am 9. Juli trafen zur Kur hier ein: Se. Durchlaucht der regierende Fürst *Adolf* zu Schaumburg-Lippe mit Gemahlin; dann zweien Prinzessinnen Töchter, *Hermine* und *Ida,* sammt Gefolge (16 Personen), und wohnten in „zwei deutsche Monarchen."

— wurde das *Pupp*'sche Etablissement (böhmischer Saal, Café-Salon nebst allem Zugehör) an ein Consortium von Banquiers um den Preis von 836,500 f. mit der Bedingung verkauft, dass der Kauf in einem gewissen Zeitpunkte bei Zahlung eines Reuegeldes von 20,000 f. wieder behoben werden kann, was denn auch später von Seiten der Käufer geschah.

— ertheilte das k. k. Ministerium des Innern der Karlsbader Bank die Bewilligung zur Errichtung einer Actiengesellschaft mit dem Sitze in Karlsbad unter der Firma: „Karlsbader Aktienbrauerei."

1872. Bei dem am 14. Juli abgehaltenen Bestschiessen in Schlacken-werth gaben die Karlsbader Schützen Zeugniss ihrer ausgezeichneten Schussfertigkeit, indem auf der Vereinsscheibe *Hugo Göttl* den ersten, *Gottfried Unterer* den zweiten, auf der Nebenscheibe abermals *Gott-fried Unterer* den ersten und *Hugo Göttl* den zweiten und *Carl Zürkendörfer* den dritten Preis erhielten.

— am 13. Juli Abends kam ein Trupp k. k. Husaren-Offiziere, ein Oberst an der Spitze, staubbedeckt in Karlsbad angeritten. Einer von den Offizieren begab sich sogleich in das Telegraphenamt, um die Nachricht abzusenden, dass die Truppe nicht ganz sechs Stunden gebraucht hatte, den Ritt von ihrem 10 Postmeilen entfernten Garnisonsorte Saaz bis Karlsbad zurückzulegen. Dieser Ritt war in Folge einer Wette im Betrage von 500 f. gemacht worden. Trotz der gehabten Anstrengung wohnten die Husaren-Offiziere der Re-union im Kurhause bei und tanzten bis zum Schlusse derselben.

— bestätigte die k. k. Statthalterei die Statuten des Leseovereins „Fortschritt" in Karlsbad.

— am 20. Juli starb der frühere Stadtrath *Josef Hofmann*.

— meldeten sich zur Weltausstellung in Wien aus dem Bezirke Karls-bad 31 Aussteller, und zwar: in Karlsbad 19, in Alt-Rohlau 2, in Theusing 2, in Dallwitz 2, in Petschau 3, in Aich 1, in Pirken-hammer 2.

— ernannte das hohe Finanzministerium den hierortigen k. k. Bezirks-finanzcommissär *Carl Hasik* zum landesfürstlichen Commissär bei der Karlsbader Bank.

— am 24. Juli starb hier der pensionirte ehemalige Commandant des Karlsbader Militär-Badehauses, k. k. Oberst *Heinrich Pfrenger*, Ritter des königl. preussischen rothen Adler-, des königl. preussischen Kronen- und des grossh. Sachsen-Weimar'schen Hausordens, Com-mandeur des grossh. Sachsen-Weimar'schen Ordens vom weissen Falken, des grossh. Oldenburg'schen Haus- und Verdienstordens, dann des königl. griechischen Erlöserordens, Inhaber des metallenen Arméekreuzes und des Offizierdienstzeichens I. Classe. Das privil. Schützencorps, sowie der Veteranen-Verein waren bei dem Leichen-begängnisse in Parade ausgerückt und gaben Erstere die üblichen Ehrensalven.

— wurde in Karlsbad für die durch Ueberschwemmung in Böhmen Verunglückten gesammelt, wobei folgende Beiträge erzielt wurden:

Durch den Stadtrath	2421 f. 50 x.
- *Emanuel Platzer*	1592 - 60 -
- die Leihbibliothek *Franieck & Comp.* und Buch-handlung *Pohlenz*	943 - 73 -
Zusammen:	4957 f. 83 x.

Ferner 10 holländische Gulden, 2 Napoleon, 2 Dukaten, 11 Silber-
thaler, 10 Groschen.

1872 folgte der hierortige sehr geachtete israelitische Prediger Dr. *J. H.
Oppenheim* einem Rufe nach Brünn und reiste am 30. Juli an seinen
neuen Bestimmungsort.

— am 27. Juli hielt die Karlsbader freiwillige Feuerwehr eine Generalversammlung ab, wobei die beiden Dankschreiben der Gemeinden
Neudek und Putschirn für die von der Karlsbader Feuerwehr ge-
leistete Hilfe bei den dortigen Feuersbrünsten zur Vorlesung kamen.
Zum Schlusse wurde das Programm für den grossen Feuerwehrtag
in Karlsbad am 28. und 29. September geprüft und bestätigt.

— hat der k. k. Bezirksschulrath zur Gründung einer L e h r e r - B i b l i o -
t h e k in Karlsbad 200 f. nebst Beistellung der nöthigen Utensilien
bewilligt. Von der Bezirks - Lehrer - Conferenz wurden *Wenzl Rank*
zum Obmanne und *A. B. Frei* zum Obmann - Stellvertreter gewählt.

— am 4. August fand ein Unterhaltungsschiessen statt, wobei auf die
Flintenscheibe nur Mitglieder des Karlsbader Schützencorps und
zwar nur mit glatten, nicht mit gezogenen Flinten schiessen durften.

— den 5. August wurde hier die Verlobung der Prinzessin *Ida*, Tochter
des regierenden Fürsten von Schaumburg-Lippe, mit *Heinrich XXII.*,
regierendem Fürsten von R e u s s - G r e i z, gefeiert.

— ertheilte die k. k. Statthalterei die Bewilligung zur Parcellirung des
Winter'schen Gartens.

— sammelte *Emanuel Platzer* für die durch Feuer verunglückten
Joachimsthaler 71 f. 70 x.

— wurden hier für die am 28. Juli durch einen grossen Brand verunglückten Bewohner der nahen Stadt Theusing nachstehende Beträge durch Sammlungen aufgebracht, und zwar:

	f.	x.	Thlr.	S.-a.
Durch den Karlsbader Stadtrath	96	—	25	
„ *Emanuel Platzer*	1103	10	5	1
„ die Wechselstube *Bern. Schwalb* (Karls- bader Bank)	461	73		
„ die Wechselstube der Gebrüder *Benedikt* .	340	63		
„ die Leihbibliothek *Franieck & Comp.* . .	52	50	3	
„ die Buchhandlung *Emil Polens*	225	20		
„ die Buchhandlung des *Hans Feller* . .	74	10		
„ *Eduard A. Loew*	118	60		
„ die lithographische Anstalt des *J. Schäfler*	62	40		
„ die Kunsthandlung des *Neubauer* . . .	36	50		
„ die Redaction des Karlsbader Anzeigers .	27	—		
„ die Redaction des Karlsb. Wochenblattes	470	40	3	
Zusammen:	3068	16	36	1

1872 erschien im Verlage von *C. C. Meinhold & Söhne* in Dresden: „Carlsbad. Historisch - topographisch - naturhistorisch - medicinisches Handbuch mit vollständiger Diätetik," vom Badearzte Dr. *Ferd. Fleckles* jun. (2. Auflage.)

— erlässt die k. k. Bezirkshauptmannschaft in Karlsbad eine Aufforderung mit dem genauen Signalement des im vorigen Monate muthmasslich von Zigeunern in Pommern geraubten 4½jährigen Mädchens *Anna Böckler*, worin Demjenigen 500 Thaler zugesichert sind, der die Wiedererlangung dieses Kindes ermöglicht.

— am 14. August starb der am 13. December 1795 in Mecklenburg geborne *August Friedrich Ulrich von Lützow auf Tessin*, Ehrenbürger der Stadt Karlsbad. Ein Edelmann in des Wortes reinster Bedeutung, zeichnete sich *von Lützow* nicht nur durch eine feine wissenschaftliche Bildung, sondern noch mehr durch seinen unbegrenzten Wohlthätigkeitssinn aus. Seine Unterstützungen, welche er den hierortigen humanistischen Vereinen und Anstalten angedeihen liess, beziffern sich in Goldeswerth nach Tausenden. *Von Lützow's* Name wird in den Annalen Karlsbads fortleben, denn seine Schöpfungen: die schöne Villa, das Pfründerhaus „Munificentia," der totale Umbau des Cafés „Panorama," die Errichtung der Gemse am Hirschensprung, seine Armenstiftung u. s. w., sind durchweg unauslöschliche Denkmale und geben stets Zeugenschaft von dem edlen Wirken dieses Menschenfreundes. Die grosse Achtung, welcher sich dieser wahrhafte Edelmann in Karlsbad erfreute, manifestirte sich bei dessen am 19. August stattgehabten Leichenbegängnisse, denn die Regierungs- und städtischen Behörden Karlsbads, ein grosser Theil der hierortigen Badeärzte, das bürgerliche Schützencorps, die Feuerwehr, der Turn- und Männergesangverein, sowie die freiwillige Feuerwehr und eine unzählbare Menschenmenge betheiligten sich dabei. — Die Kurkapelle und der Männergesangverein schmückten als ein Zeichen ihrer Achtung und Dankbarkeit den Sarg mit prachtvollen Kränzen. Ein Männerquartett trug bei der Villa das Lied: „Es ist bestimmt in Gottes Rath etc.," von *Mendelsohn Bartholdy* vor, worauf sich der Zug unter dem vom Kurorchester gespielten Trauermarsch aus der Sinfonie eroica von *Beethoven* in Bewegung setzte. Beim Grabe angelangt, hob Pastor *Rodewald* in längerer Rede den Lebenslauf und das edle Wirken des Verstorbenen hervor und man erblickte kaum ein trockenes Auge. Verdiente jemals ein Mann so allgemeine achtungs- und liebevolle Theilnahme, so war es *August Friedrich Ulrich von Lützow*. Sein Andenken wird ehrend fortleben.

— übernimmt die Bauunternehmung *Slowak & Cerych* den im Vorjahre von *Alfred Schwalb* und *Sigmund Schlesinger* angekauften Grund, die sogenannte „Glaser's Lohe," zum Zwecke der Parcellirung und Anlage eines neuen Stadttheiles.

— legte *V. Wecserzick* seine Stelle als Lottocollectant für Prag und Brünn nieder und erhält in Folge dessen von der k. k. Lottodirection für seine bisherige Ordnungsliebe in der Führung des Lottogeschäftes ein Anerkennungsschreiben mit dem Ersuchen, die Collectur bis zu deren Wiederbesetzung fortzuführen.

— erhielt der Karlsbader Kaufmann *J. Lederer* aus Madrid unterm 3. August einen Brief, worin der Absender *Antonio de Negrete*, gewesener Kammerdiener der Comtess *Montijo*, Mutter der Exkaiserin *Eugenie*, die Mittheilung macht, dass er in die Dienste seiner ehemaligen jungen Gebieterin, der Regentin von Frankreich, übergetreten sei und diese ihm ein Kistchen mit Kleinodien und vier Millionen Francs mit dem Befehl einhändigte, den Schatz fern nach Madrid zu bringen. *Antonio* aber lenkte seine Schritte statt nach Spanien nach Böhmen und hier in Karlsbad hatte *Negrete* seinen Schatz begraben. Er ersucht nun den *Jos. Lederer*, ihm 2500 Francs zu schicken, damit er sich aus seiner Gefangenschaft in Madrid loskaufen, nach Karlsbad kommen, den Schatz heben und Herrn *Lederer* beschenken könne. Dieser aber geizte nicht nach dem Schatze der Kaiserin *Eugenie* und schickte kein Geld an *Negrete*.

— Sonntag den 25. August Abends nach 6 Uhr brach in dem, dem Tischlermeister *Beer* gehörigen Hause „zur Karlshöhe" Feuer aus und in kürzester Zeit stand der ganze Dachstuhl in lichten Flammen. Zum Glück herrschte Windstille, Hilfe war rasch zur Hand, und so blieb das Feuer auf dies eine Haus beschränkt.

— wurde das Allerhöchste Geburtsfest Sr. Maj. des Kaisers *Franz Josef I.* von Oesterreich in üblicher Weise am 18. August gefeiert. Wie schon durch mehrere Jahre, spendete dieses Mal aus Anlass dieses erfreulichen Festes der hier zur Kur anwesende *Friedrich* Freiherr *von Zdekauer* zur Vertheilung an hiesige arme Familien 50 f.

— am Allerhöchsten Geburtsfeste Sr. Maj. des Kaisers hielt der israelitische Predigeramts-Candidat Dr. *P. F. Frankl* im hiesigen Tempel einen Probevortrag.

— am 29. August brach im Hause „zum Römer" in einer Dachkammer Feuer aus, welches jedoch sofort wieder gelöscht wurde.

— am 2. September fand ein Unterhaltungsschiessen statt, bei welchem der 1. Preis in 12 Silbergulden bestand und ausserdem noch 3 Dukaten, gespendet von Ritter *Richard von Dotzauer* in Prag.

— schenkten nach dem Brande in der Schulgasse der freiwilligen Feuerwehr als Anerkennung ihrer aufopfernden Bemühungen Graf *Zedtwitz* 25 f. und *Gustav Anger* 10 f.

— wurde dem Musikdirector *August Labitzky* von dem regierenden Fürsten zu Schaumburg-Lippe das silberne Verdienstkreuz des Hausordens für Treue und Verdienst verliehen.

1872 erhielt Dr. *Johann Anger*, Badearzt in Karlsbad, den königl. dänischen Danebrog-Orden dritter Classe.

— verlich der regierende Fürst zu Schaumburg-Lippe dem *Jakob Schmidt* in Karlsbad den Titel eines fürstlich Schaumburg-Lippe'schen Ho f-k l e i d e r m a c h e r s.

— bewilligt die k. k. Statthalterei die Einstellung einer Subvention von 5000 f. an die Stadtrenten behufs der Verbesserung der Trink-wasserleitungen in Karlsbad.

— gestattet die k. k. Bezirkshauptmannschaft Karlsbad den Fabriks-besitzern *Fischer & Mieg* die Kohlen- und Porzellanerdendurchfuhr auch während der B a d e s a i s o n durch die Stadt und beschränkt diesen Transport auf täglich s i e b e n Wagen.

— schenkt *Kurl Merkl* aus München der Stadtgemeinde eine grosse werthvolle Photographie seines *Kaulbach*'schen Cartons: „P e t e r A r b u e s v e r u r t h e i l t e i n e K e t z e r f a m i l i e z u m F e u e r-t o d e."

— wird den Abbrändlern in Theusing von der Stadtgemeinde Karlsbad ein Unterstützungsbetrag von 500 f. bewilligt.

— wird der Direction *Mussik* das Theater auf weitere 3 Jahre gegen Dem überlassen, dass der Stadtgemeinde die Kündigung in dem Falle vorbehalten bleibe, wenn Verhältnisse die Behebung des Pachtes nöthig machen.

— am 4. September stellt der Stadtverordnete *A. C. Loew* in der Collegiumssitzung den schon früher von ihm befürworteten Antrag, d a s g a n z e P r o j e c t d e s P r o f e s s o r *Zitek* b e i m C o l o n-n a d e n b a u f a l l e n z u l a s s e n u n d s t a t t d e s s e n e i n e C o-l o n n a d e b e i m N e u b r u n n e n a u s E i s e n z u e r r i c h t e n. Dieser Antrag wurde jedoch vom Collegium n i c h t angenommen.

— werden von der Stadtvertretung der *Theresia Kaksch* für ihre Nutz-genussrechte auf dem Wohnhause N. C. 58 in der Sprudelgasse 12,000 f. bezahlt und das Haus hierauf demolirt.

— erhält *E. F. Wondrich* anlässlich der Zurückversetzung seines neu zu erbauenden Wohnhauses N. C. 367 in die Regulirungslinie von der Stadtgemeinde eine Entschädigung von 323 f.

— wird dem *Karl Voigt* für den bei dem Umbaue seines Hauses „zum Auge Gottes" zur Strassenerweiterung liegen bleibenden Grund eine Entschädigung von 10,000 f. aus dem Kurfonde bezahlt.

— erhielt die Salonmusik von unserm Mitbürger *W. Rank* durch eine Composition: „Momente am Elbstrande," in 3 Abtheilungen: „Am Morgen," „Intermezzo" und „Am Abend," abermals einen schätz-baren Zuwachs.

— am 8. September fand hier die F a h n e n w e i h e d e s K a r l s b a d e r

Kronprinz-Rudolf-Veteranen-Vereins statt. Schon am 7. September, dem Vorabende des Festes, wurde dasselbe durch einen musikalischen Zapfenstreich mit Fackelbeleuchtung inaugurirt. Am Festtage selbst fand um 6 Uhr Morgens eine Tagesreveille statt und um 7 Uhr trafen bereits die Schützencompagnien der Städte Buchau und Schlaggenwald mit flatternden Fahnen und klingendem Spiele am Platze vor dem Kurhause ein. Immer und immer mehrten sich die auswärtigen Vereine und Vereinsdeputationen, so dass sie die Zahl 33 erreichten. Darunter befanden sich Deputationen der Militär-Veteranen-Vereine von Wien und Pilsen. Nachdem das ganze Contingent in alphabetischer Ordnung nach den Ortsnamen durch Fähnchen bezeichnet Aufstellung genommen hatte, wurde jede einzelne Abtheilung von den Festordnern bewillkommt und sodann von dem Bequartirungs-Comité mit Anweisungen zur Bequartirung und Verköstigung versehen. Um 10 Uhr setzte sich der imposante Zug vom Kurhause aus durch die von der Karlsbader freiwilligen Feuerwehr sehr tactvoll und in grösster Ruhe freigemachte Mühlbadgasse nach dem Marktplatze in Bewegung. Die Avantgarde bildete die Karlsbader Schützencompagnie mit ihrer Kapelle unter der Leitung des Kurorchester-Directors *August Labitzky*, dieser folgte die Karlsbader Liedertafel, ferner die sämmtlichen Veteranen-Vereine und Schützencompagnien. Die Liedertafel stellte sich neben dem Zelte auf, worin sich die zu weihende prachtvolle Fahne befand; hieran schloss sich die Tribüne für die betheiligten Honoratioren und Gäste. Nach genommener Aufstellung begaben sich sämmtliche Obmänner und Schützencommandanten auf die Tribüne, woselbst der Obmann des Wiener Veteranen-Vereins *Ignaz Jakob Ertl* unter einer herzlichen Ansprache dem Karlsbader Veteranen-Obmanne *Anton Grasmuck* ein auf weissem Seidenmoiré mit Goldstickerei versehenes werthvolles Fahnenband als Andenken des Wiener Veteranen-Vereins übergab. Nach Beendigung des Hochamtes in der Dekanatkirche kam durch das von den Karlsbader Veteranen gebildete Spalier die Geistlichkeit mit der die Fahnenpathin Ihre k. k. Hoheit die Erzherzogin *Gisela* stellvertretenden Statthaltereirathsgemahlin *von Zeileisen*, umgeben von 80 weiss und blau gekleideten Fahnenjungfrauen. Am Festplatze angelangt, hielt der Stadtdechant P. *Adler* eine kurze Festrede, worauf die Liedertafel einen Chor intonirte. Unter Einem nahm die Ceremonie des Nägeleinschlagens ihren Anfang. Den ersten Nagel schlug die Pathin-Stellvertreterin k. k. Statthaltereiräthin *von Zeileisen*, dann folgten der Dechant P. *Adler*, der k. k. Bezirkshauptmann und Statthaltereirath *von Zeileisen*, der k. k. Major und Badehauscommandant *von Kopfinger*, der Bürgermeister Dr. *Sorger*, der Ehrenbürger und gewesene Bürgermeister J. P. *Knoll* und sodann alle Commandanten der anwesenden Veteranen-Vereine und Schützencompagnien. Nun wurden von den Fahnenjungfrauen 80 Kränze an die anwesenden Veteranen- und Schützen-Vereine vertheilt; währenddem hielt der Karlsbader Veteranen-Vereins-Obmann *Grasmuck* eine kurze patriotische Rede und schloss mit einem dreimaligen „Hoch" auf Se. Maj. den Kaiser *Franz Josef I.* von Oesterreich, welcher Ruf bei der zahllosen Menschenmenge enthusiastischen Wiederhall fand. In grösster Ordnung vollzog sich nun das Defiliren und der Abmarsch sämmtlicher Veteranen-Vereine und Schützencompagnien. Um 1 Uhr fand im grossen Kurhaussaale ein Diner von 100 Gedecken statt, welchem viele Honoratioren und die meisten Commandanten der in Karlsbad versammelten Vereine beiwohnten. Die Tafelmusik executirte das Kurorchester. Viele Toaste auf das Allerhöchste Kaiserhaus, auf die Vereine u. s. w. wurden ausgebracht, wobei der von dem Obmanne des Wiener Veteranen-Vereins *J. J. Ertl* ausgebrachte Toast nicht nur gesprochen, sondern auch in Versen verfasst unter die Gäste vertheilt wurde. Um 3 Uhr begann der Festzug in derselben Ordnung wie am Vormittage; er bewegte sich über den Markt, die alte Wiese, beim böhmischen Saale über den dortigen Steg zum k. k. Bezirksamtsgebäude, der Wohnung der Pathin-Stellvertreterin, welcher von allen vorbeidefilirenden Vereinen „Hochs" gebracht wurden. Von hier begab sich der Zug in das schon decorirte und durch Gasflammen prächtig beleuchtete Schiesshaus, wo nach einem kurzen fröhlichen Commers die Abreise der auswärtigen Vereine erfolgte, womit das schöne Fest seinen Abschluss fand.

1872 erschien von dem hier domicilirenden *Jörg Simani* ein Werkchen unter dem Titel: „Stahlfederzeichnungen von Alt-Karlsbad."

— am 14. September fand im Kurhause ein Concert unter Mitwirkung des königl. bayrischen Hof- und Kammersängers *Franz Nachbauer*, der grossherzogl. mecklenburgischen Hof- und Kammervirtuosin *Anna Dubetz*, der jungen Karlsbaderinnen *Valerie* und *Paula Loew*, *Leonore Dermoutz*, des Clavierkünstlers *Wahl*, des Karlsbader Kurorchesters unter der Leitung seines Directors *August Labitzky* und des Karlsbader Männergesangvereins unter der Direction seines Chormeisters *Friedrich Knoll*, zur Gründung eines Kindergartens in Karlsbad statt und wurde hierbei eine Rein-Einnahme von 700 f. erzielt.

— wurde von Preisselbeeren Suchenden in der sogenannten oberen Sooss hinter den neuen Friedhöfen ein ca. 50 Jahre alter Landmann an einer 3 Zoll starken Birke in knieender Stellung erhängt aufgefunden.

— ist Se. Excellenz der k. k. Geheimrath Baron *von Prandau* dem Karlsbader Kronprinz-Rudolf-Veteranen-Verein als stiftendes Mitglied nebst Spendung eines namhaften Geldbetrages beigetreten.

— spendete der jetzige Besitzer der Villa „Lützow," der k. k. Major a. D. Graf *Zettwitz*, dem Unterstützungsfonde des Karlsbader Kronprinz-Rudolf-Veteranen-Vereins 25 f.; ferner ist diesem Vereine *Simon Benedikt* mit Erlage von 20 f. als stiftendes Mitglied beigetreten.

1872 spendete der Badearzt M. Dr. *Karl Zimmer* zur Gründung eines Kindergartens den Betrag von 20 f.

— übersandte die Assecuranzgesellschaft „Phönix" der Karlsbader freiwilligen Feuerwehr ein Geschenk von 50 f.

— am 19. September brannten in Alt-Rohlau nächst der dortigen Porzellanfabrik zwei Scheuern ab und war es nur den rasch herbeigeeilten Feuerwehren von Karlsbad und Fischern zu danken, dass das Feuer keine grösseren Dimensionen annahm.

— spendete *Joh. Becher* der Karlsbader freiwilligen Feuerwehr 20 f.

— am 25. September kam im Theater die einaktige Operette: „Ein Zigeunerstreich," von dem hier zur Kur befindlichen k. k. Militärkapellmeister *Oslislo* zur Aufführung.

— beschlossen die Theilnehmer bei der schon erwähnten 200jährigen Jubelfeier der Geburt Czar *Peter*'s von Russland, in Karlsbad an den zwei Häusern, von denen eines dieser Czar bewohnte, während er bei dem Aufbaue des andern zugleich mit den Maurern auf dem Gerüste arbeitete, entsprechende Gedenktafeln anzubringen. Durch eine eingeleitete Subscription wurden die Kosten zu diesen Gedenktafeln aufgebracht und die eine mit der utraquistischen Inschrift: „Erinnerung an Peter den Grossen," dann: „Zdes zil Petr Veliky 1711 — 1712" (hier wohnte Peter der Grosse) an dem Hause „zum rothen Adler" auf der alten Wiese, und die andere mit der Aufschrift: „Peter der Grosse, Maurer" und „S kamenscikami Petr Veliky byl kamenscik" (mit Maurer war Peter der Grosse Maurer) angebracht. Die eine Tafel wurde am Krönungs-, die andere am Namenstage des Kaisers *Alexander* eingefügt.

— gründet eine Gesellschaft ein Actienbräuhaus in Schlackenwerth; darunter befanden sich folgende Herren aus Karlsbad: *Franz Bernharth*, Hausbesitzer, *Karl Forster*, Chemiker, *Friedrich Knoll*, Kaufmann, *Heinrich Mattoni*, Brunnenversendungspächter, *Karl Zürkendörfer*, Hôtelier, und J. U. Dr. *Heinrich Zloch*, k. k. Notar.

— wurden von dem durch eine vom Ortsschulrathe eingeleitete Sammlung erzielten Betrage von 325 f. 9 x. nachstehende Gegenstände an arme Schulkinder vertheilt:

Für Kleidungsstücke	141 f.	43 x.
- 110 Schulbücher, 120 Zeichnenhefte, 12 Stück lateinische und deutsche Vorschriften und 2 Exemplare von *Stiehler*'s Schul-Atlas . . .	95 -	22 -
- Büchereinbände	12 -	60 -
- Schreibmaterialien	74 -	65 -
- 7 Stück Reisszeuge	7 -	— -
- Erfordernisse zu weiblichen Handarbeiten . .	20 -	1 -
Zusammen:	320 f.	91 x.

Der Restbetrag von 4 f. 18 x. bleibt in Reserve liegen.

1872 am 22. September feierte der Kronprinz-Rudolf-Veteranen-Verein sein Gründungsfest durch eine Kirchenparade. Nachmittags hielt er eine Generalversammlung ab und wurde bei der vorgenommenen Neuwahl abermals *Anton Grasmuck* zum Vorstand und der Vorstand des Wiener Militär-Veteranen-Vereins *J. J. Ertl* als Ehrenmitglied gewählt.

— erlässt die Verwaltung der a. k. k. privil. Buschtiehrader Eisenbahn eine Veröffentlichung, womit sie den Theilnehmern der V. Wanderversammlung des „Vereins für Geschichte der Deutschen in Böhmen" in Karlsbad, eine 50 procentige Fahrermässigung in der II. und III. Wagenclasse auf ihren sämmtlichen Linien bewilligt.

— am 28. September feierte Karlsbad während zweier Jubeltage ein Doppelfest, nämlich fand hier der grosse Feuerwehrtag und die V. Wanderversammlung des deutsch-historischen Vereins in Böhmen zu gleicher Zeit statt. Schon am 27. September waren alle Häuser mit Kränzen, Guirlanden und Fahnen Oesterreichs und aller deutschen Lande geziert! ganze Schaaren von Feuerwehren aus der Umgegend, aus Sachsen und Bayern erschienen mit ihren Fahnen und Musikbanden. Anwesend waren: aus Asch 51 Mann, Aussig 27, Auc 18, Bäringen 62, Brüx 59, Brunnersdorf 30, Chiesch 19, Chemnitz 9, Chemnitz (Schloss) 11, Crimmitzschau 7, Deutsch Kralup 28, Eger 44, Elbogen 38, Falkenau 34, Fischern 31, Graslitz 150, Gross-Witschitz 11, Joachimsthal 30, Johann-Georgenstadt 6, Karlsbad 235, Komotau 37, Königswart 20, Königsberg 25, Landskron 2, Lauterbach 19, Lichtenstadt 38, Lubenz 12, Luditz 18, Marienbad 36, Marienberg 13, Markneukirchen 33, Neudorf 29, Neudeck 42, Petschau 32, Plan 10, Platten 16, Pressnitz 6, Plauen 13, Priesen 28, Podersam 14, Radonitz 33, Rossbach 19, Saaz 62, Sangerberg 20, Schlackenwerth 31, Schlaggenwald 53, Schönbach bei Asch 17, Schönbach 54, Schönfeld 11, Schneeberg 2, Schwarzenberg 13, Teplitz 62, Tetschen 6, Theusing 16, Tepel 14, Weiden 20, Wildstein 13, Zwickau 11, im Ganzen waren 58 Vereine durch 1755 Mann vertreten. Samstag den 28. September um 2 Uhr Nachmittags setzte sich der Festzug von *Pupp's* Café-Salon, an seiner Spitze die Karlsbader Schützen-Musikkapelle, in Bewegung und marschirte auf den Uebungsplatz nächst dem bürgerlichen Schiesshause. Hier angekommen, wurden sie mit einer Rede durch den Stadtrath *Hugo Göttl* begrüsst, welche mit einem Hoch auf die versammelten Feuerwehrmänner schloss. Die Karlsbader Feuerwehr machte nun ihre Exercitien. Diese ergaben ein überraschendes Resultat, denn die Schnelligkeit und Präcision, mit welcher jeder Einzelne seiner Aufgabe gerecht wurde, ernteten ihr die besondere Anerkennung der anwesenden Feuerwehren. Nach Beendigung der Uebungen begaben sich die Mitglieder der Feuerwehren theilweise in die Restauration „zum Schützenpark," theilweise in die Stadt zurück. Währenddessen erwartete das Festcomité, an dessen Spitze der

Bürgermeister Dr. *Sorger*, am Bahnhofe die Ankunft der Festgäste des deutsch-historischen Vereins. Dieselben fuhren nach herzlicher Begrüssung in den bereitstehenden Equipagen, begleitet von den Comité-Mitgliedern, zur Stadt in die für sie vorgerichteten Quartiere. Um 6 Uhr Abends begann das Festtheater, dessen Ertrag von 179 f. 90 x. für die Karlsbader Feuerwehr gewidmet wurde. Das Programm war folgendes: „Fest-Ouverture" von *Menzl*, executirt unter persönlicher Leitung des Directors *August Labitzki* vom Kur-Orchester; hierauf „Prolog," gedichtet von *Theodor Ititz*, gesprochen von *Georgine Mit-scherling*, und dem Genrebilde in einem Aufzuge „Der Gevatter von der Strasse" von *Anton Langer*. Nach dem Theater fand zu Ehren der anwesenden Festgäste ein imposanter Fackelzug statt, wobei die Effect machenden Lampions vom Jubiläumsfeste wieder in Anwendung gebracht wurden; die Ufermauern der Tepel, die Brücken und Stege sowie die Anhöhen um die Stadt waren beleuchtet. Der Fackelzug nahm seine Richtung vom Kurhause aus über den Markt, die Johannisbrücke, machte beim Hôtel „zum goldenen Schilde" halt und brachte hier den daselbst einlogirten Landtagsabgeordneten und Mitgliedern des deutsch-historischen Vereins ein „Hoch" aus, bewegte sich sodann durch die Prager Gasse bei der Laurenzkapelle vorüber auf der Kaiserstrasse durch das Panorama zurück zur Stadt. Der Anblick war ein prachtvoller. Ein Commers im Kurhause schloss die Festlichkeit dieses Tages. Am 29. September, mit welchem Tage die Feuerwehr ihr äusseres Auftreten durch die Hauptverhandlung im Kurhause abgeschlossen hatte, begann erst die eigentliche Thätigkeit der V. Wanderversammlung des Vereins für die Geschichte der Deutschen in Böhmen. Nachdem sich die Festtheilnehmer beim Kurhause versammelt und geordnet hatten, bewegte sich der Festzug, geführt von der Kurkapelle, über den Quai, die Mühlbadgasse, den Markt und die alte Wiese zur Naturforscherhalle (Café-Salon). Die drei grossen Jubiläumsfahnen wurden von drei hier anwesenden Rechtshörern der Prager Universität getragen. Hier angelangt, begrüsste der Bürgermeister Dr. *Sorger* die Gäste im Namen der Stadt Karlsbad. Der Präsident des Vereins, Dr. *Wiener* aus Prag, dankte für den festlichen Empfang und die herzliche Aufnahme und betonte, dass dieser Verein nicht allein einen wissenschaftlichen, sondern auch einen nationalen Charakter an sich trage. Nach diesen Begrüssungsworten hielt der Geschäftsleiter und Bibliothekar des Vereins, *Carl Renner*, einen Vortrag: „Die Deutschen als Culturträger in Osten." Nach ihm sprach Dr. *G. C. Laube*, Professor am deutschen Polytechnikum in Prag, über: Mathesius und Agricola. Der Redner gab eine Biographie der beiden für unser Erzgebirge und speciell für die Stadt Joachimsthal so wichtigen Männer und bedauert, dass kein äusseres ehrendes Denkmal das Andenken und die Verdienste dieser Männer kennzeichnet. Damit war der wissenschaftliche Theil des Festes erledigt. Um 2 Uhr vereinigte ein Diner im sächsischen Saale die Festtheilnehmer; nach dem dritten Gange brachte der Bürgermeister Dr. *Sorger* ein dreimaliges „Hoch" Sr. Maj. dem Kaiser von Oesterreich und der Verfassung, was mit einem stürmischen Wiederhall beantwortet wurde. Hierauf sprach Dr. *Alfred Knoll* und schloss mit einem „Hoch" auf den historischen Verein. Noch toastirten Dr. *Wiener* aus Prag auf die Stadt Karlsbad; Dr. *Schmeykal* auf Oesterreich und seine Deutschen; Ritter *von Dotzauer* auf die Volkslehrer und die freisinnige Geistlichkeit; Dr. *Klier* auf das deutsche Volk in Böhmen; Dr. *Anger* auf Einheit unter den Deutschen Oesterreichs u. A. m. Nach beendetem Diner wurden die Sehenswürdigkeiten der Stadt in Augenschein genommen, Abends fand als Schlusseffect ein prächtiges Feuerwerk auf der Anhöhe unterhalb des Dreikreuzberges statt; sodann vereinigte Alle nochmals ein Commers im Kurhause bis zur Abfahrt um 10½ Uhr mit der Eisenbahn. Am 29. September wurde bei der Hauptverhandlung der Feuerwehr, der Karlsbader Feuerwehrcommandant von den ea. 700 Anwesenden zum Obmann erwählt. Es betheiligten sich viele einzelne Mitglieder an der Debatte über die Besprechung der neuesten und praktischsten Einrichtungen im Feuerwehrfache. In der Mühlbrunnkolonnade hatten Spritzen und alle wie immer Namen habende Feuerwehrrequisiten ausgestellt: *Händel* aus Dresden, *Liebold* aus Chemnitz, *Fischer & Stahl* aus Nürnberg, *Voigt & Eppenheim* aus Chemnitz, *Bohland & Fuchs* aus Graslitz, *Faber* aus Leipzig, *Siegl* aus Neudeck, *Pöhl* aus Linz u. A. m. Auch die Feuerwehrzeitung von *Wilfort* lag auf. Nachmittag wurde von den Preisrichtern: Branddirector *Becher* aus Zwickau, Commandant *Thome* aus Eger, Commandant *Habricht* aus Teplitz, der Commandanten *Jaeger* und *Ludwig Teller* aus Karlsbad die Prüfung und Preisvertheilung vorgenommen. Prämiirt wurden: *Händel* aus Dresden mit der goldenen; *Liebold & Littrich* aus Chemnitz, *Fischer & Stahl* aus Nürnberg mit der grossen silbernen; *Carl Lang* aus Karlsbad, *Bohland & Fuchs* aus Graslitz, *Oswald Faber* aus Leipzig und die Fabriksfeuerwehr aus Fischern mit der kleinen silbernen Medaille. Mit diesem Akte fand der Feuerwehrtag seinen Abschluss.

1872 am 30. September fand in Eger die Schlussverhandlung des Pressprozesses statt, welchen Dr. *Ferd. Fleckles* jun., Eigenthümer des Badejournals „der Sprudel," gegen *Martin Taschler*, Eigenthümer und Redacteur des „Karlsbader Anzeigers," anhängig gemacht hatte. Der Angeklagte wurde von den Geschworenen mit 8 gegen 4 Stimmen schuldig erkannt.

— spendete der königl. preussische Sanitätsrath und Badearzt Dr. *Leopold Fleckles* der freiwilligen Karlsbader Feuerwehr 5 Dukaten.

— wurde an Stelle des nach Brünn übersiedelten Predigers Dr. *Oppenheim* zum Prediger der Karlsbader israelitischen Cultusgemeinde Dr. *Plaut* aus Schwerfenz (in Posen) ernannt.

1872 wurde die Karlsbader Hôtelbesitzerin *Anna Stark* von dem I. Wiener Militär-Veteranen-Vereine zum Ehrenmitgliede ernannt.

— am 1. October starb der gewesene Stadtrath und Kaufmann *Josef Stieff*.

— spendete zu dem am 6. und 7. October stattgehabten S c h i e s s e n Dr. Hofrath Ritter *Gallus von Hochberger* 40 Franks in Gold nebst Decoration, welchen Preis *Gottfried Unterer* gewann. Die Gewinne für die Vereins- und Probescheiben spendete der Ehrenschützenmeister *Dittelbach*.

— spendeten zum Mitglieder-Fond der Karlsbader freiwilligen Feuerwehr: M. Dr. *Emil Schnee* 50 f., Joh. *Mohrenberger* 15 f. und *Wenzl Rank* 20 Franks.

— spendete der Hôtelbesitzer *Josef Koretz* zur Gründung eines „Ki n d e r g a r t e n s" in Karlsbad eine National-Anlehensobligation vom 31. August 1854 über 20 f. C.-M.

— wird der Bau einer „T u r n h a l l e" von der Stadtvertretung im Akkordwege dem Baumeister *Carl Schmidt* um den Betrag von 14,201 f. 13 x. überlassen.

— kauft die Stadtgemeinde zur Herstellung eines Feuerweges von *Wilhelm Danzer* ein Grundstück hinter dessen Hause um 3500 f.

— erhalten *Emil Amelung* die Heimathszuständigkeit der Stadt Karlsbad gegen Erlag der Taxe der II. Classe, und *Heinrich Stolz* das Bürgerrecht gegen Erlag der Taxe der III. Classe.

— am 21. und 22. October fand die Controlsversammlung sämmtlicher dauernd Beurlaubten und Reservisten des Bezirkes im Amtslokale der k. k. Bezirkshauptmannschaft Karlsbad statt.

— spendet Haus- und Bergwerksbesitzer *Johann Leyer* zur Gründung eines Kindergartens in Karlsbad 50 f.

— der aufopfernde und unermüdliche Sammler bei Unglücksfällen *Emanuel Platzer* wurde von der Gemeindevertretung der Stadt T h e u s i n g zum E h r e n b ü r g e r ernannt.

— erklären sich die nachstehenden Hausbesitzer zum Ankaufe des *Winter'*schen Gartens von Seite der Stadtgemeinde, folgende Beiträge zu leisten und zwar: *Heinrich Mattoni* und Ingenieur *Slowak* jeder 1000 f. baar zu erlegen, die Hôtelbesitzer *Herschel* und *Koretz* jährlich 400 f., falls die Strasse in der Gartenzeile gebaut würde 500 f., *Polenz*, *Woczadlo* und Frau *Tippmann* 300 f., Polizeicommissär *Ant. Grasmuck*, *Herget* und Frau *Fritsch* 200 f. durch 10 Jahre hindurch zu erlegen.

— am 27. October hielt der politische V e r e i n im nordwestlichen Böhmen im Kurhause in Karlsbad eine Versammlung ab, wobei

unter Anderem von Professor *Kraus* aus Elbogen ein Vortrag: „Di e
Jesuiten und der Staat," dann von Dr. *Knoll* über „eine Reform der Schulgesetze" gehalten wurde.

1872 in der Nacht vom 2. auf den 3. November verübten Diebe in dem
Magazine der Schnittwaarenhandlung der Gebrüder *Goldmann* im
„Hause zum Rosenthal" in der Egerstrasse einen sehr verwegenen
Einbruchsdiebstahl, wobei sie Waaren im Werthe von ca. 300 f. ent-
wendeten.

— erhielt unsere Kurorchester-Harfenvirtuosin Fräulein *Anna Dubez*
von Sr. königl. Hoheit dem Grossherzog von Mecklenburg-Schwerin
mit a. h. Handschreiben den Titel grossherzoglich mecklenburgische
Hof- und Kammer-Virtuosin.

— wurde mittelst allerhöchster Entschliessung dem k. k. Bezirksrichter
Wenzl Hauptmann in Karlsbad in Anerkennung seiner vorzüglichen
Dienstleistung der Titel und Rang eines k. k. Landgerichts-
rathes verliehen.

— ging durch eine von dem Vorstande der Karlsbader Israelitischen
Cultusgemeinde bei derselben eingeleiteten Collecte für die Abgebrannten in Kuttenplan der Betrag von 204 f. 50 x. ein.

— wird das Haus „zur schwedischen Krone" in der Sprudelgasse
demolirt.

— macht der Stadtrath *Hugo Göttl* Mittheilungen über seine und des
städtischen Bau-Amtmannes *Renner* zurückgelegte Reise nach
Vichy in Frankreich, behufs der dortigen Salzerzeugung und Versinterungen.

— am 6. November in der Sitzung des Stadtverordneten-Collegiums
liest der Bürgermeister die Resignation der vier Stadträthe vor,
jedoch werden diese vom Collegium ersucht, ihre Stellen beizubehalten, was dieselben schliesslich auch wirklich thaten.

— fand die Wahl einer Commission behufs Eruirung eines tauglichen
Platzes zur Erbauung eines neuen Theaters auf demselben statt.
Die Wahl fiel auf Dr. *Anger*, *Ludw. Mieg*, *Ernst Stark*, *Vincenz
Weczerzik* und *Franz Bernhart*.

— ergab die am 1. November Vormittags von 9 Uhr angefangene und
bei einer Temperatur von 9,5° R. vorgenommene Messung der Karlsbader Mineralwasserquellen folgendes Ergebniss:

Wassermenge in einer Minute:

Sprudel, bei einem Kaliber der Ausflussröhre am oberen Zapfenloche von 2½ Zoll, aus 1, 2, 3, 4: 13 Eimer, aus dem oberen Zapfenloche: 17 Eimer, aus der Hygiensquelle (alt): 4 Eimer 40 Seidl,
aus der Hygiensquelle (neu): 54 Seidl.

Die Temperatur im Sprudelgebiete war 60° R.

Der Sprudelsäuerling gab in 1 Minute . . . 2³/₄ Seidl,
seine Temperatur war 24⁰ R.
Die Kaiser Karl IV.-Quelle gab in 1 Minute . 2¹/₂ -
ihre Temperatur war 35⁰ R.
Der Marktbrunn gab in 1 Minute . . . . . . 8¹/₂ -
seine Temperatur war 43⁰ R.
Der Schlossbrunn gab in 1 Minute . . . . . 41 -
seine Temperatur war 45,3⁰ R.
Die Quelle in der Colonnadenmauer gab in 1 Min. 12¹/₂ -
ihre Temperatur war 50⁰ R.
Der Theresienbrunn gab in 1 Minute . . . . 64 -
seine Temperatur war 49,6⁰ R.
Der Mühlbrunn gab in 1 Minute . . . . . . 21 -
seine Temperatur war 45,5⁰ R.
Der Neubrunn gab in 1 Minute . . . . 25 -
seine Temperatur war 51,500⁰ R.
Der Bernardsbrunn gab in 1 Minute . . . . 40 -
seine Temperatur war 56,5⁰ R.
Die Felsenquelle gab in 1 Minute . . . . . 11 -
ihre Temperatur war 49⁰ R.
Die Kurhausquelle gab in 1 Minute . . . . 41 -
ihre Temperatur war 54⁰ R.
Die Hospitalquelle gab in 1 Minute . . . . 25 -
ihre Temperatur war 33⁰ R.
Die Kaiserquelle gab in 1 Minute . . . . . 15 -
ihre Temperatur war 39⁰ R.
Die Hochbergerquelle gab in 1 Minute . . . 8 -
ihre Temperatur war 33⁰ R.
Die Eisenquelle gab in 1 Minute . . . . . . 47 -
ihre Temperatur war 8,4⁰ R.
Die Quelle im Hause „zur russischen Krone" hatte eine Temperatur
von 28⁰ R.

1872 hat der städtische Polizeicommissär *Anton Grasmuck* um seine Pensionirung angesucht und wurde ihm dieselbe gewährt.

— am 3. November fand im hiesigen Schiesshause eine Generalversammlung des erzgebirgischen Scheibenschützen-Vereins statt, wobei die Städte Karlsbad, Schlackenwerth, Neudeck und Lichtenstadt vertreten waren. Nach Vornahme einer Revision der Vereinsstatuten und gelegtem Rechnungsausweis bestand das Vereinsvermögen aus 295 f. 29¹/₂ x. Aus der Wahl für den Verwaltungsrath auf 3 Jahre gingen hervor: *Gottlieb Unterer, J. Loib, Joh. Klapka* und *Karl Lang.*

— spendeten die Fabrikbesitzer in Fischern *Adolf, Karl* und *Ludwig Knoll* der Karlsbader freiwilligen Feuerwehr 150 f.

— beschloss die Stadtvertretung Karlsbads, sämmtliche städtische Gebäude und Objecte beim Versicherungsverein St. Florian in Eger unter der Bedingung zu assecuriren, dass derselbe, wie die Triester Versicherungsgesellschaft, der Karlsbader Feuerwehr 10% der Prämie als Beitragsleistung zusichere.

1872 hat der Regenschori *Wenzl Proksch* auf seine Stelle resiguirt.

— werden 4000 f. zum Baue einer Leichenkammer nebst Secirlocale auf dem neuen Friedhofe von der Stadtgemeinde bestimmt.

— bringt die Stadtgemeinde die dem *Anton Minarzik* gehörige, nächst dem städtischen Pöhlenhofe situirte Scheuer sammt angrenzenden Grundparzellen pr. 290 Quadrat-Klafter um den Preis von 1000 f. und die der *Agnes Unger* gehörigen Grundparzellen im Gesammtausmase von 1839 Quadrat-Klafter zum Preise von 625 f. 26 x. zur Waldarrondirung käuflich an sich.

— bringt die Stadtvertretung nachstehende der Stadtgemeinde gehörige Grundparzellen zum Verkaufe und zwar:

1. Die Baustellen vom Hause „zum Genfer See" jenseits des Egerflusses,
2. die Baustellen längs des Weges von der Chaussee zum Hôtel „Bellevue,"
3. die Huthweide „Rosenbühl" längs der Schlackenwerther- und Zettlitzer-Strasse,
4. die Teiche in der Gemeinde Rossnitz,
5. die in- und ausserhalb des Dorfes Donitz gelegenen Bauplätze.

— ergab eine bei 19 Wohlthätern eingeleitete Sammlung zur Anschaffung von Lehrmitteln für unbemittelte Schulkinder den Betrag von 58 f. 57 x.

— ernennt der Pensions-Verein des Karlsbader Kurorchesters den *Julius Pupp* für die dem Vereine gespendete Beitragsleistung pr. 100 f. zu seinem Ehrenmitgliede.

— wurde der junge Banquier *Veit Benedikt* zum kaiserl. brasilianischen Vice-Consul in Karlsbad ernannt.

— begründet der Director des hierortigen Musikinstitutes *Alois Janetschek* in Verbindung mit demselben eine eigene Gesangsschule.

— singt beim Abendgottesdienste im hierortigen israelitischen Tempel der hier aus Wien angekommene rühmlich bekannte Tempelsänger *Goldstein*.

— lässt *J. Schaefler* eine neue verbesserte Auflage seiner Brochüre: „Rundschau auf Karlsbad als Führer" in Drucke erscheinen.

— geht das „grüne Dienstmann-Institut" des *Karl Lang* käuflich an das „rothe Express-Institut" über.

— am 25. November fand man am Dreikreuzberge noch reife Erdbeeren.

1872 Mittwoch den 28. November bot sich uns der prachtvolle Anblick eines Sternschnuppenfalles, wie er seit 1866 (14. November) nicht stattgefunden hat. In ganzen Bündeln und Garben fielen diese Himmelskörper, gleich Raketen.

— spendet Frau *Amalia Anger*, geb. *Zörkendörfer*, Hôtelbesitzers-Wittwe in Karlsbad, zur Gründung eines Kindergartens die Summe von 30 f. und der Kaufmann *Lippmann Neubauer* zum selben Zwecke den Betrag von 25 f.

— erscheint im Karlsbader Wochenblatte ein ausführlicher Bericht über die erste Thermenstadt Frankreichs „Vichy," verfasst nach dem dort an Ort und Stelle constatirten Befund von den beiden durch die Stadtvertretung dahingesendet gewesenen Abgeordneten: Stadtrath *Hugo Göttl* und Stadtbauamtmann *Ludwig Renner*.

— Samstag den 30. November fand hier ein „Maurerkrawall" statt. Die deutschen Arbeiter behaupteten nämlich, die hier beschäftigten Czechen setzten den Arbeitslohn herunter, in Folge dessen eine massenhafte Zusammenrottung, die eine gefährliche Haltung annahm, in Scene gesetzt wurde. Die Inhaftirung eines Rädelsführers veranlasste seine Kameraden, durch Lärmen und Schimpfen dessen Freilassung zu verlangen. Der ganze Marktplatz war von ca. 1000 bis 1200 Arbeitern besetzt, sie insultirten daselbst die Polizei, bis man die Inhaftirten wieder freigab. Während nun die Ruhe hergestellt war, bewaffnete sich die Polizei mit ihren Gewehren und nahm jetzt ohne Widerstand mehrere Arretirungen vor. Es wurde um Verstärkung von Gensdarmerie nachgesucht, jedoch erwies sich diese Vorsicht als überflüssig, da sich die Menge zerstreute und in ihre nahen Heimathsorte begab. Die Drohung, am nächsten Montag eine Wiederholung des Excesses zu inscenciren, blieb unerfüllt.

— sendet die Karlsbader Stadtvertretung an das Central-Comité zur Unterstützung der durch Ueberschwemmung in Noth gerathenen Bewohner der Mecklenburgischen Ostsee-Küste eine Spende von 100 Thaler.

— beschliesst das Stadtverordneten-Collegium eine Anleihe von Zwei Millionen Gulden zu städtischen und Kurzwecken aufzunehmen und wählt zu diesem Behufe mittelst Stimmzetteln eine eigene Commission, und zwar:

Von der Finanzsection: *Heinrich Mattoni* und Geheimrath Dr. *L. Preiss*. Von der Oekonomiesection: *A. C. Loew* und *Franz Bernhart*. Von der kurörtlichen Section: Dr. *Joh. Anger* und Dr. *Jul. Hofmann*. Von der Bausection: *Ernst Stark* und *Friedrich Bernhart*. Aus der Mitte des Collegiums: *Iud. Mieg*, Stadtrath *Schindler*, Stadtrath *Göttl* und *Gottlieb Lederer*.

— weist die Stadtvertretung dem Pensionsfonds des Karlsbader Kurorchesters den Betrag von 300 f. zu.

1872 bietet *Eduard Hein* sein Wohnhaus nächst der Hygieensquelle, „zu drei Ulanen" sammt Bräugerechtigkeit der Stadtgemeinde für den Preis von 46,000 f. zum Kaufe an. Dieser Gegenstand wird zur Berathung der gewählten Finanz-Operations-Commission zugewiesen.

— wird *J. Donath* aus Karlsbad zum Director der nordwestböhmischen Vereinsbank in Eger ernannt.

— wurden bei der letzten diesjährigen Versammlung des „Karlsbader Lehrervereins" wieder *Christel* als Obmann, *Frey* als Schriftführer und *Siegert* als Cassirer gewählt.

— spendete *Karl Lang* der hiesigen freiwilligen Feuerwehr den Betrag von 250 f.

— gingen abermals von mehreren Spendern zur Anschaffung von Lehrmitteln für unbemittelte Schulkinder 46 f. 40 x. ein.

— am 14. December hielt die Karlsbader freiwillige Feuerwehr eine Generalversammlung ab, wobei aus dem Rechnungsberichte hervorgeht, dass im Jahre 1872 die Einnahmen 999 f. 50½ x., die Ausgaben 976 f. 19½ x. betrugen, der Baarvermögensstand sich somit auf 23 f. 36 x. beläuft. Bei der vorgenommenen Wahl wurde wieder *J. Loib* zum Commandanten, *Rudolf Stadler* zum Hauptmann-Stellvertreter gewählt.

— spendete Dr. *Julius Hofmann* der Karlsbader Bürgerschule 15 werthvolle Zeichenmodelle aus Gyps.

— schenkte *S. Neubauer* für hiesige Arme den Betrag von 20 f. und zur Rumforter-Suppen-Bereitung 100 Pfund Reis und 100 Pfund Mehl.

— wurde dem hiesigen Ortsschulrathe zur Unterstützung armer Schulkinder durch eingeleitete Sammlung 168 f. 3 x. übergeben.

— spendeten zur Unterstützung hiesiger Armer *Georg Bleyer & Comp.* 25 f. und *Heinrich Mattoni* 30 f.

— stürzte bei dem in der Hirschensprunggasse aufgeführten Baue des Bürgers *Sysel* der Zimmermann *J. Steinbach* vom Dache und blieb sogleich todt. Er hinterliess eine Wittwe und 2 kleine Kinder.

— am 22. December hielt der Karlsbader Veteranen-Verein seine 4. Generalversammlung ab.

— wurde bei der Neuwahl des Vorstandes der Karlsbader israelitischen Cultusgemeinde *S. Knöpflmacher* gewählt.

— wurden von städtischen Feld- und Hutweide-Gründen zu Wald umgewandelt und verpflanzt: 49 Joch 563 Quadrat-Klafter oder 78,963 Quadrat-Klafter, zur Waldarrondirung wurden Gründe angekauft und verpflanzt 59 Joch 1047 Quadrat-Klafter oder 95,447 Quadrat-Klafter, der frühere Waldbestand bestand aus 1837 Joch 989 Quadrat-Klafter oder 2,940,189 Quadrat-Klafter, somit beträgt der Waldcomplex mit Schluss des Jahres 1872 1946 Joch 999 Quadrat-Klafter oder 3,114,599 Quadrat-Klafter.

1872 waren Concerte, Kunstproductionen und andere Sehenswürdigkeiten in Karlsbad, und zwar: Ein Concert am Posthofe für die Ueberschwemmten in Böhmen; am 20. Juni das Concert im Kurhause der Sängerin *Josephe de la Motte* im Verein mit der Pianistin *Wilhelmine Czermak* aus Prag und der Schauspielerin *Eugenie Rosé* vom Stadttheater zu Inspruck; am 1. Juli beim Café-Salon und im Freundschaftssaale, zwei Militär-Concerte, ausgeführt von der Kapelle des k. k. Infanterieregiements Freiherrn *von Philippovich* aus Pilsen, unter Leitung des Kapellmeisters *Schmidt;* am 9. Juli das Concert des Pianovirtuosen und Componisten *Alfred Grünfeld* aus Prag unter Mitwirkung der jugendlichen Sängerin *Huttary* ans Prag; am 7. Juli sang der ausgezeichnete Tenorist und k. k. Schiffslicutenant *Wilhelm Wöss* aus Wien während des Hochamtes in der katholischen Kirche. Derselbe ist der Compositeur des schönen Liedes: „Mes larmes"; das Concert der mit.dem ersten Preise, der grossen silbernen Gesellschaftsmedaille gezierten Wiener Pianovirtuosin *Rosine Schetriel,* im Café-Salon; am 16. Juli das Negerconcert des Pianisten *Manuel Jimenez,* des Cellisten *Nicasio* und des Violinisten *José Julian;* das Concert des berühmten polnischen Violinvirtuosen *Wieniawsky* unter Mitwirkung des Pianisten *Ciol;* das Concert am Freundschaftssaale der Joachimsthaler k. k. Bergkapelle unter Leitung des Kapellmeisters *Jos. Lorenz;* das Concert im Kurhause der alten italienischen Opernsängerin und einzigen Schülerin *Rossini's,* Madame *Corinna de Luigi,* unter Mitwirkung des Violinisten *Dagobert Loewenthal,* des Clarinettisten *Troll* vom Karlsb. Kurorchester und des Pianolehrers und Musikinstituts-Inhabers *Ferd. Beuer* aus Karlsbad; die Vorstellung im Gebiete der indischen, chinesischen und japanesischen Magie des Professors *Henri de Rappelesky,* Prestidigateur des Vicekönigs von Egypten; die Ausstellung des dem Münchner Kaufmanne gehörigen grossen Bildes „*Peter Arbues*" von *Kaulbach;* die grosse Soirée Fantastique des herzoglich Gothaischen Hofkünstlers und Physikers *Stenyel:* das *Platow*'sche Museum im böhmischen Saale und eine Ausstellung neuster Erfindung von R a u c h b i l d e r n u. s. w.

— wurden in Karlsbad Hochbauten vorgenommen: Fortsetzung des Colonnadenbaues beim Neubrunn, Bau eines neuen Getreidemagazines am Wochenmarktplatze nächst dem bürgerlichen Schiesshause; Beginn des Baues der Turnhalle; an Privatbauten: Das Haus „zum G e n f e r S e e"; die zehn Häuser „d i e M o r g e n z e i l e" nächst dem Schiesshause, das Haus „zum deutschen Kaiser" uud „zum Wiener" in der Sprudelgasse u. a. m., in Summa fanden in diesem Jahre 1872 26 Neubauten, 31 Umbauten, 6 Zubauten, 16 Aufbauten, 7 Adaptirungen, in Summe 86 statt.

— leitete an Stelle des abgegangenen *Wascha,* den Bau der Colonnade der Ingenieur *Josef Verych.*

1872 bestand die Literatur mit Bezug auf Karlsbad im Nachstehenden: Während der ersten zweihundert Jahre (1322 bis 1522) hatte Karlsbad als Badeort, obwohl es sich bereits eines grossen Rufes erfreute, gar keine Literatur.

Bohuslaw Hassenstein von Lobkowitz ist der erste Schriftsteller, welcher in einer lateinischen Ode die Heilkräfte der Karlsbader Quellen verkündigt. 1462—1510.

Dr. *Wenc. Payer de Cubito*, Tractatus de thermis Caroli IV. imperatoris. Lipsiae, 1522.

Joann. Guintherii Andernaci, Comment. de Baln. et aquis medicatis in tres dialogos distinctas. Argentor., 1565. p. 64.

Dr. *Fabian Summer*, De inventione, descriptione, temperie, viribus et imprimis usu Thermar. Lipsiae, 1571. Zweite Auflage, Leipzig, 1589. Uebersetzt in's Deutsche durch dessen Bruder:

Matthias Summer, Leipzig, 1572, 1580, 1592 und Nürnberg, 1647.

Andreas Bacci Elpidiani, civ. rom. apud Sixtum V., Pontif. Max. med. libri VII. De Thermis opus locupletissimum etc. Venet, 1571 et 1578. (Lib. IV. pag. 228).

Dr. *Gallus Etschenreuter* in Strassburg, Aller heylsamen Bäder und Brunnen Natur, Krafft, Tugendt und Würkung, so in Teutschlanden bekandt und erfahren. 1571, 1589, 1599 (pag. 9), 1609 und 1616.

Mart. Bulandi, Balnearium restauratum. (Lib. III. pag. 48). 1579.

Leon. Thurneysser zum Turn, von Art der Wasser. Franfurt a. O., 1572. (Das erste Buch pag. XXV.)

Jordan Z. Klausenbersru, Knija o Wodach Hegitedlnych neb Teplicech Morawskych. Ollmütz, 1580. (pag. 56).

Dr. *Jak. Tabernaemontanus*, Neu-Wasserschatz etc. Frankfurt a. M., 1581, 1584, 1593 (pag. 612) und 1605.

Mart. Pansa, kurze Beschreibung des Karlsbades. Annaberg, 1609.

Anselmi Boelii de Boodt, Brugensis Belgae, Rudolphi II. Imp. Rom. Personae medici, Germanorum historia. Hannoviae, 1609. (Lib. II. pag. 265).

Mich. Reudenii, Observationes Carolinae, darinnen von der Natur des Kayser Karlsbades gehandelt wird, verteutscht und herausgegeben durch *Melchior Rethnicum*. Jena, 1611.

Phil. Menkii, Tract. de Balneo Caroli IV. Norimberg, 1614.

Sigis. Scherelz, evangelischen Pfarrer zu Karlsbad, Thermae spirituales, d. i. Geistliches Karlsbad etc. Wittenberg, 1616.

P. H. Schacher, vom Karlsbad und Erischen-Bade. Jena, 1618.

1872. *Joh. Steph. Strobelberger*, Politae Thermocarolinae Prodromus. Regensburg, 1618.

———— Kurze Instruction, wie das Karlsbad zu gebrauchen. Meissen, 1622; Nürnberg, 1630 nnd 1631; Wittenberg, 1667; Eger, 1715 und 1733.

———— Thermologia nova, in qua de thermarum causa et de Balneo D. Caroli IV. etc. agitur. Ratisb., 1623.

Wenzesl. Hilliger (Hillinger), Hydriatria Carolina. Das weitberühmte Karlsbad etc. Zwickau, 1638; Nürnberg, 1684; Prag, 1696; Eger, 1714 und 1733.

Mart. Marian, Topogr. Bohemiae, Moraviae et Silesiae. Francfort, 1650. (pag. 17).

Dr. *Christ. Lange*, De genuino acidulas Egranas salubriter usurpandi modo et de Therm. Carol. Francfort, 1651 et 1658.

———— Genio Therm. Caroli Imperat. gloriosiss. etc. Lipsiae, 1653 et Francfort, 1688.

Casp. Bruschius, Encomia Hubae Schlaccowaldensis et Therm. Carolin. Wittenberg. (pag. 48).

———— Beschreibung des Fichtelberges. Nürnberg, 1683. (pag. 72).

Mich. Raph. Schmutzer a. Poysdorf, Tract. novus de Nymphis Carolo Badensibus in regno Bohemiae admirabilibus. Pragae, 1661; Noriberg, 1662.

Konr. Keiling, merkwürdiges Bedenken von dem Karlsbade. 1665. II Theile.

J. L. Volkameri, Observat. de aqnis therm. Caroli nimium potis, in Ephem. Germen. (S) (Dei II. pag. 413).

Welschius, De cremore Therm. Caroli et lutis thermalibus. Hecat. d. obs. 65 (pag. 87).

Joh. Olearius, General-Superintendent zu Halle, Thaumatologia, oder die grossen Wunderwerke der göttlichen Allmacht, welche an dem weitberühmten Karlsbade täglich zu verspüren etc. Halle, 1668.

Bohusl. Balbini, Miscellan histor. regni Bohemiae etc. Pragae, 1669. (Lib. I. cap. XXIV. pag. 61).

———— Epitome histor. rerum Bohem. Pragae, 1677. (Lib. III. cap. XXI. pag. 377).

Christ. Lehmanen, historischer Schauplatz des meissnischen Ober-Erzgebirges. Leipzig, 1669. (pag. 52, 211, 213 und 522).

Georg. Hieron Velschii, Sylloge curationum et observationum phisico-medicinalium. Hecatostea. *August. Vindelic.* 1675. (pag. 87).

1872. *Athan. Kircheri*, Mundus subterraneus. Amstelod, 1678. (Lib. V. pag. 284).

Dr. *Joh. Strauss*, De thermis Carol. earum quæ natura et legitimo usu. Lipsiae, 1693 et 1695. Uebersetzt, Leipzig, 1695.

J. G. Plumtre, De Therm. Carol. Halae, 1695; Dresden, 1705. Uebersetzt von *Bergmann*, 1714.

Dr. *Sam. Schroeri*, Observat. et experim. naturam et usum Therm. Carol. concernentia. 1704.

E. G. Bergmann, Epist. de Therm. Carol. operatione. Dresdae, 1705.

Friedrich Hoffmann, Dissert. de Carol. Therm. etc. Halae, 1705.

——— De acidularum et thermarum ratione ingredientium et virium convenientid. Halae, 1712.

——— Dissert. observationes et cautelas circa acidul. et therm. usum et abusum exhibens. Halae, 1717.

——— De praecipuis. medic. font. German:ae corumq. examine chim. Halae, 1721.

——— De connubio aquar. miner. cum. lacte saluberrimo. 1726

——— De saale medicin. Carol. Therm. Halae, 1734. Cent. II. Obs. 6, (pag. 26). — Medicina Consultatoria (T. I. pag. 254. — T. III. pag. 36, 218, 228. — T. V. pag. 224. — T. VIII. pag. 191).

Joan Gottf. Berger, Prodrom. comment. de Carol. Boehmiae font-tibus, Wittebergae, 1708 et 1709. D. I—II.

——— Comment de Therm. Carol. qua omnium origo fontium calidarum item que acidorum ex pyrite ostenditur. Wittebergae, 1709. Uebersetzt: Bericht vom Karlsbade etc.

P. G. Schacher, De Therm. Carol. usu in arthridite. Lipsiae, 1709.

——— in morbis ventriculi et intestinorum. Lipsiae, 1709, 1711, 1715.

——— in renum et vesicae calculo. Lipsiae, 1811.

Joh. Jac. Abel, Beschreibung von K. Karlsbad u. s. w. Freiberg, 1710.

C. G. P., Getreuer Rath zum nützlichen Gebrauch des Karlsbades. 1711.

B. G. Blumenberg. Einfältiger, jedoch getreuer Rath zum nützlichen Gebrauche des berühmten K. Karlsbades u. s. w. Chemnitz, 1711.

Joh. Christ. Hössel. Das mit dem irdischen Karlsbad verwechselte Himmlische Heilbad und Lebensbronnen. Hoff, 1715.

1872. *Georg Casp. Ihl,* ein geborener Karlsbader, schrieb bei Gelegenheit seiner Promotion : Therm. Carolin. praerogativas quasdam etc. Pragae, 1718.

Kortholt, Von Praezipation einer gelben Erde aus dem Karlsbader Wasser durch Vitriol. — Breslau, Natur- und Kunstgeschichte, 1718 (3 Vers, pag. 585).

Paul Vindigi, Unterricht von dem Gebrauche des Sälterwassers, beiläufig etwas von verfrühten Karlsbaderwasser. Berlin, 1720.

B. Ehrhard, Von der Praezipitation des Karlsbader Salzes. Ebenda, 1723 (24 Vers, pag. 665).

J. A. Goritz, Curieuse Nachricht vom Karlsbade. Ebenda, 1724 (28 Vers, pag. 545).

Bernh. Walth. Masberg, Die Quelle der Reinigkeit bei der Sonntags-Andacht Ihro Majestät der Königin in Pohlen. Dom. XIV. p. Trin. in Karlsbad gewesen. 4. Leipzig und Dresden, 1725.

Neu verbessert und vermehrtes merkwürdiges K. Karlsbad. 1726, 1734 und 1738.

Joh. Aug. Dewoansky, Denkwürdiges und jetzt lebendiges K. Karlobos-Baad. Eger, 1720 und Nürnberg, 1736.

Christ. Mich. Adolphi, De fonte sic Dicto molari ad Therm. Carolin. Lipsiae, 1733.

Nicol Borries, De sale Therm. Carolin. Prag 1734.

Beschreibung des K. Karlsbades. Nürnberg, 1734.

Denkwürdigkeiten des K. Karlsbades. Nürnberg, 1734, 1736. (3 Theile).

Joh. Dan. Geyer, Müssiger Reisestunden gute Gedanken vom Karlsbade. Dresden, 1735.

J. Smith, (Hibernus Westmedensis. A. A. L. L. Phil. Mag. M. D.) Dissertatio de sale Carol. Therm. rite depurato et crystallisato. Pragae, 1735.

Moralische und satyrische Nachrichten von dem Karlsbade, in einem Schreiben an den Herrn von H. abgelassen. 1736.

Gottlv Schuster, Hydrologia mineralis, oder gründliche und praktische Abhandlung von mineralischen Wässern; nebst *Berger's* Traktat vom Gebrauche des Karlsbades. Chemnitz, 1746.

D. J. G. Tilling, vom Karlsbade. Th. I. und II. Annaberg, 1748 und 1756.

———— Observat. med. singulares circa verum usum Therm. Carol. Lipsiae, 1751.

1872. *C. G. Springsfeld,* Abhandlung von dem Karlsbade, nebst einem Versuche einer Karlsbader Krankengeschichte. Leipzig, 1748, 1749.

——— Ob bei einer Entzündung und Ausbleibung der monatlichen Reinigung das Karlsbad sicher zu gebrauchen sei. Karlsbad, 1750.

——— Observat. med. circa verum usum Therm. Caroli in diversis morbis institutae. Lipsiae, 1751, 1756. Uebersetzt 1758.

——— Comment. de praerogativa Therm. Carol. in dissolvendo calculo vesicae, prae aqua calcis vivae. Lipsiae, 1756.

James Mouncey, M. D. Physician to the *Czarinas Army,* to Mr. *K. Baker, F. R. S.* on the hot springs of Carlsbad. Riga, 1. Juli 1749. Philosoph. Transact. Fol. 46, (pag. 217).

J. Milles, Relatio de aquis min. Carol. in Bohemia. libd. Vol. 50. P. J pag. 25.

Grundig, Beschreibung seiner im Jahre 1751 in das Karlsbad gethanenen Reise. Schneeberg, 1754.

Christ. Gotth. Schwenken, M. D. Anhang von Karlsbad u. s. w. von S. 79 bis 105. In *J. F. Zittmann's* Anmerkung von den Teplitzer Bädern u. s. w. 1754.

Dr. *B. L. Tralles,* Das Kaiser Karlsbad, in einer Ode entworfen, nebst einer Abhandlung von dem Gehalte und den Kräften dieses grossen Heilmittels. Breslau, 1756.

F. Budaei, Consilia zur Karlsbader, Teplitzer und Selter Kur in der medicin. Societ. zu Budissin. Sammlung aus allen Theilen der Arzenei. Altenburg, 1757. S. 147 und in Miscellancis 7. Thl. pag. 100 et 126.

J, G. Hahn, Praesens a Carolinis auxilium in pertinaxi facici spasmo visum destruente. Ephem. Nat. Bur. Vol. 6 obs. 148 pag. 489.

Klinghammer, Versuch von dem Dasein des Eisens im Karlsbader Sprudelstein. Dresden, 1763.

G. Schuster, Ueber die Schädlichkeit des äuserlichen Karlsbader Gebrauches; in dessen med. Journ. etc. Chemnitz, 1767. (1. Theil Nr. 8, Seite 32).

Dr. *David Becher,* Neue Abhandlung von dem Karlsbade. 3 Th. Prag, 1766, 1767, 1768 bis 1772. Eine ganz umgearbeitete Ausgabe. Leipzig, 1789. In's Französische übersetzt von Dr. *Josef Gruber:* Nouveaux Traites de Carlsbad. Prag, 1795 et 1797.

——— Kurze und gründliche Untersuchung der neuen Sprudelquelle, worin zugleich die Ursache abzunehmen ist, warum man, wider die alte Gewohnheit, den Badegästen anrathe, das Wasser bei der Quelle zu trinken. Prag, 1777.

1872. Dr. *Joh. Fried. Zückert*, System. Beschreibung aller Gesundbrunnen und Bäder Deutschland's. Berlin und Leipzig, 1768 und 1795.

Gellert's sämmtliche Schriften. 10 Theile. Leipzig, 1775. (pag. 138).

II. J. von Crantz, Gesundbrunnen der österreichischen Monarchie. Wien, 1777. (Seite 282).

Reise eines auswärtigen Arztes von Prag nach Karlsbad u. s. w. 1779.

J. G. Bohemius, Fonti Carol. in Bohemia aquis calidis et salubribus inclyto; grati animi causa ob reparatam valetudinem sacrum. Lipsiae, 1779.

Joh. Pet. Willebrand, Brunnenreise nach Karlsbad. Leipzig, 1780.

Fr. Uebelacker, System des Karlsbader Sinters, unter Vorstellung schöner und seltener Stücke, sammt einem Versuche einer mineralogischen Geschichte derselben. Erlangen, 1780.

Fr. Mart. Pelzel, Kaiser *Karl IV*. König in Böhmen. Prag, 1781. (2 Theile, pag. 47).

Fr. Pubitschka, Chronologische Geschichte Böhmens. Prag, 1784. (Vol. IV. pag. 540).

Briefe einer Kurländerin (Mad. *Schwarz*). Berlin, 1784. (1. Theil 15 Briefe).

Bruckmann, Bemerkungen auf einer Reise nach Karlsbad. 1785.

Georg Prochaska, Von der mephitischen Luft der Quellen in und bei Karlsbad. In Abhandlung der böhmischen Gesellschaft der Wissenschaften vom Jahre 1786. Nr. 21.

G. Schuster, Observationes de materie ad vasa et ductus aquaticos deposita in Thermis Tepl et Carol, ejusdemque natura animali. In v. Jaquin Collectan. ad botan. etiam et histor. natur. spectantia. Viennae, 1786. Vol II.

Hufeland's Journal der practischen Heilkunde Bd. XIV. St. I. S. 185, St. II. S. 199.

Joh. Mich. Fussel von Sichersreuth, Unser Tagebuch auf einer Reise nach Karlsbad. Erlangen, 1787.

Freiherr *Jos. Fr. von Backnitz*, Briefe über das Karlsbad und die Naturproducte der dortigen Gegend. Dresden und Leipzig, 1788.

Das Karlsbad, beschrieben zur Bequemlichkeit der Badegäste. Karlsbad, 1788.

1872. *J. G. Kühn,* Systematische Beschreibung der Bäder und Gesundbrunnen Deutschlands. Breslau, 1789. (S. 285—306).

J. Schaller, Topographie des Königreichs Böhmen. (2 Theile, Elbogen.) Prag, 1789.

Schulz, Reise eines Liefländers nach Karlsbad. 1780.

Fried. Wilh. Hufnagel, Briefe aus Karlsbad. Frankfurt a. M. 1789.

Klaproth, Chemische Untersuchung der Mineralquellen zu Karlsbad. Berlin. 1790.

Leopold von Buch, Beitrag zu einer mineralischen Beschreibung der Karlsbader Gegend. In dem Freiberger Bergmann'schen Journal Jahrg. 5., 1792. (Band II., S. 383.)

Paul Stransky, Der Staat von Böhmen; übersetzt, berichtigt und ergänzt von *Ig. Cornova.* Prag, 1792. (I. Band, S. 255.)

Konr. Ant. Zwierlein, Allgemeine Brunnenschrift für Brunnengäste und Aerzte. Weissenfels und Leipzig, 1793 (pag. 166) und 1815.

Dr. *Fz. Reuss,* mineralogische Bemerkungen auf einer Reise nach Karlsbad. In der Abhandlung der Gesellschaft naturforschender Freunde in Berlin. 1795. Band I, No. 15.

Dr. *Hoser,* Beschreibung von Karlsbad. Prag, 1797.

Reise nach Karlsbad, Eger und Teplitz, im Jahre 1797. (In Briefen.) Leipzig, 1798.

Systematische Beschreibung aller Gesundbrunnen und Bäder der bekannten Länder, vorzüglich Deutschlands. Jena und Leipzig, 1798. 2 Theile. (I. Theil pag. 276.)

Hub. von Harrer, Karlsbad und die umliegende Gegend. Prag, 1801.

Leonhard, Mineralogische Bemerkungen über die Umgebungen Karlsbads. Taschenbuch für Mineralogie, (Jahrgang I., S. 162, Jahrgang II., S. 132.)

Fischer, Reisen durch Oesterreich, Böhmen u. s. w., 3 Theile. Karlsbad, seine Quellen und Umgebungen. Pirna, 1806.

Joh. Heinr. Campe, Reise von Braunschweig nach Karlsbad. Braunschweig, 1806.

Wolfg. von Göthe, Abhandlung zur Kenntniss der böhmischen Gebirge von und um Karlsbad. Karlsbad, 1807.

———— Zur Naturwissenschaft überhaupt. Bd. I. S. 53, 211, 230, 234.

Müller, in *Hufelands* Journal der practischen Heilkunde. Band XXXI., St. III, S. 61.

Aug. Leop. Stöhr, Kaiser Karlsbad und dieses weltberühmten Gesundheitsortes Denkwürdigkeiten. Karlsbad, 1810, 1812, 1817, 1822 und 1830.

1872. Auszüge aus dem Taschenbuche und den Briefen eines Kranken während seines Aufenthaltes im Karlsbade, an dem Franzensbrunnen bei Eger und in Lauchstädt, im Jahre 1802.

C. W. *Hufeland*, Practische Uebersicht der vorzüglichsten Heilquellen Deutschlands. Berlin, 1815 und 1820. (S. 106.)

Hufeland's Journal der practischen Heilkunde. Bd. LVI. S. 135, 136, Bd. LVII. St. V., S. 118—122.

C. A. *Hofmann*, Systematische Uebersicht und Darstellung der Resultate von 242 chemischen Untersuchungen mineralischer Wasser von Gesundbrunnen und Bädern in den Ländern des deutschen Staatsvereins u. s. w. Berlin 1815.

Jos. Wachter, M. Dr., Abhandlung über den Gebrauch der vorzüglichsten Bäder. Wien, 1817.

Dr. *F. Sartori*, Taschenbuch für Karlsbads Kurgäste. Wien, 1817.

——— Naturwunder des Kaiserthums Oesterreich. 5. Jahrgang. Wien, 1817.

——— Oesterreichs Tibur. (S. 238.)

Dr. *Fr. Reuss*, Analyse des Karlsbader Sprudelwassers. S. 120 seines Buches. Marienbad, 1818.

Harless, Rhein. Jahrbücher 1819. Jahrgang I. St. 1.

Freimüthige Blätter über Gebrauch und Einrichtung des Karlsbades. Leipzig, 1819.

C. F. *Mosch*, Die Bäder und Heilbrunnen Deutschlands und der Schweiz. 2 Bde. 1819.

W. A. *Lambadius*, gehörige Würdigung des Karlsbader Säuerlings. Freiberg, 1819.

Dr. *Schäffer*, in *Hufeland's* Journal der practischen Heilkunde. 8. St. 1821.

Die besuchtesten Kurörter und Gesundbrunnen des österreichischen Kaiserstaates. Brünn, 1821. Bd. II., S. 1.

Döbereiner, Ueber die chemische Constitution der Mineralwasser von Karlsbad, Teplitz und Königswart. Leipzig, 1821. S. 11—12.

Jak. Berzelius, Untersuchung der Mineralwasser von Karlsbad, Teplitz und Königswart. Leipzig, 1823.

Rust, Magazin für die gesammte Heilkunde. Bd. XV. St. 3, S. 490.

Dr. *E. L. Lebenheim*, in *Hufeland's* Journal der practischen Heilkunde. Bd. LIX. St. I., S. 65—83, 1824.

Kastner, Archiv der Physik. Bd. V. S. 103. Bd. VI. S. 105, 221. Bd. X. S. 363.

1872. *Ficinus*, in der Zeitschrift für Natur- und Heilkunde. Bd. III., St. 1. S. 111.

J. E. Wetzler, Nachrichten über die vorzüglichen Gesundbrunnen in Böhmen. Mainz, 1825.

Fried. Ludw. Kreysig, Ueber den Gebrauch der natürlichen und künstlichen Wasser von Karlsbad, Ems, Marienbad, Eger, Pyrmont und Spaa. Leipzig, 1825, 1828.

Dr. *J. A. von Ammon*, Brunnen-Diätetik etc. Dresden, 1825.

K. F. R. von Hoff, Geognostische Bemerkungen über Karlsbad. Gotha, 1825.

———— Abhandlung als Nachträge zu den geognostischen Bemerkungen in der Zeitschrift für Mineralogie, von Ritter *von Leonhard* u. s. w. im 3. Monatsst. April. S. 365. 1826.

Dr. *Fr. Leo*, Bemerkungen über Karlsbad als Kurort im Jahre 1825 in *Hufeland's* Journal der practischen Heilkunde, im Jahre 1826. Bd. LXIII. St. 3, S. 3.

———— und *Adolf Pleischl*, M. Dr. und Professor in Prag, Krankheitsgeschichte von einer Gallenstein-Kranken und des crystal. Cholestrins. Prag, 1826.

Dr. *Joh. Poeschmann*, Der Schlossbrunn in Karlsbad. Prag, 1826.

G. Bischoff, Die vulkanischen Mineralquellen Deutschlands u. s. w. S. 153, 192 und 393. Bonn, 1826.

J. L. Alibert, Précis hist. sur les eaux min. les plus usitées etc. pag. 319. Paris, 1826.

Jos. Rossi, Beschreibung der Entstehung, der Fortschritte u. s. w. des in der k. priv. Stadt Karlsbad befindlichen Hospitales für arme Fremde aller Nationen. Wien, 1829.

J. E. Ryba, Karlsbad und seine Heilquellen. Ein Handbuch für Kurgäste. Prag, 1828.

Chevalier Dr. *Jean de Carro*, Carlsbad, ses eaux min. et ses nouv. bains à vapeurs. 1827. Avec un appendice, en 1829.

———— Ueber die Dampfbäder in Karlsbad. Karlsbad, 1827.

———— Almanac de Carlsbad, ou Mélanges médicaux, scientif. et littér, relatifs à ces thermes et au pays. Prague, 1831, 1832, 1833, 1834—1857.

———— Essay on the Mineral Waters of Carlsbad, for physicains and patients. Prague, 1835.

———— Treatise on the Mineral Waters of Carlsbad their nature, officacy, applicability in various disorders. Leipsic, 1842.

———— Vingt-huit ans d'observations et d'expérience à Carlsbad. 1853.

1872. Chevalier Dr. *Jean de Carro*. Carlsbad, ses eaux et ses environs. Guide à Carlsbad. 1857.

————— Memoiren *de Carro's*, 1855. Aus diesen ist zu ersehen, dass Dr. *de Carro* am 8. August 1770 zu Genf geboren, in Wien 30 Jahre practicirte, sich hierauf 1826 in Karlsbad niederliess und zur Feier seines 50jährigen Doctor-Jubiläums am 24. Juni 1843 zu dessen Ehrenbürger ernannt wurde. Dr. *de Carro* hat das Verdienst, die von Dr. *Jenner* erfundene Kuhpockenimpfung nach Deutschland verpflanzt und die erste Probe an seinen beiden Söhnen am 10. Mai 1799 mit gutem Erfolg gemacht zu haben.

Dr. *Joh. Aug. Hübner,* Wichtiges Wort über eine häufig herrschende und lebensgefährliche Krankheitsform nebst erprobter Verhaltung und Vorsichtsregeln beim Gebrauche der warmen Heilquellen. Prag, 1827.

Jos. Büchl, Heilsamer Rathgeber in angenehmen Rückerinnerungen des Badelebens in Karlsbad. Prag, 1828.

W. A. Gerle, Böhmens Heilquellen. Prag, 1829. S. 61.

Cuno, die Gründung Kaiser Karlsbads (Schauspiel). 1829.

Bohemus, Karlsbad und Teplitz. Leipzig, 1830.

Tabelles autrichiennes. Bruxelles, 1830.

E.-Osann, Darstellung der bekannten Heilquellen der vorzüglichsten Länder Europas. Berlin, I. Theil 1829. S. 276. II. Theil 1832, S. 33.

Fr. Tantini, Opuscoli scientifici. Pisa, 1830. (Vol. III. pag. 7.)

Dr. *J. J. Sachs*, Grundriss der Diätetik bei dem Gebrauche aller Mineralwasser und besonders der in den *Struve'*schen Trinkanstalten.

Dr. *Ant. Jos. Bermann,* Karlsbads Heilquellen nach ihren Wirkungen dargestellt. Wien, 1831.

Bley, Taschenbuch für Badereisende. Leipzig, 1831.

C. Starke, Abhandlung von den Mineralquellen im Allgemeinen und Versuch einer Zusammenstellung von 880 der bekannten Mineralquellen und Salinen Deutschlands. Köln, 1831.

Dr. *Horn,* Reise durch Deutschland u. s. w. Berlin, 1831.

Ant. Jungmann, o Karlowych warech w. Casopisu ceského Museum V. ročnj běh, Swazek prwnj, str. 93, 97, 1832.

Der Führer zu den Heilquellen beim Gebrauche der Bäder u. s. w. (pag. 40.) Leipzig, 1833.

Brück, Taschenbuch für Kurgäste. Berlin, 1833.

Jos. Ritter *von Vering*, Eigenthümliche Heilkraft verschiedener Mineralwässer. Wien, 1833. Zweite Auflage, 1836.

1872. Dr. *Hertz*, Die künstlichen Mineralwasser in ihren Verhältnissen zu den natürlichen. Berlin, 1830. (pag. 52, 122, 159.)

Dr. *Leopold Fleckles*, Der ärztliche Wegweiser nach den vorzüglichsten Heilquellen und Gesundbrunnen des österreichischen Kaiserstaates. Wien, 1834. (pag. 176.)

———— Karlsbad, seine Gesundbrunnen und Mineralbäder in geschichtlicher, topographischer, naturhistorischer und medicinischer Hinsicht. Stuttgart, 1838.

———— hat ausserdem seit 1850 alljährlich in verschiedenen Zeitschriften balneologische Skizzen veröffentlicht.

F. Richter, Der erfahrene Badearzt. Wien, 1834.

Isidor Bourdon, Guide aux eaux minérales de la France et de l'Allemange. Paris, 1834. (pag. 262.)

L. Freiherr *von Zedlitz*, Balneologisches statistisch-historisches Handwörterbuch. Leipzig, 1834. (pag. 75.)

Ammon, Brunnen-Diätetik. (3. Auflage.) Wien, 1835.

Ant. Ortmann, Die Flora von Karlsbad (in Dr. *de Carro's* Almanach). 1835.

Oesterreichische National-Encyklopädie. 3 Hefte. Wien, 1835. (pag. 170.)

Dr. *Eduard Hlawaczek*, Die Wasserheilkunde oder pharmacologisch-therapeutische Darstellung des gemeinen kalten und erwärmten Wassers, und der sämmtlichen Mineralwasser mit besonderer Berücksichtigung der Karlsbader Thermalquellen. Wien, 1835. (pag. 115.)

———— Karlsbad im Winter. (In der Zeitschrift: „Der Novellist.") Prag, 1838. 1. Halbjahr, 11. Heft, S. 245.

———— Karlsbad in medicinischer, pittoresker und geselliger Beziehung für Kurgäste. Prag, 1838.

———— Geschichte Karlsbads in medicinischer, topographischer und geselliger Beziehung. Prag, 1839—1871. (Neun Auflagen.)

J. T. Held, Ein Blick auf Karlsbad. 1835.

Caspar's Wochenblatt für gesammte Heilkunde: „Modernes Treiben in Karlsbad." Nr. 15. 1835.

Thad und *Leopold Platzer*, Karlsbader Adressenbuch. Mit Nachweisungen über die Geschichte der kalten und warmen Quellen, der merkwürdigen Denkmäler, Promenaden u. s. w. Prag, 1835.

Dr. *Aug. Vetter*, Ueber den Gebrauch und die Wirkungen künstlicher und natürlicher Mineralbrunnen. Ein Beitrag zur Begründung einer Pharmocodynamik der Mineralwasser. Berlin, 1835. (S. 145).

1872. *August Lehwald*, Bad-Almanach. Stuttgart, 1835. (S. 496.)

Professor Dr. *Pleischl*, Ueber Kali- und Jodgehalt des Karlsbader Wassers. (Journal der practischen Chemie, von *V. Limné, Erdmann* und *F. W. Schweiger-Seidel.* 5. Bd. I. Heft.) Leipzig, 1835. Nr. 9.

Dr. *Frankl*, Aerztlicke Winke für Badegäste. 1836.

Lavater, Europas vorzüglichste Bäder und Heilquellen. 1836.

Dr. *Josef Ernst Ryba*, Karlsbad und seine Heilquellen, in ihren wichtigsten Beziehungen, besonders in Hinsicht der zweckmässigen Anwendung ihres Wassers als Heilmittel, zunächst für Kurgäste. Nebst der Flora von Karlsbad von *Christian Fischer*, Fabrikbesitzer in Pirkenhammer. Prag, 1836.

II. Chris. Creuzburg, Wissenschaftliche Neuigkeiten über Karlsbads Heilquellen. Karlsbad, 1836.

Baumgärtner, Zeitschrift für Physik und verwandte Wissenschaften. Wien 1836. Bd. 4, Heft 2, S. 97.

Dr. *C. C. Carus*, Bemerkungen über Mineralquellen. (*Hufeland's* Journal der Heilkunde. Berlin, 1836. 1. Stück, Januar).

Dr. *A. B. Granville*, The Spas of Germany. 1837.

Dr. *Hille*, Die Heilquellen Deutschlands. Leipzig, 1837.

C. von Gräfe & Dr. *M. Kalisch*, Jahrbücher für Deutschland's Heilquellen und Seebäder. Berlin, 1836. I. Jahrgang pag. 209 und 234. 1837. pag. 291 und 141.

Dr. *von Stosch*, Practische Bemerkungen über den Gebrauch des Karlsbades. In der Wochenschrift für die gesammte Heilkunde. Nr. 20. Berlin, den 14. Mai und Nr. 21. den 21. Mai 1836.

Dr. *Josef Frank*, Ragguaglio di alcune opere recenti sopra Carlsbad e le di lui acque termali, con notizie autentiche intorno questo argomento. Biblioteca Italiana di Milano, fascicolo CCSLIII. Parte straniere. 1836.

Sketches of Germany and the German, with a glance at *Poland, Hungary* and *Switzerland*, in 1834, 1835 and 1836. Two volumes. London, 1836, Vol. 1 pag. 218.

Dr. *J. F. Soberwein*, Deutschland's Heilquellen in physikalischer, chemischer und therapeutischer Beziehung. Berlin, 1836. pag. 50 und 51.

1872. *Edwin Lee*, An account of the must frequentes watering places on the Continent and of the medicinal application of their mineral Springs, with Tables of Analysis, and an Appendix on English mineral waters. London, 1836.

Dr. *John Forbes, Alex. Tweedie* and *John Conolly*, The Cyclopedia of practical medicine. London, 1835. Vol. IV. pag. 498.

Dr. *Josef Wagner*, Beobachtungen über Karlsbad und seine Heilquellen für Aerzte und gebildete Kurgäste. Prag und Karlsbad, 1837.

A. et *W.*, Une contrefaçon, en 2 vol. 12. Paris, 1837.

Handbook for travellers in Southern Germany. London, 1837. pag. 310.

Dr. *Dietrich*, Der Führer zu den vorzüglichsten Heilquellen und Kurörtern Böhmens: Teplitz, Karlsbad, Franzensbad und Marienbad. Leipzig, 1837.

Dr. *Wil. Rud. Weitenweber*, Die Entdeckung des Jods im Karlsbader Wasser. (In dessen Beiträgen zur gesammten Natur- und Heilwissenschaft.) 3. Band. I. Heft. Prag, Leitmeritz und Teplitz, 1838. S. 94.

Dr. *Casper*, Die böhmischen Bäder. (Wochenblatt für gesammte Heilkunde.) Nr. 7. 1838.

J. T. Held, Zweiter Blick auf Karlsbad. Prag, 1838.

Gebrüder *Franieck*, Auskünfte über Karlsbad und dessen Umgebung. Karlsbad, 1838.

———— Das böhmische Kleeblatt. Leipzig, 1838. S. 11.

Carl August Schimmer, Das Kaiserthum Oesterreich, in seinen merkwürdigsten Städten, Badeorten, seinen Domen, Kirchen u. s. w. historisch und topographisch dargestellt. Wien und Darmstadt, 1838. Nr. 2, S. 19 und Nr. 3, S. 35.

Jahrbücher für Deutschland's Heilquellen und Seebäder. Von *C. von Gräfe* und *M. Kalisch*, 3. Jahrgang. Berlin, 1838. S. 207—221.

Dr. *Casper's* Wochenschrift für die gesammte Heilkunde. Berlin, Nr. 33, den 18. August 1838. Nr. 34, den 25. August 1838.

Dr. *Moritz Strahl*, Die Kurorte Marienbad, Karlsbad und Kissingen in ihren Heilwirkungen auf Unterleibskranke. Berlin, 1839.

Jos. Joh. Lenhardt, Karlsbad's Memorabilien vom Jahre 1825 bis 1839.

———— Fortsetzung der Memorabilien Karlsbad's vom Jahre 1840 bis Ende 1858.

1872. *W. Haidinger*, Ueber das Vorkommen von Pflanzenresten in den Braunkohlen- und Sandsteingebilden des Elbogener Kreises. Prag, 1839.

Dr. *Glückselig*, Der Elbogener Kreis mit einer geognostischen Karte. Karlsbad, 1842.

Almanach der privilegirten Schützengesellschaft in Karlsbad. Karlsbad, 1845.

Sommer, Der Elbogner Kreis. Prag, 1847.

Dr. *Rudolf Mannl*, Carlsbad and its mineral springs. Leipzig, 1847 and 1850.

———— Karlsbad in medicinischer, topographischer und socialer Beziehung dargestellt. Karlsbad, 1853. Neu umgearbeitete Auflage. 1857 und 1872.

———— Sulle acque termali di Carlsbad. Carlsbad, 1856.

Dr. *Franz Sorger*, Karlsbad in seinen therapeutischen Verhältnissen zu einigen Arten von Lebervergrösserungen. Karlsbad, 1849.

———— Ueber die wichtigsten Punkte der Diätetik während einer Karlsbader Kur. Karlsbad, 1853. (4 Auflagen.)

———— Karlsbad, Heilmittel in einigen Arten von Magen- und Leberkrankheiten. Karlsbad, 1863.

Dr. *Moritz Klauber*, Das Hospital für arme kurbedürftige in- und ausländische Israeliten zu Karlsbad. Karlsbad, 1851.

Karlsbad und seine Umgebung. Kürzester und zuverlässigster Wegweiser für Kurgäste und Reisende beim Besuche dieses Kurortes. Karlsbad und Prag, 1851.

Dr. *G. Porges*, Specifische Wirkungsweise und physiologische Analysen der Karlsbader Heilquellen. Dessau, 1853.

Dr. *Matth. C. Forster*, Das Fremdenhospital für arme Kranke aller Nationen in Karlsbad. Karlsbad, 1854.

Dr. *Forster* und *Mannl*, Karlsbad's fünfhundertjährige Jubiläumsfeier. Prag, 1858.

Dr. *F. Hochsetter*, Karlsbad, seine geognostischen Verhältnisse und seine Quellen. Karlsbad, 1856.

Dr. *Gustav Hauck*, Karlsbad in 9 Briefen. Berlin, 1857.

Dr. *Alfred Meissner*, Die Gründung Karlsbad's. (Ein Festspiel.) 1858.

Elfriede von Mühlenfels, Karlsbader Gedenkbuch. Dresden, 1858.

Vägvisare, för Brunngäster och Resande om besöka Carlsbad och dessomgifningar. Carlsbad, 1858.

1872. Dr. *Kronser*, Karlsbader Kurkatechismus. Leipzig, 1861.

Führer in Karlsbad. 1871.

Hans Feller, Karlsbader Omnibus. Karlsbad, 1871.

Julius Walter (Dr. *Ferd. Fleckles* jun.), Sprudelsteine. Ein Karlsbader Bilderbuch. Berlin, 1872.

Hugo Göttl, Untersuchungen der Kaltwässer in und um Karlsbad. Karlsbad, 1872.

Ausser diesen Schriftstellern haben noch manche Celebritäten und namhafte Aerzte durch ihre Beiträge zu verschiedenen wissenschaftlichen Werken Karlsbad einen Lüstre verliehen, dagegen wieder andere obscure Persönlichkeiten in Broschüren und Zeitschriften nicht ermangelt, sowohl unsere unvergleichlichen Heilquellen, wie überhaupt Alles in Karlsbad möglichst in Misscredit zu bringen.

— weist der zehnte Rechnungsabschluss der Karlsbader Sparcassa vom 1. Januar bis 31. December 1872 folgenden Geldverkehr nach:

Der Empfang bezifferte sich auf . . . . . 3,919,935 f. 64 x.,
Die Ausgabe betrug . . . . 3,874,925 - 51 -
Im Entgegenhalten der Ausgaben zum Empfange verbleibt mit 31. December 1872
eine Cassabaarschaft von . . . . . 45,010 - 13 -
Ergiebt sich im Jahre 1872 ein Cassarevirement von . . . . 7,794,861 - 15 -

An Realitäten besitzt die Karlsbader Sparcassa das aus den beiden Häusern No. 492 „zu drei Kronen" und No. 133 „zum weissen Stern" in der Sprudelgasse neu erbaute schöne Sparcassagebäude.

— hatte die Karlsbader Bank im 2. Jahre ihres Bestehens durch die umsichtige, thätige und coulante Leitung ihres Directors *Alfred Schwalb* vom 1. Januar bis 31. December 1872 einen Gesammtumsatz im Betrage von 24,940,566 f. 41 x., wobei derselben ein Netto-Gewinn von 91,644 f. 50 x. mit 500,000 f. Actien-Capital verblieb.

— erweist sich der Geschäftsverkehr der Böhmischen Escompte-Bank-Filiale in Karlsbad im Nachfolgenden:

Mit Schluss des Jahres 1872 befand sich die Filiale im Besitze von 1004 Wechseln im Betrage von 918,662 f. 84 x. Die Geldeinlagen betrugen in diesem Jahre 1,350,900 f. Der Saldo der Geldeinlagen am Schlusse des Jahres bestand in 933,900 f. Die gesammte Cassabewegung beziffert sich auf 14,601,803 f. 55 x.

— betrug die Zahl der Kurgäste in Karlsbad 13,550 Parteien mit 18,558 Personen, von denen 4597 Personen auf Oesterreich, 13,407 (darunter allein aus Preussen 5099) auf die anderen europäischen Staaten, auf Afrika 16, auf Amerika 287, auf Asien 71 und auf Australien 13 entfallen. Touristen und Passanten sind in vorstehender

Summe **nicht** mit inbegriffen. An hervorragenden Kurgästen befanden sich hier: Se. kaiserl. Hoheit Erzherzog *Karl Ferdinand* von Oesterreich, Se. königl. Hoheit Prinz *Ludwig Wilhelm*, Herzog in Baiern (Bruder Ihrer Maj. der Kaiserin von Oesterreich) unter dem Pseudonym: Baron *von Wallersee*, Se. Hoheit Prinz *Moritz* von Sachsen-Altenburg mit Gemahlin, Se. Hoheit Landgraf *Friedrich* von Hessen, Se. königl. Hoheit Prinz *Adalbert* von Preussen (Pseudonym: Graf *Ravensberg)*, Se. Hoheit Prinz Reuss *Heinrich IX.*, Se. Hoheit Prinz *Leopold* zu Sachsen-Coburg-Gotha, Se. Durchlaucht der regierende Fürst zu Schaumburg-Lippe mit Gemahlin und Prinzessinnen Töchter *Hermine* und *Ida*. Die Zahl der sonstigen Notabilitäten beziffert sich mit 35 Fürsten, 26 Fürstinnen, 177 Grafen, 116 Gräfinnen, 181 Barone und 121 Freifrauen. Der Gelehrten- und Künstlerstand war vertreten durch Fräulein *Mathilde Wildauer*, k. k. Hofschauspielerin aus Wien, *Ferdinand Pauwels*, Professor und Maler aus Weimar, *Friedrich Preller*, Professor der Malerei und Schöpfer eines Cyclus von Gemälden aus den Irrfahrten des Odisseus, *Stanislaus* Graf *Kalkreuth*, Professor und Director der grossherzogl. sächsischen Kunstschule zu Weimar, *Henri Wieniawsky*, Kammersänger Sr. Maj. des Kaisers von Russland aus Petersburg, Dr. *Johann Czermak*, Professor aus Leipzig, *Franz Nachbauer*, königl. bairischer Kammersänger aus München u. A. m.

Eine der interessantesten Persönlichkeiten, welche sich in diesem Jahre zur Kur hier befanden, war jedenfalls ein Tättowirter Namens *Ignace Gaetan Reggio*. Derselbe, ein Grieche von Geburt, zog vor sieben Jahren nach der chinesischen Tartarei, um Gold zu suchen. Bei dem damaligen dort stattgehabten Aufstande hat er mit noch elf Gefährten den Rebellen Waffen geliefert, sie wurden aber gefangen und drei von ihnen zur Tättowirung, die anderen zum Tode verurtheilt. Einer von den dreien erlag während der Operation, einer erblindete, er selbst hat die Tättowirung glücklich überstanden. Die Operation wurde an der Stirne begonnen und an den Zehen beendet. Kein Körpertheil, mit Ausnahme der Ohrmuschel und der Nase, blieb verschont. 388 Figuren, symetrisch aneinander gereiht, bedecken den Körper; sie stellen vornehmlich Thiere vor und sind von grosser Meisterschaft in der Zeichnung. Die Tättowirung nahm drei Monate in Anspruch, da die Operation täglich nur einige Stunden vorgenommen wurde, wobei ihn vier Personen hielten und eine fünfte die Aezung vornahm. Vor seiner Flucht gelang es ihm, sich einen Griffel anzueignen, mit dem man die Tättowirung vorgenommen hatte. Derselbe ist ziemlich schwer, von Messing, sehr spitz und hohl, im Innern befindet sich die Farbe, welche sich bei der stossweise vorgenommenen Operation bei jedem Stosse in die Stichwunde entleerte. Die tättowirten Figuren sind von blauer Farbe mit schmalen rothen Einfassungen versehen, auch befinden sich an verschiedenen Körperstellen einzelne tättowirte Schriftzüge in birmanischer Sprache.

1872 ging an Kurtaxe ein 90,594 f., an Musiktaxe 40,273 f., an Hausir- und Handelstaxe 2050 f. 59 x., an Beiträgen für die Wohltbätigkeits- anstalten 4761 f. 57 x.

— wurde Sprudelsalz erzeugt 13,436¾ Pfund und hiefür eingenommen 29,560 f. 85 x.

— wurde Sprudelseife erzeugt 2113 Pfund und dafür eingenommen 1944 f. 42 x.

— erzeugte Herr Apotheker *Hugo Göttl* 570 Schachteln Sprudelzelteln im Betrago 205 f. 20 x.

— konnte bei der Mineralwasserversendung die r i c h t i g e Anzahl der versendeten Flaschen trotz aller Bemühungen nicht eruirt werden, doch kann nach der von Jahr zu Jahr wahrnehmbaren Steigerung die Zahl von einer Million Flaschen beinahe mit Sicherheit ange- nommen werden. Die Stadtgemeinde erhält für diese Mineralwasser- versendung einen jährlichen Pachtzins von 14,000 f. ö. W.

— lagen im Zeitungslesesaale des Kurhauses nachstehende Journale und Zeitschriften auf:

Oesterreichische.

Bohemia.
Karlsbader Anzeiger.
Karlsbader Wochenblatt.
Kursalon.
Czas (Krakau).
Deutsche Zeitung.
Figaro.
Floh.
Hon.
Kikeriki.
Medicinische Wochenschrift.
Národni Listi.
Neue freie Presse.
Neues Wiener Tageblatt.
Pester Lloyd.
Pesti Naplo.
Politik.
Prager Zeitung.
Presse.
Sprudel.
Tagesbote aus Böhmen.
Vaterland.
Volksfreund.
Vorstadt Zeitung.
Wanderer.
Wiener Fremdenblatt.
Wiener Zeitung.

Wiener Weltausstellungs Zeitung.
Wiener allgem. medicin. Zeitung.

Deutsche.

Actionär.
Augsburger Allgemeine.
Berliner Fremden u. Anzeigeblatt.
Börsenzeitung.
Breslauer Morgenzeitung.
Breslauer Zeitung.
Cölnische Zeitung.
Courier (Bremen).
Deutsche allgem. Zeitung.
Deutsche Badezeitung.
Dresdner Journal.
Fliegende Blätter.
Frankfurter Journal.
Gartenlaube.
Gegenwart.
Germania.
Hamburger Correspondent.
Hamburger Nachrichten.
Hannover'scher Courier.
Handelsblatt (Bremen).
Hendschel's Telegraph.
Illustrirte Leipziger Zeitung.
Kladderadatsch.
Leipziger Zeitung.

Magazin für die Litr. des Auslandes.
National - Zeitung.
Neue Preussische (Kreuz) Zeitung.
Norddeutsche allgem. Zeitung.
Nürnberger Correspondent.
Ostsee - Zeitung.
Schlesische Zeitung.
Schwäbischer Merkur.
Süddeutsche Presse.
Ueber Land und Meer.
Vossische Zeitung.
Weser Zeitung.

Französische.
Journal amusant.
Journal des débats.
Le Temps.
Le monde illustré.
La Revue de deux mondes.

Englische.
Daily Telegraph.
Galignani's Messenger.
Illustradet London News.
The Times.

Amerikanische.
New - York Herald.

Belgische.
L'Indépendance.

Schweiz.
Berner Bund.

Italienische.
L'Opinione.

Russische.
Golos.
Journal de St. Petersbourg.
Moskauer Nachrichten.
Riga'sche Zeitung.

Polnische.
Gazetta Polska.
Dziennik Posnanski.

Holländische.
Allgemeene Handelsblad.

Spanische.
El Pueblo.

Rumänische.
Romanulu.

Schwedische.
Aftonbladet.
Göteburg - Handels - ach.
Sjöfartstidning.

Dänemark.
Berlingske Tidende.

Ebenso liegen die Kurlisten der bedeutensten Bäder Deutschlands im Lesesaale auf.

Frequenz des Kurortes Karlsbad
vom Jahre 1758 bis 1872.

Jahr.	Parteien.	Jahr.	Parteien.	Jahr.	Parteien.
1758	138	1797	731	1836	2499
1759	145	1798	688	1837	2772
1760	162	1799	726	1838	2580
1761	173	1800	744	1839	2637
1762	201	1801	765	1840	2882
1763	235	1802	765	1841	2809
1764	273	1803	719	1842	2829
1765	274	1804	910	1843	2952
1766	256	1805	725	1844	3202
1767	275	1806	814	1845	3245
1768	345	1807	698	1846	3438
1769	296	1808	826	1847	3534
1770	322	1809	113	1848	1778
1771	207	1810	1255	1849	2987
1772	147	1811	1334	1850	4227
1773	229	1812	782	1851	4626
1774	279	1813	629	1852	4591
1775	294	1814	1227	1853	4620
1776	290	1815	1302	1854	4146
1777	260	1816	2019	1855	4712
1778	59	1817	1911	1856	6031
1779	244	1818	2147	1857	6068
1780	225	1819	2017	1858	5776
1781	187	1820	1461	1859	4545
1782	110	1821	1595	1860	6366
1783	235	1822	1485	1861	6615
1784	249	1823	1554	1862	7324
1785	445	1824	1618	1863	7363
1786	411	1825	1660	1864	7540
1787	469	1826	1871	1865	7969
1788	465	1827	2018	1866	3009
1789	466	1828	2127	1867	9115
1790	368	1829	2302	1868	9389
1791	563	1830	2448	1869	10030
1792	613	1831	1785	1870	9729
1793	622	1832	2063	1871	12671
1794	548	1833	2933	1872	13550
1795	638	1834	3287		
1796	673	1835	2737		